U0923738

Annual Report of Overseas Humanities and Social Sciences, 2010

海外人文社会科学发展年度报告 2010

■ 武汉大学中国高校哲学社会科学发展与评价研究中心 组编

■ 顾海良 主编

WUHAN UNIVERSITY PRESS
武汉大学出版社

图书在版编目(CIP)数据

海外人文社会科学发展年度报告.2010/武汉大学中国高校哲学社会科学发展与评价研究中心组编.—武汉:武汉大学出版社,2010.12
ISBN 978-7-307-08382-0

Ⅰ.海… Ⅱ.武… Ⅲ.社会科学—研究报告—世界—2010
Ⅳ.C11

中国版本图书馆 CIP 数据核字(2010)第 250087 号

责任编辑:聂勇军　　责任校对:黄添生　　版式设计:支　笛

出版发行:**武汉大学出版社**　(430072　武昌　珞珈山)
(电子邮件:cbs22@whu.edu.cn　网址:www.wdp.com.cn)
印刷:武汉中科兴业印务有限公司
开本:720×1000　1/16　印张:33.5　字数:477 千字　插页:2
版次:2010 年 12 月第 1 版　2010 年 12 月第 1 次印刷
ISBN 978-7-307-08382-0/C·273　定价:65.00 元

序　言

顾海良

考察近现代世界上许多国家人文社会科学发展的基本历史过程,我们可以得出的重要结论之一就是,各个国家人文社会科学的发展与异域人文社会科学的交流、交往、交融是密切地联系在一起的。对于当代中国人文社会科学界来讲,高度关注海外人文社会科学的发展状况和基本趋势,吸纳海外人文社会科学发展的优秀成果和成就,应该是繁荣和发展我国人文社会科学的重要的、也是必要的前提之一。

我们现在强调创立有中国特色、中国风格、中国气派的人文社会科学。其实,一个国家人文社会科学的"特色"、"风格"和"气派",往往体现在这个国家人文社会科学的"精品"、"上品"上。"精品"、"上品"是一个国家人文社会科学发展水平的象征,是一个社会文化上综合国力的集中体现,是一个民族文化积累的基石,同样也是人类文明与进步发展的瑰宝。对于我国人文社会科学界来讲,以树立"精品"、"上品"为提升人文社会科学研究水平的极为有效的切入点本身,已经包含了对海外人文社会科学发展优秀成果和成就的借鉴、吸收和吸纳。

"精品"、"上品"的产生,同学习和借鉴世界各国优秀的、有价值的、相应的人文社会科学成果和成就是密不可分的。在经济思想史上,18 世纪中叶有过法国重农学派,这一学派的思想不仅源于法国经济文化的发展,也源于其他国家经济思想的发展,特别是对中国重农思想和制度的吸纳和吸收。有些西方学者把法国重农学派的代表人物魁奈誉为“欧洲的孔子”,认为他的重农思想在很大程度上吸纳和吸收了中国古代的理学思想。米拉波是法国重农学派的成员,他在魁奈去世时发表的演说中明确提到:“孔子的整个教义,在于恢复人受之于天,而为无知和私欲所掩蔽的本性的光辉和美丽。因此他劝国人信事上帝,存敬奉戒惧之心,爱邻如己,克己复礼,以理制欲。非理勿为,非理勿念,非理勿言。对这种宗教道德的伟大教言,似乎不可能再有所增补,但最主要的部分还未做到,即行之于大地。这就是我们老师的工作,他以特别聪睿的耳朵,亲从我们共同的大自然母亲的口中,听到了‘纯产品’‘秘理’。”我国有的学者在评论这一演说时认为:“这段演说词与其说是为魁奈而作,倒不如说更像是在颂扬一位中国理学大师。惟其如此,以承继孔子事业作为魁奈的盖棺之论,确实反映了魁奈学说的重要特征。”①这说明我们只有站在世界各国人文社会科学发展的成果和成就的基础上,透彻理解与深入了解世界各国的成果和成就,才能有中国自己的“精品”、“上品”的产生。

经济上的开放和文化上的交流是并行不悖的。记得改革开放之初,邓小平同志在强烈批评有些人盲目接受西方社会腐朽思想文化时,十分敏锐地指出:“西方如今仍然有不少正直进步的学者、作家、艺术家在进行各种严肃的有价值的著作和创作,他们的作品我们当然要着重介绍。”②实际上,现在我们对国外包括西方的这些“正直进步的学者”思想的介绍是很不够的,更不用说“着重介绍”了。

我们现在也强调人文社会科学研究的创新。其实,人文社会科学的创新集中体现于学术观点创新、学科体系创新和研究方法创新这三个主要方面。研究方法的创新具有首位重要的意义,没有研究方法的创新就不可能有学术观点的创新,更不可能有学科体系的创新。研究方法的创新是学术观点和学科体系创新的前提,更是人文社会科学理论创新体系的基础。我认为,马克思主义历时一个半世

① 谈敏.法国重农学派学说的中国渊源.上海:上海人民出版社,1992:73-74.

② 邓小平.邓小平文选:第3卷.北京:人民出版社,1993:44.

纪仍然具有强大的生命力,就在于它拥有这种独特的理论创新品质。

例如，马克思经济学理论体系的创立就是以方法论的创新为基础的。马克思的经济学方法自然源于德国黑格尔的辩证法，正如马克思自己在《资本论》第一卷“第二版跋”中所说：“我要公开承认我是这位大思想家的学生……有些地方我甚至卖弄起黑格尔特有的表达方式。”但是，马克思也明确地告诉人们：“我的辩证方法，从根本上来说，不仅和黑格尔的辩证方法不同，而且和它截然相反。”① 马克思经济学的方法创新并不限于此，它也是对英国经济学方法的吸收与吸纳，特别是对英国古典政治经济学家大卫·李嘉图经济学方法的吸收与吸纳。19 世纪 40 年代初，与恩格斯一样，马克思对李嘉图研究劳动价值论的抽象分析方法持否定观点，从而否定了劳动价值论，所以无法实现经济学理论上的创新。后来，随着对经济学研究的深入，特别是随着唯物史观的创立，马克思对李嘉图的抽象方法作了扬弃，充分肯定了这一方法的科学价值，由此在许多理论观点上实现了对李嘉图理论的超越。经济学研究方法的创新，不仅使马克思由劳动价值论的异议者转向了赞成者，而且还使他实现了劳动价值论上的科学革命。

马克思在进行经济学说观点和理论体系创新时，适逢西方主流经济学变革时期。马克思批判地继承了当时欧洲主要国家，特别是英国、法国等国家的经济学发展的思想精华。马克思是德国人，他对德意志民族文化极其崇敬，以至他在为《资本论》第一卷做最后润色时，不无自豪地对恩格斯讲过这样一些动情的话：“你明白，在像我这样的著作中细节上的缺点是难免的。但是结构、整个的内部联系是德国科学的辉煌成就。”② 但是，马克思从来不拒绝对德国之外文化的吸收。他在经济学的研究中，高度评价了英国和法国在这些方面取得的巨大成就，甚至调侃和讽喻德国政治经济学

① 马克思，恩格斯．马克思恩格斯全集：第 23 卷．北京：人民出版社，1972：24.

② 马克思，恩格斯．马克思恩格斯全集：第 31 卷．北京：人民出版社，1972：185.

在这些方面的无能。在《资本论》第一卷“第二版跋”中，马克思认为，对德国来说，政治经济学一直是外来的科学，是作为成品从英国和法国输入的。他说：“当他们能够公正无私地研究政治经济学时，在德国的现实中没有现代的经济关系。而当这种关系出现时，他们所处的境况已经不再容许他们在资产阶级的视野之内进行公正无私的研究了。”① 马克思以开放的学术视野，实现了经济科学上的一系列重大发现。

我们现在还强调人文社会科学发展中的“百花齐放”和“百家争鸣”。其实，“百花齐放”和“百家争鸣”的实质就是在人文社会科学研究中形成不同学术流派、学术观点和理论体系共同发展的良好氛围。中华民族的优秀文化之所以传承不息、延续世代，我认为其中的重要原因之一就是不同学术流派、学术观点和理论体系能并存于文化发展的整体历史过程之中。不同学术流派、学术观点和理论体系的形成和发展，是我们推进中国特色、中国风格、中国气派的人文社会科学建设的基本前提。不同学术流派、学术观点和理论体系的百家争鸣、同时并存与共同发展，曾创造了中华民族文化发展的华彩乐章、辉煌时代。

当前，需要我们努力践行的是，尊重不同的学术流派、学术观点和理论体系的形成和发展。没有不同的学术流派、学术观点和理论体系，就不会有人文社会科学研究的真正的创新，也不会有反映时代特色、挺进学术高峰的“精品”、“上品”的产生。这里讲的不同的学术流派、学术观点和理论体系并不限于中国国内，而应是世界的。我们还应努力增强人文社会科学学人之间在学术研究中的尊重、互助和协作。现时代的人文社会科学发展，正经历着重大的变化，假如说18、19世纪人文社会科学的发展是以学科的分解为特征的，那么半个多世纪以来，人文社会科学的发展则以学科的融合、学科的交叉为特征，这就是我们现在看到的边缘学科、交叉学

---

① 马克思，恩格斯．马克思恩格斯全集：第23卷．北京：人民出版社，1972：16.

科、新兴学科不断出现的现象。这也就从根本上要求不同学科的教师，能够相互尊重，共同协作来研究一些重大的理论问题和实际问题。实际上，按人文社会科学的学科划分进行的研究，是有其先天不足的。人文社会科学的任何一门专门学科，都是对整体世界的局部现象的研究，都是对这些局部现象本质和规律的研究。对局部现象的研究固然可以形成一门一门单独的学科；但反过来，从单一的学科来看整体世界，就会产生单一学科的片面性。所以，要研究整体世界，要研究综合性的、重大的实践和理论问题，就需要多个学科研究的合作，形成较好的协作气氛。需要建立比较良好的学术环境和学术条件，特别需要有一种尊重学术、尊重学者、积极向上、团结奋进的学术氛围。这里所讲的人文社会科学学人之间在学术研究中的尊重、互助和协作，不仅就国内而言，也是就世界而言的。对海外各国各地的学人，我们不仅要尊重他们，而且还要充分理解和了解他们的学术观点与学术取向，加强与他们之间在学术研究中的协作与交流。

“海纳百川，有容乃大。”我们先哲的这一至理名言，不仅是千百年来中国人为人处事的圭臬，是道德修养的基本原则，而且也是学人治学、著书立说的基本要求。我们应该明白的道理是：人文社会科学的任何一门学科的发展，不只是一个国家或一个民族范围内学科和学术的传承和积累、发展和创新的结果，而且是世界范围内多个国家和多个民族之间学科和学术碰撞、借鉴和吸纳的结果。

以上所说的这些话题，就是为了说明我们编写出版《海外人文社会科学发展年度报告》的初衷。通过“年度报告”的方式，我们力图把海外年内的人文社会科学发展的最新动态和最新发展趋势作简要评介，我们希望能够涉及人文社会科学的主要学科和一些交叉学科的内容，因此，有的直接以学科发展的方式编写，有的则以综合性问题的方式编写。

现在奉献给读者的是本年度的《海外人文社会科学发展年度报告》，各专题的作者基本是武汉大学的学者，涉及的问题可能不够广泛。实际上，要能写出高质量、高水平的年度报告，只靠一校学者的力量是远远不够的。我们希望以后能有更多的海内外的学者来参与年度报告的编写工作，增强年度报告的权威性和全面性。

目　录

国外马克思主义者视域中的当代资本主义*

何　萍　谭丹燕

（武汉大学哲学学院，武汉，430072）

2007年和2008年是资本主义世界，甚至是整个世界都充满各种危机与救赎的两年。马克思所预言的资本主义危机的重新回归，世界经济、政治、文化等多方面均朝着多极化的方向发展，这给马克思主义的发展提供了新的发展契机。国外马克思主义学者和其他的激进社会理论学者正是借助这一契机，围绕金融危机的问题，开展马克思主义理论的研究和对当代资本主义的批判，其研究的主题和理论成果都获得了新的特质，使当代资本主义的研究在这两年间呈现出一派繁荣景象。这种繁荣主要体现在两个方面：其一，研究流派的扩大。近两年来，那些曾在20世纪80年代末90年代初因苏东剧变一度沉寂的马克思主义理论研究的派别得到了复兴。这些派别有：新马克思主义、后马克思主义、科学的马克思主义和马克思学。除此之外，非马克思主义的左翼也发展起来了，成为当代资本主义批判的一支新的力量。其二，马克思主义理论研究的抽象化和资本主义理论的更新。自20世纪90年代开始，由于苏东剧变，马克思主义理论的研究沉寂下来，当代资本主义的研究主要局限于政治方面的研究，并且主要与女性主义、生态主义、民族主义、反全球化、反新自由主义、反新殖民主义等带有社会主义性质的运动结合在一起，很少作抽象的理论研究。在这种情况下，马克思主义

* 本文得到了武汉大学“海外人文社会科学研究前沿追踪计划”项目的资助。

理论的创新在西方资本主义世界只是个别、偶然的现象，并且是不成系统的，也不占马克思主义研究的主流。然而，近两年来，面对金融危机，国外马克思主义学者开始重温马克思的《资本论》和第二国际、第三国际马克思主义的经典著作，并在此基础上，开展马克思主义理论的研究，从而更新了马克思主义的帝国主义理论。这些理论研究更新主要表现在四个方面：其一，资本主义金融化的研究；其二，新自由主义批判；其三，新帝国主义理论；其四，生态学马克思主义。在这里，我们着重概述这四个方面的成果。

在资料的选择上，与2006年的报告一样，我们仍然以当代西方世界的马克思主义研究的八种主要期刊的研究成果作为综述的基础。这八种期刊是：《资本主义，自然，社会主义》（*Capitalism, Nature, Socialism*），《国际社会主义》（*International Socialism*），《每月评论》（*Monthly Review*），《自然，社会与思想》（*Nature, Society and Thought*），《新左派评论》（*New Left Review*），《激进哲学》（*Radical Philosophy*），《反思马克思主义》（*Rethinking Marxism*），《社会主义与民主》（*Socialism and Democracy*）。同时，我们还参考了一部分国内学者的相关追踪成果。

一、资本主义的金融化

所谓金融化，是指银行、证券、保险、房地产信贷等广义的金融业，因其在经济体系中的比重不断上升，而成为调节、控制社会资本的配置的杠杆，决定着社会的经济、政治、文化乃至人们的日常生活、人际交往与个人的发展，从而使社会生活的方方面面受金融的支配。金融化最初出现于20世纪70年代中后期，是第二次世界大战以来西方主要资本主义国家经济持续高速增长，创造了巨大的国民财富的结果，亦是西方经济体系变化的表现。2007年，席卷全球的金融危机迫使人们正视这一经济体系的负面效应。正是在这样的环境下，资本的金融化进入了马克思主义者的视野，成为2007年和2008年国外马克思主义者研究的新的、最重要的课题。

国外马克思主义学者普遍认为，此次爆发的资本主义危机首当其冲的罪魁便是金融化，并纷纷将矛头对准金融化。他们主要从以下三个方面对金融化展开了分析和批判：

首先，金融化对于资本主义经济的作用。法国学者布罗代尔强调金融在当代资本主义发展中的首要性，他指出："工业资本主义为圣父，商业资本主义为圣子，其地位最低，金融资本主义则是贯穿一切的圣灵（其地位最高）。"美国生态学马克思主义和新帝国主义理论的代表人物福斯特通过分析金融化的正负效应，揭示了金融危机的实质。他指出：金融是现代经济的核心，即使在巨大的金融海啸肆虐的今天，金融的地位仍然是坚不可摧的。在当代社会，金融起着两个方面的作用：当金融与社会控制机构恰当地结合在一起时，它是一把利剑，能够为资本主义经济的发展扫清最大的阻碍，即资本分配的问题；而当经济活动受着金融化逻辑的驱使，偏离了物质产品的生产，使社会的资本全部集中到金融资产的管理、流动和增值上来，使衍生的金融产品远远超过了经济体的承受范围的时候，就必然产生金融泡沫，并最终导致金融危机。2007年美国的金融危机就是如此。因此，2007年金融海啸席卷全球，从表面上看，是次级按揭贷款造成的，而在实质上，则是庞大的金融体系、强势的金融逻辑使得工业资本主义实际的价值生产得不到相应发展，从而使整个发达资本主义国家的生产陷入完全停滞状态的结果，是金融泡沫达到最大化时的破裂。① 韦德则进一步揭示了当代金融体系与新自由主义思想的内在联系。他指出，当代金融体系是以全球化新自由主义为主体的，不同于之前的布雷顿森林体系的金融体系，新自由主义的核心概念是"有效的市场假设"，这一假设主张市场价格传递相关信息，从而市场便会清楚地得知某些不稳定因素，比如经济泡沫等，而新自由主义并不支持政府在此时做出相应的政策行动来阻止市场和市场价格的运作，因为新自由主义学者

① John Bellamy Foster. The Financialization of Capital and the Crisis. *Monthly Review*, 2008, 59 (11): 1.

认为这样反而会引发“金融萧条”。①

罗宾·布莱克本分析了金融危机产生的条件。他说：“当金融恰当地存在于社会控制结构中时，它能够有助于资本的分配、投资的调整以及需求的调节。然而当它脱离了规范与责任，它就会成为再分配过程中的绝对权威。”② 这就涉及金融化的控制问题。对于这个问题，国外学者持两种不同的观点：有的学者认为，资本主义经济金融化能够起到自身调节的作用，不需要控制，而更多的学者，尤其是马克思主义学者却认为，金融化是需要控制的。他们以成熟的资本主义国家的经济发展为例来说明这一问题。在他们看来，成熟的资本主义国家，比如美国、主要的西欧国家和日本，其经济体系的正常路径是某种停滞，而不是快速增长。从这个角度来看，今天的周期性危机绝不仅仅是资本主义经济快速发展过程中的一个小插曲，而将会对资本积累形成日益严重的长期制约。由于资本主义经济的增长需要，就必须为其日益增加的生产剩余寻求新的需求来源，然而，现阶段的资本主义的盈余资本却无法找到新的投资出路，究其原因有四：一是成熟经济体的基本工业结构不再需要从头开始建设，而只需要进行再生产投资；二是任何具有划时代意义的新技术的产生，对经济的刺激和经济转型的作用都不会持续很长时间；三是日益加剧的收入和财富的不平等，限制了经济中底层民众的消费需求，随着过剩生产能力的逐渐积聚，人们倾向于减少投资支出，富裕的人们用他们的资金进行投机而不是投资于生产商品与提供服务的实体经济部门；四是垄断的过程（寡头垄断）弱化了价格竞争的调节作用，而价格通常被认为是经济体系中最具灵活性和活力的主要力量。③ 这四个原因表明：金融化带来的危机归根结底仍是一种普遍性的资本主义危机，如果资本主义的发展结果

① Robert Wade. Financial Regime Change. *New Left Review*, 2008, 53 (9/10): 6.

② Robin Blackburn. The Subprime Crisis. *New Left Review*, 2008, 50 (3/4): 85.

③ John Bellamy Foster. The Financialization of Capital and the Crisis. *Monthly Review*, 2008, 59 (11): 1.

必然导致长期的发展停滞的话，那么寻求新的制度就成为了唯一的出路。对此，福斯特指出，垄断金融资本体制的目的是要造福少部分市场寡头垄断者，他们主导着生产和金融部门；人数相对较少的个人和公司控制着集中起来的巨量资本，除了严重依赖金融和投机活动，他们找不到其他的可以按照想要的利润率继续赚钱的方式。这是资本主义发展本身所固有的深层次的矛盾。如果我们的目标是要推进整个人类需要的满足，世界将不得不接受另一种制度的到来。

其次，金融体系的转换及其影响。这一方面的研究主要是站在对世界金融体系发展史的梳理的基础之上，对当代的新自由主义全球化的模式进行反思。韦德在他的《金融体系变化了吗?》一文中指出，自20世纪30年代以来，非共产主义社会经历了两次国际金融规范和规则的转变。第一个金融体系形成于1945年，持续到1975年，这是凯恩斯理论以及布雷顿森林体系所统治的金融体系；第二个体系则是始于布雷顿森林体系瓦解之后，直至今日次贷危机的爆发。对于第二个金融体系，有人把它称为新自由主义，有人把它叫做华盛顿共识，或全球化共识。无论怎么称呼，它们的共同主题是政府应该自由化、私有化、去制度化。① 而从国际金融体系的构成和机构及其导向来看，金融体系已经由最早的以英美为代表的市场主导型金融系统和以德日为代表的银行主导型金融体系两大分类，在30年间逐步走向了融合趋同。市场主导型的金融体系，相对而言，其银行体系对经济的影响力较小，存款类金融机构和金融市场的竞争相对激烈，使得金融衍生品日渐发展成了重要的市场；而作为银行主导型的金融体系，则银行与企业关系密切，大银行持有公司股权，使得资本交易较少，因而金融市场并不发达。②

两种导向的金融体系逐渐走向融合，并在金融危机的促使下，

① Robert Wade. Financial Regime Change. *New Left Review*, 2008, 53 (9/10): 6.

② 参见唐旭，易彬. 发达国家金融体系发展变化趋势比较. 西南金融，2006 (12).

形成了今天的金融体系特征。首先，多级金融机构的设立，并大力推进金融衍生品的规模与影响力。面对次贷危机引发的一连串的破坏作用，各个金融机构及政府采取的对金融世界的风险控制主要是：核心金融机构采取二级银行系统来掩盖其主要系统暴露出的问题。2007年11月17日的《金融时报》刊载了一篇名为《走出阴影：银行的秘密系统是如何倒闭的》的文章。该文指出，投资者突然发现一种类似“影子”的银行系统作为一种不为人知的状态出现并存在着，巨大的暧昧不明的机构以及相关媒介出现在欧美市场中，且在提供信贷方面起着非常大的作用。其次，银行系统形成更为严密的捆绑式局面。这些影子机构形成的二级银行系统与实体经济完全脱离联系，且始终处于一种无责任链的运转方式之中，加上资本主义各大机构的威望也由于实体经济受到重创而威信扫地，银行系统大量资助投机基金和私人股权买断，将与自身息息相关的金融机构联合重组，设置联合保险，并建立自身内部的投资阵线，这些举措使得整个银行系统在次级信贷过程中形成捆绑式的局面，一旦任何低一级的信贷产生拖欠就会引发一连串的反应。这就形成了与以往的以市场为主导或以银行为主导完全不同的金融体系。最后，金融体系的中心已经开始转移。以往的老牌金融中心，由于上述所说的原因，开始出现停滞状态，相比较而言，中国、日本、德国、印度等国呈现上升势头。这虽然给这些国家带来了巨大的金融机遇，同时也将很大一部分金融危机的压力转移到了它们身上。对此，有很大一部分学者，尤其是主流经济学家认为，这仍然只是一种政府应急措施，并非金融体系的彻底转变。然而，布莱克本并不这么认为。他指出，信贷危机带来的实质和潜在的代价都是巨大的，它们应该被视为金融化资本主义更为广泛的动乱的一部分，其中包括工资的不平等和不景气，社会保障的缺乏等。全球的不平衡已经使得中国、日本和德国成为世界资本出口的领军人物，而这些国家也将主要承担食品与能源价格上涨的巨大压力，这些都决定了此次危机将成为迄今破坏力最强的一次。在金融体系已经发生了彻底变化的今天，人们要想解决这些巨大的问题，并不是单纯取消货币和金融制度就可以办到的，必须将货币和金融市场严格纳入到规范化体系之中，进一步转变企业和银行在所有制和功能方面的性质，并为其制定新的规则等。但是，就目前的情况而言，资本主义社会仍将承受更为深远的打击，因此，只有彻底的、实际的转变措施，才能产生更好的作用，而这要比资本主义以往的特效药（金融手段）更为有效。①

最后，金融化从经济领域一直扩展渗透进了人们的日常生活之中，甚至成为了人际交往与个人发展的主要趋势。这是自2007年以来国外马克思主义学者所关注的热点之一。国外马克思主义学者把这种趋势称为“泛金融化”，认为“泛金融化”已经成为人们不能回避的社会问题，而“泛金融化”的产生，究其原因，首先在于金融逻辑已经成为了普适性原则，辐射到了日常生活的方方面面：在公共福利方面，助学贷款、幼儿基金、贷款、房屋抵押款、信用卡还款、健康保险、个人养老金等，这一切都被纳入到了金融运转体系之中，成为了金融投机的一部分，使得本该与实体经济密切联系，并保持相对稳定的公共福利部分，随着资本投机市场的震荡而变得缺乏规范性和稳定性，由此造成的一系列社会动荡和冲突更是不可避免。与此同时，在商业资本主义方面，金融化还刺激公司赋予金融手段以特权，使金融逻辑凌驾于其他商业规则之上，并使得各大公司纷纷视自身为资产积累的最佳途径和机遇。正因如此，随着环境的变化，这些公司也会不断地破产以及重组，而在不断的破产与重组之中，私人及投资银行的资本积累得以逐步实现。其次，“泛金融化”的产生还来自各方的支持和大力推广。各方之所以要这样做，是因为它们能够借助金融世界的“杠杆”作用，使自己摆脱“无回报风险”以及得到最大的收益。在这里，如果说“债务”是一个负面因素，那么这个金融化“杠杆”就成为了正面因素。正因如此，人们通常把“金融化”作为动词使用，比如我们“以杠杆调整”我们的资产，等等。但是，人们在这样做

① Robin Blackburn. The Subprime Crisis. *New Left Review*, 2008, 50 (3/4): 85.

的时候，却忘记了，阿基米德的杠杆是有支点的。“金融工程”试图在不顾自身所处环境是否安全的情况下推动这个世界，而在金融世界看来，任何稳固的东西都会融化在空气中，人们只看到资本主义的动机却未注意到它的有限之处，这将使金融化变得极具破坏性。

二、新自由主义批判

2008年2月1日，伊曼纽尔·沃勒斯坦在他的半月评论按语中宣称，2008年将是“自由主义全球化终结”的一年。① 作为对这一观点的理论论证，国外马克思主义者从理论和实践两个层面上展开了新一轮的新自由主义批判，并在此基础上探讨了发展中国家去新自由主义的可行性方案。

迈克尔·皮尔曼在《从封建主义到新自由主义的原始积累》一文中尝试对原始积累这一资本主义的核心概念进行梳理。

首先，他对比了封建社会和资本主义社会中原始积累的主要特征：在封建社会，原始积累主要集中于农业生产，为原始积累负主要责任的是封建领主个人，因而他不得不承担起劳动力生存需求的部分；相比较而言，在资本主义原始积累中负主要责任的只有资本本身，资本家仅仅只是“资本的代理人”。因此在古典经济学家看来，资本家并不打算接管劳动力的生存部分，劳动力自身不得不在资本主义生产之余维持一个自给自足的农业生产体系，从而对雇佣劳动生存部分起辅助补偿作用。

其次，皮尔曼指出了古典资本主义原始积累和当代新自由主义资本主义原始积累的相同之处。他分析了古典的原始积累的三个层次：第一，原始积累是直接剥夺人们赖以生存的手段；第二，原始积累的目的是以强制的手段把所有的人都卷入雇佣劳动的体系之

① Minqi Li. An Age of Transition: The United States, China, Peak Oil, and the Demise of Neoliberalism. *Monthly Review*, 2008, 59 (11): 20.

中；第三，原始积累控制着整个社会劳动的分工。他指出，这三个层面的情况虽然并非都存在于当代经济中，但是第一个层面的情况是显然存在的。比如，在美国，地方政府就已经开始利用征用权剥夺劳动者的土地，以供私人公司使用。再比如，跨国公司占用了大部分资源，如水、森林、土地等，甚至通过对基因码的私有化，占有食物的所有权。还有，在新自由主义时期，各资本主义国家都力图推进一种“所有制社会”，旨在使个体公民如同以往的无地农民一样，完全受劳动力市场的摆布。这些事实表明，现代的原始积累与古典的原始积累是一脉相承的。我们要充分了解当代资本主义的原始积累，就必须研究统治阶级在最初是如何运用原始积累的。这正是马克思曾经做过的工作。①

莫莉·斯科特·卡托在其新书《市场，非市场：建立后资本主义经济》② 中对新自由主义的市场理论进行了批判。她提出，全球贫困以及气候变化都是美国式资本主义，特别是美国，对于全球金融体系的控制的必然恶果，因此，要改变这一状况，就必须建立一个后资本主义的经济，建立一个去美国资本主义的世界：在经济方面，她呼吁绿色经济，从而抵御“资本积累以及随之产生的帝国主义的扩散，价格的价值降低，反社会、反环境的巨头公司的存在”。为了治本需要，作者批判了资本主义将其新古典主义经济散播全球，她呼吁要抛弃传统经济理论中的自成一体的概念，如“完全（自由）竞争”和“理性经济人”等这些概念。在政治上，她倡导绿色政治，即为经济寻找文化认同和情感认同的土壤，换句话说，就是支持本土贸易，而对于海外，则只是寻求公平贸易与技术交流。那么，绿色政治是否给市场留有空间呢？莫莉·斯科特·卡托的回答是肯定的。她指出，市场应该只是绿色政治中的一部分，“一旦受到税收和条例的引导和约束，比如全球健康和安全标

① Michael Perelman. primitive accumulation from feudalism to neoliberalism. *Capitalism. Nature*, *Socialism*, 2007,18(2):44.

② Molly Scott Cato. *Market Schmarket*: *Building the Post-Capitalist Economy*. Cheltenham:New Clarion Press, 2006.

准以及资源税等的严格约束，市场可以作为一种分配机制进行运作”。① 莫莉·斯科特·卡托的这些批判为进一步开始资本主义批判和建立新的经济秩序提供了理论基础。

在实践层面上，国外马克思主义学者加强了对受新自由主义影响的世界各国的个案分析，其中最受关注的有拉美各国以及包括中国、日本等国在内的东亚各国。

拉美国家作为最早全面推行新自由主义的地区，一直是国外马克思主义学者研究的最主要对象。历史地看，拉美国家早在19世纪末至20世纪初，在实施初级产品出口型经济发展模式过程中，就形成了依靠引进的大量外资建设港口、铁路和公路等基础设施来拉动自身经济发展的模式，从而进入了世界经济体系。到了20世纪30年代，受世界经济危机的冲击，拉美各国纷纷采取“进口替代”的工业发展模式，强化政府干预以及保护民族工业。在这个过程中，拉美各国逐渐形成了较为完整的工业体系。然而，到了20世纪70年代，资本主义以及世界经济逐渐由国家垄断走向国际垄断、华盛顿共识的全面推行，使新自由主义逐渐从经济学理论领域一步跨入政治、意识形态以及主流价值领域，此时，正值拉美国家债务危机和经济危机爆发，大批留美专家受新自由主义的影响，并在拉美各国政府任职，于是，开始在本国大力推行新自由主义经济政策，采取减少政府对经济的干预，实行部分国有企业私有化、金融贸易自由化等方面的改革。这些改革曾经推动了拉美的一些国家的经济发展，使它们在90年代获得了相当雄厚的经济基础，但也逐渐暴露出许多的问题。这些问题可归纳为三个方面：一是国有企业的私有化，使得大量国有产业被少数个人和外国资本所控制；二是收入分配的不均衡，导致了人民生活的严重的两极分化，贫困矛盾日益尖锐；三是国家由于过分让权而造成了政府职能在社会发展中作用的缺失。这三个方面使拉美国家在不断爆发的金融危机中陷入困境。1998年拉美国家通过了“圣地亚哥共识”，该共识强调

① Mary Mellor. Reducing the Power of Markets. *Capitalism*, *Nature*, *Socialism*, 2007, 18 (1): 128.

要确立国家在社会中的作用，强调改革的目标应是尽量少地消耗社会成本，保证人人得益，提高妇女和少数民族的地位等。这几点明显地是对新自由主义奉行以资本积累为目的，全面占有资源、全面拓展市场、坚持市场为导向的宗旨的反驳，是拉美国家拒斥新自由主义的声音。这一声音得到了广泛的民众支持，因此，近年来，巴西等拉美国家中反新自由主义的左翼势力相继赢得大选，民间的反新自由主义运动更是如火如荼地进行着。

近两年来，拉美国家在反思金融危机中开始了建立新秩序的工作，标志着拉美国家的反新自由主义浪潮进入到一个新的发展阶段。然而，在如何建立新的秩序这一问题上，左翼阵营发生了分歧，形成了两大派立场：正面回应和消极拒斥。

消极拒斥派通常采取的立场是：一方面，全面抵制政党、国家和政治，通过对传统左翼、新自由主义国家以及政治实践的批判来为其辩护，固守他们的“社会运动的统一化”；另一方面，在对传统左翼的盲目经济主义批判的基础上，强调本土运动，并将本土运动与社会主义运动相结合，以期形成政治和国际影响力。

从第一个方面来看，全面抵制政党、国家和政治实际上是存在着很大的弊端的，因为这一立场是建立在“国家和市民社会”二元对立的理论基础上的。在这一观点的影响下，这些学者更倾向于与社会运动和非政府组织合作，而不接纳政党，以为政党只是属于公共社会领域。这种将国家和市民社会相对立的观点正好与新自由主义主张的国家与私人对立的两极分化结构相吻合，从而使对新自由主义的批判陷入了困境。为了走出这一困境，巴西社会学家埃米尔·萨德尔重新阐发了市民社会和国家的关系。他说：真正的两极分化实际上存在于公共领域和市场领域之间，新自由主义的任务正是在这一层面上无限扩展市场关系，而在这一层面上，国家并不是争论两极中的一极。① 为了达到“圣地亚哥共识”所倡导的深入民

① Emir Sader. The Weakest Link? —Neoliberalism in Latin America. *New Left Review*, 2008, 52 (2): 5.

主化，消极拒斥派主张去市场化，把被新自由主义拱手让给市场的市民权利还给市民，把行为的空间限制为“社会的”而不是“政治的”，并且坚持“统一社会运动”的原则。

第二个方面是对传统左翼的盲目经济主义的批判，以及对本土化的推行。玻利维亚的新左翼对传统左翼的盲目经济主义展开了批判。他们指出，传统左翼只是将本土居民直接划分为农民，因为后者的谋生手段可以定义为小规模的农村生产，这样的经济主义剥夺了许多居民的身份。为此，他们提出了新的政治主题——推行本土运动。所谓本土运动，就是在结合其他社会力量的同时，进一步结合社会主义运动，以期在政治领域拥有更有效的行动。这一运动在拉美国家产生了实际的效果。埃沃·莫拉莱斯就是在这一运动中参与玻利维亚的选举并最终成为总统，而他又成功地防止了由法国公司所操纵的玻利维亚供水的私有化，并废止了之前的新自由主义政府。其他国家也有相类似的活动，这些都构成了拉美国家的去新自由主义化的运动。

虽然拉美各国已经逐渐走向去新自由主义的道路，但并未彻底改革其新自由主义体系，也未放弃自由贸易的模式。面对这一事实，西方马克思主义学者就新自由主义终结的时刻是否到来的问题产生了分歧：那些否认新自由主义终结时刻到来的学者认为，新自由主义已经全面侵入社会的方方面面，使得其他因素得不到生长的空间，而对新自由主义批判又尚未成熟，没有建立起有效的理论体系用于指导实践，这些都使新自由主义远未到终结的时刻。所以，在当前，人们只能寄希望于对传统新自由主义理论的某种超越，以寻求更为灵活的政策。那些肯定新自由主义终结时刻到来的学者则认为，20世纪90年代中期以来，新自由主义在全世界范围内受到了抵制，许多国家的政府处于恢复国家调节和社会保障的压力之下。面对经济危机，美国政府在国内扩大不平等，在国外奉行单边主义，这些政策已遭到了彻底的失败。沃勒斯坦指出，美国在不断增加的外债压力下已经不再有能力为其经济和帝国主义的冒险活动融资，美元正面临着自由落体式的贬值，美元将不再是世界的储备货币。这些将使我们能够在今后的几年见证世界政治和经济力量的一次大调整。从这一事实出发，这些学者指出，围绕全球社会变革的方向，全球范围内的阶级斗争高潮也将会出现。如果我们正处于资本主义世界体系的常态周期之中，那么在目前的不稳定和危机时期结束时，我们很可能会看到全球范围内凯恩斯主义或是国家资本主义制度的重新回归。经过了几个世纪的资本主义积累，全球环境已经处于崩溃的边缘，已不再有生态空间来进行另一次大规模的资本主义扩张，留给我们的路只有两条：要么继续允许资本主义破坏环境，毁灭人类文明的物质基础；要么废弃资本主义。为保护可持续性生态环境所进行的斗争必须与被压迫被剥削阶级的斗争联合起来，只有如此，才能在符合民主和社会主义原则，以满足人类需求为目的的生产基础之上来重建世界经济。从这个意义上说，我们已经进入了一个过渡的新时代。①

三、新帝国主义理论

在金融海啸席卷全球，反新自由主义、反新殖民主义、反新帝国主义运动如火如荼地开展的情况下，新帝国主义批判理论以马克思主义帝国主义理论为基础，充分结合生态学、经济学等各门学科，面向整个资本主义帝国主义体系，发展出新的批判向度。2007—2008年，新帝国主义理论主要发展出两个新的批判向度：第一，研究经典马克思主义的帝国主义理论与当代帝国主义理论的关系；第二，研究当代帝国主义的新形态。下面，我们分别介绍这两个方面的研究成果。

1. 研究经典马克思主义的帝国主义理论与当代帝国主义理论的关系

所谓经典马克思主义的帝国主义理论，主要指第二国际和第三国际的马克思主义者创立的帝国主义理论。其中，最杰出的有：罗

---

① Minqi Li. An Age of Transition: The United States, China, Peak Oil, and the Demise of Neoliberalism. *Monthly Review*, 2008, 59 (11): 20.

莎·卢森堡、希法亭、霍布森、列宁、布哈林的帝国主义理论。这些理论虽然观点不一，但有一个共同点，即都对马克思的资本主义危机理论持肯定态度。面对金融危机，国外马克思主义学者有意识地返回到这些理论，力图从中发现对今天重新认识帝国主义现象、发展马克思主义的帝国主义理论有价值的东西。近两年来，国外马克思主义者在思考当代帝国主义问题时，对这些理论进行了清理和比较研究，其中最突出的是福斯特和印度“政治经济学研究中心”的成员们围绕第二国际、第三国际的马克思主义者的帝国主义理论的性质和特点，以及如何看待巴兰的依附理论与第三国际的帝国主义理论之间的关系等问题展开的争论。《每月评论》在2007年、2008年两年间连续刊载了这一争论的系列文章。

福斯特提出他的观点最早是在《每月评论》2007年的第3期上。2007年是《资本论》第一卷发表140周年。《每月评论》在这一年的第3期上登载了乔奥·阿古亚对约翰·贝拉米·福斯特所作的访谈。①在这个访谈中，福斯特明确阐发了回到马克思的资本主义理论对于我们认识新帝国主义现象的意义。他指出：在今天，我们只有坚持和维护《资本论》的理论原理，才能真正理解当代资本主义。因为，马克思《资本论》的目的是以彻底的辩证观点分析资本主义社会，将资本解释为一种社会关系，并在过程中描述资本的运动规律。马克思提出的剩余价值率、生产的不断革命化（需要越来越细致的劳动分工）、劳动后备军（或相对过剩人口）、资本积聚和集中等观点，是马克思资本主义理论的最高成就，也是他留给我们的最宝贵的财富。

为了说明马克思的这些理论对今天人们认识帝国主义现象的意义，福斯特首先批评了第二国际和第三国际的帝国主义理论。他认为，第二国际和第三国际的马克思主义理论家们依据的是马克思在《资本论》（1867）德文第一版序言中所说的“工业较发达的国家

① João Aguiar. Capital and Empire: An iInterview with John Bellamy Foster. *Monthly Review*, 2007, 58 (10): 1.

向工业较不发达的国家所显示的，只是后者未来的景象”这段话来解读马克思的社会发展理论，把马克思的社会发展理论看做是受线性发展的逻辑支配的。这是对马克思的社会发展观的误读。因为，马克思在论述社会发展理论时，还同时提出了“亚细亚生产方式”这一概念，并以此论述了历史发展的不平坦的、扭曲的、替代性的道路的思想。或许，马克思使用的“亚细亚生产方式”这一概念存在着许多缺陷，但马克思在论述“亚细亚生产方式”时的确阐发了一种不同于任何简单的线性模式的非线性模式。第二国际和第三国际的马克思主义者们正是因为没有看到马克思思想的这一方面，所以，以简单的线性模式解读马克思的社会发展理论，并由此建立起马克思主义的帝国主义理论，强调所有国家都将沿着原初的资本主义大国的路线而发展。这是一种线性的帝国主义理论。这一理论及其所遵循的线性思维方式构成了我们今天修正和发展马克思主义的帝国主义理论和社会主义理论的原因。

在此基础上，福斯特比较了当代依附理论的代表人物巴兰的帝国主义理论和第二国际和第三国际理论家们的帝国主义理论在思维方式上的区别。他认为，在与马克思的资本主义理论的关系上，巴兰和希法亭、布哈林、列宁、罗莎·卢森堡等第二国际和第三国际的马克思主义者一样，都以马克思的生产的积聚和集中、殖民主义，以及从工业资本的发展预示世界体系增长等思想为其根本，但是，他们却是以不同的思维方式理解马克思的这些思想，希法亭、布哈林、列宁、罗莎·卢森堡等第二国际和第三国际的理论家们主要以线性的思维方式理解马克思的这些思想，而巴兰则是以非线性的思维方式理解马克思的这些思想，因为，巴兰所提出的依附理论和世界体系中的许多关键因素，都是马克思晚年著述中预示过的内容。① 两者相比，巴兰对欠发达国家特殊发展道路的探讨，对于分

① 例如肯索·莫里（Kenzo Mohri）发表在1979年4月《每月评论》上的文章，苏尼提·库马尔·格斯（Suniti Kumar Ghosh）发表在1984年1月《每月评论》上的文章，特奥多·沙宁（Teodor Shanin）的《晚年马克思与俄国的道路》等。

析和认识新帝国主义更有价值。①

印度“政治经济学研究中心”的成员们不同意福斯特对第三国际的帝国主义理论的评价，也不同意他把巴兰的依附理论与第三国际的帝国主义理论对立起来。他们认为，首先，无论是布尔什维克，还是共产国际，都没有采取一种线性的理论方式。布尔什维克和共产国际遵循的是列宁的帝国主义理论。列宁在他的理论中，以辩证法分析帝国主义时代的东方殖民地国家和被压迫国家的状况和世界范围内的民族解放斗争，提出：东方殖民地国家和被压迫国家，由于受到帝国主义势力的压制和这些国家的资产阶级的软弱性，其资产阶级民主革命不能由资产阶级领导完成，而必须在无产阶级的领导下完成。无产阶级在领导完成资产阶级的民主革命后，要进一步领导社会主义革命，建立社会主义国家。这一思想显然是一种非线性的社会发展观。这种非线性的社会发展观也存在于毛泽东对帝国主义和中国革命的分析中。毛泽东明确地提出，在中国，“资产阶级没有能力领导资产阶级革命”，中国的资产阶级本质上是反对资产阶级民主革命的重要力量，所以，中国革命必须由无产阶级来领导，首先进行新民主主义的革命，进而发展成社会主义革命，建立社会主义的国家。这同样表述了非线性的社会发展观。所以，把第三国际的帝国主义理论说成是线性发展逻辑的发展观是没有历史根据的。其次，巴兰的依附理论在分析受帝国主义欺压的欠发达国家的阶级状况时，的确表达了一种非线性的社会发展观，但是，这种观点与第三国际的帝国主义理论绝非是对立的，而是第三国际的帝国主义理论的继承和在新时期的发展。比如，巴兰对欠发达国家的经济和阶级状况的分析就与毛泽东的思想极其相似，列宁和共产国际在20世纪20年代就说了与巴兰相似的观点，而他提出的欠发达国家革命的观点也是俄国革命、共产国际以及中国革命对于帝国主义的早期批判的一种发展。可以说，巴兰的依附理论是有关冷战、新殖民主义和新兴的资产阶级经济发展理论，亦是在回应中国革命的基础上的一种理论判断。当然，与第三国际的帝国主义

① John Bellamy Foster. The Imperialist World System: Paul Baran's Political Economy of Growth After Fifty Years. *Monthly Review*, 2007, 59 (1): 1.

理论相比，巴兰的帝国主义理论更为成熟。但这一点并不妨碍肯定第三国际的帝国主义理论的价值，因为承认第三国际的帝国主义理论的贡献，丝毫不意味着抹煞巴兰杰出的理论贡献。①

作为对这一批评的回应，福斯特论述了两个观点：一是更正了他关于巴兰与第三国际的帝国主义理论关系的观点。在《帝国主义世界体系与资本主义发展模式——50 年后看保罗·巴兰的〈增长的政治经济学〉》一文中，福斯特承认巴兰的《增长的政治经济学》一书的观点是经典马克思主义思想的一种延伸。他指出，巴兰确实受到了毛泽东对帝国主义批判的影响。比如，巴兰在书中引用了毛泽东的关于中国本应该可以在没有外国帝国主义的影响之下独立进入资本主义社会的观点，关于冷战后的全球意识形态分裂并不是简单地将世界一分为二、而是一分为三个阵营的观点，关于不结盟运动和“第三世界”成为了第三大阵营的观点等。二是强调巴兰理论的当代意义。福斯特认为，巴兰虽然受到毛泽东的思想和第三国际的帝国主义理论的思想影响，但他赋予了帝国主义、新殖民主义理论以全新的含义，比如，他坚持主张任何彻底的斗争运动都必须建立在阶级力量可相互取代的关系之上，这就非常适应新的历史条件的无产阶级斗争。不仅如此，他对帝国主义世界体系的处理方式以非线性的思维方式挑战了右翼和日益僵化的左翼。

2. 研究当代帝国主义的新形态

冷战结束后，随着世界两极体系的瓦解，以北约为核心的西方世界获得了空前发展与扩张的契机。在意识形态领域，西方传统的自由、民主、正义观念以及对人权的追求和推行得到了最大力度的支持，于是，自由、民主、人权成为了帝国主义干涉他国内政，实现资本扩张与军事扩张的最佳旗帜，“人道主义干涉”与“保护的责任”很快成为西方政策话语中的核心词汇。国外马克思主义学者们很快认识到，帝国主义已经开始穿上不同形式的外衣，帝国主

① Research Unit for Political Economy. On the History of Imperialism Theory. *Monthly Review*, 2007, 59 (7): 42.

义批判理论应该探讨当代帝国主义的新形态。从总体上看，他们把帝国主义的新形态定义为人道主义的帝国主义和文化的帝国主义，并分别对这两种帝国主义进行了批判。

对人道主义的帝国主义进行批判的代表人物是诺姆·乔姆斯基。诺姆·乔姆斯基是近年来非常活跃也极具影响力的帝国主义批判理论学者。他在2008年9月的《每月评论》中发表了题为《人道主义的帝国主义：帝国权利的新教条》① 的文章，明确指出，当代帝国主义是人道主义的，这是帝国权利的一个新的教条。他援引了比利时物理学家尚·布里克蒙的“人道主义的帝国主义”的概念，指出，这一教条并没有改变帝国主义以暴力干涉他国的实质，却是在人道主义的口号下进行的。如1999年9月解救东帝汶地区的行动就是一种人道主义干涉，这样的跨国行动甚至没有遇到任何困难。这也印证了现实主义国际关系理论的创立者汉斯·摩根索所说的，是“顺从者对于强权者的顺从”。这种军事上的“解放”行为还不是人道主义的帝国主义行动的全部，它还包含经济乃至民生方面的干涉。如1995年克林顿政府对海地进行的军事干涉，迫使海地临时政府在长久的战争泥沼之中接受了一系列新自由主义经济政策，其主要内容就是保持美国对其出口和投资的零关税壁垒。这与肯尼迪时期发生在其他国家身上的遭遇是一致的。这种人道主义的新教条也得到了很多知识分子的追捧，如瓦茨拉夫·哈维尔②在接受美国主流刊物《纽约书评》的采访时，发表了题为“科索沃和民族国家的终结”的讲话，指出，“南斯拉夫战争是当代国际关系的一个标志，它第一次使一个民族的人权——科索沃阿尔巴尼亚人——明确地摆在了第一位”，我们进入了一个真正的启蒙时代，而我们也将见证民族国家的最终消亡。对科索沃的干涉已成为一种民主化的启蒙运动，而残酷的战争则成了文明进化过程中的一大步，因为在这个过程中，人本身已经高于国家，于是，人权高于主

① Noam Chomsky. Humanitarian Imperialism: The New Doctrine of Imperial Right. *Monthly Review*, 2008, 60 (4): 22.

② 曾任捷克共和国总统。

权的口号得到了充分的响应。①针对这一观点，乔姆斯基反驳道：纵观近代史，民主和发展所共同面对的敌人是主权的丧失，无论哪个国家，其主权的衰落就意味着民主希望的衰落，随之而来的便是社会和经济政策能力的衰落，从而影响到国家的发展。无论是在东欧，还是在拉丁美洲地区，近年来强加在这些国家的体制都有着明显的新自由主义的烙印，而新自由主义主张的私有化，支持资金自由流动和全面彻底的市场化与金融化，又全都在破坏民主制度的建立和健全。② 因此，在人权高于主权的口号下的一系列行动必然以遭受抵制而最终宣告失败。在这里，诺姆·乔姆斯基从军事、经济、政治和文化等各个方面的分析中揭示了“人道主义干涉”的实质。不仅如此，诺姆·乔姆斯基还分析和批判了人道主义帝国主义的第二个口号——“保护的责任”。他指出，这个口号的内容是：当一个国家不愿或无法保护人民，而反人性的罪行又一再上演时，国际组织就有义务干涉其内政。美国对伊拉克的干涉，以及将萨达姆送上绞刑架，都是在“保护的责任”的旗帜下进行的。由此可见，无论是对于科索沃的“人道主义干涉”，还是对于伊拉克的“保护的责任”，都有着非常明确的现实目的，前者是由于科索沃一直阻碍着美国在欧洲的一系列政策的推广，而后者则是由于全球资源的争夺的必然结果。面对这些事实，我们不得不问：人道主义干涉究竟存在么？除了各国领导人的各种澄清以及军事干涉所造成的少数类似人道主义的成效之外，没有任何证据可以证明“人道主义干涉”的合法性，而其合理性更是成问题。这正如布雷克蒙所说的，在当代世界，人道主义的帝国主义意味着，强大国家只因为有“它相信这是正义的”这理由，便获得了动用武力的权利。这完全是对正义的扭曲。

文化的帝国主义是当代帝国主义的另一种形态。这种形态的帝

① Noam Chomsky. Humanitarian Imperialism: The New Doctrine of Imperial Right. *Monthly Review*, 2008, 60 (4): 22.

② Noam Chomsky. Imminent Crises: Threats and Opportunities. *Monthly Review*, 2007, 59 (2): 1.

国主义主要是以文化资本作为全球化中维持其霸权的重要武器。对文化的帝国主义进行研究和批判的代表人物有：布迪厄、萨义德、霍密·巴巴等。文化资本的概念最早由布迪厄在《资本的形式》一文中提出。他指出，资本的表现形式主要有三个：经济资本、社会资本和文化资本。这三种资本最终都会以经济的甚至货币的形式出现，都要表现其价值，并逐步地被制度化。与经济资本、社会资本不同的是，文化资本不是以货币的形式，不是通过社会关系构成的变化，而是以教育资质的形式转化成经济资本，并最终制度化。近年来，文化资本越来越成为帝国主义控制他国的经济、政治、文化，维持其世界霸权地位的手段，于是，文化资本的问题、帝国主义与全球各民族文化的关系问题就被明确地提了出来，成为当代国外马克思主义者研究的热点问题之一。卡维塔·菲利浦从多元文化的角度切入了这一问题的研究。她从两个方面论证了多元文化的走向：其一，从多元文化和一元文化的关系上，即文化的差异和同一的关系上，揭示了多元文化的实质。她认为，在当代国际化的环境下，多元文化只是帝国主义用于实施一元文化的手段，或辅助工具。她以跨国企业的商业化运作为例来说明这一问题。她指出，当代大众多元文化的流行使得文化差异具体化，这种具体化又为其商业化运作提供了必要条件。于是，越来越多的跨国企业会选择大众多元文化作为其辅助手段，以实现对他国经济的控制。这实际上是利用大众文化来达到文化的同一性，从而实现对他国的经济、政治和文化的统治，而发展中国家就是在这种多元文化的传播中丧失了自身民族文化，也失去了对其文化资本的控制权。其二，从大众多元文化的形式分析文化资本所具有的帝国主义性质。她指出，文化资本的扩张是帝国主义推行全球化战略的一个重要方面。因为，帝国主义者主张文化现代化的传播，不仅仅要用文化相对主义来处理文化同一性和差异性的关系，同时还要实现全球文化霸权。这就使文化的现代化融合了多层面的内容，这就要求我们对文化现代化作多层次的分析和考察，唯有如此，我们才能真正把握世界发展的脉络。①

① Kavita Philip. Nature，Culture Capital，Empire. *Capitalism*，*Nature*，*Socialism*，2007，18（1）：5.

总而言之，帝国主义从冷战后至今，虽然经历了一个不断充实和不断转变的过程，但唯独对于全球霸权的追求却始终未变。正是这一点，使帝国主义成为一个世纪以来马克思主义研究和批判的主题。

四、生态学马克思主义

21 世纪以来，生态学马克思主义始终在理论和实践两个层面上交叉发展。在理论层面上，生态学马克思主义主要是以生态学的观点重建马克思主义的危机理论、唯物主义理论和剩余价值学说；在实践层面上，生态学马克思主义以当代新社会运动为基础，研究新社会运动的战略和策略。2007—2008 年，生态学马克思主义的理论和实践研究有两个亮点：其一，对马克思生态学传统的新阐释；其二，对中国生态问题的思考。下面，我们着重介绍这两个方面的问题。

1. 对马克思生态学传统的新阐释

在生态学马克思主义理论的建构上，生态学马克思主义阵营中一直存在着两派：一派以福斯特为代表，主张马克思的生态学传统，认为，马克思早在他的博士论文中，就已经通过评价伊壁鸠鲁的唯物主义，创立了马克思主义的非决定论的唯物主义传统。这种非决定论的唯物主义传统不仅在思维方式上建构了生态学的思维方式，而且以对人与自然之间的生态学考察，提出了生态学马克思主义研究的基本内容。一派以奥康纳为代表，否定马克思的生态学传统，认为马克思的历史唯物主义是一种理性的哲学，与生态学马克思主义毫不相干，生态学马克思主义是在当代新社会运动的基础上产生的，是当代马克思主义建构起来的。在这两种观点中，前者更重视生态学马克思主义的理论建构，后者更重视生态学社会主义运动。2007 年和 2008 年，随着马克思主义理论研究的加强，福斯特为代表的一派显示出强劲的发展势头，他们以《马克思的生态学在 21 世纪的意义》为题，较系统地阐发了马克思的生态学传统及其意义，从而成为这两年生态学马克思主义发展的一个亮点。

从总体上看，2007 年和 2008 年，以福斯特为代表的生态学马克思主义的理论研究主要是从方法论的向度上阐发马克思的生态学传统及其意义，以回应奥康纳一派对马克思生态学及其意义的否定。福斯特和其弟子克拉克在《马克思的生态学在 21 世纪的意义》一文的开始就提出，生态学马克思主义面临的最重要问题，就是要解答马克思在 19 世纪中期提出的生态学批判思想在今天是否还有意义？如果说有，那么，它的意义体现在哪些方面。围绕这一问题，该文从三个方面展开了论述。其一，马克思的生态学思想对于建构 21 世纪的生态学马克思主义理论具有重要的方法论意义。福斯特和克拉克认为，马克思以辩证的观点阐发了使用价值和交换价值的关系、财富和积累的关系、人类的可持续发展和对整体资本主义批判的思想，这些思想不仅在哲学的向度上阐发了自然与社会的辩证关系，而且还从政治经济学的角度批判了资本主义社会的内在矛盾，从中构造起一种生态学的思维方式。这一思维方式对于我们今天建构生态学马克思主义理论具有不可估量的意义。他们以前一阶段的生态学思想的缺陷来论证这一思想。他们指出，生态学思想的形成是在重建自然环境概念中展开的，而重建自然环境这一概念又是在马克思主义的框架中提出的，但是，由于当时马克思主义还没有建构起有关绿色运动理念，又没有从经典马克思主义的生态学思想发掘生态学的思想资源，所以，人们虽然看到了生态问题，却没能说明何为生态危机，而只是简单地把生态危机归因于经济危机，并没有真正解答人类赖以生存的自然环境的危机问题。马克思主义哲学中的这种生态理论的缺失及其所造成的无法切入生态问题的状况，要求我们返回到马克思的唯物主义和政治经济学批判中，从中发现他的唯物主义的生态思想，把马克思的资本主义批判理论扩展到考察资本主义体系与人赖以生存的自然环境之间的关系中，以建立适合 21 世纪人类历史发展的马克思主义的生态学理论。正是在这个意义上，可以说，马克思的唯物主义的生态学思想是我们今天建构马克思主义生态学理论的起点。其二，以马克思的“代谢裂缝”（metabolic rift）概念阐发马克思的生态学思想。福斯特和克拉克认为，奥康纳否认马克思的唯物主义中有生态学思想，就是因为不了解马克思的“代谢裂缝”概念，因此，要理解马克思的生态学思想和思维方式，就必须了解马克思的“代谢裂缝”概念。福斯特和克拉克论述“代谢裂缝”概念的前提是，马克思和恩格斯创立历史唯物主义是自然唯物主义的完成，这就是说，马克思和恩格斯是通过阐发自然和历史的辩证关系而建立起历史唯物主义理论的，因此，自然和历史辩证关系的原理就成为了历史唯物主义的基石。那么，马克思是如何确立自然和历史辩证关系的原理的呢？是通过“代谢裂缝”概念。在马克思那里，“代谢裂缝”是马克思运用“新陈代谢”分析资本主义的劳动和资本积累的结果。所谓“新陈代谢”，在马克思那里，指的是自然和历史之间的物质和能量的一种新陈代谢的交换，这种交换是通过劳动实现的，劳动使人与自然之间形成了新陈代谢的交换关系，既保持了人对自然的能动性，又保持了人的活动与自然之间的平衡。人与自然之间的新陈代谢的交换，在资本主义条件下，是通过持续的资本积累而完成的，因此，它是一种资本主义社会的新陈代谢。由于资本积累的需要，资本家不断地掠夺自然，也不断地破坏人与自然之间的平衡的新陈代谢，这种人与自然之间的交换关系产生了“代谢裂缝”。马克思曾经以资本主义农业的发展，说明资本积累是如何破坏土壤，从而破坏人与自然之间的代谢交换关系的。可见，马克思的“代谢裂缝”概念不仅包括着生态学的思想，而且提出了一种批判的生态学理论。这个理论是与他的资本主义批判理论联系在一起的。其三，资本主义与21世纪的生态危机。福斯特和克拉克认为，马克思的“代谢裂缝”理论为分析21世纪的生态危机提供了一种方法论、一种思路。因为21世纪的生态危机最重要的特征是全球危机。所谓全球危机，就是生态危机不仅表现为人的生存环境的破坏，而且还表现为地球的退化，而造成这一危机的根本原因是资本主义生产方式不断地使自然服务于资本积累，把自然资源转化为自然资本，通过各种交易把气候变成市场的结果。全球危机的出现表明，21世纪的生态危机不仅包括着资本主义生产方式内部的使用价值和价值的矛盾，而且还包括财富价值（使用价值和交换价值）的矛盾与生态环境之间的矛盾，后者是马克思所说的“代谢裂缝”

的扩展。由此得到的结论是：马克思的“代谢裂缝”理论不仅适合于19世纪的土壤分析，而且也适合于对当代全球危机的分析，同时也证明，全球危机在资本主义社会条件下是得不到根本解决的。

2. 对中国生态问题的思考

在生态学马克思主义研究的实践思考上，国外马克思主义者主要探讨资本主义能源危机及其在发达国家和发展中国家的情况及其前景。中国由于经济的持续增长，逐步成为未来世界经济的主体之一，其经济、政治和文化等问题都进入了国外学者的研究视野。2007年和2008年，生态学马克思主义者也开始从生态学的视角研究中国的问题。

国外生态学马克思主义者认为，中国的高能源消耗不仅对全球能源造成影响，而且还成为中国经济的可持续发展的障碍。他们以中国在2006年的资源消耗为例来分析这一问题。他们指出，2006年中国消耗了世界上1/3的钢材、1/4的铝和铜，中国的石油消耗量占世界的7%。2000年至今，中国已经占到了世界石油总需求增加量的1/3。中国的巨大需求已经成为全球能源及原材料价格猛增的一个主要因素。从2008年1月至2009年1月，世界能源价格指数上涨了170%，世界金属价格指数上涨了180%。如果继续保持目前的投资水平，中国将会造成远远大于世界市场最终需求的产能过剩，并且也将远远超出世界能源及原材料供给所能承受的程度，到那时，中国将受到严重的经济危机的威胁。中国经济要想在一个更加“可持续的”基础上进行重建（根据持续的资本积累的观点），就必须朝着扩大国内需求和消费的方向重新定位。

此外，水资源也是制约中国发展的一个重要因素。国外生态学马克思主义者认为，大规模的水资源调配控制是一个有关国家发展战略的问题，而中国的地理环境使得农业生产处在资源缺乏的状况下，这就要求政府集中控制、调配水资源。因此，政府能否有效地控制和调配水资源就成为中国经济能否平衡发展的关键。正如尼德汉姆所说：中国的地理气候条件对中国社会产生了很大的影响，这种影响就体现在它促进了政府集中调控的力量。而中国能否在水资源分配极其不平衡的条件下实现工业和农业的有效生产，这势必依赖于政府的大规模的调控措施。①

国外生态学马克思主义者对中国生态问题的思考为我们研究中国的可持续发展问题提供了一条思路。

综上所述，2007 年和 2008 年的国外资本主义的研究主要还是围绕着资本主义金融危机所带来的影响以及资本主义社会的应对方式而展开研究的。在资本主义全球化的现实情况下，资本主义危机造成了“牵一发而动全身”的影响，因此，无论是对发达资本主义国家的研究，还是对于发展中或欠发达国家地区的研究都是以这一大的背景作为现实基础的，正因为这一点，才使得国外资本主义批判研究拥有了其现实合法性。在合理性方面，这两年的研究成果也表明，对于经典马克思主义理论的再发现与再建立已经成为国外资本主义研究的重要路径，正如泰尔鹏所说，无论何时，我们都能从马克思的理论中获取灵感得到动力。②

参考文献

[1] GÖRAN THERBORN. After Dialectics—Radical Social Theory in a Post-Communist World. *New Left Review*,2007,43(1/2):107.

[2] ROBIN BLACKBURN. The Subprime Crisis. *New Left Review*, 2008,50(3/4).

[3] JOHN BELLAMY FOSTER. The Financialization of Capital and the Crisis. *Monthly Review*,2008,59(11).

[4] ROBERT WADE. Financial Regime Change. *New Left Review*, 2008, 53(9/10).

① Simon Gilbert. The First Emperor and After: Analysing Imperial China. *International Socialism*, 2008, 118 (3): 177.

② Göran Therborn. After Dialectics—Radical Social Theory in a Post-Communist World. *New Left Review*, 2007, 43 (1/2), : 107.

[5]JOÃO AGUIAR. Capital and Empire: An iInterview with John Bellamy Foster. *Monthly Review*, 2007, 58(10).

[6]JOHN BELLAMY FOSTER. The Imperialist World System: Paul Baran's Political Economy of Growth After Fifty Years. *Monthly Review*, 2007, 59(1).

[7]RESEARCH UNIT FOR POLITICAL ECONOMY. On the History of Imperialism Theory. *Monthly Review*, 2007, 59(7).

[8]NOAM CHOMSKY. Humanitarian Imperialism: The New Doctrine of Imperial Right. *Monthly Review*, 2008, 60(4).

[9] NOAM CHOMSKY. Imminent Crises: Threats and Opportunities. *Monthly Review*, 2007, 59(2).

[10] KAVITA PHILIP. Nature, Culture Capital, Empire. *Capitalism, Nature, Socialism*, 2007, 18(1).

[11]MICHAEL PERELMAN. Scarcity and Environmental Disaster: Why Hotelling's Price Theory Doesn't Apply. *Capitalism, Nature, Socialism*, 2007, 18(1).

[12]JOHN BELLAMY FOSTER. A Failed System: The World Crisis of Capitalist Globalization and its Impact on China. *Monthly Review*, 2009, 60(10).

[13]SIMON GILBERT. The First Emperor and After: Analysing Imperial China. *International Socialism*, 2008, 118(3).

[14]ROBIN HAHNEL. Ecolocalism: A Constructive Critique. *Capitalism, Nature, Socialism*, 2007, 18(2).

[15]WALTER BENN MICHAELS. Against Diversity. *New Left Review*, 2008, 52(2).

[16]CLAUDIA VON WERLHOF. No Critique of Capitalism Without a Critique of Patriarchy! Why the Left Is No Alternative1. *Capitalism, Nature, Socialism*, 2007, 18(1).

[17]FRIEDER OTTO WOLF. The Missed Rendezvous of Critical Marxism and Ecological Feminism. *Capitalism, Nature, Socialism*, 2007, 18(2).

[18] KATHRYN J NORLOCK. Faith and Environment. *Capitalism, Nature, Socialism*, 2007, 18(1).

[19] MARY MELLOR. Reducing the Power of Markets. *Capitalism, Nature, Socialism*, 2007, 18(1).

[20] ANTONIO A R IORIS. The Troubled Waters of Brazil: Nature Commodification and Social Exclusion. *Capitalism, Nature, Socialism*, 2007, 18(1).

[21] PATRICK BOND. Announcing a New Book: Climate Change, Carbon Trading and Civil Society. *Capitalism, Nature, Socialism*, 2007, 18(2).

[22] JENNA M LOYD. Katrina: A Racist Disaster. *Capitalism, Nature, Socialism*, 2007, 18(3).

[23] PAT DEVINE, PETER DICKENS. On the Metabolism between Society and Nature in the U. K. *Capitalism, Nature, Socialism*, 2007, 18(9).

[24] DAVID ROVICS. Pivotal Moment in the Green Scare. *Capitalism, Nature, Socialism*, 2007, 18(3).

[25] MICHAEL MIKULAK. Seeds of Democracy. *Capitalism, Nature, Socialism*, 2007, 18(3).

[26] TED BENTON. The Rural-Urban Division in U. K. Politics. *Capitalism, Nature, Socialism*, 2007, 18(3).

[27] JOEL KOVEL. The Time has Come. *Capitalism, Nature, Socialism*, 2007, 18(3).

[28] CAITLYN VERNON. A Political Ecology of British Columbia's Community Forests. *Capitalism, Nature, Socialism*, 2007, 18(4).

[29] JOEL KOVEL. Grace Paley and the Dark Lives of Women. *Capitalism, Nature, Socialism*, 2007, 18(4).

[30] ERICA WETTER. On Radical Activism. *Capitalism, Nature, Socialism*, 2007, 18(4).

[31] PATRICK BOND. Privatization of the Air Turns Lethal: "Pay to Pollute" Principle Kills South African Activist Sajida Khan.

Capitalism, *Nature*, *Socialism*,2007,18(4).

[32] MILTON FISK. Radical Thought in the Time of Corporate Globalization. *Capitalism*, *Nature*, *Socialism*,2007,18(4).

[33] KATE ERVINE. The Greying of Green Governance: Power Politics and the Global Environment Facility. *Capitalism*, *Nature*, *Socialism*, 2007,18(4).

[34] BILL HOPWOOD, MARY MELLOR. Visioning the Sustainable City. *Capitalism*, *Nature*, *Socialism*,2007,18(12).

[35] ARRAN GARE. Marxism and the Problem of Creating an Environmentally Sustainable Civilization in China. *Capitalism*, *Nature*, *Socialism*, 2008,19(1).

[36] VICTOR WALLIS. On Marxism, Socialism, and Ecofeminism: Continuing the Dialogue. *Capitalism*, *Nature*, *Socialism*, 2008,19(1).

[37] NICHOLAS FARACLAS. On the Birthmarks of the Old Society: A Reflection on the Exchange between Maria Mies and Victor Wallis. *Capitalism*, *Nature*, *Socialism*,2008,19(1).

[38] DAMIAN F WHITE. Post-Industrial Possibilities and Urban Social Ecologies: Bookchin's Legacy. *Capitalism*, *Nature*, *Socialism*, 2008,19(1).

[39] MATTHEW T HUBER. Capitalism and Environment. *Capitalism*, *Nature*, *Socialism*,2008,19(2).

[40] MICK SMITH. Colonialism and Nature. *Capitalism*, *Nature*, *Socialism*,2008,19(2).

[41] PHOEBE C GODFREY. Ecofeminist Cosmology in Practice: Genesis Farm and the Embodiment of Sustainable Solutions. *Capitalism*, *Nature*, *Socialism*, 2008,19(24).

[42] JOEL KOVEL. Ecosocialism, Global Justice, and Climate Change. *Capitalism*, *Nature*, *Socialism*,2008,19(2).

[43] ANDREW M WENDER. Environmental Harms and Capitalist Regulation. *Capitalism*, *Nature*, *Socialism*,2008,19(2).

[44] SVETLANA NIKITINA. Family and Community Values. *Capitalism, Nature, Socialism*, 2008, 19(2).

[45] BETH EDDY. Activist Communities Advance by Focusing on the Specifics. *Capitalism, Nature, Socialism*, 2008, 19(9).

[46] ARIEL SALLEH. Ecosocialism and "Ecological Civilization" in China. *Capitalism, Nature, Socialism*, 2008, 19(19).

[47] PETER JACQUES. Ecology, Distribution, and Identity in the World Politics of Environmental Skepticism. *Capitalism, Nature, Socialism*, 2008, 19(9).

[48] DEBORAH ROSE. Fitting into Country: Ecology and Economics in Indigenous Australia. *Capitalism, Nature, Socialism*, 2008, 19(9).

[49] CLAUDIA VON WERLHOF. The Globalization of Neoliberalism, its Consequences, and Some of its Basic Alternatives. *Capitalism, Nature, Socialism*, 2008, 19(3).

[50] ERIC J ZIEGELMAYER. Whales for Margarine: Commodification and Neoliberal Nature in the Antarctic. *Capitalism, Nature, Socialism*, 2008, 19(3).

[51] ZOHL DÉ ISHTAR. A Very Special Life Energy: The Logic of Women Peacemakers Globally. *Capitalism, Nature, Socialism*, 2008, 19(4).

[52] NAHIDE KONAK. Ecological Modernization and Ecomarxist Perspectives: Globalization and Gold Mining Development in Turkey. *Capitalism, Nature, Socialism*, 2008, 19(4).

[53] MICHAEL KEANEY. Geopolitical Trends. *Capitalism, Nature, Socialism*, 2008, 19(4).

[54] MYRNA SANTIAGO. How Fair is Fair Trade. *Capitalism, Nature, Socialism*, 2008, 19(4).

[55] JOSÉ A TAPIA GRANADOS. On the Implications of the Global Financial Crisis: Some Thoughts about the Past and the Future. *Capitalism, Nature, Socialism*, 2008, 19(4).

[56] KATHARINE N FARRELL. The Politics of Science and Sustainable Development: Marcuse's New Science in the 21st Century. *Capitalism, Nature, Socialism*, 2008, 19(4).

[57] PATRICK BOND. The State of the Global Carbon Trade Debate. *Capitalism, Nature, Socialism*, 2008, 19(4).

[58] ELMAR ALTVATER. A Marxist Ecological Economics. *Monthly Review*, 2007, 58(8).

[59] BOB WING. Harry Chang: A Seminal Theorist of Racial Justice. *Monthly Review*, 2007, 58(8).

[60] WILLIAM K TABB. Resource Wars. *Monthly Review*, 2007, 58(8).

[61] ROXANNE DUNBAR-ORTIZ. Road to the Iraq War: Two Views of U. S. Imperialism. *Monthly Review*, 2007, 58(8).

[62] ROSA MARIA MARQUES, ÁQUILAS MENDES. Lula and Social Policy: In the Service of Financial Capital. *Monthly Review*, 2007, 58(9).

[63] JOHN BELLAMY FOSTER. The Ecology of Destruction. *Monthly Review*, 2007, 58(9).

[64] DANIELA MAGALHÃES PRATES, LEDA MARIA PAULANI. The Financial Globalization of Brazil under Lula. *Monthly Review*, 2007, 58(9).

[65] JOÃO PEDRO STEDILE. The Neoliberal Agrarian Model in Brazil. *Monthly Review*, 2007, 58(9).

[66] M SHAHID ALAM. U. S. Imperialism and the Third World. *Monthly Review*, 2007, 58(9).

[67] WILLIAM K TABB. Imperialism: In Tribute to Harry Magdoff. *Monthly Review*, 2007, 58(10).

[68] MICHAEL D YATES. The Long Shadow of Race. *Monthly Review*, 2007, 58(10).

[69] MICHAEL A LEBOWITZ. New Wings for Socialism. *Monthly Review*, 2007, 58(11).

[70] JOHN BELLAMY FOSTER. The Financialization of Capitalism. *Monthly Review*, 2007, 58(11).

[71] MARTIN HART-LANDSBERG, PAUL BURKETT. China, Capitalist Accumulation, and Labor. *Monthly Review*, 2007, 59(1).

[72] REBECCA CLAUSEN. Healing the Rift: Metabolic Restoration in Cuban Agriculture. *Monthly Review*, 2007, 59(1).

[73] JAMES M CYPHER. From Military Keynesianism to Global-Neoliberal Militarism. *Monthly Review*, 2007, 59(2).

[74] WILLIAM K TABB. Wage Stagnation, Growing Insecurity, and the Future of the U. S. Working Class. *Monthly Review*, 2007, 59(2).

[75] RICARDO ALARCÓN. ALBA: A New Dawn in Latin America. *Monthly Review*, 2007, 59(3).

[76] ROXANNE DUNBAR-ORTIZ. Indigenous Peoples and the Left in Latin America. *Monthly Review*, 2007, 59(3).

[77] FEDERICO FUENTES. The Struggle for Bolivia's Future. *Monthly Review*, 2007, 59(3).

[78] MICHAEL A LEBOWITZ. Venezuela: A Good Example of the Bad Left of Latin America. *Monthly Review*, 2007, 59(3).

[79] MARIE TRIGONA. Workers' Power in Argentina: Reinventing Working Culture. *Monthly Review*, 2007, 59(3).

[80] CLAUDIO KATZ. Socialist Strategies in Latin America. *Monthly Review*, 2007, 59(4).

[81] EDWARD S HERMAN, DAVID PETERSON. The Dismantling of Yugoslavia: A Study in Inhumanitarian Intervention. *Monthly Review*, 2007, 59(5).

[82] JOHN BELLAMY FOSTER. A New Stage in Capitalism's War on the Planet. *Monthly Review*, 2007, 59(6).

[83] MICHAEL D YATES. More Unequal: Aspects of Class in the United States. *Monthly Review*, 2007, 59(6).

[84] CAMILA PIÑEIRO HARNECKER. Workplace Democracy and Collective Consciousness: An Empirical Study of Venezuelan Coop-

eratives. *Monthly Review*,2007,59(6).

[85] ROBIN HAHNEL, SCOTT NEARING. Against the Market Economy: Advice to Venezuelan Friends. *Monthly Review*,2008,59(8).

[86] MICHAEL D YATES. The Injuries of Class. *Monthly Review*,2008, 59(8).

[87] ISTVÁN MÉSZÁROS. The Communal System and the Principle of Self-Critique. *Monthly Review*,2008,59(10).

[88] SAMIR AMIN. Market Economy or Oligopoly-Finance Capitalism. *Monthly Review*,2008,59(11).

[89] RAMAA VASUDEVAN. Finance, Imperialism, and the Hegemony of the Dollar. *Monthly Review*,2008,59(11).

[90] JOHN BELLAMY FOSTER. The Financialization of Capital and the Crisis. *Monthly Review*,2008,59(11).

[91] FRED MAGDOFF. The World Food Crisis: Sources and Solutions. *Monthly Review*,2008,60(1).

[92] MINQILI. Climate Change, Limits to Growth, and the Imperative for Socialism. *Monthly Review*,2008,60(3).

[93] JOHN BELLAMY FOSTER. Peak Oil and Energy Imperialism. *Monthly Review*,2008,60(3).

[94] BRETT CLARK, REBECCA CLAUSEN. The Oceanic Crisis: Capitalism and the Degradation of Marine Ecosystems. *Monthly Review*, 2008,60(3).

[95] FRED MAGDOFF. The Political Economy and Ecology of Biofuels. *Monthly Review*,2008,60(3).

[96] WILLIAM K TABB. Four Crises of the Contemporary World Capitalist System. *Monthly Review*,2008,60(5).

[97] JOHN BELLAMY FOSTER, HANNAH HOLLEMAN, ROBERT W MCCHESNEY. The U. S. Imperial Triangle and Military Spending. *Monthly Review*, 2008,60(5).

[98] VICTOR WALLIS. Capitalist and Socialist Responses to the Ecological Crisis. *Monthly Review*,2008,60(6).

[99] JASON W MOORE. Ecological Crises and the Agrarian Question in World-Historical Perspective. *Monthly Review*, 2008, 60(6).

[100] JOHN BELLAMY FOSTER. Ecology and the Transition from Capitalism to Socialism. *Monthly Review*, 2008, 60(6).

[101] BRETT CLARK, RICHARD YORK. Rifts and Shifts: Getting to the Root of Environmental Crises. *Monthly Review*, 2008, 60(6).

[102] JOHN BELLAMY FOSTER, FRED MAGDOFF. Financial Implosion and Stagnation: Back to the Real Economy. *Monthly Review*, 2008, 60(7).

[103] IMMANUEL WALLERSTEIN. The Human Costs of Economic Growth. *Monthly Review*, 2008, 60(7).

[104] PETER WOLLEN. On Gaze Theory. *New Left Review*, 2007, 43(1/2).

[105] GEORGE MONBIOT. Environmental Feedback—A Reply to Clive Hamilton. *New Left Review*, 2007, 43(1/2).

[106] SVEN LUTTICKEN. Unnatural History. *New Left Review*, 2007, 43(1/2).

[107] ALAIN BADIOU. The Communist Hypothesis. *New Left Review*, 2008, 49(1/2).

[108] TOM MERTES. American Duopoly. *New Left Review*, 2008, 49(1/2).

[109] ALBERTO TOSCANO. Sovereign Impunity. *New Left Review*, 2008, 50(3/4).

[110] LUCIO MAGRI. The Tailor of Ulm. *New Left Review*, 2008, 51(5/6).

[111] CIHAN TUGAL. The Greening of Istanbul. *New Left Review*, 2008, 51(5/6).

[112] RICHARDHOWSON. From Ethico-Political Hegemony to Postmarxism. *Rethingking Marxism*, 2007, 19(4).

[113] ELLA SHOHAT, ROBERT STAM. Imperialism and the Fantasies of Democracy. *Rethingking Marxism*, 2007, 19(4).

[114] CHARLIEK IMBER. In the Balance: The Class Struggle in Britain. *International Socialism*, 2007(4).

[115] JANE HARDY. Migration, Migrant Workers and Capitalism. *International Socialism*, 2007(4).

[116] LEO ZEILIG, CLAIRE CERUTI. Slums, Resistance and the African Working Class. *International Socialism*, 2008, 117(12).

[117] CHRIS HARMAN. Theorising Neoliberalism. *International Socialism*, 2008, 117(12).

[118] IAIN FERGUSON. Neoliberalism, Happiness and Wellbeing. *International Socialism*, 2008, 117(12).

[119] CHARLIEHORE. China's Growth Pains. *International Socialism*, 2008, 118(12).

美国马克思主义理论追踪*

李佃来　梁小燕

（武汉大学哲学学院，武汉，430072）

20 世纪 70 年代之前，在西方资本主义国家占主导地位的马克思主义，是植根于西欧大陆，以革命的文化批判（20 世纪 40 年代之前）和文化的现代性批判（20 世纪 40 年代之后）为基本主题的西方马克思主义。在这一时期中，美国马克思主义虽然也通过融合美国本土的实用主义而进行自己的理论传统的创造，但其产生的思想影响根本不可能与西方马克思主义相提并论。卡尔沃顿（V. F. Calverton）、悉尼·胡克（Sidney Hook）等早期的美国马克思主义理论家，也根本不可能像卢卡奇、葛兰西、阿多诺等西方马克思主义理论家一样名扬天下、彪炳史册。然而，20 世纪 70 年代之后，随着阿多诺、萨特、阿尔都塞等理论家相继退出思想舞台并相继离世，作为一种思想传统的西方马克思主义逐渐走向衰落（但并非终结），马克思主义发展的格局也由此而发生了戏剧性的变化：在西欧大陆，虽然有哈贝马斯、鲍德里亚等著名思想家通过以各不相同的方式接续西方马克思主义的传统而进行着理论的创构，但他们的理论主旨，却不在于从根本的意义上阐述马克思主义的观点，所以西欧大陆的马克思主义研究，不再像在过去的半个多世纪中那样门派迭出、百家争鸣，其势衰的趋势，已成为不言而喻的事实；相反，在以美国为主导的英语国家，马克思主义研究却开始焕发出勃

---

* 本文得到了武汉大学“海外人文社会科学研究前沿追踪计划”项目的资助。

勃生机，一大批以重新理解马克思和重新解读当代社会为基本旨向的理论家和学术流派，开始纷纷登上思想的舞台，在各自所属的知识框架和话语系统中进行着马克思主义理论的创造。这样一来，西方发达资本主义国家马克思主义研究的重心，也就无可争议地从西欧大陆转移到了以美国为首的英语国家。① 对于这样一种变化，以提出并论述“西方马克思主义”概念而闻名的英国学者佩里·安德森（Perry Anderson），早在1983年就曾经指出：“在过去10年中，马克思主义理论的地理位置已经从根本上转移了。今天，学术成果的重心似乎落在说英语的地区，而不是像战争期间和战后的情形那样，分别落在说德语或拉丁语的欧洲。”② 另外，对马克思主义哲学史有着系统研究的英国学者戴维·麦克莱伦（David McLellan），显然也注意到了美国马克思主义在世界马克思主义总体结构中发生的角色上的变化。在《马克思以后的马克思主义》一书的第四版中，麦克莱伦有意识地增补了美国马克思主义研究的若干重要内容，以此在哲学史的研究上指认当代美国马克思主义的特色和地位。

马克思主义研究在美国的勃兴，直接催生出一批颇具世界影响力的马克思主义研究刊物，如《反思马克思主义》（*Rethinking Marxism*）、《每月评论》（*Monthly Review*）、《科学与社会》（*Science and Society*）、《激进哲学评论》（*Radical Philosophy Review*）等。一些重要的出版社，如每月评论出版社（Monthly Review Press）、桑尼出版社（Suny Press）、莱克星顿出版社（Lexington Perss）等，经常出版马克思主义研究方面的著作。英语世界最大的、最有影响力的激进思想出版机构 Verso Books，也将推出重量级的马克思主

① 段忠桥教授在近几年的研究中，对西方国家马克思主义发展格局的变化进行了明确指认，并呼吁中国学者所从事的国外马克思主义研究应当将视线从西欧转向英美。

② 佩里·安德森．当代西方马克思主义．余文烈，译．东方出版社，1989：24.

义研究著作作为自己的重要使命。①左翼论坛（*Left Forum*）、《反思马克思主义》杂志社等，则定期或者不定期地举办规模不等的学术会议，研讨马克思主义的重要理论与现实问题。例如，每年的3月或者4月，左翼论坛都要在纽约举办与此组织同名的大型国际学术会议，与会的美国学者往往都是来自马克思主义的阵营，讨论的问题也一般都会集中在马克思主义传统所指涉的领域。②

美国的马克思主义理论创造，代表了西方国家马克思主义发展的新的历史阶段，与传统的西方马克思主义相比，它无论是在宏观上还是在微观上都发生了重要的变化，从而表现出与传统的西方马克思主义不同的特点：其一，在发展的路向上，如果说传统的西方马克思主义主要是依托党派和政治运动发展起来的，那么，美国的马克思主义则主要是走进院校，通过学院式的研究逐步推进的。③在这一过程中，以大学教授为主体的知识分子理所当然地成为美国马克思主义研究的最主要开创者。其二，在理论的主题上，如果说传统的西方马克思主义注重的是对资本主义现代性的批判，那么，美国的马克思主义则是基于对后工业社会和新社会运动的考量，将生态问题、性别问题、种族问题、阶级问题、全球化问题、新帝国主义问题以及后现代主义问题等一系列新的社会问题纳入讨论的范围，同时也开展了对现代制度之政治哲学的而非现代性的批判。其三，在学理的传统上，如果说西方马克思主义主要是在西欧大陆的人文主义和科学主义的思想滋养下得以创立的，那么，美国的马克

---

① Verso Books严格来说是一家英国的出版机构，它是1970年作为新左派评论（*New Left Review*）旗下的出版机构成立起来的，总部设在伦敦。近年来，它将市场拓展到美国，并在纽约设立了办公机构，一些知名的美国马克思主义理论家，如弗雷德里克·詹姆逊（Fredric Jameson）、戴维·哈维（David Harvey）等，都与Verso Books签约出版他们的著作。正是在这样的意义上，我们也把Verso Books视为推动美国马克思主义研究的出版机构。

② 何萍教授和笔者参加了2008年左翼论坛（Left Forum 2008），并在主题为“中国马克思主义研究”的分论坛上作了学术报告。

③ 关于这方面的讨论，可参见何萍．美国马克思主义哲学的历史进程及其特点．国外社会科学，2005（2）．

思主义则表现出更为复杂的情形。一种情形是，传统的西方马克思主义作为一种思想的效应延续到美国马克思主义知识分子之中，由此催生出具有西方马克思主义家族血统的理论流派和学术研究倾向。① 例如，法兰克福学派之美国传人理查德·沃林对批判理论史进行了深入的研究，② 诺曼·莱文在承接卢卡奇开始的黑格尔主义马克思主义理论传统的基础上对马克思与黑格尔的关系进行了系统的考辨。③ 另一种情形是，大部分的美国马克思主义理论家是根据美国本土的文化传统，如分析哲学的传统、实用主义的传统以及生态哲学的传统等进行理论构造的，由此就形成了具有原创意义的分析的马克思主义、实用主义的马克思主义以及生态学的马克思主义等具体的理论形态，这些理论形态显然与西方马克思主义的传统没有直接的联系，或者根本就没有任何联系。还有一种情形是，一部分美国马克思主义理论家的思想创造，既不是在继承西方马克思主义传统的基础上进行的，也不是在吸收美国本土文化传统资源的基础上进行的，这部分马克思主义理论家并不满足于将自己安放在这种或者那种学理传统之中，而是注重对当下社会所不断凸显的问题进行马克思主义的追问与解答。

与西方马克思主义在特点上的种种不同表明，美国马克思主义

① 这一状况的形成实际上是有深刻的历史原因的，这主要是，作为西方马克思主义重要支派的法兰克福学派的主要成员在20世纪30年代曾一度前往美国，马尔库塞、弗洛姆等人则更是主要在美国进行理论创造的。正因为如此，在美国马克思主义理论创造的背后，有着深厚的西方马克思主义批判理论的传统。然而，我们要澄清的一点是，法兰克福学派重要成员在美国的理论创造，并不代表美国的马克思主义研究由此就直接融入到西方马克思主义的逻辑中来，因为马尔库塞、弗洛姆等人的理论话语，在更为真实的意义上，阐发的是一种西欧式的马克思主义观点，他们的很多命题，都是直接针对具有资本主义普遍意义的西欧社会的制度和问题。

② Richard Wolin. *The Terms of Cultural Criticism.* Columbia University Press, 1992.

③ Norman Levine. *Divergent Paths*: *Hegel in Marxism and Engelsism.* Lexington Press, 2006.

其实并不是西方马克思主义在逻辑上的简单延伸，将它置放于西方马克思主义的研究框架中进行概括，就难免导致概念上的错位和研究中的视线混乱（可是，这却是目前中国学术界流行的一种做法）。我们只有从西方马克思主义的研究范式中跳出来，依据美国马克思主义自身的问题和论式对其流派进行梳理，方可真正通透地洞悉它的思想实质与理论“技艺”。

从20世纪70年代发展到今天，美国马克思主义在派别上的分野已经变得清晰、明朗。分析的马克思主义、生态学马克思主义、后现代的马克思主义、新黑格尔主义的马克思主义以及辩证法的马克思主义等派别，代表了当前美国马克思主义发展的主流，其观点反映了美国马克思主义的整体风貌。

一、分析的马克思主义

分析的马克思主义不仅仅只是美国马克思主义的一种理论形态，它也在某种意义上表征着英国马克思主义发展的水平。英国马克思主义哲学家G. A. 柯亨（G. A. Cohen）就是分析的马克思主义的主要开创者之一。不过，从队伍的阵容上来说，美国的分析的马克思主义显得更为强大，约翰·罗默（John Roemer）、乔恩·埃尔斯特（Jon Elster）、埃里克·欧林·赖特（Erik Olin Wright）以及波兰裔美国学者亚当·普雷泽沃斯克（Adam Przeworski）都是当今美国分析的马克思主义的代表人物。

对于分析的马克思主义的原初理论目标，现任耶鲁大学的约翰·罗默教授有过这样一段论述：“按照现代科学的标准，马克思主义理论在细节上是有错误的，甚至某些基本主张也是错误的。但是，在解释某些历史阶段和历史事件时，它又表现出异乎寻常的说服力，所以人们就觉得其中必定有一个需要澄清和进一步阐明的合理内核。人们不会因为一件好的工具在某些时候突然失灵就将之遗弃，特别是在没有发现有更好的工具以替代时更应如此。”① 由这

① John Roemer. *Analytical Marxism*. Cambridge University Press, 1986: 2.

段论述可以得知，分析的马克思主义在对待马克思主义传统时，并没有不加反思地去接受业已形成的理论结构和话语逻辑，而是强调在确认现代科学即英美分析哲学标准之合法性的前提下，运用这样的标准度量传统的马克思主义理论，进而对马克思主义理论进行一种具有思想创新意义的重建。这样的重建，由于根据的是分析哲学，特别是风行于美国的逻辑经验主义哲学的方法，所以其任务大致在于：其一，将马克思主义理论中含糊不清的地方表述得更为准确，论证得更为严密；其二，将马克思主义理论因为过于注重宏大叙事而忽略的微观层次的问题揭示出来；其三，对马克思主义理论，特别是教条的马克思主义理论中在经验上不能成立的论题加以修正。

毋庸置疑，这样的理论目标，虽然强调对马克思主义进行这样或那样的改正，但并没有将马克思主义传统完全推上思想的被告席，而是在坚持马克思主义理论的基本指向的前提下使之成为一门真正的科学。然而，自20世纪80年代末期以来，分析的马克思主义发生了重要的理论转型，即从注重对马克思主义理论进行语言和逻辑上的分析转变到注重对当代社会政治哲学问题进行追问与考量，结果，在关于马克思主义的基本指向上，分析的马克思主义由此也发生了质的改变。

一个直接的问题是，分析的马克思主义缘何会转向对先前并不涉足的政治哲学的研究？在约翰·罗默等人看来，这一问题的答案在于这样的事实：随着资本主义经济的发展和社会福利政策的推行，马克思和恩格斯时代所凸显的阶级结构和阶级矛盾趋于消解，马克思主义理论所一直强调的阶级斗争的学说也由此受到了前所未有的严峻挑战。马克思的思想在一个多世纪的时间里，虽然为许多理论家提供了论证资本主义制度不合道德与正义规范的依据，但马克思通过劳动价值论而对资本主义剥削的指证与批判，主要是在技术和事实层面上而不是在道德和价值层面上来展开的，就此而论，马克思哲学本身并不包含一种强劲的政治哲学逻辑。马克思之后的马克思主义理论，特别是长期以来被当做“正统的马克思主义”的理论，则更是强化了阶级斗争的维度并由此而打压了道德和政治哲学的逻辑。正因为如此，将马克思主义理论引向政治哲学的路向，进而在这样的基础上对之进行精细的理论重构，不仅会直接导向对当代问题的具有穿透力的洞察与破解，而且也会在新的历史条件下激活作为一种传统的马克思主义。

根据上述我们可以推知，分析的马克思主义所要发展的政治哲学，基本上指涉不到国家、政党、法制这样一些宏观意义上的政治哲学的论题，它所讨论的，则是罗尔斯《正义论》发表以来逐渐引出来的一些问题，如机会平等、社会正义、公民资格等，虽然大多数分析的马克思主义者声称他们的政治哲学旨在批判并取代自由主义的政治哲学。分析的马克思主义者认为，只有将这样一些问题开掘出来并加以具体的论证，才能在根基上为社会主义在道德上具有正当性提供合法性的说明。在他们的研究中，约翰·罗默关于"机会平等"的理论考辨是比较具有代表性的。

在《机会平等》(*Equality of Opportunity*)一书中，约翰·罗默指出，今天关于机会平等的观念主要有两种：第一种是所谓的"非歧视原则"的机会平等观念，根据这种观念，在社会职位的竞争中，唯有那些与个体在职位中的表现一定相关的因素，如教育、禀赋等，才能成为判断一个个体能否获得一个职位的标准，而那些与个体在职位中的表现一定无关的因素，如种族、性别等，则不应当成为这样的标准；第二种是所谓的"无差别原则"的机会平等观念，根据这种观念，社会应当尽其所能地消除人们在社会竞争中由于财富、教育、禀赋等因素的差别而带来的种种差别，对于那些事业正在形成过程中的个体来说，这样的原则是尤为重要的。罗默认为，考量机会平等的观念时，理当将"之前"(before)和"之后"(after)界分开来：竞争开始之前，机会必须是平等的，为了达到这种平等，一定的社会介入也是必要的；但是，竞争开始之后，个体则应当完全依托自己本身的所有可能性因素去获取己所欲求的社会职位，在这个时候，社会的介入就完全是多余的，甚至是错误的。既然如此，在罗默看来，在评判上述两种机会平等的观念孰优孰劣时，首先应当分清每一种观念是否设置了区分"之前"

和"之后"的界标，以及在什么地方设置了这种界标。① 在最近几年的研究中，罗默围绕已经确立起来的关于机会平等的观念，进行了一些补充性的说明，并由此将之延伸到了更为开阔的论域当中。例如，在其新著《民主、教育和平等》中，罗默就将机会平等的观念延伸到了民主问题的论域当中，并指出，民主作为一种政治的机制，实质上并不能保证个人在社会竞争中一定不会受到父母教育和财产状况的影响，所以，民主理论不足以构成对正义机会平等理念的补充。②

一个需要指认的方面是，分析的马克思主义者尽管是将批判并取代自由主义的政治哲学作为自己的使命，然而，从一定意义上说，他们却是将自己阐发的政治哲学融合到了当代英美主流政治哲学即自由主义的平等主义的逻辑之中，从而实现了与后者的某种合流：无论是罗默还是埃尔斯特，在对社会正义理念加以证立时，其实并没有将批判私有财产制当做是既定的起点，因而他们也就像罗默本人所说的那样，其实"没有诉求要否认自我所有权的激进的平等主义前提"，③ 正是在这个意义上，他们与罗尔斯、德沃金等自由主义哲学家在一定范围内享用着这些共同的理论。对于这一点，罗默本人也曾隐约地予以指认。这种情况表明：分析的马克思主义转向政治哲学之后，其实并没有像原初设计的那样发展出一种完全异质于自由主义政治哲学的马克思主义政治哲学。实际上，无论分析的马克思主义者怎样去彰显道德论证的意义和必要性，这总是与马克思的理论主旨相去甚远的，这样一来，分析的马克思主义逐渐远离了马克思主义而靠近了自由主义，就成了不容讳言的事实。

---

① John Roemer. *Equality of Opportunity*. Harvard University Press, 1998.

② John Roemer. *Democracy, Education and Equality*. Cambridge University Press, 2006.

③ John Roemer. *Free to Lose: An Introduction to Marxist Economic Philosophy*. Harvard University Press, 1988: 168.

二、生态学马克思主义

生态学马克思主义是北美马克思主义的一种独有理论形态，其主要代表人物包括加拿大学者本·阿格尔（Ben Agger）和威廉·莱易斯（William Leiss）以及美国学者詹姆斯·奥康纳（James O'Connor）和约翰·贝拉米·福斯特（John Bellamy Foster）。在最近几十年的研究中，美国的生态学马克思主义显然更为引人注目，其理论成果也在呈现出加速增长的态势。

詹姆斯·奥康纳曾任教于加州大学圣塔·克鲁斯分校，现为著名社会主义生态学期刊《资本主义、自然、社会主义》的主编。他在《自然的理由——生态学马克思主义研究》（*Natural Causes——Essays in Ecological Marxism*）一书中，指出资本主义主要存在两种矛盾：其一是马克思所论述的生产力和生产关系之间的矛盾，这种矛盾导致的结果是因消费不足而产生的经济危机；其二是资本主义生产方式（生产力和生产关系）与生产条件之间的矛盾，这种矛盾导致的结果是人与自然关系的紧张以及由之而带来的生态危机。在奥康纳看来，如果说马克思时代主要凸显出的是第一种矛盾，那么，今天的资本主义则主要凸显出的是第二种矛盾。这是因为，资本自我扩张的本性在现代性逻辑的助推下，在今天已达到了前所未有的程度。然而，能够为资本的生产提供条件的自然界是无法进行自我扩张的，其运行的周期和节奏也是无法与资本扩张速度保持一致的。这样一来，无限增长的资本主义生产体系与有限的自然界之间的紧张与对抗就在所难免了，环境破坏与生态危机也就成了不言而喻的事情。可是，传统的马克思主义只是将第一种矛盾作为揭示资本主义危机的逻辑起点，从而忽视了对第二种矛盾的把握。“马克思本人在他的理论阐述中的确较少地涉及资本由于对其自身的社会及环境条件的损害，因而导致资本的成本及花销的增大，从而威胁到资本获得利润的能力，也就是说，带来了经济危机的潜在威胁的问题，马克思对资本由于上述原因而导致的对其自身的发展所构成的限制的程度问题谈得较少。同样，马克思对围绕着生产条件的供应而展开的社会经济及政治斗争对资本的成本、花费及变化性（灵活性）的影响问题也谈得很少，甚至可以说根本没有涉及。"① 既然如此，今天的历史唯物主义理论就应当突破原来的框架，“将自己的内涵向外扩展到物质自然界之中去”，② 这也是生态学马克思主义在今天为什么流行起来的重要原因之一。奥康纳指出，生态学马克思主义不同于传统的马克思主义，它是将上述第二种矛盾即资本主义生产方式（生产力和生产关系）与生产条件之间的矛盾作为研究的起点，阐释的是“对劳动的剥削以及资本的自我扩张的过程，国家对生产条件的供应的管理，围绕着资本对生产条件的利用与滥用而进行的社会斗争等问题”，③ 所以，一言以蔽之，生态学马克思主义注重的不是对生产力和生产关系的重构，而是对生产条件的重构。

约翰·贝拉米·福斯特现为俄勒冈大学社会学系教授，是近年来美国生态学马克思主义最为活跃的人物，由他任主编的《每月评论》也经常刊登生态学马克思主义研究方面的文章。在《马克思的生态学：唯物主义与自然》一文中，福斯特提出了一个与奥康纳以及大多数生态学马克思主义者完全不同的观点，即“马克思的世界观是一种深刻的、真正系统的生态世界观，而且这种生态观是来源于他的唯物主义的”。④ 在福斯特看来，马克思曾经不止一次地阐述过“新陈代谢断裂”理论。所谓“新陈代谢断裂”理论，指的是资本主义生产方式由于是一种以追求利润和经济增长为基础的掠夺式生产方式，所以这种生产方式必然会造成人类社会与

---

① 詹姆斯·奥康纳．自然的理由——生态学马克思主义研究．唐正东，臧佩洪，译．南京大学出版社，2003：255-256.

② 詹姆斯·奥康纳．自然的理由——生态学马克思主义研究．唐正东，臧佩洪，译．南京大学出版社，2003：9.

③ 詹姆斯·奥康纳．自然的理由——生态学马克思主义研究．唐正东，臧佩洪，译．南京大学出版社，2003：265.

④ John Bellamy Foster. *Marx's Ecology*：*Materialism and Nature.* Monthly Review Press，2000：8.

自然界在物质和能量交换过程的中断，以及生态的不可持续性发展。福斯特认为，类似“新陈代谢断裂”理论的理论话语在马克思以及恩格斯那里比比皆是，这足以证明“整个19世纪生态学思想发展的最大成果就是唯物主义自然观的凸显”,① 马克思与恩格斯的唯物主义导向的是一种动态的、开放的自然哲学的传统,② 这种自然哲学的传统将人类与物种的关系置放于理论讨论的中心，在这个意义上，马克思与恩格斯的唯物主义“预示着许多当今的生态学思想”,③ 为在今天研究生态学的若干具体问题提供了不可多得的理论资源。

不过，在福斯特看来，在今天仍然有许多批评者随意地从下述方面指责马克思以及他的生态学思想：其一，马克思著作中的生态观点与其著作的主体内容没有系统性的联系，因此被作为“说明性旁白”而被抛弃；其二，马克思的生态思想被认为是不成比例地来源于他早期对异化现象的批判，而在其后期的著述中则较少出现；其三，我们被告知，马克思最终没有解决对自然的掠夺问题，而是发展了一种“普罗米修斯主义的”，即支持技术的、反对生态的观点；其四，根据马克思的观点，资本主义的技术和经济进步已经解决了生态限制的所有问题，所以，无需再提出一种具有生态意识的社会主义的观点；其五，他们认为马克思对自然科学或者技术对环境的影响不感兴趣，因此马克思并不具备研究生态学所需要的自然科学的基础；其六，在他们看来，马克思把人和动物彻底分开，并认为前者是优于后者的。④ 福斯特指出，这些批评实际上从

① John Bellamy Foster. *Marx's Ecology: Materialism and Nature*. Monthly Review Press, 2000: 13.

② See John Bellamy Foster, Paul Burkett. Classical Marxism and the Second Law of Thermodynamics. *Organization & Environment*, 2008, 21 (3).

③ John Bellamy Foster. *Marx's Ecology: Materialism and Nature*. Monthly Review Press, 2000: 142.

④ See John Bellamy Foster. *Marx's Ecology: Materialism and Nature*. Monthly Review Press, 2000: 9-10.

不同的角度误读了马克思，因为他们既没有将马克思的生态学思想开掘出来，也常常将马克思的理论与马克思身后的马克思主义者的理论混为一谈。正确的做法应当是通过精心地解读马克思的著作，将蕴涵于其中的生态学思想开发出来，进而在这样的基础上重建马克思主义的生态哲学，这是生态学马克思主义极为根本的学术使命。当然，这也是福斯特在最近十多年的研究中重点关注的一个向度。

在近几年的研究中，美国生态学马克思主义又发展出了一个新的理论论域，即生态经济学。这方面的研究最引人注目的是印第安纳州立大学教授保罗·柏克特（Paul Burkett）以及福斯特的讨论。柏克特在其新著《马克思主义和生态经济学：通向一种红绿的政治经济学》中指出，马克思在政治经济学的批判中，指认了劳动、生产和商品的二重性，由于具体劳动生产出来的使用价值作为物质和能量变化的结果，体现的是人与自然的“新陈代谢”的关系，而抽象劳动生产出来的交换价值体现的是资产阶级与工人阶级的社会关系，由此马克思实质上是将社会与自然、社会实践与自然规律内在地连接在了一起。由此可以推知，马克思的政治经济学体系不是在一般意义上构建起来的，它在将社会问题纳入理论范式的同时，也将自然和生态问题一并纳入其中，从而阐发了一种生态经济学的观点。柏克特进一步指出，马克思生态经济学的最突出特点，正是强调从阶级分析的视角理解种种生态问题，这对于今天生态经济学的发展是一个极有意义的启发。特别是，当人们普遍地将积累、增长、危机（包括经济危机和生态危机）与阶级割裂开来思考生态经济学的问题时，深度地解读、理解马克思的经济学观点，无疑是尤为重要的。① 柏克特与福斯特又撰文指出，马克思与恩格斯并不是像有些论者所认为的那样，脱离了当时自然科学的发展，而实际上，他们是高度关注当时的自然科学成就并积极地将其中的

① See Paul Burkett. *Marxism and Ecological Economics: Toward a Red and Green Political Economy*. Brill Academic Publishers, 2006.

重要成果纳入他们的理论建构之中。一个显而易见的事实是，他们将热力学理论整合到政治经济学的研究中，从而创造出一套在19世纪与众不同的政治经济学理论体系，进而也为生态经济学提供了深厚的理论基础。①

三、后现代的马克思主义

如果说，分析的马克思主义和生态学马克思主义是美国马克思主义理论家分别通过嫁接马克思主义理论与分析哲学、生态哲学而创造的理论形态，那么，后现代的马克思主义则主要是美国马克思主义理论家将后现代文化接入到马克思主义理论中而创造出来的理论形态。后现代马克思主义把后现代主义强调的文化上层建筑的研究方法同马克思主义的政治经济学分析方法结合起来，对后现代社会问题做出马克思主义的回答。这种研究在我们看来，构成了当前美国马克思主义最为重要的话语之一，在一定意义上，它引领着美国马克思主义研究的主体方向，对世界马克思主义的讨论甚至都起着相当大的影响。后现代的马克思主义的主要代表人物是当红的弗雷德里克·詹姆逊（Fredric Jameson）和戴维·哈维（David Harvey）。他们在最近几年的研究中，将理论的视野由纯粹对后现代问题的分析推进到对全球资本主义结构性的转变的多角度考量中，由此凸显了全球化下的辩证法与总体性、资本的时空及城市化、全球区域发展不平衡等主题。

（一）与全球化相联系的总体性和辩证法思想

总体性和辩证法问题是后现代马克思主义与后现代主义争论的主要焦点之一。前者主张运用马克思主义的政治经济学，对后现代进行总体的、辩证的研究，而后者强调对差异性的研究，反对宏大叙事的整体性研究。随着新自由主义和全球资本主义生产方式在世

① See John Bellamy Foster, Paul Burkett. Classical Marxism and the Second Law of Thermodynamics. *Organization & Environment*, 2008, 21 (3).

界范围内的传播，资本主义生产及生活方式的同一性与各民族、各区域的本土文化发生了不可避免的冲突。后现代马克思主义运用辩证法，对世界范围内的差异性及全球资本主义发展进行了总体性研究。

首先，后现代马克思主义强调对全球资本主义进行政治、经济及文化的整体性研究。詹姆逊坚持把后现代文化、政治及跨国资本的经济力量的关系看做一种辩证的总体性的运动。他认为，优秀的文化文本（如流行的电影、绘画、建筑等）为人们提供了评价政治的样本和认识自身政治立场的可能手段，而文化是建立在一定的经济组织形式之上的上层建筑。于是，詹姆逊就把文化、政治整合到马克思主义宏大理论中理解，从而形成其总体性思想，而总体性是与历史、辩证法、全球化不可分开的。不管是他早期文学批判的辩证法方法还是20世纪90年代前后的后现代理论，或者是他现在关注的全球化或者他始终感兴趣的乌托邦，都可以看做是一个整体，都是对马克思主义概念资源的细微的拓展性的研究。①

詹姆逊还提出了总体性的现代主义观点。2007年出版的《现代主义者文集》（*The Modernist Papers*），就是从这样的视角对普鲁斯特、乔伊斯、卡夫卡和其他文学理论进行了考察，并提出总体性的现代主义在当今文学分析中的有效性。② 现代性在今天远没有被超越，它是这样或那样地同技术发生关系，并被简化成一个经济和技术的范畴。他阐释了“现代性”一词内部的政治动力学，并指出这个概念在世界各地的再次出现是具有政治内涵的。新自由主义正是把自己等同于现代性，从而为自己赢得了一场关键的胜利。资本主义全球化在资本主义体系的晚期阶段带来的标准化图景给一切对文化多样性的虔诚希望打上了一个大问号，因为未来的世界正被一个普遍的市场秩序殖民化。

其次，后现代马克思主义强调，辩证法既是一种理论结构又是

① See Buchanan. *Jameson on Jameson*: *Conversations on Cultural Marxism*. Duke University Press, 2007: 40.

② See Fredric Jameson. *The Modernist Papers*. Verso Books, 2007.

一种方法论，既具有一种颠覆性的力量又具有协调同一性和差异性的功能，只有通过辩证法才能展示结构与变化之间的共存关系。詹姆逊在其新著《辩证法之价》（*Valences of the Dialectic*）中，从文化批评理论的历史出发，全面分析了之前哲学家的辩证法思想，回应了德勒兹等后现代主义者对辩证法的非难，并对当代辩证法理论争议的中心问题做出了回答。如辩证法在何种意义上是马克思主义的核心？唯物主义辩证法是可能的吗？从而肯定了马克思主义辩证法的宏大叙事是时代的必然。①

再次，后现代马克思主义对全球化和总体性之间的辩证关系进行了分析。2008 年，詹姆逊作了题为《全球化和总体性》②（*Globalization and Totality*）的讲座，指出后现代不仅是西方的产物，而且已经成为全球范围内的现象。跨国资本已影响到各国的经济体制和政策，网络文化通过信息高速公路可通达世界各个角落，后现代开始成为一种普遍的现象。伴随着西方资本主义对东方的经济侵略和政治扩张，在文化层面上加快了文化帝国主义的进程。全球资本主义的这种整体性的运动，使得马克思主义迄今“仍是解释资本主义的最佳模式”。总体性是研究后现代不可或缺的理论视野，因为认识世界、发掘社会表象背后的深层本质必须以整体性和系统性的原则为方法论前提。他认为，“马克思主义是今天唯一现存的这样一种哲学，即具有知识整体论的思想及学科领域的总体性”。③总体是包含差异和对抗力量的有机总体，它是一个开放的整体，永远处于被超越的过程中。为此，詹姆逊对一些重要的观点和概念作了完整的规范。他阐释了“中介”这个概念如何说明了地方性和特殊性的事物与主导性的事物在全球和普遍的结构中的相互作用过程，并论证了差异性概念如何解释社会结构中不同因素的关系。哈维也强调，“差异”和“他者”是把握社会变化辩证法的内在部

① See Fredric Jameson. *Valences of the Dialectic*. Verso Books, 2009.

② See http：//dhi. ucdavis. edu/? p=265.

③ Buchanan . *Jameson on Jameson*：*Conversations on Cultural Marxism*. Duke University Press, 2007：40.

分，必须把文化生产和话语生产当做资本主义象征秩序的再生产及其转变的组成部分来分析。

总之，“无论是从詹姆逊的关键概念如寓言、乌托邦、辩证法及后现代主义，还是从他的文学、建筑学、精神分析学到政治的、世界文化的、宗教的分析视角来看，其理论都形成了一种宏大叙事的体系”。

（二）对资本时空及城市化的研究

后现代马克思主义在历史唯物主义中引入了“空间”范畴，研究资本主义空间结构和社会结构的关系，并从空间的再分配、城市化过程及资本积累与空间扩张几个维度进行了阐释。

首先，后现代马克思主义认为，社会空间重构是一种意识形态问题。后现代马克思主义继承了列菲伏尔的“空间是生产出来的”的观点，指出空间关系是采取特定地理形式的社会关系。詹姆逊从后现代文化的视像文化的空间性向度研究了新时期的意识形态问题。2008 年出版的《时空中的资本》① 就是一本关于意识形态的著作。詹姆逊指出，后现代主义的视像文化营造了一种无距离的“虚拟空间”，还往往通过“古今同戏”的手法产生一种时空倒落的荒诞感，把历史和现实置于同一平面。这种文化提供的视觉消费给人一种新的知觉过程，改变了人类生活观念，体现了消费主义对资本主义矛盾的掩盖，充当了意识形态的角色。视像文化向我们展示了文化意识中的经济、权力、政治与生产方式的关系。詹姆逊还从后现代建筑入手，对后现代建筑理论进行了一种政治性的理解。由于社会制度往往支配着人们的生活和实践，不同历史阶段的人们所拥有的空间感是不完全一样的，随着社会空间的巨大变化，建筑的任务也必然发生变化。这种历史的演变都是不同意识形态的反映。“被压缩的全球市场空间，尽管它强调民族的多样性和‘全球化’，但它实际上生产的却是无序的、无深度的、不受时间影响的

① See Fredric Jameson. *Capital in its Time and Space*. Verso Books, 2008.

空间的标准化。”①

其次，后现代马克思主义研究了城市权利问题。哈维在2008年发表的《城市权利》一文中，深入地阐释了城市权利是一种重要的人权，“城市化总是一种阶级现象”② 的思想。

哈维指出，城市的权利是一种普遍的人权。“城市的权利远不只是个体利用城市资源的自由：它是通过改变城市而改变自身的权利。此外，它是一种普遍的权利，它体现了运用集体的力量重塑城市化进程。”③

城市化是一个过程，也是一种阶级现象。因为从城市的产生来看，城市是伴随着剩余产品的出现和社会的集中而出现的，资本主义社会的城市化更依赖于剩余产品的运动。残酷的竞争原则决定了资本主义拓展地域的需要。资本家为了减少资本的运转周期，减少距离的冲突，就必须不断使用新的技术和组织形式及拓展地理区域，为资本主义发现新的劳动力资源、原材料等新的市场。④ 剥夺性积累是资本主义城市化的核心，它反射出了通过城市化的再发展而形成的资本吸收的镜像。房地产商从低收入者手中剥夺了有价值的地皮，接着使城市房价增值，导致穷人与城市住房无缘，使得民众失去对城市的权利。城市的权利不断地掌握在少数的政治和经济精英手中，城市的模式越来越多地受到他们个人欲望的驱使。城市越来越多的“高档的”建设，意味着城市日益成为上层阶级的地方。城市化过程仍在全球扩展，而反抗的迹象现在也无处不在。

城市化也是资本主义存在的核心，是政治和阶级斗争的关键。哈维通过法兰西第二帝国和美国的城市化政策的论述，指出空间的重置改变了人们的生活方式及社会的经济和政治。当代的城市化已

① 段忠桥．当代美国的马克思主义研究．山东社会科学，2009（3）.

② David Harvey. The Right to the City. *New Left Review*，2008，153（10）：24.

③ David Harvey. The Right to the City. *New Left Review*，2008，153（10）：23.

④ See David Harvey. The Right to the City. *New Left Review*，2008，153（10）：24.

经蔓延到全球，世界房地产经济极大地影响了世界经济的稳定。①新自由主义需要开辟新的区域为其资本运转服务，因而不断地把国家和城市新自由主义化。2007年开始的次贷危机和房地产经济危机给低收入家庭、非裔美国人和单亲母亲家庭带来了极大的影响，对城市生活和基础设施带来了恶劣的影响，威胁了全球金融体制的整个结构问题，并且可能带来更大的连续后果。城市化进程就是在金融资本的范围内进行的，因此我们要在全球范围内展开与金融资本的斗争。金融资本和货币市场与城市化的关系值得作一个总体的反思。城市化过程中不断地发生危机，这也许是我们斗争的有利时机。朝向团结这些斗争的一个步骤就是把城市的权利既作为工作的口号又作为政治的理想利用起来，因为这涉及控制城市化的主导权和剩余生产及剩余资本使用之间的必然联系。

再次，后现代马克思主义研究了剥夺性积累与社会空间的关系。哈维运用马克思主义资本再生产理论，分析了新的资本积累形式通过压缩资本周转时间以压缩社会空间，从而引起社会空间结构的变化，进而引起社会关系的变化。后现代时期，为了应对过度积累的危机，资本主义开始依靠时间和空间上的定位（即把生产重新定位在世界上劳动力更便宜的地区）来拓展利润空间。②

要阐释资本积累的空间性和政治权力的范围的关系，就必须深入地考察它们各自进程的实质。世界是因不同权力结构和决策而被分割成不同的领土区域，它们分别是领土逻辑的权力和资本逻辑的权力，两者之间具有较大的张力。在任何特定的时刻，领土逻辑的权力一直是确定边界，而政治权力只能在这个范围内操作。资本逻辑的权力很简单，那就是资本需要不断地循环利用，它不仅仅局限在特定的国度内，还必须流向世界其他地方，创造剩余价值。因而，资本逻辑的权力是没有任何边界的——特别是自20世纪70年

① See David Harvey. The Right to the City. *New Left Review*, 2008, 153 (10).

② 段忠桥．全球化问题与后现代主义——当代西方马克思主义的理论视野．中国社会科学院报，2009（39）.

代以来，国家取消了对资本的管制，这实际上意味着国家放弃了对资金流动的控制。

（三）全球化世界中的地域发展不平衡问题

后现代马克思主义关注世界结构性的转变，因而重视对全球地域发展不平衡问题的研究。哈维最近的著作着眼于全球化及全球化世界中的地域发展不平衡的问题，他运用马克思主义社会阶级和方法论，对全球资本主义尤其是新自由主义形式进行了批判。

在《全球资本主义的空间：一种关于地理发展不均衡的理论》中，哈维提出资本主义的地理和社会组织之间具有一种辩证关系：资本主义发挥其社会制度的功能创造了特定的经济空间布局，而经济空间布局的模式决定了积累的可能模式。全球资本主义理论就是要揭示资本主义地理与社会组织之间的各种辩证关系。① 而新自由主义增加了全球地域发展的不平衡。哈维从新自由主义的历史入手，说明新自由主义作为一项解决全球低积累率和刺激全球经济增长的策略失败了，但是，它却使地区不平衡发展的动荡性日益增强，使得某些特定地区以牺牲别人为代价而投机性地发展。与此同时，上层阶级借助新自由主义恢复了其阶级力量，导致了社会重新分配权力和财富，并使得全球精英阶级结成了松散的同盟，对全球经济区域进行了重构。资本积累过程与资本主义发展区域不平衡的生产也有密切关系，经济的空间布局进入并控制了积累过程。

当前的经济危机加剧了世界区域发展的不平衡性，加深了世界结构性的转变。2009 年，哈维发表了《为什么美国经济刺激一揽子计划注定会失败》② 一文，分析了世界结构性转变及凯恩斯主义在中美两国的命运。

哈维指出，2008 年的经济危机源自资本主义内在的运动。要理解资本主义地域发展的不平衡以及构建激进性替代方案，就必须

---

① David Harvey. *Spaces of Global Capitalism: Towards A Theory of Uneven Geographical Development*. Verso Books, 2006.

② David Harvey. Why the U. S. Stimulus Package is Bound to Fail. *Socialist Project · E-Bulletin*, 2009, 184.

理解资本主义地理动力学，也就是说，把地域因素视为重要的条件，这就必须考察资本主义内部结构的变化。他借用阿瑞吉在《漫长的20世纪》一书中经济霸权转移理论（即每一次的霸权重构都发生在经济金融化的最高峰阶段），分析了美国世界霸权的“衰退”现象。在哈维看来，世界的结构性转变受到全球范围内经济和政治发展的区域不平衡的深刻影响，而经济危机将会加深这种不平衡性。

接着，他分析了中美两国实行凯恩斯主义解决方案的条件。在美国，“凯恩斯主义的解决方案”注定难以成功，因为“凯恩斯主义的解决办法需要大量的和长期的赤字融资”，而美国的巨额财政赤字以及“地缘政治的限制”、新自由主义在美国长期政治教化所带来的政治障碍决定了美国无法为凯恩斯主义提供实现的条件。而在中国，“不管是经济还是政治条件，都存在实现凯恩斯主义的解决方案的可能性”,① 而且中国广泛存在而又困扰工业和制造业基地的空间合理化的问题将使中国努力从事生产性支出。

中美两国采用凯恩斯主义的结果会深刻改变国际政治经济结构。中国增大基础设施的建设，逐步摆脱依赖美国市场，并以中国国内市场为主要市场，这是中国工业改变力量对比的一个有效途径，但这将造成中美的紧张关系。中国国内需求所带来的活力，将驱使越来越多的全球原材料供应商到中国从事贸易，从而减少美国在国际贸易中的相对重要性。这种总体影响将加速全球经济财富从西方流向东方，从而迅速改变霸权经济实力的平衡。至今，这是一个开放性的问题，但全球经济政治的不均衡及美国霸权衰落将很可能成为打破全球经济现状而进入区域霸权结构的先声，区域霸权使得彼此之间既易于激烈地竞争又会在长期经济萧条时进行合作。②

① David Harvey. Why the U.S. Stimulus Package is Bound to Fail. *Socialist Project · E-Bulletin*, 2009, 184.

② David Harvey. Why the U.S. Stimulus Package is Bound to Fail. *Socialist Project · E-Bulletin*, 2009, 184.

在2009年出版的《全球政治主义和自由的地理》①(*Cosmopolitanism and the Geographies of Freedom*)一书中，哈维对地理学的基本概念如空间、位置和环境等进行了本体论上的研究，从而把地理学知识构建为社会理论和政治行动的基础。他深入地批判了布什政府对自由和解放的政治工具性的使用，并指出全球政治主义秩序是一种全球政治的解放形式。复杂的地理格局要求把地理与社会和政治政策结合起来，这是真正的民主的一个必要条件。全球政治主义是解决区域发展不平衡的途径之一。

通过上述分析，我们可以看到，后现代的马克思主义在新的时代呈现出一些新的特征：其一，立足全球资本主义的时代背景，坚持运用马克思主义的政治经济学原理，对后现代社会进行辩证的、总体性的考察，把全球资本主义视为一种总体性的运动，与此同时，以辩证法为理论武器，论证了差异性研究与宏大叙事的内在统一性；其二，加大对马克思主义地理学的研究，特别是把城市权利与民主、阶级问题相联系，揭示了全球发展不平衡的本质因素，开拓了马克思主义空间理论的新向度；其三，紧密结合时代问题，分析世界资本主义结构性转变，剖析了国际力量对比变化的深层经济原因，并提出了当代工人阶级的时代规划，为人们清晰地认识世界格局提供了宏观的视角。

四、新黑格尔主义的马克思主义

新黑格尔主义的马克思主义在今天是对英美一些以黑格尔哲学为支点来考察马克思主义哲学理论的学者的总体称谓，主要代表人物包括美国的诺曼·莱文（Norman Levine)、托尼·史密斯（Tony Smith）以及英国的克里斯多福·亚瑟（Christopher Arthur）等。虽然他们关注的主要问题存在着差异，但在基本的学术方向上，却是完全一致的，即都是“将黑格尔或者黑格尔主义置放于马克思主

---

① See http://www.amazon.co.uk/Cosmopolitanism-Geographies-Freedom-Library-Lectures/dp/0231148461.

义的场域当中"，① 进而在这样的基础上去指认马克思主义哲学的内涵、实质与特征等。与前述流派不同的是，新黑格尔主义的马克思主义虽然也将一些美国（包括英国）的本土文化因素以及当代社会问题划定在自己的讨论圈中，但从根本上看，则是以接续西方马克思主义的传统为起点，展开对马克思主义哲学的一种学理性的考证。目前，美国新黑格尔主义的马克思主义最为活跃的理论人物当推诺曼·莱文，他的哲学思想不仅在美国，甚至在欧洲、中国等也都产生了相当的影响。中国学术界近些年对马克思与恩格斯关系的种种考量以及论辩，与莱文的"马克思恩格斯对立论"的影响与刺激是不无相关的。为此，我们选取诺曼·莱文作为参照，通过对其近期观点的梳理，呈示新黑格尔主义的马克思主义的主要面貌。

近年来，莱文除了继续坚持他在20世纪70年代提出的"马克思恩格斯对立论"之外，还开始对马克思主义哲学尤其是马克思哲学与黑格尔哲学的关系进行系统的考察。2006年，他在这方面的初始研究成果《不同的路径：马克思主义和恩格斯主义中的黑格尔》（*Divergent Paths*：*Hegel in Marxism and Engelsism*）一书出版。与此同时，他发表的一系列论文和在世界许多地方的学术讲座，也都直接涉及这一论题。在其著述与学术讲座中，莱文提出了如下观点：马克思不是以隔离或者悬置黑格尔哲学为前提来推进自己的哲学思想的，相反，他正是以投身于黑格尔哲学传统并试图变革这一传统来作为自己哲学研究的重要前提。因此，理解马克思之前，首先应当理解黑格尔。黑格尔对马克思的影响，不是马克思思想探索中的一个暂时性的阶段，实质上，在马克思一生的思想探索中，黑格尔始终都是在场的。黑格尔哲学作用于马克思，也不是以整体的形式实现的，马克思对黑格尔哲学的解读、批判与思想汲取，其实是一个历史性的过程，大致来看分为两个阶段，不同阶段的侧重点各不相同。具体地说，1837—1850年是第一阶段，

① Norman Levine. *Divergent Paths*：*Hegel in Marxism and Engelsism*. Lexington Press，2006：18.

1851—1883年是第二阶段。① 在第一阶段，黑格尔对马克思影响最大的著作当推《精神现象学》和《法哲学原理》，而在第二阶段，影响最大的著作是《逻辑学》。

莱文认为，在第一阶段，即马克思哲学特别是其历史唯物主义生成的阶段，主要是黑格尔的自我意识、市民社会、劳动等概念影响了马克思，所以，这些概念也就顺理成章地成为莱文连接青年马克思与黑格尔的介质。

其一，自我意识与马克思哲学的主体性向度。莱文指出，马克思哲学中的主体性向度，与沉积在黑格尔哲学中，后又被青年黑格尔派（主要指鲍威尔）放大的自我意识概念是分割不开的。在《博士论文》中，马克思用以解决伊壁鸠鲁问题的核心概念，是取自黑格尔《精神现象学》并经过了鲍威尔一定程度洗刷过后的"自我意识"。《博士论文》之后，这一概念所蕴涵的内容就逐渐地内化为马克思哲学的根本性理论基调。这是因为，除却其抽象思辨的理论外壳，自我意识乃是对人的本质力量的理论确证和对人的主体性的理论张扬：它通过把主体意志整合到具体的历史活动中而承载起人对自身内在世界与外在世界不断认识、批判与改造的功能。而这些，正是马克思以人的问题为中心的实践唯物主义哲学和实践唯物主义人学理论极力强调的内容。这些内容作为一种主体性的偏向和一种人道主义的定位，其实不仅是以直接的方式呈现在《1844年经济学哲学手稿》和《关于费尔巴哈的提纲》等著作中，它们同时也作为一种隐性的逻辑潜伏在马克思几乎所有的哲学著作和大部分经济学著作中。

其二，市民社会与马克思的政治哲学。莱文指出，马克思在自己的著作中提出过国家将会被废除，那么，国家被废除之后的社会或者"国家"是什么样的呢？最为引人注目的观点是恩格斯、列宁（尽管列宁的观点有所不同）等人提出来的。他们认为，国家的废除就是指国家通过无产阶级革命而被彻底推翻，从而，国家就

① Norman Levine. *Divergent Paths: Hegel in Marxism and Engelsism*. Lexington Press, 2006: 10.

不复存在，社会就进入一种理想的“平等状态”。这种理解不禁让人疑窦丛生：一个没有国家或者权力集团的社会能被称作社会吗？社会的基本运行还是可能的吗？社会会不会由此陷入混乱呢？这种“平等状态”无疑承担着人人等同的诺言，但这意味着它能承担得起人人自由的诺言吗？莱文强调，这种理解并不符合马克思对这个问题的思考方向。其实，马克思并不认为国家将会彻底消亡，而应该是国家将会被市民社会所取代。莱文认为，青年马克思在解读黑格尔《法哲学原理》中的市民社会概念的时候，分解出了这一概念中的政治学意义：黑格尔曾经指出，市民社会包含了带有权力性质的同业公会，所以，它（市民社会）实质上也就是一种可以依托民主的方式来解决社会冲突的权力机构。马克思基于这样一种解读，将权力界分为两种类型：一为与政治国家对应的政治权力，二为与市民社会对应的社会权力。马克思从未反对过权力的存在，而是反对建立在生产资料私有制基础上的权力。他指认国家将会被废除，实质上是说政治权力将会向社会权力回归，即市民社会将会取代国家。也就是说，马克思所讲的国家的废除只是在“state”意义上而不是在“government”的意义上来说的，进一步说，国家的废除对于马克思而言并不意味着无政府主义，而是意味着如何在市民社会中创造通过民主的或者法律的方式来行使管理职能的权力体系。

其三，劳动概念与马克思实践哲学的创生。莱文指出，马克思在《1844 年经济学哲学手稿》中固然披露了黑格尔辩证法太过明显的思辨主义实质，但他显然认同黑格尔依托辩证法将人的生成和人类历史的发展变化与对象化的劳动连接起来加以说明的做法。所以，黑格尔的“劳动”作为一种思想的逻辑进入到了马克思哲学创构的理路中，正因为如此，马克思在《1844 年经济学哲学手稿》中将人的本质界定为劳动，并借助对劳动的历史性规定而讨论了劳动对人类历史如何发生作用以及劳动的歧变形态即异化劳动如何宰制人的生存等问题。更为关键的是，马克思在劳动的辩证法中区分了劳动的异化与对象化，进而在此基础上提出了“对象性活动”的概念，并有意识地根据这一概念来说明人和历史的特质。从概念的内涵上不难断定，“对象性活动”与马克思一年之后在《关于费尔巴哈的提纲》中提出的“实践”范畴无疑是一致的。所以，如果说马克思创立的是卢卡奇、柯尔施、葛兰西等西方马克思主义哲学家所指的“实践哲学”，那么，这一哲学的“实践”维度或者能够将这一哲学标明为“实践”的东西，正是肇始于经过了马克思提升之后的黑格尔的“劳动”概念。莱文强调，这一思想关系说明，真实的情况并不像学术界惯常理解的那样，马克思在《1844年经济学哲学手稿》中通过批判《精神现象学》获得的是用于分析不同事物之间的关系的一般辩证法，毋宁说，马克思在黑格尔辩证法的巨大思想空间中发现的是用于透视和剖析历史与社会结构的唯物主义的哲学视角，在这个意义上，对于马克思哲学而言，黑格尔哲学开出的乃是一条隐性的实践唯物主义的逻辑路径，所以，马克思发动唯物主义哲学的革命，主要不是在费尔巴哈的传统上而主要是在黑格尔的传统上进行的。

莱文认为，在第二阶段，即马克思以《资本论》为中心的系统的政治经济学研究阶段，主要是黑格尔的辩证法影响了马克思。具体而论，黑格尔在《逻辑学》中抽象与具体、普遍与特殊、形式与内容、本质与实体、矛盾、否定等诸如此类的辩证法的范畴，以及将社会形态解释为一个有机体的总体性范式，无一不被马克思自觉地继承并内化为政治经济学的论证方法，所以，从抽象到具体、从整体到部分等辩证方法与逻辑范畴鲜活地呈现在《资本论》的叙述结构之中。那么，马克思在政治经济学的研究中为什么要套用黑格尔《逻辑学》的表述逻辑？在莱文看来，这不再是因为马克思像在《1844年经济学哲学手稿》中那样解悟到黑格尔的辩证法（特别是劳动的辩证法）乃是对历史法则的深刻暗示和抽象表达，深度地分析，主要有两方面的原因：其一，马克思认识到黑格尔在逻辑学和认识论的理论框式中合理地提出概念的具体性问题并以此为基础合理地论证了从抽象规定上升到具体概念的逻辑方法和思维规律，认识到这样的逻辑方法理当嵌入到政治经济学的研究中并成为这种研究的方法论基础，也就是认识到“有必要利用黑格尔的逻辑形式”① 来表述关于资本主义经济活动和社会结构的观点。其二，马克思认识到黑格尔的辩证法作为在“思想中所把握到的时代”，实质上是以逻辑的方式表征了他所生活于其中的资本主义社会的内在矛盾性，完整地再现了资本主义社会存在的生成结构，认识到这样的辩证法与他自己（指马克思）正在推进的资本批判归根结底竟是同宗同源的。莱文认为，正是马克思这两方面的认识，驱使他继续强化自己与黑格尔的理论联系，继续将黑格尔的哲学作为丰厚的资源加以汲取。莱文甚至极端地认为，没有黑格尔的《逻辑学》，就诞生不了马克思的《资本论》，所以，不理解《逻辑学》，就不可能从根本上理解《资本论》。

莱文对马克思与黑格尔思想因缘的考证，强化了在哲学史上自卢卡奇以来就没有中断过的马克思主义“黑格尔化”（Hegelianization）的解释逻辑。然而，在《分歧的路径》中，莱文又提出了马克思主义“去黑格尔化”（de-Hegelianization）的要求：在马克思主义哲学史上，许多哲学家虽然都曾经讨论过马克思和黑格尔的关系，但这些讨论往往都不能够真实地还原这种关系，相反，它们常常引导人们错误地理解这种关系，进而错误地理解马克思哲学的许多方面。因此，应当深入地检讨马克思主义哲学史上种种“黑格尔化”的理论话语，将隐匿于其中，但实质上却人为扭曲了的马克思与黑格尔的关系清理出门，还原讨论马克思与黑格尔思想联系的真实学术语境。

首先，莱文指出，阿多诺、阿尔都塞、卢卡奇、施密特等西方马克思主义者研究马克思与黑格尔的关系时，都是在特定的时间和空间中，依托特定的政治和文化的语境而展开的，所以，他们的研究都或多或少地打入了不利于廓清马克思与黑格尔真实关系的政治或者文化的元素。例如，“阿多诺之所以在马克思主义史上重新将马克思主义黑格尔化，是因为他想表明：既然黑格尔是错误的，那

---

① 诺曼·莱文．辩证法内部对话．张翼星，等，译．云南人民出版社，1997：196.

么马克思主义在某些方面也注定是错误的。……这意味着他不仅批判了所有试图揭示历史之终极目标的努力，而且批判了所有集体主义的组织，如群体、政党以及工会等。阿多诺是一位个体、特殊性和非系统性的鼓吹者，他把尼采以来的非理性传统作为旗帜来反对那个时代日益生长的集体主义。阿多诺看到了同一性逻辑对人类的威胁，并且指证守护特殊、碎片的最强有力方式就是反对同一性逻辑”。① 青年卢卡奇在《历史和阶级意识》中将理论和学术的出发点寄生于黑格尔哲学之中，是因为他“将黑格尔认作是马克思思想的先驱，同时也将之认作是无产阶级革命的先驱”。② 也就是说，青年卢卡奇借助黑格尔哲学来解释马克思哲学，实质上是为了释放马克思主义中的主体性角度。阿尔都塞之所以也要讨论马克思与黑格尔的关系，是因为他要实现马克思主义和列宁主义的融合③并因此反对斯大林的影响。

其次，莱文认为，在哲学史上，如果说一些西方马克思主义哲学家只是在某个方面误读了黑格尔以及马克思与黑格尔的思想关系，那么，恩格斯在他们之前其实早已将这种误读推向一种新的程度：对于黑格尔来说，客观现实和个体意识都是绝对精神的组成部分，因而，辩证法的原本意义在于说明存在与思维分离与重新统一的关系，然而，恩格斯却“将黑格尔的辩证方法转化为一种自然哲学”，④ 进而又以自然哲学的方式将辩证法具体界定为客观事物的关系、规律与法则，例如，将“否定”界定为两个客观事物之间的差异、对立或者冲突等。所以，恩格斯实质上没有真正理解黑

---

① Norman Levine. *Divergent Paths*: *Hegel in Marxism and Engelsism*. Lexington Press, 2006: 22.

② Norman Levine. *Divergent Paths*: *Hegel in Marxism and Engelsism*. Lexington Press, 2006: 12.

③ Norman Levine. *Divergent Paths*: *Hegel in Marxism and Engelsism*. Lexington Press, 2006: 27.

④ Norman Levine. *Divergent Paths*: *Hegel in Marxism and Engelsism*. Lexington Press, 2006: 6.

格尔的思想，在某种程度上，他“分解并扭曲了黑格尔的思想”。①

莱文虽然在“去黑格尔化”的学术名义下将一些西方马克思主义哲学家推上了思想的被告席，但他继承的其实正是卢卡奇以降西方马克思主义中黑格尔主义的马克思主义的学理传统，这也是新黑格尔主义的马克思主义共有的一个学术定向。以莱文为代表的美国新黑格尔主义的马克思主义所指证的学术倾向与学术方法，其实极为普遍地存在于高等院校的马克思主义学术研究之中，代表了美国马克思主义学术研究的一种主流。

五、辩证法的马克思主义

虽然目前有许多美国马克思主义理论家都将辩证法的研究看做是一个重要的学理问题（例如，上文论述的詹姆逊和哈维，就重视对辩证法的研究），但辩证法的马克思主义却主要指的是纽约大学政治学系教授伯特尔·奥尔曼（Bertell Ollman）的研究。奥尔曼在其新著《辩证法的舞蹈：马克思方法的步骤》（*Dance of Dialectic：Steps in Marx's Method*）中指出，马克思的论题，“不是资本主义，不是共产主义，也不是历史。不如说，这个论题是所有这些事物间的内在关系，它所涉及的是共产主义作为资本主义内部尚未实现的潜在趋势如何演化，以及这种演化从早期阶段一直延伸到依然遥远的未来的历史”。② 然而，是什么因素让马克思在资本主义内部发现了共产主义，以及他的发现如何构成了对资本主义的一种批判，又构成了推翻它的策略的基础？奥尔曼认为，马克思发现这一切，首先是因为它们本来就是存在的，但为什么只是马克思而不是别人发现了这些存在的东西，这主要是因为马克思拥有了辩证法的

① Norman Levine. *Divergent Paths：Hegel in Marxism and Engelsism*. Lexington Press，2006：6.

② Bertell Ollman. *Dance of Dialectic：Steps in Marx's Method*. University of Illinois Press，2003：2.

理论武器，“正是辩证法，尤其是马克思的辩证法不仅允许而且要求他将多数人孤立看待的东西结合起来”。①

马克思辩证法的实质是什么？在奥尔曼看来，虽然一些著名的新马克思主义者，如卢卡奇、萨特、科西克、戈德曼以及马尔库塞等，都曾竭尽全力地去理解和回答这一问题，但遗憾的是，他们都没有在根本上将这一问题解释清楚。奥尔曼认为，马克思的辩证法，实质上是一种“内在关系”的理论。这种“内在关系”的理论，是马克思在研习黑格尔哲学的过程中继承下来的（当然也经过了马克思的唯物主义的改造）。这一理论强调在理解现实世界时，不应当以事物而应当以关系作为基本的构件。具体地说，其把任何一种事物处于其中的关系看做是构成这个事物的基本的部分，以至于在理解事物的变化时，不是以事物本身而是以事物处于其中的关系作为最根本的标准。奥尔曼指出，从“内在关系”的角度界定马克思的辩证法，虽然在哲学史上是一件极为困难的事情，但若是周详地考量，则至少看到如下的依据：其一，马克思发表过使他站在那些把事物当成关系的人的一边的论述；其二，即使马克思把事物主体当做关系的直接论述是不明确的，他把人和自然当做相互之间具有内在联系的关系的论述却是清晰明了的；其三，如果我们采取的立场是马克思在事物和社会关系之间画了一条不可抹去的界线，那么，我们的任务就在于，解释他在物质世界里看到的是哪种相互作用，以及自然和社会这两个世界之间是如何联系的；其四，如果不从“内在关系”的理解出发去理解马克思，那么，将会有意无意地将马克思与黑格尔的联系在理论视野中删除掉。奥尔曼进而指出，人们之所以在理解马克思的时候，总是从各不相同的路径出发，将之解读为科学主义者、批判主义者、理想主义者和革命主义者这些截然不同的角色，归根结底是因为他们没有理解马克思是在“内在关系”的理论坐标中展开资本主义政治、经济、文

① Bertell Ollman. *Dance of Dialectic*: *Steps in Marx's Method*. University of Illinois Press, 2003: 2.

化以及生态的批判的。

基于对马克思辩证法如此这般的理解，奥尔曼最终指认了共产主义为什么能够在新的历史条件下取代资本主义的根由。他指出，在理解资本主义时，首先应当将之理解为一个关系的系统，而不是把它看做是一个静止的事物。这样一个资本主义关系的系统，由于构成其关系的部分的变化而变得不稳定，尤其是当那些潜藏于资本主义中的共产主义的因素变得越来越强大时，共产主义取代资本主义就会成为顺理成章的事情。实际上，工人和消费者的合作组织、公共教育、市立医院、政治民主、国有企业等与共产主义直接相关的条件，都在日益彰显出它们的作用与价值；失业、贫富差距的拉大以及各种形式不平等的增多，也都会使资本主义制度的延续难以为继。根据辩证法，现在与过去和未来一样，都是一个暂时过程中的一个阶段，并且与这一过程的其余阶段有着必然的和明显的联系。所以，资本主义的今天，并不会是历史发展的终点。人们之所以不能普遍地接受共产主义必然取代资本主义的信念，主要是因为他们没有解悟到辩证法所昭示的这一事实。这无疑对今天的马克思主义者转向辩证法的研究提出了新要求。

上述流派由于是在各不相同的传统和视域中开展马克思主义的研究，所以相互之间存在相对清晰的理论边界，各自讨论的问题和关注的重点也大为不同。然而，有些流派在某些方面却有着非常相似的特征，例如，辩证法的马克思主义、后现代的马克思主义以及生态学马克思主义，基本上都还是在坚持马克思主义基本理论的前提下去研究各种现实问题的，因此基本上都是在“正统的马克思主义”① 的路向上开展马克思主义理论研究的。最近几年的美国马克思主义发展更是表明：不同流派其实并不是在一种完全隔离的状况下进行理论研究的，对话、交流甚至是合作则是经常的事情。有些具体问题，往往会有不同理论流派的学者一并参与讨论。例如，

① 我们在这里所说的“正统的马克思主义”，是指坚持从马克思主义基本理论出发的马克思主义研究倾向。

近年来美国马克思主义者开始将阶级问题提升为一个热点问题，而这一过程却不是由哪一个流派单独推动的，分析的马克思主义、生态学马克思主义以及辩证法的马克思主义都成为这一过程的主角。赖特撰著《阶级》一书认为，马克思的阶级分析方法在今天需要修正，因为他只是将社会阶级划分为无产阶级与资产阶级，这一阶级概念无法容纳和解释大量存在于当今资本主义社会中的“中间阶级”；福斯特撰文《美国的阶级问题：情况介绍》指出，大多数的马克思主义者都是把列宁的阶级定义当做既定的出发点，然而，这一定义没有考虑到阶级关系的动态性质，也无法回答阶级是怎样在斗争中形成的，阶级意识的性质和程度如何以及阶级如何实现再生产和自我保存等问题；奥尔曼撰文《马克思对“阶级”概念的使用》指出，许多人批评马克思的阶级概念非常粗糙，其实这是一个误解，马克思在使用“阶级”术语的时候，是做了非常严谨的考证的。这样的情况说明，美国马克思主义不是在一种封闭的而是在一种开放的体系中展开研究的，这无疑为美国马克思主义的发展打开了更多的可能性空间。

参考文献

[1] JOHN ROEMER. *Democracy, Education and Equality*. Cambridge University Press, 2006.

[2] JOHN ROEMER. *Equality of Opportunity*. Harvard University Press, 1998.

[3] JOHN ROEMER. *Free to Lose: An Introduction to Marxist Economic Philosophy*. Harvard University Press, 1988.

[4] JOHN ROEMER. *A Future of Socialism*. Verso Books, 1994.

[5] JOHN ROEMER. *Analytical Marxism*. Cambridge University Press, 1986:2.

[6] LESELEY JACOBS. The Second Wave of Analytical Marxism. *Philosophy of Social Sciences*, 1996, 26(2).

[7] JAMES O'CONNOR. Marx's Ecology or Ecological Marxism.

Capitalism, Nature, Socialism, 2001,12(2).

[8] JOHN BELLAMY FOSTER. *Marx's Ecology: Materialism and Nature.* Monthly Review Press, 2000.

[9] JOHN BELLAMY FOSTER. *Ecology Against Capitalism.* Monthly Review Press,2002.

[10] BRETT CLARK, JOHN BELLAMY FOSTER. Ecological Imperialism and the Global Metabolic Rift: Unequal Exchange and the Guano/Nitrates Trade. *International Journal of Comparative Sociology* ,2009, 50(3/4).

[11] JOHN BELLAMY FOSTER, PAUL BURKETT. Classical Marxism and the Second Law of Thermodynamics. *Organization & Environment*,2008, 21(3).

[12] JOHN BELLAMY FOSTER. Rediscovering the History of Imperialism Theory:A Reply. *Monthly Review*,2007, 59(7).

[13] ELMAR ALTVATER. A Marxist Ecological Economics. *Monthly Review*,2007,58(1).

[14] PAUL BURKETT. *Marxism and Ecological Economics: Toward a Red and Green Political Economy.* Brill Academic Publishers, 2006.

[15] BUCHANAN. Jameson on *Jameson: Conversations on Cultural Marxism.* Duke University Press, 2007.

[16] FREDRIC JAMESON. *The Modernist Papers.* Verso Books, 2007.

[17] FREDRIC JAMESON. *Valences of the Dialectic.* Verso Books, 2009.

[18] RICHARD WOLIN. *The Terms of Cultural Criticism.* Columbia University Press, 1992.

[19] AARON F HODGES. Jameson on Jameson: Conversations on Cultural Marxism. *Science & Society*,2009,73(3).

[20] FREDRIC JAMESON. *Capital in its Time and Space.* Verso Books, 2008.

[21] DAVID HARVEY. The Right to the City. *New Left Review*,2008,

153(10):24.

[22]DAVID HARVEY. *Spaces of Global Capitalism*:*Towards A Theory of Uneven Geographical Development*. Verso Books,2006.

[23]DAVID HARVEY. Why the U. S. Stimulus Package is Bound to Fail. *Socialist Project · E-Bulletin*,2009,184.

[24]NORMAN LEVINE. *Divergent Paths*:*Hegel in Marxism and Engelsism*. Lexington Press, 2006.

[25]BERTELL OLLMAN. *Dance of Dialectic*:*Steps in Marx's Method*. University of Illinois Press, 2003.

[26] BERTELL OLLMAN. *Market Socialism*: *The Debate among Socialism*. Routledge, 1998.

[27]佩里·安德森. 当代西方马克思主义. 余文烈,译. 东方出版社,1989.

[28]詹姆斯·奥康纳. 自然的理由——生态学马克思主义研究. 唐正东,臧佩洪,译. 南京大学出版社,2003.

[29]诺曼·莱文. 辩证法内部对话. 张翼星,等,译. 云南人民出版社,1997.

[30]诺曼·莱文. 马克思与黑格尔思想的连续性. 马克思主义与现实,2008(5).

[31]诺曼·莱文. 从“西方马克思主义”到西方“马克思学”—— 诺曼·莱文教授访谈录. 南京大学学报,2006(6).

[32]何萍. 美国马克思主义哲学的历史进程及其特点. 国外社会科学,2005(2).

[33]段忠桥. 当代美国的马克思主义研究. 山东社会科学,2009(3).

日本的中国哲学研究述评*

徐水生**

（武汉大学哲学学院，武汉，430072）

众所周知，中国哲学思想对日本的历史和文化有着极其深远的影响。因而，相对西方学者的中国哲学研究，日本学者对此研究具有更深层的动因，他们认为：这“不仅仅是研究外国文化的问题，而且与认识本国文化也有着密切的关系”。① 因而，日本有关中国哲学的研究，可谓历史悠久，学者众多，视角独特，成果丰硕。

一、日本的中国哲学研究概况

（一）日本传播和研究中国哲学的简史

1. 儒、佛、道思想的传入

日本著名学者阿部吉雄指出：“日本的文化，当然是由于汉字、汉文的传入才开花的。”② 根据日本学者的研究，公元405年

---

* 本文得到了教育部人文社会科学重点研究基地项目基金（项目批准号07JJD770109）和武汉大学“海外人文社会科学研究前沿追踪计划”项目的资助，特此感谢。

** 徐水生，武汉大学哲学学院教授、博士生导师；武汉大学中国传统文化研究中心研究员。

① 蜂屋邦夫．道家思想与佛教．隽雪梅，陈捷，等，译．沈阳：辽宁教育出版社，2000：1.

② 参见宇野精一．東洋思想の日本的展開．東京：東京大学出版会，1967：251.

《论语》传到日本，此举标志着中国儒学的正式传入。

随着时间的推移，儒学在日本的社会发展中逐步产生重要影响。公元604年，圣德太子制定的“十七条宪法”就是突出的一例。“十七条宪法”并非今日所说的法律，而是对当时官吏的道德训诫，其内容采纳了中国哲学的诸家学说，尤其是儒学思想，有的条文甚至直接搬用儒家经典。如：第一条的“以和为贵”，来自《论语·学而》的“礼之用和为贵”；“上下和睦”来自《左传·成公十六年》的“上下和睦”。第三条的“君则天之，臣则地之”，来自《左传·宣公四年》的“君天也”；“天复地载”来自《中庸》的“天之所复，地之所载”。第四条的“上不礼而下不齐”，来自《论语·为政》的“道之以德，齐之以礼，有耻且格”。第六条的“无忠于君，无仁于民”来自《礼记·礼运》的“君仁臣忠”。第七条的“贤哲任官”来自《尚书·咸有一德》的“任官惟贤材”。第八条的“公事靡监”来自《诗经》中的“王事靡监”。第九条的“信是义本”来自《论语·学而》的“信近于义”。第十二条的“国靡二君，民无两主”来自《礼记·坊记》的“天无二日，土无二王”。第十六条的“使民以时”来自《论语·学而》的“节用而爱人，使民以时”。

公元701年（大宝元年），日本颁布了大宝律令，开始实行祭祀孔子之礼。为了培养官吏，并推出了大学和国学的制度，该制度以唐令为基础，将《孝经》和《论语》作为必修科目，《礼记》、《春秋左氏传》、《毛诗》、《周礼》、《仪礼》、《周易》、《尚书》七部著作作为选修科目，但七部中必须选择二部以上。到了江户时代（1603—1867年），儒学尤其是朱子学开始兴盛，它既成了德川幕府的指导思想，又成了当时文化人的必备知识。

总之，因《论语》等儒家经典的传入，日本人掌握了道德的概念，掌握了维护家庭、社会、国家稳定的原理和法则。正如有些日本学者所说：“由于学习了《论语》，不仅掌握了‘孝’这个字和词，而且更重要的是懂得了其教育上的意义、伦理上的意义、社会上的意义。在日语中表现抽象概念的词多半用的是汉字和汉语，并大多来源于《论语》等儒家经典，《论语》不仅成了日本文字的源泉、语言的源泉，而且还是日本教育、道德、政治等渊源的重要古典。”①

关于佛教及其思想的传入，据《日本书纪》记载，公元552年（钦明天皇十三年），百济的圣明王派遣特使，献金铜释迦牟尼佛像一尊、经论若干。② 此事标志着佛教的最初传入。在日本的佛教思想传播史上，托身万里波涛的中国赴日僧人起到了不可忽视的重要作用，鉴真和尚就是其中最杰出的一位。鉴真（688—763年），扬州人，他克服失明的困难，于天平胜宝五年（753年）越海抵达日本。来日后的鉴真于翌年在东大寺佛殿前开设戒坛，为圣武上皇、孝谦天皇受菩萨戒，为比丘受具足戒，至此日本佛教教团终于有了严密的戒律。此外，鉴真还是天台教义的传播者。鉴真东渡之前，日本虽然不是完全没有律宗，但因为得不到规定的三师七证，后有了鉴真所带来的律僧，才开始能够进行符合佛法的受戒。所以日本人以鉴真为日本律宗的初祖。后来，荣西（1141—1215年），号明庵，在中国宋朝留学五年，于1191年回到日本，在关东传播禅宗，使禅宗及其思想在日本文化的发展中产生了重大影响。

关于道家思想的传入，早在6世纪中叶，老子、庄子思想就和汉译的佛教经论一起传入日本。公元712年，日本最早的著作《古事记》形成，该书是研究日本古代神话传说、历史和哲学思想萌芽的重要文献资料。其卷首曰：“夫混元既凝，气象未效；无名，无为，谁知其无形？然乾坤初分，叁神作造化之首，阴阳斯开，二灵为群品之祖。”③ 古代日本是一个文化后进国，其深奥的理论和抽象的概念均来自中国，《古事记》一书反映了这种情况。《老子》第25章说：“有物混成，先天地生，寂兮寥兮。”第1章说：“无名天地之始，有名万物之母。”第2章说：“圣人处无为之事，行不言之教，万物作焉而不为始。”第42章说：“万物负阴而抱阳，

---

① 参见宇野精一．東洋思想の日本的展開．東京：東京大学出版会，1967：259-260.

② 日本学术界也有人认为，此事发生在公元538年即钦明天皇七年。

③ 《古事記．祝詞》．東京：岩波書店，1958：42.

冲气以为和。”由此可见，《古事记》卷首语的叙述方式及“无名”、“无为”、“阴阳”等重要概念均来自《老子》。

与《古事记》相比，成书于720年的编年体书《日本书纪》在此方面表现得更为明显。《日本书纪》开卷即曰：“古天地未剖，阴阳不分，混沌如鸡子，溟涬而含芽，及其清阳者薄靡而为天，重浊者凝滞而为地，清妙之合专易，重浊之凝竭难，故天先成而地后定，然后神圣生其中焉。”① 而这段文字几乎是照搬了中国汉代的道家著作《淮南子》的思想和语句，如《淮南子·天文训》指出：“宇宙生气，气有涯根，清阳者薄靡而为天，重浊者凝滞而为地。清妙之合专易，重浊之凝竭难，故天先成而地后定。”《淮南子·三五历纪》指出：“天地混沌如鸡子，盘古生其中，万八千岁，天地开辟，阳清为天，阴浊为地。”此时，由于日语假名尚未产生，日本早期著作写作必以中国古籍为摹本，更由于日本尚未形成系统的宇宙天地的理论，而《淮南子》关于气—阴阳—天地的宇宙生成论适应了日本理论上的需要，故出现了这种“直接拿来”的状况。

产生于公元751年的日本最早的汉诗集《怀风藻》，表明日本人关于老子和庄子的知识变得更加明确和丰富。如《大友皇子的传记》之诗中，有“天道无亲，惟是善辅之”；② 古麻吕的《望雪》之诗中，有“无为圣德重寸阴，有道神功轻球琳”；③ 山前王的《侍宴》之诗中，有“至德洽乾坤，清化朗嘉辰。四海既无为，九域正清淳”；④ 道公首名的《秋宴》之诗中，有“昔闻濠梁论，今辨游鱼情”；⑤ 越智直广江的《述怀》之诗中，有“文藻我所难，庄老我所好。行年已过半，今更为何劳”；⑥ 虫麻吕的《秋日

① 《日本書纪》：上．東京：岩波書店，1965：77.

② 《日本古典文学大系》：第69卷．東京：岩波書店，1964：70.

③ 《日本古典文学大系》：第69卷．東京：岩波書店，1964：92.

④ 《日本古典文学大系》：第69卷．東京：岩波書店，1964：109.

⑤ 《日本古典文学大系》：第69卷．東京：岩波書店，1964：115.

⑥ 《日本古典文学大系》：第69卷．東京：岩波書店，1964：123.

于长王宅宴新罗客》之诗中，有“言笑纵横，物我两忘”；① 藤原总前的《侍宴》之诗中，有“无为自无事，垂拱匆劳尘”等之句。② 这里运用了大量的老子、庄子的哲学范畴（如“无事”、“无为”、“至德”）、哲学命题（如“物我两忘”）及包含深刻哲理的典故（如庄周与惠施的“濠梁之论”），而《怀风藻》的作者主要是天皇、皇子、官僚公卿、僧侣等人，这说明道家的思想已引起了当时日本社会上层人士的较大兴趣。

2. 古代的解说和近代的研究

在江户时代，日本甚至产生了一批有关道家著作的注释和解说。如江户时代的著名学者海保青陵（1755—1817 年）著有《老子国字解》，此书以王弼的注释本为基础，同时吸收了其他各家注释的成果，提出了自己的独到见解。他认为：老子并非生于孔子之前，而是生于孔子之后。老子看到孔子的仁义道德不行于世，于是从侧面进行了思考。老子提出“欲取天下而为之”，应该做到“将欲夺之，必固与之”，这在一定程度上证实了孔子的学说，与孔子思想有一致之处。他的见解当时引来不少赞同者。还有一位叫葛西因是（1764—1823 年）的学者，著有《老子辐注》、《老子神解》等。他认为，视老庄之教为异端者，是由于受文字所限而不解其意，他逢人就谈老庄，辩舌颇巧，多有独到见解，每每令人惊叹。此外，还有大田晴轩，他著有《老子全解》，将《庄子》、《列子》等先秦古籍同《老子》对照，试图求得正解。他认为，庄子的思想虽源于《老子》，但两者有差异，并细致地说明了两者的同异之处。他指出，《老子》学说渊博、精邃，不易理解，故后人从各自角度领会，形成不同学派。在江户时代，日益增多的道家思想研究者带来了丰富的成果。据日本著名学者武内义雄统计，徂徕学派（日本儒学三大派之一的古学派中的一个分支）17 世纪至 18 世纪关于老庄之书的注释就达 29 种之多，其中有《老子特解》、《老子愚读》、《老子、庄子类说》、《老子考》、《庄子考》、《老子考注》、

---

① 《日本古典文学大系》：第 69 卷．東京：岩波書店，1964：130.

② 《日本古典文学大系》：第 69 卷．東京：岩波書店，1964：147.

《老子解》、《庄子解》、《庄子琐说》、《老子摘解》、《校刻王注老子》、《读老子正训》、《老子考文》、《老子古解》、《注老子》等。由此可想而知，当时整个日本学术界关于道家注释的著作会更多。

日本学者注释、解说中国哲学经典的著作历来很多，但从严格的意义上来说，研究性的著作是从近代才开始出现的。如1888年，内田周平的《支那（中国）哲学史》出版，它是日本“中国哲学史”的开山之作，不过其论述内容仅局限在先秦时期。1898年，松本文三郎的《支那哲学史》出版。松本文三郎借用西方哲学史的方法，将中国哲学史的发展划为三个阶段，即：东周至秦朝为“创作时代”，此时诸子哲学呈现出空前盛况；西汉至五代为“训诂时代”，此时的哲学缺乏新见，重在古书的训诂解释；宋朝至清朝为“扩张时代”，是哲学的复兴时代。松本文三郎之书也不乏深刻之处，他注意到了先秦时期的“邹鲁学派”与“荆楚学派”的思想差异和形成原因，指出先秦哲学兴盛的重要条件是“思想自由”和“言论自由”。1900年，远藤隆吉的《支那哲学史》出版；1903年，远藤隆吉另一本有关中国哲学的著作——《支那思想发达史》出版。前书把中国哲学史分为“古代哲学”、“中古哲学”、“近世哲学”三个时期，后书注重用社会学的方法分析中国古代社会状况与中国古代哲学的密切联系。此后，日本又出版了宇野哲人的《支那哲学史讲话》（1914年版）、狩野直喜的《中国哲学史》（1953年版）等，这些著作凝聚了几代日本学者的心血，呈现了各个历史阶段的标志性研究成果。

（二）日本研究中国哲学的三大基地

1. 东京大学的中国哲学学科

东京大学成立于1877年，文学部有两大学科，即史学哲学政治学科和汉文学科。东京大学于1881年9月开设《印度及支那哲学》课程，1882年12月将原来学习科目中的“哲学”改为“西洋哲学”，同时，增设“东洋哲学”，由留德归国的井上哲次郎（1855—1944年）负责其教学。

在此期间，井上哲次郎一边讲授《东洋哲学史》，一边完成了《日本的朱子学派》、《日本的阳明学派》、《日本的古学派》三部著作。哲学专业出身的虾江义丸的《孔子研究》，被称为是从经学独立出来的崭新的中国古典文化研究代表作。高濑武次郎、宇野哲人等人关于中国哲学史的著述逐渐出版，他们在重视史学方法的基础上，开始运用哲学史的方法分析和叙述先秦诸子和经书。因为他们开展此类工作的时间早于中国“五四”时期的学者，故有日本学者称之为开辟了经学批判之路。

1904年，《支那哲学》作为必修的科目和考试的科目。1919年，《支那哲学》学科独立。1948年东京大学将《支那哲学》改称《中国哲学》。1949年中国哲学专业与中国文学完全分离，形成了中国哲学学科。20世纪末，东京大学的“中国哲学研究室”又改名为“中国思想研究室”。

服部宇之吉（1867—1934年）、宇野哲人（1875—1974年）、高田真治（1893—1975年）、加藤常贤（1894—1978年）、宇野精一（1910—2008年）、赤塚忠（1913—1983年）、福永光司（1918—2001年）、山井涌（1920—?）、户川芳郎（1931—?）、沟口雄三（1932—?）等著名教授先后在此学科点任教。该学科现在的负责人是佐藤慎一教授，其研究重点是近现代中国思想史。

主要历任教授：

(1) 宇野哲人

1897年，宇野哲人进入东京大学文学部的汉文学科。1900年，其最早的论文《程子之哲学》，因得到井上哲次郎的赞赏而在《哲学丛书》刊载。1906年，他由于与服部宇之吉的关系（当时在中国的京师大学堂任职）前往中国留学。1908年离开中国，前往德国留学，1910年回国。1911年，他所著的《孔子教》（富山房）出版。1912年，他在中国留学的感想和记录——《支那文明记》（大同馆）出版。此后，他各种著作不断问世，活跃在日本的中国哲学研究的舞台上。1916年起，《四书讲义》等著作陆续出版。1920年，《支那哲学研究》问世。1924年，《儒学史》出版（宝文馆）。1926年，《支那哲学概论》出版。1931年，他任东京大学文学部部长。1932年，其《东洋伦理学史》出版。1954年，其《中国哲学史——近世儒学》出版（宝文馆）。

宇野哲人在《支那哲学研究》“序”中说：“支那哲学研究，为我毕生的事业之所在。”他的一生的确实践了这一志愿。宇野哲人是东京大学中国哲学研究方面继井上哲次郎以后的代表性人物。

在中国哲学史研究即通史的研究方面，他的主要著作是1914年大同馆出版的《支那哲学史讲话》。1929年，此书又增订再版。后来在此基础上，他进一步写成了《中国哲学史》。由于宇野哲人寿命长达百岁，著作等身，又长期处于东京大学这一日本学术研究的中心，所以，他的思考模式和研究方法，对日本的中国哲学研究有着极大的影响。而且，他对我国的中国哲学史研究也产生了一定的影响。如中国最早出版的《中国哲学史》（谢无量著，1915年版）的体例与宇野哲人《支那哲学史讲话》较为相似。

（2）宇野精一

宇野精一为宇野哲人之子。他于1934年在东京大学毕业，后进入东方文化学院东京研究所任研究员。1949年，被聘为东京大学文学部副教授。1955年，获文学博士学位，被聘为东京大学教授。1971年，他从东京大学退休，获名誉教授称号。宇野精一从20世纪50年代起，就主持东京大学的中国思想史教学工作，后又任日本中国学会理事长，并为日本皇太子讲习汉学，他在日本学术界和社会上有相当的影响。

其主要著作有：《儒教概说》（日月社，1948年），《中国古典学的发展》（北隆社，1949年），《儒家思想 》（东京大学出版会，1967年），《墨家与法家的伦理思想》（东京大学出版会，1967年），《明解孟子》（明治书院，1972年），《论语与日本政治》（明治书院，2002年），《宇野精一著作集》（明治书院，1986—1990年），《东洋思想》（东京大学出版会，1967年）等。

（3）福永光司①

福永光司1942年于京都大学文学部哲学科毕业，1974年4月至1979年3月，他被聘任为东京大学文学部中国哲学教授，1980

① 福永光司一生任职多所大学，但最先任教于东京大学，故将其列入此。

年至1982年3月任京都大学人文科学研究所所长，1982年4月至1986年3月被聘任为关西大学教授，后又被聘为北九州大学教授、京都大学名誉教授。在日本学术界，福永光司被称为"老庄思想·道教研究第一人"。其主要著作有：《庄子：古代中国的存在主义》（中公新书，1963年），《道教与日本文化》（人文书院，1982年），《道教与日本思想》（德间书店，1985年），《道教思想史研究》（岩波书店，1987年），《道教与古代日本》（人文书院，1987年），《中国的哲学·宗教·艺术》（人文书院，1988年），《马的文化与船的文化——古代日本与中国文化》（人文书院，1996年），《魏晋思想史研究》（岩波书店，2005年）。此外，他还翻译了《老子》、《庄子》、《列子》等道家古典著作。

2. 京都大学的中国哲学学科

京都大学于1897年创立，1909年5月开设"支那哲学史"讲座，主要由狩野直喜（1868—1947年）、高濑武次郎（1868—1950年）两教授授课。狩野直喜继承了清朝考证学的传统，重在文献的考证。高濑武次郎主要研究宋、明哲学。京都大学从1947年就成立了"中国哲学史研究会"，并办有至今仍在发行的《中国思想史研究》（原名为《中国的文化和社会》）的杂志，在日本学术界有较大的影响。京都大学中国哲学学科的现主任教授是池田秀三，其研究重点是中国古代思想史尤其是汉魏的思想。

主要历任教授：

（1）狩野直喜

他1892年入东京大学汉文学科就读，1895年入东京大学研究生院学习。1900年4月作为日本留学生赴北京学习，因遇"义和团事件"当年8月回国。1901年再次前往中国留学，与俞樾、孙诒让、罗振玉、王国维相交往，1903年回国。1906年，被聘为京都大学教授。1907年，被授予文学博士学位。1912年9月游学欧洲，1913年10月回国。1919年，任京都大学文学部部长。1928年，从京都大学退休，为名誉教授。1929年日本东方文化学院成立，他任理事兼京都研究所所长。狩野直喜去世后，其弟子及后人将其著作整理出版。其主要著作有：《中国哲学史》（岩波书店，

1953 年),《两汉学术考》(筑摩书房,1964 年),《魏晋学术考》(筑摩书房,1968 年),《论语孟子研究》(みすず書房,1977 年),《春秋研究》(みすず書房,1994 年)等。

(2)小岛祐马

他为京都大学的中国哲学史学科的发展起到了重要的作用。他在运用考证学方法的同时,注意用社会学的方法来研究中国哲学史,并形成了一定的影响。小岛祐马曾任文学部部长和人文科学研究所所长(现京都大学人文科学研究所的前身),其主要著作有《古代支那研究》(1943 年),《中国的革命思想》(1950 年),《中国的社会思想》(1967 年),《中国思想史》(1968 年)等,后两部书由他人整理出版。

(3)重泽俊郎

重泽俊郎教授是小岛祐马的后继者,其研究范围开始是先秦、汉代的思想,后来逐步扩大到六朝、唐、宋、明、清等各个时代。其学术特点是立足于精读、考证,注意整个中国哲学史的逻辑发展,主要著作有《周汉思想研究》(1943 年),《原始儒家思想和经学》(1949 年),《中国哲学史研究》(1964 年),《中国的传统和现代》(1977 年)等。

此外,还有一位与武汉大学中国哲学学科萧萐父教授有着很深学术交往的,并在武汉大学讲学的,京都大学人文科学研究所的岛田虔次(1917—2000 年)教授需要在此作些介绍。他是海内外著名的中国思想史研究大家,培养了很多优秀弟子,1997 年当选为日本学士院院士。其主要著作有《中国近代思维的挫折》(1949 年),《朱子学和阳明学》(1967 年),《熊十力与新儒家哲学》(1987 年)等。①

3. 东北大学的中国哲学学科

该大学创立于 1907 年,中国哲学学科的历史开始于 1923 年,

① 这三本著作的中文译本均由武汉大学萧萐父教授的弟子翻译,其中的《熊十力与新儒家哲学》中文版由萧萐父教授亲自作序。

1963年4月，中国哲学学科改名为中国哲学讲座，1999年又改为中国思想中国哲学专业（专修）。现在东北大学中国哲学学科主要研究者是三浦秀一教授，重点是南宋至清代中叶的思想家研究，其著作有《中国的思想世界》（2006年）等。该专业与武汉大学中国哲学学科有着密切的关系。

主要历任教授：

（1）武内义雄

他是东北大学中国哲学学科的创建人，1910年他毕业于京都大学的支那哲学科。1919年由怀德堂派遣到中国研习，曾随我国著名学者马叙伦学习诸子学。1923年4月，被聘为东北大学的文学部教授，担任支那学第一讲座（中国哲学）的课程。1924年，为东北大学图书馆馆长。1928年，被授予文学博士学位。1933年，为文学部部长。其主要著作有：《老子研究》（改造社，1927年），《老子和庄子》（岩波书店，1930年），《诸子概说》（弘文堂，1935年），《支那思想史》（岩波书店，1936年），《论语研究》（岩波书店，1939年），《易和中庸的研究》（岩波书店，1943年），《支那学研究法》（岩波书店，1949年）等。1977—1979年，日本角川书店出版了《武内义雄全集》10卷。

他的中国思想史研究，大致可分为专题研究、史料研究和通史研究三个部分。专题研究，主要是对《论语》和《老子》的研究。武内义雄运用日本所存的大量《论语》刻本，特别是皇侃的《论语义疏》，对于传世本《论语》进行了校勘。他认为，对于《论语》的研究，首先要进行的是对其版本的校勘和对其形成的文献批判，然后在此基础上来进行思想内容的考查。①

1936年出版的《支那思想史》，则比较全面地反映了他的学术思想和研究方法。他曾回忆道：该书“虽说非常简要，但我对中

① 武内義雄．武内義雄全集：第一卷．東京：角川書店，1977：42.

国思想的想法基本上都包含在其中了"。① 此书在当时是最有深度的一部中国思想史论著，它不是简单地以西方的术语和模式来套用中国思想的一些材料，也不是单纯地用人物传记再加上一些语录汇成所谓的通史，而是比较深入地探讨了中国学术流派的师承和思潮的变迁，提纲挈领地勾画了中国思想史的动态变化。武内义雄的高足金谷治说：武内义雄思想史学的树立，以此《支那思想史》（后改题《中国思想史》）为代表。此书很快被汪前泉译成中文，名为《中国哲学思想史》，由上海商务印书馆出版，它与同一时间段出版的冯友兰的《中国哲学史》（上、下）一起被作为中国哲学史方面的划时代著作，得到各国学者的高度评价。

（2）金谷治

他师从著名汉学家武内义雄，1944 年毕业于东北大学中国哲学科，是该学科的第二代主任教授、文学博士。其主要著作有：《淮南子的思想》（平乐寺书店，1959 年），《秦汉思想史研究》（博士论文修订，日本学术振兴会，1960 年），《郑注论语集成》（1978 年），《管子研究》（岩波书店，1987 年），《孙膑兵法》（筑摩书房，2008 年）等专著，此外还有《论语》、《孟子》、《荀子》、《老子》、《庄子》、《孙子》等译著，以及《论语的世界》等通俗著作。1997 年，日本平河出版社出版有《金谷治中国思想史论集》，共分为三卷，即上卷：中国古代的自然观和人间观；中卷：儒家思想和道家思想；下卷：批判主义学问观的形成。

（3）中岛隆藏

他是金谷治教授的高足和继任人，是东北大学中国哲学学科主任教授，于 2006 年 3 月退休。其研究重点是儒佛道三教的交流史，其主要著作有：《六朝思想的研究》（博士论文，1985 年），《道教义枢索引稿》（1980 年），《云笈七签的研究》（2004 年）。此外，他还翻译了《庄子》（1984 年），《高僧传》（1989 年），《宋高僧传》（1991 年）等。中岛隆藏教授曾分别于 1991 年在武汉大学进

① 武内義雄．武内義雄全集：第十卷．東京：角川書店，1979：428.

修和2006年在武汉大学讲学。

二、日本的中国哲学研究成果简介

（一）关于简帛的哲学思想研究

1973年，长沙马王堆汉墓帛书被发掘出土，其中含有《老子》甲、乙本及《黄帝四经》等文献。1993年，湖北荆门郭店楚简出土，其中含有道、儒两家重要文献。经过学者们的精心整理，上述文献陆续出版。故关于简帛的哲学思想研究，近年成了国际学术界的一大热点。

日本学者对此十分重视，并形成了一批很有分量的成果。如东京大学马王堆帛书研究会编的《马王堆汉墓出土老子乙本卷前古佚书经法论篇译注》（东京大学马王堆帛书研究会，1998年），大东文化大学郭店楚简研究班编的《郭店楚简的研究》（大东文化大学大学院事务室，1999年），东京大学郭店楚简研究会编的《郭店楚简思想史的研究》第1~6卷（东京大学文学部中国思想文化学研究室，1999—2003年），郭店楚简研究会编的《楚地出土资料与中国古代文化》（汲古书院，2002年），浅野裕一、汤浅邦弘编的《诸子百家的再发现——被挖掘出的古代中国思想》（岩波书店，2004年），浅野裕一著的《古代中国的宇宙论》（岩波书店，2006年），泽田多喜男译注的《黄帝四经：马王堆汉墓帛书老子乙本卷前古佚书》（知泉书馆，2006年），大东文化大学上海博楚简研究班编写的《上海博楚简的研究》（大东文化大学大学院事务室2007年）等。

在此方面，日本著名的汉学家池田知久教授可谓突出的研究代表。池田知久生于1942年，1998年获东京大学文学博士，1991年受聘东京大学文学部教授，2003年受聘东京大学名誉教授、大东文化大学文学部教授，并兼任多种重要社会职务。他在中国古代哲学研究领域享有很高的声望，尤其在老庄研究、周易研究、马王堆帛书研究、楚简研究方面成果极多，影响极大。其主要著作有：《淮南子——知识的百科》（讲谈社，1989年），《马王堆汉墓帛书五行研究》（日本汲古书院，1993 年；中国社会科学出版社，2005 年），《郭店楚简老子研究》（东京大学文学部中国思想文化学研究室，1999 年），《老庄思想》（放送大学教育振兴会，2000 年），《郭店楚简儒教研究》（汲古书院，2003 年），《老子》（日本东方书店，2006 年），《池田知久简帛研究论集》（中华书局，2006 年），《道家思想的新研究——以庄子为中心》（汲古书院，2009 年 2 月；中国中州古籍出版社，2009 年 5 月）。

此处以池田知久教授的有关简帛研究的论著为基础作些介绍。2006 年出版的《池田知久简帛研究论集》收录了他近年在日本发表的简帛研究成果，其主要内容有：马王堆汉墓帛书研究，《老子》的“道器论”研究，郭店楚简《老子》、《五行》研究，《周易》与“谦让之德”，秦简《语书》与墨家思想，《老子》的“孝”和郭店楚简《语从》的“孝”，上海楚简《孔子诗论》中出现的“豊（礼）”的问题等。

在此书里，池田知久教授提出了简帛思想研究中的三个重要原则：

“第一，利用简帛等新出土资料描绘中国思想时，我所把握的不是其静态，即新出土资料的本质如何，而是尽可能把握其动态，即它试图解决怎样的现实问题，它试图超越哪些前人的思想。换言之，首先，我要尽可能把新出土资料所表现的思想内容，放到历史的社会的现实关系中去，然后确定其意义。……其次，我要尽可能把新出土资料所表现的思想内容，放到思想自身内在发展的过程中去，然后加以分析阐明。所以，我认为，那种将新出土资料和历史的社会的现实相分离，和思想自身内在发展的过程相分离的做法，不用说是完全不正确的。

第二，对中国思想史研究而言，简帛等新出土资料所具有的意义是决定性的，过去那种仅仅利用传世文献从事研究的方法，已经无法期待取得什么进步。……因此，我认为，为了促进研究的进步，把新出土资料和传世文献有效结合起来，是当今最为重要的课题。这项工作，一方面，是在传统文献和用传统文献构筑的中国思想史中为新出土资料的意义做出正确定位，另一方面，是站在基于新出土资料的最新的立场和观点上，对传统文献和用传统文献构筑的中国思想史研究做全面的反思。最终结果就是，将上述相反相存的两者辩证地统一起来，从而促进研究的深入，这就是当今最为重要的工作。

第三，对过去‘疑古派’研究成果中杰出的部分充分地予以继承，在批判并超越‘疑古派’的基础上，促进研究之进步。‘疑古主义’肇始于1919年胡适的《中国哲学史大纲》上卷及1923年顾颉刚的《与钱玄同先生论古史书》，20世纪20年代后半期至40年代早期出版的《古史辩》七册使‘疑古主义’获得了巨大的发展，然而随着新出土资料以令人惊异的速度出土问世，特别是20世纪90年代以后，出现了有目的有意识地对‘疑古派’研究成果予以否定的风潮。这股风潮认为，应该相信经书等中国古典文献的作者、时代和内容就是历代传承下来的面貌，应该相信古典文献所描绘的内容反映了各个时代的历史真实。我不赞成这种轻率的‘信古主义’。相反，我主张，要继承‘疑古派’研究成果中杰出的部分，并批判地超越之。对传世文献、新出土资料既要做文本的批判（textual criticism），也要基于内容之分析做高等的批判（higher criticism），这才是今后正确的研究方向。”①

池田知久教授不仅强调了20世纪下半叶中国出土的简帛思想资料的重要性，而且运用上述“三原则”对之进行了十分认真和非常具体的研究，从而提出了值得重视的新见。

关于郭店楚简《老子》的版本性质，他认为：“郭店楚简《老子》的甲本、乙本、丙本，这些都不是已经完成了的《老子》五千言的节略本，而是正在形成过程中的《老子》的最早时期的文本，大概可以认为是上溯到比《韩非子·解老》、《喻老》稍前成书的。”②

---

① 池田知久．池田知久简帛研究论集．曹峰，译．北京：中华书局，2006：3-5.

② 池田知久．道家思想的新研究——以庄子为中心：上．王启发，曹峰，译．郑州：中州古籍出版社，2009：60.

关于涉及郭店楚简抄写年代的基础性问题——郭店楚简之墓的下葬年代，池田知久认为："在今天的学术界，认为其在公元前300年前后下葬的见解似乎最为盛行。然而笔者对这一见解则有着根本性的疑问。之所以这么讲，是因为笔者曾经对郭店楚简当中所收的《穷达以时》这一文献进行过具体而详细的研究，在这篇《穷达以时》中发现了来自《荀子·天论》'天人之分'思想的文章。研究的方法，就是将《穷达以时》的思想内容及文章表现，同与之密切关联的诸文献——《荀子·天论》、《吕氏春秋·慎人》、《荀子·宥坐》、《韩诗外传》卷七、《说苑·杂言》、《孔子家语·在厄》等一一作比较、对照。其结果，最终认为不得不设定与上述盛行的见解根本不同的郭店楚墓的下葬年代。也就是认为其下葬年代是战国末期，即比公元前约265年至公元前255年稍后。

其理由，第一，《荀子·天论》'天人之分'的思想，是战国后期在齐地的荀子在与庄子学派相接触而受到其'天人'关系论的强烈影响的同时，产生了颠覆庄子学派否定'人'的观念而转变为肯定'人'的这一思想革新中，即在齐地形成的思想。而《荀子·天论》的成书年代是在荀子停留在齐地的公元前265年或公元前264至前255年的约十年之间。

第二，《穷达以时》是在《荀子·天论》刚问世之后，在其影响之下而大体上忠实地承袭了'天人之分'的思想，由荀子后学者执笔而成书的文献。

第三，《穷达以时》成书的地方，与其说是在作为荀子离开受到庄子学派'天人'关系论的影响之地而到达变得几乎完全自由了的楚地兰陵，不如说在这以前的齐地更合适。而荀子在楚地兰陵安家生活是在公元前255年至前238年的约18年之间。

第四，尽管是大体忠实地承袭，可是在《穷达以时》中也有修正《荀子·天论》的'天人之分'思想的地方。在这一点上，《穷达以时》比起《荀子·天论》来，则更接近之后的《吕氏春秋·慎人》、《荀子·宥坐》等。

第五，最终，《穷达以时》的成书年代，应该是在比《荀子·

天论》的成书年代（约公元前265—前255年）稍后，在同样的约公元前265年至前255年的约十年间，以至到《吕氏春秋》编纂年代（前239年至前235年）的过程中。

那么，如果认可将郭店楚墓的下葬年代作以上设定的话，则将郭店楚简《老子》三卷本的成书年代或抄写年代的下限放在战国末期即约公元前265年至公元前255年稍后的时间上，应该不是荒唐的吧。而根据这些推论，以在郭店楚简《老子》三卷本当中有依据荀子思想的地方为出发点，就有可能对郭店楚简《老子》三卷本具有的思想内容的全体作更加合理的说明和正确的分析了。"①

虽然，我们不能说池田知久对郭店《老子》抄写年代的确定是最合理的答案，也可以不同意他的结论，但是，他的"把新出土资料和传世文献有效结合起来"并且"放到思想自身内在发展的过程中去"的重要方法，确实值得重视和借鉴。

（二）关于儒学现代意义的研究

儒学与现代化的关系如何？这是中国学术界长期讨论而目前仍在深入研究的课题。日本学界对此已有一批成果，如日本的中国哲学研究大家——冈田武彦先生在其重要的代表作——《儒教精神与现代》中还辟出专章详细论述了"儒教的本质及其现代意义"、"朱子学与现代"、"21世纪与阳明学"、"儒教与现代社会"诸问题，注重发掘中国哲学的深远意义。因为文字所限，这里只简要介绍金谷治教授的观点，以启发我们的思考。

主张民为邦本，人民在国家中的地位和作用比君主更为重要的学说即民本论，是儒家思想的重要组成部分，它在中国历史上产生了积极影响。

金谷治教授以孟子思想为例，阐述了中国民本论的现代价值。他指出：民本论是接近现代民主主义的一种思想。虽然它和民主主义不完全一样，但是，它和民主主义的奋斗方向是一致的。孟子认

---

① 池田知久．道家思想的新研究——以庄子为中心：上．王启发，曹峰，译．郑州：中州古籍出版社，2009：72-73.

为，在政治上，人民大众是重要的。孟子说过：“民为贵，社稷次之，君为轻。”在通常的封建伦理中是绝对不会这样说的。君主就是阶级的顶点，他统治着所有的人，甚至可以说，君主握有生杀大权，可以随心所欲、为所欲为，这就是专制政治。但是，孟子说“君为轻”、“民为贵”，如果君主不好，可以另换一个，而民众不能换。对于武王伐纣灭殷，孟子说：“闻诛一夫纣矣，未闻弑君也。”殷王朝最后的天子——纣是一个大暴君，残害百姓，杀害忠义家臣，非常残暴。周武王杀纣灭殷，建立了周王朝，中国历史称之为殷周革命。孟子对此加以肯定。孟子认为，对百姓横行霸道，不把家臣放在眼里，这样的君主不是真正的君主，而是一个独夫、一个无赖，臣民是可以把这样的人杀死的。孟子不仅著书立说发表自己的这种主张，而且还当面跟当时的君主辩论。一个国君见到孟子后问：“大臣的职责和责任是什么?”孟子说，大臣有两种：一种是雇来的，跟君主没有血缘关系的异姓大臣，另一种就是从自己的家族中选拔出来的大臣。这两种大臣，各有不同的责任。对于从外面雇来而领取薪金暂时地成为大臣的人来说，如果君主变得荒唐，国政紊乱，则可以辞职，抛弃这样的君主。但是，对于同姓贵族大臣就不那么简单了，如果有了那样的坏君主，则须以死谏君。谏而不听，则与家族的人商量，罢免这个君主，选拔家族中的优秀者就君主之位。孟子说，这就是贵族大臣的责任。那位君主听了勃然变色。孟子就是这样直接地对君主说了如此骇人听闻的话。儒教里有这样的思想，这是一种不迎合权力，依据一种信念与权力抗争的思想。

孟子认为，君主与大臣的关系应该是双向的。他的“君臣有义”这句话，虽然强调的是君与臣的上下关系，臣下有服从的义务。但他认为，这种义务是相互的，要相互服务。例如：孟子来到一个小国，其国君主抱怨说：“最近，我们的国家与邻国打仗失败，有三十三名军官战死了，可是，跟军官一起去打仗的士兵们却都逃跑回来了。”军官们死了，士兵们却活着逃回来了，君主当然生气，想处罚逃回来的士兵。可是，士兵的人数过多，则不可能进行处罚，于是君主恼怒不已。孟子说：“君主，这是民众的报复呀！因为平时那些当指挥官的人不关心民众呀!”“在收成不好的灾年，在民众处于饥饿状态的时候，你不是没有打开朝廷的仓库，拿出贮存的米，去救济民众吗？如果你平时关心民众，一旦有事，民众就会随你去作战。但是，如果平时只从民众中榨取财物，一旦发生战争，就只能叫军官去作战，而士兵当然就会早早地逃回来了。”孟子这些话都是儒教优秀思想的表现，它在以后的中国历史中长期起着作用。《孟子·梁惠王上》中有这样的话：“庖有肥肉，厩有肥马，民有饥色，野有饿莩，此率兽而食人也。”孟子强调，对于这种状况，君主不应视而不见，而应把民众的生活放在首位。……孟子思想一直贯穿于儒教之中和以后的时代里。由此说明我们不可简单地把儒教作为封建伦理的代表而予以否定，儒教也具有与现代相通的积极的优点。①

对于儒学的现代意义，当今学术界有两种对立的观点：一是认为儒学可以作为现代社会的指导思想和人们的行为准则；二是认为儒学已不适应现代发展的需要，毫无价值可言。

金谷治教授结合日本的现代化，理性地分析了儒学的长短处。他认为儒学必须实行创造性地转换，才能适应现代化的发展和需要。他指出：现代正在向前发展着，儒教对今后的世界能够做出什么样的贡献呢？例如，我们必须爱护现代民主主义，但是，现代民主主义并不是一种固定不变的形式，而必须通过大家的努力，使民主主义又进一步向前发展，从而使之固定下来。在这样的情况下，儒教的民本论也许能起一些作用。但是，在创造新事物的时候，儒教到底能起什么作用呢？考虑到欧洲民主主义的历史，学习欧洲的民主主义理论，则可使我们得到更多的教益。因此，从儒教方面来说，我说了儒教的许多优点，也许过于武断了。在考虑现代问题的时候，例如，如何解决脑死亡的问题，怎样认识环境污染的问题，等等，如果儒教不拿出一个答案，不提出自己的正确指向，儒教对

① 参见金谷治．中国的传统思想与现代．于时化，译．东岳论丛，1993(2)：49-50.

今后的世界就不可能有发言权。

金谷治教授还进一步指出：在儒教的思想里有没有超越现代的东西呢？即使不是超越，它有没有能够修正现代的要素呢？……我认为，从现状分析来说，这种想法可能是正确的。因为儒教里有关于勤勉、诚实等方面的教诲。有人说，终身雇佣，把企业当做自己的家，爱护企业等这样的组织观念，就是儒教。但是，如果因此而要推广终身雇佣，好不好呢？我对此却产生了怀疑。问题在于它在帮助资本主义的发展方面，在增加人类幸福方面，是不是值得发扬呢？在这里还需要有另外一种观点，研究儒教的人们必须思考，应该以什么样的形式，在儒教里找到超越现代、修正现代的因素。……我认为，不应该以其原来的形式，原封不动地把儒教的主张拿来，运用于现代，而应该把儒教的基本观点、思维形式运用于现代。在儒教的主张里，当然有许多优点，但是，它是历史的产物，如果把一些内容原封不动地拿来运用，那么，它跟现代肯定是不吻合的。因此，如果说儒教包含有超越现代的意义，我认为，那首先是它的基本的思维方法。……中庸主义就是这样一种思考形式：考虑其两个方面，从中找出解决问题的办法。在儒教里包含着许许多多这样的内容，我期待着儒教里的这些内容能对今后的世界做出贡献。①

三、日本的中国哲学研究特点

自20世纪90年代至今，本人先后四次在东京大学、同志社大学、国际日本文化研究中心等单位做过客座研究或参加学术会议。通过与日本学者的密切接触和阅读其论著，我认为，日本的中国哲学史研究主要有以下特点：

---

① 参见金谷治．中国的传统思想与现代．于时化，译．东岳论丛，1993(2)：50-52.

1. 破除欧洲文化中心论的观念，注重中国哲学思想的特殊价值

在20世纪60年代之前的日本学术界，大多数学者是以西方文化中心论为基础来梳理和评价中国哲学思想。随着研究的深入，不少日本学者对上述研究模式提出了质疑，尤其是进入70年代以后，日本经济的持续高速发展和亚洲“四小龙”的崛起，进一步促进了日本学者的思考，如日本研究宋明理学的大家冈田武彦先生就指出：“随着西欧式的科学研究方法的盛行，中国哲学实践性的研究方法衰落了。结果，虽然优秀的学者辈出，可是优秀的思想家却寥寥无几。这的确是一个严重的问题。……中国哲学对世界思想界所作的贡献，其中也就包含着创造新哲学这一层意义在内，这是有目共睹的。因此，在这里对中国哲学给我们提供的课题中有任何与上述相一致的东西，我们都必须加以细心考虑。为满足这一要求，探求其相应的基本资料，对于它的意义和价值加以再认识，就显得十分必要了。在我个人看来，中国哲学给我们提供了下述三方面的课题。这三方面的课题，我想是没有古今东西之别的。对于个人不用说了，即使对于民族和国家来说，它们也有着必须予以注意的原理。它们被认为是向世界人类提供创造新哲学和思想必要而不可或缺的资料。这三方面的课题就是：（法家、兵家、纵横家的）现实主义、（道家的）超越主义和（儒家的）理想主义。”① 日本东北大学名誉教授，曾任日本中国学会理事长的金谷治先生长期从事中国哲学史的研究，他指出：孔子明确地建立了人的原则，“这一人类自觉的建立，在孔子思想中是有划时代意义的。在论及中国古代的人类观觉醒这个问题时，自然不能单纯地以欧洲的人类观作为尺度，而首先应考察它在历史上的特殊意义”。②“《论语》里很少提及自然和神秘的东西，相反，对人的生活方式，特别是关于道德、政治方面的言论，占绝大多数。”③

① 参见辛冠洁，等．日本学者论中国哲学史．北京：中华书局，1986：2-3.

② 参见辛冠洁，等．日本学者论中国哲学史．北京：中华书局，1986：27.

③ 参见辛冠洁，等．日本学者论中国哲学史．北京：中华书局，1986：39.

又如，日本著名的中国哲学研究专家沟口雄三先生说：“我反对一般常见的，以欧洲的历史和价值观为基础，并以它为世界史的或人类普遍原则的这种欧洲一元论的思想方法，而主张多元的世界观，这就是所有的民族各有独自的历史和文化。”① 沟口雄三先生的《中国前近代思想的演变》就是这一方面的代表作，该著作针对学术界往往以欧洲近代文化价值观来分析、评价中国明清时期思想的倾向，通过对此段时期哲学家思想资料的深入研究而清醒地指出了中国思想中的独到之处以及固有的或本来的历史价值。②

2. 针对丰富的中国哲学思想，采取多元化的研究方法

与西方近现代哲学相比，中国传统哲学涵盖天文与地理、自然与社会、思维与人生，内容十分丰富。对于中国哲学思想的研究，日本学者并没有将一种方法奉为至上的原则，而是将古今东西、人文社会、自然科学的研究方法兼而用之。有的学者用范畴分析的方法来进行某一方面的纵向研究，如小野精一等人在其编著的《气的思想——中国自然观和人的观念的发展》中，通过对先秦诸子、汉代经学、魏晋玄学、隋唐道教与佛教、宋明理学、近代革新思想的原始资料清理和研究，系统地阐述了中国的气论，全书40万字，涉及面广，蔚为大观。有的学者运用自然科学的方法探讨了某一位哲学家，如山田庆儿利用所学理科的丰富知识在其《朱子的自然哲学》的著作中，从自然科学发展史的角度发掘了朱熹思想中常人未注意到的特殊价值。有的学者用实地考察的方法来研究道家与道教，如蜂屋邦夫在1980年、1985年、1987年多次来华参观各地的道观，对道观的内部状况、神像、祭祀等进行详细调查，与道士直接交谈，了解道教协会的活动情况、道教理论与道家思想的关系，在此基础上编出了《中国道教》，其资料的丰富和对中国道教现状的把握，绝不在我国此类课题的研究著作之下。有的学者用民

① 沟口雄三．中国前近代思想的演变．索介然，龚颖，译．北京：中华书局，1997：3.

② 沟口雄三．中国前近代思想的演变．索介然，龚颖，译．北京：中华书局，1997：7.

俗学的方法研究阴阳五行说及《周易》，如吉野裕子的《阴阳五行与日本民俗》，既探讨了阴阳五行思想的本身，又论述了阴阳五行思想及《周易》对日本民俗生活的具体影响。有的学者还借用现代西方哲学的方法来发掘中国古代哲学的意义，如福永光司的著作《庄子：古代中国的存在主义》用存在主义哲学的方法诠释了庄子的哲学思想，他指出："庄子比起抽象的思考更重视整体性的具体的思考，比起理论更重生活，比起认识更重体验，比起无生命的秩序更热爱有生命的无秩序，他是哲人同时更是艺术家、诗人。"① "我之所以特地把庄子的哲学称为中国古代的存在主义者，是试图强调庄子哲学不仅有虚无主义、厌世主义、逃避主义等倾向，而且还有像欧洲现代存在主义哲学所追求的那种人类的个人主体性的自由。"② 方法的多元化，必然带来成果的多样性。因而，日本学者既有纵论性的学术专著，如《儒教的精神》（武内义雄著，岩波书店，1982年新版），《儒教思想》（宇野精一著，讲谈社，1984年版）等；又有比较性的学术专著，如《中国哲学与欧洲的哲学家》（崛池信夫著，明治书院，1996年版），《儒教的变迁和现状：日本、中国、朝鲜之比较》（阿部吉雄著，霞山会，1977年版）等；还有传统与现代化的学术专著，如《儒教精神与现代》（冈田武彦著，明德出版社，1994年版），《儒教文化圈中的企业者精神和近代化》（中井英基著，北海道大学出版会，1990年版）等。

3. 采取"共同研究"的形式，对中国哲学进行综合性的研究

日本学者的"共同研究"不完全等同于我国常见的合作研究，其合作形式不仅仅是各人承担一部书稿的部分写作任务，而是同一地区不同高校的合作者定期或每周或每月在一起逐字逐句阅读原典、交流体会、讨论问题，时间为多年乃至长达十年，然后在此基础上分头撰写一部书稿的各章部分。如上述《气的思想——中国自然观和人的观念的发展》主编者之一，时任东京大学教授的山

① 福永光司．莊子：古代中国の実存主義．東京：中央公论社，1985：20.

② 福永光司．莊子：古代中国の実存主義．東京：中央公论社，1985：28.

井涌回顾此书的“共同研究”经历时说：“在三年的时间里，除了每月召开例会之外，每年中还有一两次共同住宿，在这期间，全体人员各个发表分担的研究，由全体人员进行讨论。这虽还难说已进行了充分的共同研究，但我认为也有相当的效果。汇集这样磨炼的结果，由约二十名撰写的人执笔，再编辑而成的就是本书。”《梁启超·明治日本·西方——日本京都大学人文科学研究所共同研究报告》的主编狭间直树教授回忆说：“我们的共同研究，自1993年4月至1997年3月，历时4年。”① “共同研究”集体中不仅有分布在京都、大阪、神户、奈良等关西地区的日本国内学者，而且还有“作为外国人客座教授来到京都大学人文科学研究所，共同研究班成员的法国国立科学研究中心研究员巴斯蒂和美国加州大学教授傅果两位”。② 可见，这种“共同研究”还具有开放性，甚至国际性的特点。不同的思维方式相互碰撞，不同的研究角度相互观照，从而刺激了灵感，带来了活力，必然拓宽和加深对同一对象的认识。这种“共同研究”对于那些涉及面广、颇为复杂的研究对象，不失为一种重要而有效的方法。《梁启超·明治日本·西方——日本京都大学人文科学研究所共同研究报告》就是这方面的代表作，此书从梁启超与明治思想界，日译西学，明治时期的文学、史学、佛学及日本的中国哲学史的研究等层面的关系，分析了梁启超到日本后“思想为之一变”的原因和内容，指出了在输入西方近代文明重塑中国新文明的过程之中梁启超所发挥的重要作用，解答了梁启超研究中的不少困惑之处。故有的中国著名学者高度评价说：“本书无疑是梁启超研究的里程碑。”（张朋园语）对于此类“共同研究”，时任东京大学教授的蜂屋邦夫也说道：“为了深入理解儒教思想，我进入东洋文化研究所以后组织了一个研究会，每周一次研读儒家经典，坚持了10年左右。我所选择研读的

① 狭间直树．梁启超·明治日本·西方——日本京都大学人文科学研究所共同研究报告．北京：社会科学文献出版社，2001：8.

② 狭间直树．梁启超·明治日本·西方——日本京都大学人文科学研究所共同研究报告．北京：社会科学文献出版社，2001：11.

对象是对于我们日本人来说最难理解的经典——唐代贾公彦的《仪礼疏》。……研读的成果《仪礼士冠疏》和《仪礼士昏疏》分别汇编成书刊行于世。”① 笔者在东京大学客座研究期间，也应邀加入了一个有关中国思想文化的共同研究班，参加者按单位划分既有东京大学的学者，又有一桥大学、中央大学等校的学者；按专业分类，既有哲学专业的教授，又有政治学、历史学、文学、社会学专业的教授，此外还有一些不同学科的研究生。根据计划安排，每周的讨论有中心发言人，主讲约40分钟，接着有指定的人给予评论，随后就此主题展开自由讨论，赞同者、补充者、质疑者各抒己见，气氛甚为热烈，讨论相当深入。

4. 充分利用科技新成果，使研究手段现代化

目前，日本学者中从少壮派到老专家不会使用电脑和网络来辅助研究的人几乎没有，从20世纪80年代中期起，日本学者就能通过微机系统查询研究所需的书籍，了解有关论文。日本全国所有大学以上的图书馆书籍目录均已录入联网的微机，查阅十分方便。如东京大学没有的书籍，可通过设立主题词点击有关查询网页，便知道此书在哪个大学图书馆的哪个书架，或者办一简单手续直接去借，或者通过本校图书馆申请邮寄借阅（需付较低的邮寄费）。1999年，笔者在东京大学曾多次利用这一现代化的微机网络系统查询日本全国图书馆收藏有关中国哲学思想研究的著作目录（含日本和中国），如输入“儒家思想”的主题词，就马上出现124种著作，其中既有日本学者的专著，又有中国（包括港台）学者的专著。时间跨度为1914年至1998年（英文著作另通过设英文主题词查询）。这一查询系统既可查中国哲学思想的总论、学派，又可查专人、专书的研究著作，十分方便。当然，如需了解某一专题（如孔子仁学）的学术论文情况，可通过另一（收费）网络系统查阅到近几年的所有文章，从而大大节省了了解学术前沿的时间，避

① 蜂屋邦夫．道家思想与佛教．隽雪梅，陈捷，等，译．沈阳：辽宁教育出版社，2000：4.

免了重复性或低层次的研究。此外，如想了解日本全国的中国哲学专业研究队伍的详细情况也比较方便，只需翻阅由日本文部省学术情报中心监修，电气、电子情报学术振兴财团编辑的《研究者、研究课题总览》人文科学分册，就一目了然。以1996年的专辑为例，它按日文的音序为先后，共编入256人，从资深教授到年轻助教均有，每位学者介绍的内容包括有出生年月、学历、学位、工作单位、职称、参加学会、研究方向、承担课题、代表论著、获奖情况，为日本国内学术同行的交流和合作提供了极大的方便。

5. 积极开展国际学术交流，及时了解海外中国哲学的研究动态

首先，日本学者主动参加国际上各种有关中国哲学思想的学术讨论会。根据笔者的接触，日本学者能用一门外语乃至两门外语宣读论文和交流学术的绝不在少数。因而，不论是在中国的北京，还是在法国的巴黎、德国的特里尔，以及美国的夏威夷和哈佛燕京学社，每届有关中国哲学思想的国际会议几乎都有日本学者参加。这些与会的日本学者回到国内后，很快将所了解的学术动态在会议上或杂志上进行详细介绍，使学术信息得到充分地利用。有的学者为了跟踪国际中国哲学研究的最新学术动态，甚至在不到一年的时间内两次分别赴东、西方参加同一主题的两个会议。如时任东京大学教授的池田知久于1998年5月22—26日参加了在美国达慕思大学召开的“世界首次郭店《老子》学术讨论会”，又于1999年10月15—18日参加了在中国武汉大学召开的“郭店楚简国际学术研讨会”，故其郭店《老子》的研究处于国际学术界前列。其次，大量进口中国的文史哲著作和期刊，以了解中国的最新研究成果和学术动态。根据笔者调查，仅在东京一地出售中文书籍和有关中国研究的书籍专门书店就有东方书店、内山书店、琳琅阁书店、山本书店、亚东书店、中华书店、燎原书店、海风书店、东丰书店九大专门书店，其入店的中国图书内容十分广泛，尤其是中华书局、人民出版社等中国著名出版社的图书相当齐全，其新书上架的速度绝不亚于北京之外的中国各省会大书店。这类书店还承办订购进口中国各种学术杂志（包括各大学学报）的业务。根据笔者的客座研究体验，在东京大学、京都大学的校、部二级图书馆里查阅相关学术

杂志几乎如同在国内一样方便。

6. 大力拓展儒学的研究视野，在比较中注意把握中、日等国儒学的特质

日本学者认为："就儒教研究而言，至少要把视野放在儒教文化圈的整个区域，要以日本、朝鲜、中国和越南的儒教差异为前提，研究各自儒教的特质。或将视野扩大到儒教以外的文化世界，并考虑儒教文化圈与伊斯兰教文化圈的差异，通过中国的例子研究儒教的特质。还可以从儒教只传入越南而未传入同在印度尼西亚半岛的老挝和柬埔寨这一历史事实出发，一面提出'儒教被他国吸收的条件'这一问题，一面以中国为例去探讨儒教的历史性或社会性的存在方式。"① 所以，在日本的中国哲学研究者中，既有专攻日本儒学史，又有研究中国儒学史和韩国儒学史的，也有三者兼而攻之者，并出版了相应的成果。如在"朱子学研究大系"中，有关中国、日本、韩国的朱子学内容的著作各有一册，这类成果细致而清晰地呈现了儒学东渐日本的历程。中国学术界中有一种带倾向性的看法，即认为日本儒学不过是中国儒学的翻版，没有新的特色。日本学者普遍反对这种观点，他们依据中、日儒学思想家的原始资料并结合日本的历史实际做出了颇有说服力的解释。如沟口雄三指出："江户时代的朱子学在日本为林家所世袭地传承下来，但从林家的开山祖师林罗山同时也撰写有关神道的书籍来看，其对朱子学的态度是灵活的。读林罗山的著作，即使是讲理学也强调人之心理的作用从而带有心学色彩，故其对朱子学的吸收，从一开始就具有相对化。"② 总之，"在中国，儒家思想深深地渗透到官僚、知识分子阶层中，其传统之深厚阻碍了对欧洲近代法契约思想的汲取。……相对于此，在日本，'和魂'（儒教、神道、佛教及汉学、国学等）成为支撑'国家主义'的意识形态，以富国强兵为目标

① 沟口雄三．中国思想和思想史研究的视角．王瑞根，译．文史哲，2002(3)：8.

② 沟口雄三．中国的思想．赵士林，译．北京：中国社会科学出版社，1995：77.

的国家主导型的近代化、工业化容易推进。此外，在民间，较之个人与个人的血缘关系（‘私’），日本人更重视自己所归属的集团，如国家或公司的集团伦理——‘公’伦理的实现。这从内部支撑着日本式的资本主义。就是说，促进了重视‘公’的义理（如较之孝，更重视忠）的日本资本主义的发展。日中两国的这种近代化的差异，与两国儒教的存在形态的差异或许不无关系”。① 众所周知，中国的佛学虽从印度传入，但是经过多年的吸收和中国本土文化的融合，尤其是至隋唐时期，中国佛学已形成了自己的特点而有别于印度佛学。中、日儒学发展史也是如此。由于日本有着特殊的国情和固有的文化，经过长期的传播和发展，日本的儒学形成了自己的特色。日本学者的“知彼知己”分析，应该引起我国学者的深思，今后应注意研究日本儒学的历史和特点，以减少中日学术交流中不必要的常识性误会。

7. *坚持以原始思想资料为基础，注重实证性研究*

日本学者普遍反对大而化之的论题和泛泛而谈的议论，坚持言之有据，用材料说话。所撰论著的观点来自详细的分析和认真的论证，结论力戒武断和简单化，并且非常注意学术规范，尊重知识产权。如日本著名学者岛田虔次的晚年著作《熊十力与新儒家哲学》（日本同朋舍，1987 年版）全书 13 章，每章均是以熊十力和冯友兰等人的原著为基础的细致分析，全书的结论完全立足于这些丰富的思想资料之上。该书共计 165 页，而书末的 125 个注释就达 25 页之多。注释涉及熊十力及其同时代学者原著，现代中国学者和日本学者公开出版的著作，以及有关国际学术研讨会的论文资料。其中，个别的注释文字达一页之多。这既说明了日本学者严谨的治学态度，也说明了其严格的学术规范意识。又如小野精一等人编著的《气的思想——中国自然观和人的观念的发展》，除了重视先秦诸子的思想资料外，还注意整理、分析甲骨文、金文中所见之

① 沟口雄三．中国的思想．赵士林，译．北京：中国社会科学出版社，1995：79-80.

"气"。其所下实证功夫之深，在我国同类著作中也是不多见的。池田知久教授在其2009年出版的《道家思想的新研究——以庄子为中心》中对此也有深刻的论述："笔者在这里采用的学术研究方法是严谨的实证主义。为了推进关于思想史的学术研究，必须从多数的资料当中寻找确实而且可以信赖的资料，并且以严谨的态度进行资料批判。只有合格而确实的、可信的资料，才可能作正确的分析和有意义的论述。……以上这样严谨的实证主义，无论自然科学也好，人文科学也好，社会科学也好，凡要进行近代的学术研究的时候，是必不可缺的必须要求的研究方法之一，是在东西方认真从事学术研究的人们之间坚决遵守的原则。"① 就我个人来看，这也许是日本学者研究风格的最大特色之一。

当然，以上主要是从长处来谈日本学者的中国哲学研究。毋庸讳言，日本学者的研究也存在着某些偏颇之处，这就是长于史料考证，而疏于哲理分析；重视微观研究，而疏于宏观立论。故有些论著读完之后，往往使人有"见木不见林"之感。

四、日本的中国哲学研究对我们的启示

他山之石，可以攻玉。日本的中国哲学史研究尽管存在着某些不足，但对于我国的学术研究仍有着一定的借鉴意义和启发作用。因而，我认为我国的中国哲学史研究除了应继续发挥过去的优良学风外，还应注意加强以下几方面的工作：

第一，应树立严谨的学风，以第一手资料为研究基础。由于历史和现实的种种原因，在我国的哲学史研究中往往有这样的现象：或过分强调为社会现实服务，以当时的政治原则来裁剪哲学史上的思想资料；或基本以西方哲学的理论来解释中国古代哲学的概念、命题和思想；或受学术浮躁之风影响，学术论著以第二手乃至第三

① 池田知久．道家思想的新研究——以庄子为中心：上．王启发，曹峰，译．郑州：中州古籍出版社，2009：80-81.

手资料为研究的主要依据，从而使中国古代哲学思想“现代化”、西洋化和肤浅化，与研究对象的原貌相去甚远。其病根是，缺乏对研究对象的第一手资料进行仔细地阅读和全面地分析。我们并非反对历史与现实、中国哲学与西方哲学的互动，并非拒绝在研究中参考后人、今人乃至外国学者的论著，而是强调：在中国哲学史的研究中的任何时候和任何情况下，哲学家的原典是最基本、最主要的依据。离开了这一研究之本，其工作好似南辕北辙，其结论肯定是错误的。

第二，应以问题为中心，组织多学科的学者进行共同研究。中国古代的著名哲学家往往是“百科全书”式的人物，如孔子既是哲学家，又是教育家和政治家，庄周既是哲学家，又是文学家和美学家。如果仅从哲学的角度研究，往往容易以偏概全，产生片面性。到了中国近代，情况就更加复杂。一位哲学家的思想来源，既有民族传统文化的成分，又有西方近代思想的理论；既有自然科学的学说，又有其他社会科学的理论，仅凭哲学工作者一方面的研究，有些问题是很难说清楚的。因而，对于中国哲学史上某些疑难问题，实行以哲学专业工作者为主，同时联合其他专业的学者一起研究的方法，可能会取得更好的效果和全面的突破。日本京都大学狭间直树教授主持的梁启超与日本明治时代思想关系的研究就是一种成功的尝试。

第三，应拓展学术的空间，开展对儒学海外传播史或东亚儒学史的研究。儒学虽起源于齐鲁大地，但它不仅对中华民族的文化和社会发展起了积极作用，而且对朝鲜半岛、日本列岛及整个东亚均产生了重大影响。在世界文化多元化的今天，我们除了要研究中国境内的儒学发展史外，还应研究儒学在东亚的传播史，比较中、日、朝三个民族儒学的同与异，以促进东亚儒学研究界的互动，加深国内的儒学研究，更全面地认识和评价儒学的历史作用和世界意义。

第四，应大力提高研究者（尤其是青年研究者）的外语水平，以适应21世纪国际学术交流的需要。学术界有一种传统的观念认为，中国哲学史的研究者在文字上只要能阅读古文就行了，外文好不好没关系。如果说，因为种种原因这种观念在20世纪学术研究中仍有一定的适用性的话，那么，在世界一体化的21世纪这种观念就难以适应新时代的需要，必须更新。理由之一是，中国哲学与文化已逐渐成为一门国际学术界的"显学"，要与国外同行对话并吸取外国学者的优秀成果，必须精通一门外语。理由之二是，随着世界文化多元化时代的到来和中国综合国力的增强，新的东学西渐与西学东渐的互动局面业已形成，中国哲学与中国文化一起日益为世界各国研究人员所关注和喜爱，我国需要有较高外语水平的学者去宣传自己的民族哲学，以推动中国哲学进一步走向世界。

参考文献

[1]溝口雄三,池田知久,小島毅．中国思想史．東京:東京大学出版会,2007.

[2]浅野裕一,湯浅邦弘．諸子百家「再発見」——掘り起こされる古代中国思想．東京:岩波書店,2004.

[3]澤田多喜男．黄帝四経:馬王堆漢墓帛書老子乙本巻前古佚書．東京:知泉書館,2006.

[4]大東文化大學上海博楚簡研究班．上海博楚簡の研究．東京:大東文化大學大學院事務室,2007.

[5]東京大學郭店楚簡研究會．郭店楚簡の思想史的研究:第1-6卷.東京:東京大學文學部中國思想文化學研究室,1999.

[6]荒木見悟．陽明学と仏教心学．東京:研文社,2008.

[7]宇野精一．東洋思想の日本的展開．東京:東京大学出版会,1967.

[8]東京大学百年史編集委員会．東京大學百年史:部局史．東京:東京大学出版会,1987.

[9]京都大学百年史編集委員会．京都大学百年史．京都:京都大学後援会,1997.

[10]東北大学百年史編集委員会．東北大學百年史．仙台:東北大学研究教育振興財団,2003.

[11]溝口雄三．中国の衝撃．東京:東京大学出版会,2004.
[12]湯浅邦弘．諸子百家:儒家・墨家・道家・法家・兵家．東京:中央公論新社,2009.
[13]浅野裕一．古代中国の宇宙論．東京:岩波書店,2006.
[14]武内義雄．武内義雄全集:第十巻．東京:角川書店,1979.
[15]岡田武彦．儒教精神と現代．東京:明徳出版社,1994.
[16]岡田武彦．東洋のアイデンティティ．東京:明徳出版社,2007.
[17]金谷治．儒家思想と道家思想．東京:平河出版社,1997.
[18]金谷治．金谷治中国思想論集．東京:平河出版社,1997.
[19]金谷治．易の話——『易経』と中国人の思考．東京:講談社,2003.
[20]金谷治．論語と私．東京:展望社,2001.
[21]中嶋隆藏．中国の文人像．東京:研文出版,2006.
[22]中嶋隆藏．六朝思想の研究——士大夫と仏教思想．京都:平樂寺書店,1985.
[23]徐水生．近代日本の知識人と中国哲学——日本の近代化における中国哲学の影響．東京:東方書店,2008.
[24]日外アソシエーツ．思想・哲学史．東京:紀伊國屋書店,2001.
[25]严绍璗．日本中国学史．南昌:江西人民出版社,1991.
[26]李庆．日本汉学史:1-3卷．上海:上海外语教育出版社,2002.

英语世界的《墨子》研究综述*

丁四新　董红涛　闫利春**

（武汉大学哲学学院，武汉，430072）

一、《墨子》之英译、介绍与研究概况

乾嘉以来，《墨子》受到了学者的高度重视，特别是毕沅、孙诒让对该书的整理和训释，为《墨子》研究提供了最基本的条件。民国以还，经梁启超、胡适等人的大力提倡，《墨子》及墨学研究遂风靡中国、日本和欧美，成为20世纪先秦学术和汉学研究的热点之一。近年来，西方汉学的《墨子》研究比较活跃，文本和思想讨论较为深入。

（一）《墨子》的英译与“兼爱”等概念的翻译

英语世界的《墨子》研究，是以第一手文献的翻译及简介开始的。1927年，梅贻宝根据孙诒让的《间诂》翻译了《墨子》，

---

* 本文得到了武汉大学“海外人文社会科学研究前沿追踪计划”项目的资助，项目名称为“英语世界的《墨子》研究综述”。本文由董红涛收集资料，由丁四新、董红涛、闫利春译写，最后由丁四新统稿。

** 丁四新，武汉大学哲学学院教授、中央财经大学高等研究院兼职教授。董红涛、闫利春为武汉大学哲学学院博士研究生。

1929年出版了《墨子的伦理及政治著作》一书。① 除了《墨辩》及《备守》两部之外，梅书翻译了其余各篇（即《概论》、《十论》、《墨语》）。20世纪60年代初期，华生（Burton Watson）选译了《墨子·十论》的大部分著作；② 陈荣捷（Wing-tsit Chan）在《中国哲学资料书》中全译了《兼爱中》、《天志上》、《非命上》三篇，并以"功利主义"、"非攻"、"非乐"、"节葬"、"尚贤"、"尚同"为主题对《十论》相关篇目作了节选翻译；③ 葛瑞汉（A. C. Graham）翻译了《墨经》四篇；④ 最近艾乔恩（Ian Johnston）补译了《大取》、《小取》两篇；⑤ 艾文贺（Philip J. Ivanhoe）也选译了《尚贤上》、《尚同上》、《兼爱下》等内容。⑥ 当今欧美学者引文一般根据梅贻宝和葛瑞汉译本，并参考华生的翻译。

在《墨子》英译过程中，"十义"的术语翻译多有变化。例如"天志"，早期译作"will of Heaven"，后来也有"intention of Heaven"等译法。又如"兼爱"，梅贻宝、华生、陈荣捷等译作"universal love"，但20世纪70年代后该译法逐渐受到怀疑。葛瑞汉认为，梅氏（指梅贻宝，后同）对"兼爱"的翻译虽然较为便利，

---

① Yi Pao Mei. *The Ethical and Political Works of Motse.* London: Arthur Probsthain, 1929: 274. 据梅译本《前言》介绍，此前他曾写了一本名为《墨子：被冷落的孔子竞争者》(*Motse, The Neglected Rival of Confucius*）的指南册子，该书亦于1934年由Arthur Probsthain出版，共222页。又，福柯（Alfred Forke）的《墨翟》(*Mê Ti*）德文全译本于1922年出版，与梅译本一起，为当时仅有的用西方语言翻译的两本著作。

② Burton Watson. *Mo Tzu: Basic Writings.* New York & London: Columbia University Press, 1963: 140.

③ Wing-tsit Chan. *A Source Book in Chinese Philosophy.* Princeton: Princeton University Press, 1963: 211-231.

④ A. C. Graham. *Later Mohist Logic, Ethics and Science.* Hong kong: The Chinese University Press, 1978.

⑤ Ian Johnston. The Gongsun Longzi: A Translation and an Analysis of Its Relationship to Later Mohist Writings. *Journal of Chinese Philosophy*, 2004, 31 (2).

⑥ Philip J. Ivanhoe, Bryan van Norden. *Readings in Classical Chinese Philosophy.* Indianapolis: Hackett Publishing Co., 2003.

但却使人颇多误解。“universal love”一词不仅非常模糊（“兼”暗示着“为每个”而非“为全体”），而且又太富于感情色彩（墨子的“爱”是利民远害而不动情感的愿望）。在葛氏（指葛瑞汉，后同）看来，墨子是性情冷峻的人，他倾听正义的呼声，而非诉求于爱心。① 因此葛氏将“兼爱”译作“concern for everyone”。② 方克涛（Chris Fraser）则译作“inclusive care”。方克涛说“兼”（一起、共同）包含有社会里的每个人在整体中的意味，“爱”与英文中的care一样，其含义有些复杂、含糊，因为它可能指一系列的态度，从强烈的喜爱（strong affection）到不带感情的超然关怀（detached concern）。在《墨子》文本中，“爱”字通常指的是一种对客体的幸福（welfare of its object）所具有的不动感情的关心（dispassionate concern）。要实现社会秩序，展现“仁”的重要美德，人们必须不排他地相互关爱，关心他人的生命、家庭和社区，如同关爱自己的一样，并在与他人的关系中以求有利于他人。此外，还有将该术语译作“impartial caring”或“co-love”的。又如，“非命”之“命”这一术语，英译一般为“fatalism”（宿命论），不过有学者指出此一英文概念与墨子所非之“命”，其涵义并非很切合。

（二）葛瑞汉的《墨子》研究及墨家分派的问题

20世纪70—80年代，葛瑞汉发表了一系列相关论著，将西方汉学的《墨子》研究提升到一个相当高的水平上。葛氏在史料的掌握、文献的运用、语言的考证和思想的分析上，都具有非常深厚的功力。据罗思文（Henry Rosemont）所辑《葛瑞汉论著目录》介绍，葛氏的研究论文有《杨朱与墨子的对话》（1959年），《墨家“小取”的逻辑》（1964年），《〈墨语〉诸篇的语法》（1971年），《〈墨子·大取〉篇所重构的后期墨家伦理学，逻辑学观念》（1972

① A. C. Graham. *Disputers of the Tao*: *Philosophical Argument in Ancient China.* La Salle: Open Court Publishing Company, 1989: 41.

② A. C. Graham. *Disputers of the Tao*: *Philosophical Argument in Ancient China.* La Salle: Open Court Publishing Company, 1989: 41-42.

年),《对墨家光学的系统研究》(1973 年),《后期墨家辩论中的“必”与“先”概念》(1975 年),《〈墨经〉的组织》(1978 年),《从〈墨子·十论〉看早期墨家分派》(1985 年),《利己的正当性:杨朱学派、后期墨家与庄子》(1985 年);专著主要有《后期墨家的逻辑学、伦理学与科学》(1978 年),《论道者:中国古代哲学论辩》(1989 年)两书。① 就所举两专著来说,前者乃西方研究《墨经》的主要著作,也是西方迄今唯一一部研究《墨经》的重要著作;后者则是其晚年的代表作,其中包括了《激进的回应:墨子》、《从墨子到后期墨学:在理性功利中再受磨炼的道德性》、《后期墨家对于理性的辩护》等研究内容。葛氏的这些论著,成为西方汉学研究《墨子》的基础,而学者亦征引频繁。

简单说来,葛瑞汉的墨学研究以《墨经》为重点,而对《十论》等有所论及。他认为墨家有早期、后期之分,《墨辩》六篇乃后期墨家的作品,根据《十论》在语言学及思想上的区别,他认为每一组之上、中、下三篇差不多是同时并存,而由处于南北不同地区之不同派别的墨家进行相互辩论的结果。此派系,即是“正统派”(Purist)、“保守派”(Reactionary)和“妥协派”(Compromising)三派。② 他又认为,墨家始终强调“功利的道德性”之重要,而后期墨家以“理性”为其思想的基调。

在葛瑞汉前后,渡边卓(Watanabe Takashi)、白妙子(Brooks A. Taeko)夫妇、方克涛(Chris Fraser)等人按照时间演进的理论来处理每一个“triplet”的上、中、下三篇的文本差异问题。白氏夫妇认为,这个演变的过程大约从公元前 390 年一直持续到公元前

① A. C. Graham. *Later Mohist Logic, Ethics and Science*. Hong Kong: The Chinese University Press, 1978: 590. A. C. Graham. *Disputers of the Tao: Philosophical Argument in Ancient China*. La Salle: Open Court Publishing Company, 1989: 502.

② A. C. Graham. *Divisions in Early Mohism Reflected in the Core Chapters of Mo-tzu*. Singapore: The Institute of East Asian Philosophies, 1985. A. C. Graham. *Disputers of the Tao: Philosophical Argument in Ancient China*. La Salle: Open Court Publishing Company, 1989.

280年，然后才发生了“墨离为三”的分派事件。白妙子认为《兼爱》三篇包含了一个演变的过程，上篇单纯地反对战争，下篇转而接受正义的战争；白牧之（Bruce A. Takeo）将三篇分别贴上了“原初”、“适应”和“同化”的演进论标签。方克涛具有相近的看法。方克涛对葛瑞汉、白妙子有关《十论》上、中、下三篇的成篇问题作了深入的评论，认为每一论（each triad）之上、中、下三篇的形成基本上与年代有关，上篇出现最早，其次为中篇，下篇形成最晚。① 戴卡琳（Carine Defoort）领导的研读小组亦不同意葛瑞汉的看法，认为“核心篇目”（core chapters）是墨家学派内部演进的结果，然而：(1) 在不同的“triplet”中，演进的次序是不一样的；(2) 在墨家思想中，演进是“激烈的”（而非总是“妥协的”），或者是“天”作为墨家思想基础之趋向得到不断增强的结果。戴卡琳本人更具体地从语言特征、文风和思想差别上对《兼爱》三篇作了十分详细的比较和分析，认为上、中、下三篇分别着重论述了“相爱”、“兼相爱，交相利”和“劝兼”的思想，并认为它们是随着时间的推移而变得更为具体、成熟的，从“自爱”到“相爱”，再到无条件的“兼爱”，这是一个逐步演化并最终归系于“天”的过程。② 就《十论·尚贤》、《尚同》、《兼爱》、《非攻》、《天志》诸篇，凯仁（Karen Desmet）考察了“天下”、“王公”、“万物”三个复合词在每一个“triplet”中的出现或分布情况，并据其考察结果而赞同白妙子夫妇和渡边卓提出的演进理论，而不赞同葛瑞汉将其看做同一时期不同派别作品的观点。不过，凯仁认为并非所有的“triplets”如白氏夫妇所云，皆是按照上、中、下三篇的顺序来演进的，她赞同渡边卓的意见，认为有一些“triplets”乃是按照上、下、中的次序形成的。对于渡边卓的具体时间

---

① Chris Fraser. Significance and Chronology of the Triads. *Stanford Encyclopedia of Philosophy*: *Supplement to Mohism*, 2002.

② Carine Defoort. Argumentation and Persuasion in Ancient Chinese Texts: Introduction. *Oriens Extremus*, 2005 (6): 93. 此文，经过略加改写后以中文的形式又发表在王守常，余瑾．庞朴教授八十寿辰纪念文集．中华书局，2008：135-149.

考证，凯仁并不完全同意。渡边卓将一些篇目的形成时间推至汉初，在她看来，这显然太迟了。① 黎辉杰（Hui-chieh Loy）使用"Gedankenexperiment"（思想实验）的方法，对"尚同"一义的前提条件与主张之间的联系作了分析和推论，突出了《尚同》三篇具有"论证"的共同形式，并不关心其在内容上有什么不同或发展。② 黎辉杰与葛瑞汉、戴卡琳等的研究方法及旨趣相异。

20 世纪 60 年代至 90 年代初期，英语世界还有一些相关研究著作值得注意，例如史华慈（Benjamin I. Schwarts）、陈汉生（Chad Hansen）、何莫邪（Christopher Harbsmeier）的相关论著。今不赘述。

（三）《墨子》网络介绍与新近学术动态

21 世纪以来，网络传播飞速发展，英语世界的"墨子"或"墨家"网络词条信息较多，其中最为详细、最有价值的一处见《斯坦福哲学百科全书》（Stanford Encyclopedia of Philosophy），它由"墨家"（Mohism，2001 年 10 月 21 日发布，2009 年 7 月 16 日修订）和"墨经"（Mohist Canons，2005 年 9 月 13 日发布，2009 月 5 月 4 日修订）两个词条及"《十论》的意义和写作年代"的补充文件构成，它们都是由方克涛撰写的。在内容上，"墨家"词条包括：（1）墨子与墨家；（2）十义（ten doctrines）；（3）对客观标准的追寻（"法"的概念）；（4）认识论（"三法"及证验的问题）；（5）逻辑与论证；（6）政治理论；（7）伦理学理论；（8）宗教；（9）墨家的历史影响和衰落。另外，文末附有相关参考文献。"《墨经》"词条包括：（1）背景与概况；（2）文本；（3）伦理学；（4）语言哲学；（5）认识论；（6）同异；（7）争论与逻辑。另外一处较有价值的网文，见《互联网哲学百科全书》（The

---

① Carine Defoort. Argumentation and Persuasion in Ancient Chinese Texts: Introduction. *Oriens Extremus*, 2005（6）: 92-93. Karen Desmet. The Growth of Compounds in the Core Chapters of the *Mozi*. *Oriens Extremus*, 2005（6）: 99-118.

② Hui-chieh Loy. On a Gedankenexperiment in the *Mozi* Core Chapters. *Oriens Extremus*, 2005（6）: 141-158.

Internet Encyclopedia of Philosophy)，是由黎辉杰撰写的（2007年11月7日上传)。黎辉杰在文中对“墨子”作了13个方面的内容介绍或说明：（1）历史背景；（2）《十论》；（3）“十义”；（4）“墨子之言”（Mohist Doctrine）的目的和特点；（5）道德认识论；（6）墨家道德观的基础；（7）兼爱（Impartial Concern）；（8）道德心理学与人性；（9）政；（10）节用、节葬；（11）非攻与义战；（12）天与鬼神；（13）参考文献及进一步的阅读资料。

近七八年来，戴卡琳教授领导的鲁汶大学研究小组与来自莱顿大学、阿姆斯特丹大学的学者一起组织《墨子》研读会，他们的研究先从“核心篇”（Core Chapters，即《十论》）开始，近年扩展到“概要篇”（Summaries，即《杂论》，或称《亲士》下七篇）和“对话篇”（Dialogues，即《墨语》）。他们重视运用语言学，特别是术语注解（terminological exegesis）的方法来研究《十论》，考察其形成时间的问题。2005年6月和2009年6月，鲁汶大学汉学系先后召开了两次与《墨子》相关的国际学术研讨会。第一次工作会名为“中国古代文献中的论证与说服”（Workshop：Argumentation and Persuasion in Ancient Chinese Texts)，其中包括三篇直接以《墨子》为主题的研究论文。第二次工作会名为“《墨子》的多面相：墨家思想的共时性与历时性研究”（Workshop：The Many Faces of Mozi：A Synchronic and Diachronic Study of Mohist Thought)，主要包括了一个英语演讲、九篇英文论文、四篇中文论文和一篇关于日本《墨子》研究的中文综述。

2006年春，黎辉杰答辩通过了《〈墨子·十论〉的道德哲学》（The Moral Philosophy of the Mozi “Core Chapters”）的博士学位论文（加州大学伯克利分校)。2007年4月，凯仁答辩通过了《好事成三：对〈墨子·十论〉三层结构的文本分析》（All Good Things Come in Threes：A Textual Analysis of the Three-fold Structure of the Mohist Ethical “Core Chapters”）的博士学位论文（鲁汶大学）。这两篇论文都是研究《十论》的，黎辉杰运用分析哲学的方法讨论了墨子的道德哲学内涵，凯仁则运用语言学的方法分析了《十论》的文本结构，以期解决所谓上、中、下三篇的写作时间先后问题。

近年来，除戴卡琳、方克涛、艾乔恩、黎辉杰等学者长期从事《墨子》的研究之外，许多其他学者亦有偶为之作。而这些众多的偶为之作，主要集中在对《十论》的理解和《墨辩》的讨论上，而从政治、伦理、宗教和逻辑学、认识论等角度来作论述的。其中一些论文不乏新颖、独到的见解，但也有一些论文的观点属于陈词滥调，或缺乏必要的真实性。

总之，英语世界从翻译和介绍开始，至葛瑞汉形成了《墨子》研究的高峰。戴卡琳等在葛瑞汉和渡边卓研究的基础上，运用语言学的方法对《十论》每一"triplet"的形成作了考察，认为它们的形成乃是一个时间性演变的过程，然而并非每一下篇皆晚于中篇而形成。从内容上看，长期以来人们对《十论》或"十义"的相关解读或论述非常丰富，但是对《十论》上、中、下三篇的内部比较研究则明显不足。另外，对于《墨语》、《杂论》、《备守》部分及秦汉墨学问题的研究，英语世界亟待深入展开。

二、墨子"十义"研究

《十论》，即《尚贤》至《非命》各篇，西方汉学家或称为"Triplets"，或称为"核心篇目"（Core Chapters）。它们主要反映了墨子在政治、伦理和宗教上的十大主张("十义")。

(一)"尚同"与"非命"：天的补偿权利及人的独立自主性

墨家的早期著作高扬个人的强大力量，人能够控制和决定自己生命的方向。有趣的是，早期墨家极力呼吁个人要无条件地顺从权威，特别是顺从统治者和天的权威。艾瑞克（Erica Brindley）研究了"尚同"主张中人的因素（human agency）和自主决策能力的性质问题,① 认为《尚同》篇的主要意义在于它强令所有人基于天的权威而行动。因此，早期墨家的"尚同"理念不可避免地与墨家

① Erica Brindley. Human Agency and the Ideal of *Shang Tong* in Early Moist Writings. *Journal of Chinese Philosophy*, 2007, 34 (3): 409.

对于“天”是人世间终极、唯一的权威之宗教诉求有关，而“天”就被理念化了。

既然人有独立自主性，那么人是否有能力做出正确的决定呢？艾瑞克认为，尽管墨家著作并未提及，但是人类不仅有获得正确道德观点的能力，而且正是这种能力使“尚同”理念形成了相应的社会功能。① 由于把握天之义的过程是非常复杂且需要付出艰巨努力的，所以只有特定的人才能获得正确的道德观点。如此，尽管每个人都有自觉和自主的能力，但是在很大程度上，只有少数特定的人是完全道德自主的，而大部分人必须依赖外部权威去完善道德的自主选择权。

人类如何能够切实地把握“天志”呢？因为“天”并不是通过命令或客观的陈述直接表达其意愿，所以人类必须把“天”的行为转变为明晰的、概念化的“法”。而墨子正是用理性和逻辑通过对自然和历史事件的解读，创造了一种能够持续客观地把握“天志”的方法学。墨子理解“天”的意愿并为人类行为建立了“法”，从而使那些不具有如此道德洞察力的人同样可以从中获利。据此，艾瑞克认为，早期墨家鼓励人类利用理性去判断对错，而非盲目服从传统权威的命令。他说，知性分析和理性是隐藏在人的信念背后的关键因素，这为人类服从“天志”提供了方法，而这种方法深植于人类的自我控制和认知能力中。②

根据墨家“尚同”的理念，在一个理想的社会里，处于政治秩序最高端的领导者不仅是高贵的、贤能的，而且他们还能够准确理解“天”的意愿和正义。然而，这恰是问题之所在，如果上级没有正确服从“天”的真正意愿，那么会出现何种状况呢？艾瑞克认为，墨家思想中道德权威是理想地从上天转移到最高统治者和他的管理者们的，并且统治者的一部分权威是从在下位的人民那里

---

① Erica Brindley. Human Agency and the Ideal of *Shang Tong* in Early Moist Writings. *Journal of Chinese* Philosophy, 2007, 34 (3): 413.

② Erica Brindley. Human Agency and the Ideal of *Shang Tong* in Early Moist Writings. *Journal of Chinese Philosophy*, 2007, 34 (3): 413-416.

获得的。因此，在下位的人民从来没有放弃评估和践行道德的自主权。艾瑞克通过对《尚同》中“下之情”（sentiment of those below）的分析指出，人民不是上级决策的消极服从者，而是有权率先评估上级决议的正当性。①

在英语世界中，墨家被理解为第一批因质疑传统和习俗而注重标准建设的思想家。根据陈汉生（Chad Hansen）观点，墨子是第一个做出了“苏格拉底转变”（Socratia turn），也即在此意义上被西方研究者称为中国的第一个哲学家。② 而墨家的宗教观点，虽然与传统区别不大，但是其论述的批判性和可信性却比不上同时代的人。方岚生（Franklin Perkins）在《墨家对儒家“命”的运用之批评》一文中集中对墨家的宗教观念——“非命”作了研究，试图从人类行为的动机和效果等更为广大的视域去定位它。

方岚生认为，墨子关于“命”（fate）的思想以如下两点作为背景：第一，获得道德权威——“天”的认可，是周朝兴起的合法依据之一。第二，随着周朝的衰败，这种合法性受到罪恶等问题的挑战，即随着社会政治秩序的崩溃，越来越多的事例表明坏的东西经常降落到好人身上。对这个问题的回应，一条路径是通过指出世界中的非正义而追问“天”的美德；另一条路径是引进“命”的概念以区别于“天”。《天志》篇可被视为是对第一条路径的回应，《非命》篇则是对第二条路径的回应。

墨家从实践的层面对儒家“命”观念的批评，主要集中在《非儒》及《公孟》两篇中。方岚生更细致地论述了这个观点。他指出，墨家并非直接斥责儒家倡导懒惰和自满，而是认为其所宣扬的“命”教义导致了如此结果。③ 在理论层面上，墨家对“命”

---

① Erica Brindley. Human Agency and the Ideal of *Shang Tong* in Early Moist Writings. *Journal of Chinese Philosophy*, 2007, 34 (3): 417-420.

② Chad Hansen. *A Daoist Theory of Chinese Thought*. Oxford: Oxford University Press, 1992: 106-108.

③ Franklin Perkins. The Moist Criticism of the Confucian Use of Fate. *Journal of Chinese Philosophy*, 2008, 35 (3): 427.

的批评突出了儒家内外相区分的紧张性，即如果与外在的东西相分离，那么内在的个人修养将会失去意义。例如，倘若没有实际的物质条件的保障，那么诸如“孝”的美德将会沦为空谈。联系儒家的文本，方岚生认为早期儒家宿命论的观点有两个主要问题，且被墨家一一指出：第一，宿命论在经验范围内是错的；第二，儒家认为人们愿意为目标全力以赴，同时也相信这种努力可能无益于目标的实现，从而完全把结果和动机分离，把内在和外在分开。墨家指出，少数持命论的君子认为物质的东西超出了人类能力所能控制的范围，因而不值得追求，这是十分可敬的，但要用它来教育那些在下位的人则是十分危险的。①

与基督教宣扬死后得救的信念不同，墨家则关注此世的福报，由此就有了方岚生所谓的“罪恶问题”（the problem of evil），即人在此生美德未必得福，罪恶未必受罚。为了解决这一问题，方岚生分别引用《耕柱》篇、《公孟》篇等相关文本得出结论：墨子政治思想的中心原则，是人建立正确的赏罚制度以弥补“天”的赏罚失灵。如果缺乏有效的政府管理体系，坏人可能经常逃避正义的惩罚。如果没有人的补助，“天”的正义是不完全的。②

方岚生在文章最后指出，墨家亦有类似儒家“命”的论述，只是不同于儒家把“命”看做一种神秘的、不能分析的和不可抗拒的力量，墨家认为生病的原因是劳累、过热、过冷等，是可以分析的，且将来人类可以控制它们。进而，他指出，即使儒、墨两家在理论上有相似之处，但他们学说的主张却大相径庭。因为在他看来，“命”只是儒家所教的内容却不是儒家所相信的，这恰恰是墨家所攻击的。墨家通过一个学说的应用效果来判断一个学说的价

① Franklin Perkins. The Moist Criticism of the Confucian Use of Fate. *Journal of Chinese Philosophy*, 2008, 35 (3): 428-429.

② Franklin Perkins. The Moist Criticism of the Confucian Use of Fate. *Journal of Chinese Philosophy*, 2008, 35 (3): 431-432.

值，他们对“命”的反对就是因为它带来了坏的效果。①

（二）“兼爱”与“非攻”：“兼”与“别”的观念

“兼爱”是墨家学说的标志性概念。在丹若宾（Dan Robins）看来，没有任何证据表明墨家是通过反对儒家观点而维护兼爱思想的。相反，从与儒家对立的角度来理解兼爱，将被证明是个灾难。② 若如此理解，他认为，这与墨子对家庭问题的处理是直接对立的。如果这种理解是正确的，那么兼爱思想将是一个彻底的社会革命理论。实践它，将意味着要废除家庭。但是墨家并非试图颠覆家庭，相反墨家一直认为家庭的价值是理所当然的。通过仔细考察《墨子》文本中对孝的论述，丹若宾指出，尽管墨家的一些主张存在着“孝”与“兼爱”的紧张关系，但也清晰地表达出人们在维护血统的同时也相应地实行兼爱的思想。因此，兼爱是一种要求人们平等地对待一切人的爱，这种爱与其他形式的爱是相容的。而兼爱如何具有兼容性呢？丹若宾从层次上区分了“兼”与“别”，他认为对自己亲人的“别”在层次上是低于“兼”的，“兼”是含有“别”的。据此，丹若宾得出结论：无论正确与否，墨家明显认为“兼”与“别”是相容的。在这一点上，他们并没有表现出反对其他哲学派别或者儒家的意向。而他们所反对的对象就是那些不实行兼爱，而以墨家所谓不道德的方式行动的人。总之，墨家的观点是用来反对那些无爱之人，尤其指向天下之君子的行为和态度。③

效仿、逻辑劝说及赏罚手段，哪一种对于维持道德和社会秩序更有效果？欧文（Owen Flanagan）在《〈墨子〉中的道德感染和逻辑劝说》一文中对此问题有详细而新颖的论述。④ 欧文此文的一大

---

① Franklin Perkins. The Moist Criticism of the Confucian Use of Fate. *Journal of Chinese Philosophy*, 2008, 35 (3) 432-433.

② Dan Robins. The Moists and the Gentlemen of the World. *Journal of Chinese Philosophy*, 2008, 35 (3): 386.

③ Dan Robins. The Moists and the Gentlemen of the World. *Journal of Chinese Philosophy*, 2008, 35 (3): 386-388.

④ Owen Flanagan. Moral Contagion and Logical Persuasion in the *Mozi*. *Journal of Chinese Philosophy*, 2008, 35 (3): 473.

特色是利用现代模仿学的科学实验来处理经典中国哲学的问题，特别是处理儒、墨所争论的问题。欧文首先讨论了儒、墨所讨论的效仿与圣王问题（emulation and the sage king problem）。西方研究者普遍认为，模仿在儒家的社会道德转化中起着非常重要的作用，而它也是墨家道德社会化的中心问题。儒家的模仿理论认为模仿一开始是无认知性的，且人在自然状态下倾向于模仿美德。欧文进而阐明墨家为圣王问题提供了解决办法，即通过对儒家“命”论的批判，指出“仁”自身包含不能自行解决的困难，也就是说“别”支持和强化了个人主义、家族主义，而“兼爱”却不包含这些坏的基因、不良的趋势。因此，“兼爱”是比“仁”更好的“法”，模仿兼爱就能够创造出美德和秩序。当然，《墨子》中并无此说。但是在欧文看来，作为一贯的墨者会如此认为。①

根据模仿学的研究，欧文重新思考了 Hagop Sarkissian 关于道德模仿的特殊表述：道德感染假说（moral contagion hypothesis）。此说认为，如果存在小部分“仁”的榜样，那么“仁”的蔓延就像一种超强病毒一样很容易感染人群。而根据模仿学的试验，模仿美德而不模仿邪恶的初始设置是不成立的。所以基于此设置而得出一部分有美德的灵魂，可能是圣王或是“仁”的君子能够把人类带回到“仁”的时代的结论是不成立的。欧文因此认定道德感染说未必是令人信服的。而墨家是否接受道德感染说呢？欧文认为，墨子对真美德的吸引力抱有乐观的态度，他坚信只要统治者有德性，秩序、和谐与美德是一代人就能够实现的。而如何能够创造出第一代供人模仿的君子呢？欧文认为墨子的答案是：用逻辑劝说一部分统治者来修养“兼”的美德。这样就完成了模仿理论的第一步，即有了供人效法的有德性的统治者。② 把模仿学试验用于儒、墨之争，欧文从墨家的立场出发，通过一个公式列举了儒家陈述与

① Owen Flanagan. Moral Contagion and Logical Persuasion in the *Mozi*. *Journal of Chinese Philosophy*, 2008, 35 (3): 474-476.

② Owen Flanagan. Moral Contagion and Logical Persuasion in the *Mozi*. *Journal of Chinese Philosophy*, 2008, 35 (3): 481-483.

实际行为的不一致性，从而肯定墨家的方法论。① 他认为，墨子承认人类有特定量的可塑性，但是并不清楚究竟有多大。在墨子看来，即使人民受到美德的指引、逻辑方法的教育，即使被置于正义与善之中，甚至在无为的状态下服从正义的路径，无论我们是本能地倾向美德还是倾向理性，都不能使我们免疫于社会中的非正义、无能的领导和无序的政治。所以墨子没有回答我们是如何有可塑性的，更没有回答我们有无限的可塑性这一问题。②

（三）“节制”观念：节用、节葬、非乐

墨家“节制”的观念，见之于《节用》、《节葬》和《非乐》诸篇。对于这些篇章，丹若宾（Dan Robins）指出：“只有把墨家的行为作为一种追求特殊社会政治目标的运动时才能更好地理解他们。”③ 在丹若宾看来，墨家“节制”的思想主要表现在三个方面：第一，在何种程度上，墨家从哲学的角度维持节制的观念？第二，在何种程度上，他们特别关注精英们的浪费行为？第三，墨家关于节制的论述有哪些处于危险之中？需要指出的是，丹若宾对墨家节制思想的研究基于两个前提：第一，墨家所反对的君子是由政治和社会地位决定的，而非由哲学的或其他的传统区分来确定的；第二，我们只有将墨家的社会政治目标作为中心，才能更好地理解墨家思想。通过集中分析，丹若宾得出结论：墨家对音乐的反对是直接指向特权阶层的，而在《节用》、《节葬》中他们的观点是一般性的，即他们想消除社会中的各种浪费现象，但其关注点仍然是精英们的各种浪费行为。这暗示着我们不能把这些篇章理解为墨子对浪费的一般哲学性的回答，而应视其为墨家社会政治计划的

① Owen Flanagan. Moral Contagion and Logical Persuasion in the *Mozi*. *Journal of Chinese Philosophy*, 2008, 35 (3): 485-486.

② Owen Flanagan. Moral Contagion and Logical Persuasion in the *Mozi*. *Journal of Chinese Philosophy*, 2008, 35 (3): 487-488.

③ Dan Robins. The Moists and the Gentlemen of the World. *Journal of Chinese Philosophy*, 2008, 35 (3): 389.

表达。①

在回答墨子“节制”主张的危险时，丹若宾从“利”的概念切入。墨家是基于“利”的概念而提出“节制”主张的，每一项节制行为都推动了天下之利的增长，但是“利”的概念并没有为儒家的价值提供强有力的证据。比较儒、墨学说的价值，人们易于得出：墨家“利”的概念过于狭窄，它使我们失去了很多重要的东西。但是丹若宾认为这种撇开争论背景的纯比较，可能会模糊墨子的真正所指，其实墨家“利”的概念并非如此狭窄，因为它含摄了社会秩序的实体性假设（substantive assumption），即墨家认为恰当的家庭关系是良好社会秩序的基础。因此，墨家的一般性假定是置于社会秩序需要“别”之上的。②

（四）“天志”与“明鬼”观念

在《〈墨子〉政治哲学中的战争与鬼神》一文中，③ 王碧江（Benjamin Wong）与黎辉杰考察《非攻》篇时发现，兼爱学说的实用主义逻辑虽然可以辨别，但该章既未提及具体的学说，更未按照“兼”、“别”之分来分析战争问题。该章大部分篇幅都是关于鬼神如何帮助有德的君主们给那些偏离正道的个人和国家以应得的惩罚。因此，墨子反对战争的论述似乎更多地依赖于《明鬼》中旨在证明鬼神存在的论述，而非《兼爱》中的论述。④ 墨子对于鬼神的论述使现代的研究者感到困惑，因为大多数人或者不相信鬼神存在，或者认为所谈论的问题经不起理性推理的检验。两位作者在论文中指出，《墨子》文本充分表明墨子并不相信鬼神的存在能够通过任何强有力的论证得到证明。不过，墨子似乎认为，对鬼神存

① Dan Robins. The Moists and the Gentlemen of the World. *Journal of Chinese Philosophy*, 2008, 35 (3): 390-391.

② Dan Robins, The Moists and the Gentlemen of the World. *Journal of Chinese Philosophy*, 2008, 35 (3): 392.

③ Benjamin Wong, Hui-chieh Loy. War and Ghosts in Mozi's Political Philosophy. *Philosophy East and West*, 2004, 54 (3): 343-363.

④ Benjamin Wong, Hui-chieh Loy. War and Ghosts in Mozi's Political Philosophy. *Philosophy East and West*, 2004, 54 (3): 343.

在的信仰加以辩护是解决或至少缓和战争问题的先决条件。因而，《非攻》与《明鬼》中的论证构成了对“兼爱”这一乐观要旨的关键更正或合法证明（qualification）。①

文章的主体部分特地将重点放在对《明鬼》篇的讨论上，两位作者认为，现代学者通常都忽视了《墨子》中的这一部分。在考察此篇之前，作者们首先表明自己的论点：墨子所尝试的对战争问题的解决方案在根本上取决于对鬼神存在的可靠证明，这一预设源自第十九篇《非攻下》。该篇大致分为两个部分：在前半部分，墨子批评了同时代王公大人们追逐战争活动的行为，认为他们的行动既不正义也无经济意义；后半部分则对王公大人们所提出的三种反对意见做出了回应。

墨子并未放弃圣王们作为正义的典范或辩驳王公大人对圣王行为的说法，而是引入了正义的战争与非正义的战争，即“诛”（punishing wars）与“攻”（offensive wars）的区分，此区分的标准在于鬼神的显明与昭示，因为它们能够赏贤罚暴。“诛”是针对违背鬼神意志的人进行讨伐，“攻”则缺乏合法性的条件，一味攻城略地和杀人掠物。实际上，墨子的论证中潜存着这样的可能性，即为诸侯战争的合法性提供解释和超自然的鬼神存在的标准。墨子在自己的非攻理论中，不是说服诸侯放弃自己的战争，而是提出战争行为中需要信仰鬼神，听从鬼神旨意，将自己的行为合法化，增加民众凝聚力，从而获得胜利。应该说，墨子提供的战争问题解决办法还隐含着一个更加激进的意思，诸侯们需要借助宗教的遮掩从而使战争变得神圣。

正如作者在文章的结论部分所指明的那样，墨子最终并没有尝试证明鬼神的存在，他甚至暗示没有任何办法对这一问题进行理性证明。尽管鬼神的存在得不到理性证明，然而实际上有怀疑论倾向的社会精英成员仍必须像鬼神真实存在那样来行事，以减轻战争所

① Benjamin Wong, Hui-chieh Loy. War and Ghosts in Mozi's Political Philosophy. *Philosophy East and West*, 2004, 54 (3): 344.

带来的破坏性后果。① 鉴于本文将论述的重点放在《非攻》、《明鬼》章上，要探究《墨子》中的鬼神要素是否存在对整体而言可有可无，只有从整体上更好地理解墨子学说，即深入探讨与墨子政治神学相关的其他篇章如《天志》和《非命》章，才能领会墨子对原始儒家挑战的程度。②

钟鸣旦（Nicolas Standaert）在《作为法仪之天》一文中，从"法仪"的角度追问了"天"的意义：法仪的主要特性是什么？谁使用法仪？什么可以用作法仪？如何采用法仪？为什么一个人需要法仪？他认为，《法仪》篇在墨子思想的演进中可能是一个环节，然并非必定是终点。在《墨子》文本中，一个人可能注意到一个不断增长的论证核心观念的需要：尚贤、非攻、兼相爱、交相利。此一基本观念最好的例子是木匠的工具——规矩。在使用这些工具时，木匠有一个客观、可量度、绝对无误的而外在于人的意志的标准。这被用为人的行为标准之隐喻：更为抽象的标准（例如兼相爱、交相利），或者个人化的东西（例如古代圣人），全部应该以同样的方式来起作用：客观地，可量度地，绝对无误地，而外在于人的意志。终极的标准（法、仪）是"天"，因为它是绝对无所不包的。此种推理也反映了另外一个演进。这种从木匠的具体工具到更为抽象的人类行为的标准的转移，导致了对标准的聚焦到正在使用标准之人的转移。在其他演进中，这一点变得更为清晰：标准不仅用于评价人自己的行为，而且也用于衡量他人的行为。当墨家通过采纳儒家的用语（例如仁，或使用经典文献）而靠近儒家的时候，他们比以前更强烈地声称拥有道德行为或良治的标准。他们甚至在此维度上将"天"看做终极的标准，这对于儒家而言是令人恐惧的。

普鸣（Michael Puett）从儒墨对立的角度曾对墨家的鬼神观有

① Benjamin Wong, Hui-chieh Loy. War and Ghosts in Mozi's Political Philosophy. *Philosophy East and West*, 2004, 54 (3): 356.

② Benjamin Wong, Hui-chieh Loy. War and Ghosts in Mozi's Political Philosophy. *Philosophy East and West*, 2004, 54 (3): 358.

过粗略的论述。① 胡司德（Roel Sterckx）对《明鬼下》作了研究，他的问题是：《明鬼下》所表达的观点如何与《墨子》其他篇目中的鬼神观相联系？在何种程度上，墨子论鬼神世界的观点被看做与所谓反潮流相接近？另外，我们如何衡量墨子为了“天志”的缘故一方面坚持精心的祭祀崇拜，另一方面在他处又提倡节省礼仪花费的？胡司德认为，“明鬼”是为了建立清晰而有意义的观念，是墨家对于鬼神世界观的发展。虽然证据并不能让我们重构墨家的社会学，然而传世本《墨子》内外的因素表明墨家对于鬼神的立场可能一直不是直接的，或者至少可能是更细微复杂而比大多数学者所说的更易于引起争辩。第一个问题可能是发生在墨子和怀疑论者之间的神学争论，这并不必然地与儒家联系在一起。第二个问题可能更是一个具有“墨对儒”的论战，儒家倡导“命”的观念，而墨家提倡个人的道德行为。然而即便如此，对话者并不总是清晰地得到界定。这表示，在定位墨家鬼神的看法的时候，我们必须避免将它们当做一个完全独特的东西，也必须更小心地处理“宗教”、“民间宗教”的概念，或更小心地描绘我们所理解的轮廓（例如“祭祀”、“礼仪”）。公元前三、四世纪的文本有关鬼怪的趣闻逸事，我们可能无力确定在这些争论中对话者的身份，然而我们除掉许多学者所指斥的传统“学派”问题的讨论，这可能是必需的。一般来说，战国关于祭祀实践的争论很少是以意识形态或神学的术语来展开的，实际的运用似乎组成了大多数墨家与其他学派的声音。

三、墨子的道德哲学与道德认识论

（一）《墨子》的道德哲学：义与利己

《墨子》的道德哲学一直是国外墨学研究的热点问题之一。黎

① Michael Puett. *To Become a God*: *Cosmology*, *Sacrifice*, *and Self-Divinization in Early China*. Cambridge: The Harvard University Center for the Harvard-Yenching Institute, 2002: 101-104.

辉杰（Hui-chieh Loy）在其博士论文《〈墨子·十论〉的道德哲学》一文中，就专门对《墨子·十论》中的道德哲学做了深入的探讨与研究。① 该文首先将墨家的道德哲学确定为墨家对恢复世界秩序之理论基础的系统表达（articulation）与理性辩护。这一理论基础最重要的方面是伦理思想的概念，更具体而言，即“义”的观念——个人与社会应该遵循（或被社会制裁与公共权力的力量加以强制执行和实施）以和谐共存、互惠互利的行为准则，这一观念构成了墨家学说（Mohist doctrine）的根本内容。

在正文中，黎辉杰对墨家学说进行了系统的解释说明，旨在揭示其内在逻辑结构。他首先考察了墨家用以评估不同行为是否为“义”的三个主要的候选标准，即与“天”的意志相一致、顺应古代圣王们的言论与行为、利益天下之人，其中最后一个乃是墨家衡量“义”的终极标准（ultimate criterion）。在墨家对“义”的终极标准中暗含着共利天下（common benefit of the world）的观念。这一标准要求诸行为只有在对天下产生普遍利益的范围和限度内才是“义”。这在“兼爱”中得到了最好的例证——墨家呼吁人们关心他人的幸福，而不区分自己、朋友与陌生人——在理解这样做将带给天下更大利益并消除困扰天下的最严重的伤害的基础之上。因而“兼爱”成为墨家“义”概念的主要内容，并构成墨家学说的最重要方面。②

西方研究者通常认为墨家乃是把利己（self-interest）作为人类行动的原因。方克涛（Chris Fraser）把这种解释的观点称为利己论。③ 方克涛在《墨家与利己》一文中首先考察了利己思想在墨子伦理学中所扮演的角色：第一，个人利益是众多标准中的一个。墨

① Hui-chieh Loy. *The Moral Philosophy of the Mozi* “Core Chapters”. Adviser: University of California, 2006.

② Hui-chieh Loy. *The Moral Philosophy of the Mozi* “Core Chapters”. Adviser: University of California, 2006.

③ Chris Fraser. Moism and Self-Interest. *Journal of Chinese Philosophy*, 2008, 35 (3): 437.

家认为道德好的人是兴天下之利而除天下之害，个人及其家庭皆为天下之一利。道德的行动就是像为自己谋利一样为别人谋利。第二，道德化的自利融入了兼爱的思想。兼爱的标准就是“兼相爱，交相利”。① 进而，方克涛指出了利己论的三个背景：第一，墨子的政治理论。根据史华慈的观点，墨子认为国家的起源是人在自然状态下各自追求个人利益的结果；第二，墨家认为兼爱不难推行的原因在于那些践行兼爱的人们自己也将从中获利；第三，行兼者（caretaker）和统治者的诸论点，乃是墨家对兼爱是否能实行的一种回应。既然行兼者用个人和家庭的利益表明兼爱的可行性，则人们可以理解墨子用利己的思想去解释为何和如何实行兼爱的问题。②

针对第一个背景，方克涛讨论了墨家政治理论中的自利角色。他指出在国家产生以前，虽然每个人都有自己的“义”的概念，但人们却相信那个“义”的性质是公共的、客观的标准。这意味着人们有统一社会上各个“义”的诉求。那么国家起源的理论是否支持利己主义呢？在方克涛看来有两个不同的观点需要检讨：第一，“利己”是否是从无政府状态向政治社会转变的主要动力？第二，统一后的“义”之普及是否依赖于自利的动机？③ 结合《尚同》篇的思想，方克涛指出，墨家认为人类有复杂的动力原因。人类最初参与向政治社会转变的动机是双重的：“义”应当统一和消除混乱状态。因此，自利可能是人类的动机，因为混乱的状态削弱了个人的利益。但是自利并非是全部的动机，它不能够解释“义”为什么应该统一。事实上，在《尚同》中，人类不是被动接受灌输的对象，他们不是盲目服从统治者，而是通过统一的“义”

① Chris Fraser. Moism and Self-Interest. *Journal of Chinese Philosophy*, 2008, 35 (3): 439.

② Chris Fraser. Moism and Self-Interest. *Journal of Chinese Philosophy*, 2008, 35 (3): 440.

③ Chris Fraser. Moism and Self-Interest. *Journal of Chinese Philosophy*, 2008, 35 (3): 443.

实现有序社会之进程的积极参与者。①

针对第二个背景，方克涛讨论了墨家对兼爱不难推行观点的回应。墨家认为兼爱是不难践行的，因为第一，它是有利的；第二，它并非特别难行，至少人类曾经成功做过比践行兼爱更难的事情；第三，人们倾向与领导意愿保持一致特别是受到物质刺激后；第四，人们倾向于行为的相互性（recipocity）。② 方克涛认为上述四个原因回应了墨家关于人类动机的四个论断：第一，激励人们去做利于他人的事是很容易的；第二，人们倾向于服从领导的意愿；第三，奖赏和物质刺激可以激励人们的行动；第四，人们倾向于以相同的方式回报他人的行为和态度。其中一、三两个动机与利己有关，其他两个则是无关的。③

针对第三个背景，方克涛认为，墨家经常用"有用"来检验一个学说、政策、计划能否作为公共标准而付诸实践，因此墨子自身的挑战是：如果兼爱在伦理观念上是好的，那么它能否在现实意义上、实践意义上成为一个社会标准？为了应对这一挑战，墨子提出行兼的理论。方克涛认为行兼理论是不完美的，但展示了践行兼爱对于保护这些价值是至关重要的。④ 墨家承认自利是部分人甚至所有人践行兼爱的动机，但这并不表明它是主要的动机。事实上，行兼理论并没有表明人们是因为受到物质刺激而推行兼爱的，正如方克涛所指出的，行兼者是基于道德而非出于自利的动机才践行兼爱的。⑤

---

① Chris Fraser. Moism and Self-Interest. *Journal of Chinese Philosophy*, 2008, 35（3）：444.

② Chris Fraser. Moism and Self-Interest. *Journal of Chinese Philosophy*, 2008, 35（3）：445.

③ Chris Fraser. Moism and Self-Interest. *Journal of Chinese Philosophy*, 2008, 35（3）：445.

④ Chris Fraser. Moism and Self-Interest. *Journal of Chinese Philosophy*, 2008, 35（3）：450.

⑤ Chris Fraser. Moism and Self-Interest. *Journal of Chinese Philosophy*, 2008, 35（3）：451.

（二）对墨子道德原则的研究：功利主义者，还是神命论者

西方学者对墨子道德原则的研究呈现出三种不同的观点：第一，墨子坚持不彻底的道德原则，因为他既相信功用主义的标准又坚持神命论；第二，墨子是神命论者，他呼吁人们为天下谋利，因为这是“天”的意志；第三，墨子是功利主义思想家，因为他把是否有利于天下作为行为的道德原则。

丹尼斯（Dennis Ahern）在《墨子是功利主义者吗》一文中，首先挑战了墨子是功利主义者的观点。他认为墨子相信两个道德原则：一方面，墨子认为人们的行为只有为天下带来利益时才是正当的；另一方面，只有遵循“天”的命令的行为才是正当的。因为这两个不同的原则是两个不同的概念，且存在潜在的冲突，所以丹尼斯认为墨子的道德标准是不彻底的。① 丹尼斯的观点受到了迪克（Dirck Vorenkamp）的挑战。在《再看墨子的功利主义》一文中，迪克认为墨子的道德标准并非是不彻底的，因为很明显，他同意统治—功利主义（rule-utilitariansim）的形式。根据迪克的理解，因为“天”总是希望有利于天下的，因此听从“天”的意愿，就会为天下谋利。② 随后，戴维德（David Soles）批评了迪克，认为他把墨子的主要关注点和次要关注点颠倒了。在《墨子与道德基础》一文中，他指出墨子是个彻底的神命论者。根据其理解，墨子显然把“天”的意愿看做是正义的终极来源，并且他相信只要是“天”所意愿的都是能为天下谋利的。③ 在《对墨子道德基础的再思考》一文中，克里斯托弗（Kristopher Duda）把“天决定什么是对的”理解为“天发现了什么是客观真理”，并以此紧接着来反对戴维德

---

① Dennis Ahern. Is Mo Tzu a Utilitarian. *Journal of Chinese Philosophy*, 1976: 185-193.

② Dirck Vorenkamp. Another Look at Utilitarianism in Mo Tzu's Thought. *Journal of Chinese Philosophy*, 1992: 431.

③ David Soles. Mo Tzu and the Foundation of Morality. *Journal of Chinese Philosophy*, 1999, 26 (1): 37-48.

的观点。① 根据这一理解，克里斯托弗认为，墨子把“天”看做是发现真理的最高权威，并且客观真理决定于“天”的意愿。

面对上述争论，卢秀峰在《对墨子道德基础的理解：一种比较的角度》一文中指出，上述争论的作者都把墨子乃至整个中国古典哲学中“天”的概念与西方的宗教传统联系在一起。但是，通过对中国哲学中“天”的概念的正确理解可以看出，它与西方“天”的概念有根本的不同。卢秀峰认为，《墨子》中“天志”的概念，以至中国哲学中的“天命”，是不能理解为神的命令的。在墨子那里，“天”与人的和谐并非是要求人遵循“天”的命令，而是指发展和实现人性的过程以及通过道德修养去遵循自然的发展趋势。卢秀峰进一步指出，尽管功利主义的理解与神命论的理解有根本的不同，但两者都是基于把“天”理解为人格神的误解。②

（三）“三表法”研究：墨家的道德认识论

“三表”是墨子用来检验某种学说正确与否的标准。西方研究者对“三表”颇为关注。黎辉杰（Hui-chieh Loy）的《正当性与辩论：对墨家道德认识论的思考》一文对墨家通过评估言论的方式，尤其是运用“三表法”来评估行为的程序进行分析，试图指出“三表”的一般特征，进而讨论墨家的道德认识论。③ “三表”在内容上大致可以区分出五种不同的标准：一、古者圣王之事；二、天志和鬼神；三、先王的典籍；四、群众的视听；五、在实践中为天下谋利。而“三表”的准确性质是什么呢？黎辉杰通过对《非命》中“法”、“仪”、“表”的意义分析而指出，三者的共同特征就是“标准”。根据第五个标准，正确的学说能够带来好的结果，这就预示着实用主义的真理观。但是黎辉杰认为，此并非“三表”的本质意思。《墨子》核心篇章中的各种学说都带有引导

---

① Kristopher Duda. Reconsidering Mo Tzu on the Foundation of Morality. *Asian Philosophy*, 2001, 11 (1): 23-31.

② Xiufeng Lu. Understanding Mozi's Foundations of Morality: A Comparative Perspective. *Asian Philosophy*, 2006, 16 (2): 123-134.

③ Hui-chieh Loy. Justification and Debate: Thought on Moist Moral Epistemology. *Journal of Chinese Philosophy*, 2008, 35 (3): 455.

行为之意，其中的“言”不能翻译为一般的语言，而应当理解为指导的格言或“道”的副本。《墨子》中的“言”更接近于行动的格言而非真理的申诉。因此，对学说的检验就是评估这个学说是否表达了“我们如何生活”的正确观念，而非做出“世界是如何运行”的正确论断。这就意味着正确的学说是能够正确引导人们的行为，而非符合某种事实的陈述。尤为特别的是，《墨子》认为正确的学说最终是引导人们行为的道德性，这说明“三表法”不仅是正确学说的标准，而且还是正确道德行为的标准。①

黎辉杰认为，“天志”作为标准首先是作为评价行为和学说的工具而出现的，即“天志”是用来衡量人们的行动和言论的。因此，《墨子》核心篇章中的检验理论主要是用来证明言论或行为的正当性，而不是作为制定决策的程序。② 但在黎辉杰看来，“天”的引导作用在《法仪》中凸显了出来。根据《法仪》，支持“天志”作为正确行为标准的一个重要原因是，这个标准是公共的、非个人的，因而就能产生这样的效果。有了正确的工具，即使技术欠佳的工人也能创造出与熟练工人相似的作品，他们能够通过客观的标准判断他人。另外，通过坚守以“天志”形式出现的衡量行为的非个人的标准，墨家颠覆了诸如君、亲、师等传统权威形象中的个人权威。③

此外，董慕达（Miranda Brown）在《墨子对古代权威的塑造》一文中详细统计和考察了《墨子·十论》传世文献中“圣王”（the sage kings）术语及人物（尧、舜、禹、汤、文、武）的分布情况，认为正是早期墨家创造了“圣王”的术语及圣王的形象。后来的思想家采用古代权威的办法，乃是跟从墨子的结果。从词汇

---

① Hui-chieh Loy. Justification and Debate: Thought on Moist Moral Epistemology. *Journal of Chinese Philosophy*, 2008, 35 (3): 456-458.

② Hui-chieh Loy. Justification and Debate: Thought on Moist Moral Epistemology. *Journal of Chinese Philosophy*, 2008, 35 (3): 461.

③ Hui-chieh Loy. Justification and Debate: Thought on Moist Moral Epistemology. *Journal of Chinese Philosophy*, 2008, 35 (3): 462-463.

表上可看出，“圣王”在晚周成为一个流行短语。

四、《墨辩》与《墨语》研究

《墨辩》六篇(《经上》、《经下》、《经说上》、《经说下》、《大取》、《小取》) 一直是英语世界墨学研究的关注重点，研究者们分别从《墨经》的总体建构、具体观念及篇章、语段的诠释等不同维度作了深入的探讨和剖析。

(一)《墨经》的重构与“内涵语境”研究

金格倪（Jane M. Geaney）在《对葛瑞汉重构〈墨经〉的批判》一文中，对葛瑞汉重建《墨经》的做法提出质疑。① 《墨经》通常被认为最接近中国古代的逻辑，而葛瑞汉对这一几乎难以理解的文本的重构，被认为是西方“唯一已经发表的对中国逻辑最为重要的研究”。葛瑞汉认为《墨经》中也包含了中国科学技术的萌芽，由于该文本的保存不当，遂致使中国的科学技术命中注定会发展不充分。汉学家们在葛瑞汉重构《墨经》的基础上，不仅理解新墨家的逻辑和科学，而且阐明了中国古代的论辩方法和技术术语。按照葛瑞汉的观点，如果《墨经》中的条目出现在上下文中，那就必须确立组织原则。在金格倪看来，葛瑞汉选择重构文本的组织原则是有疑问的。② 金格倪在文中指出，葛瑞汉对《墨经》的重构存在两个主要问题：一是葛瑞汉将两个明显类似的部分认为是完全不同的学科，二是《墨经》建构之间存在着间隙。葛瑞汉重构《墨经》的至关重要的论点是，墨家将世界划分为永恒必要的领域(eternally necessary realm) 和短暂不必要的领域 (transient non-necessary realm)。他主张在永恒领域中知识是必要的，而在转瞬即逝的领域中只有知识的程序才是一贯的，并且任何一个领域都不引发

① Jane M. Geaney. A Critique of A. C. Graham's Reconstruction of the "Neo-Mohist Canons". *Journal of the American Oriental Society*, 1999, 119 (1): 1-11.

② Jane M. Geaney. A Critique of A. C. Graham's Reconstruction of the "Neo-Mohist Canons". *Journal of the American Oriental Society*, 1999, 119 (1): 1.

认识论的问题。这种对必要的、非时间性的领域与不必要的、暂存的领域的区分，在中国古代思想中似乎并没有根据。金格倪认为，葛瑞汉重构的清晰性并不足以让人信服。如果说墨家没有提出认识论的问题，这可能不是因为他相信知识是必要的（如同葛瑞汉所认为的那样），而是因为在中国古代并没有如此极端的领域区分。①

总体而言，葛瑞汉的重构在结构和内容上都可能会受到双重质疑。葛瑞汉的翻译与解释取决于他将《墨经》划分为不同主题的方式。葛瑞汉本人似乎承认，在整个论证程序中有迂回的成分。他对《墨经》作了短暂的与永恒的两方面的论点的区分，这与中国古代的世界观不相协调。尽管他将其描述为"名"、"物"和"名与物"之间的空白，这种区分一经仔细考察，便站不住脚，很难使人相信他对《墨经》次序的解释。葛瑞汉对《墨经》的重构最终可能出现的情况是，从一个错误的假设出发，导致更多的混乱，而不仅仅是停滞不前。②

宗德生（Desheng Zong）在《墨家著作中的内涵语境研究》一文中，对墨家逻辑研究中少为人注意的全面彻底和富于创见的内涵语境（intensional contexts）作了尝试性阐明。③ 文章分为四个部分：第一部分提出墨家有关四个认识论术语——具体包括知（knowing）、相信（believing）、意（thinking of）、爱（loving）——的讨论的要点及涉及这些名词的推理；第二部分对第一部分展示的材料按现代哲学逻辑的眼光进行了初步评价；第三部分详尽地讨论了把这些思想归于墨家的文本和非文本的证据；第四部分尝试回答如下问题，即墨家是否具备足够复杂的语义学工具（semantic apparatus），以处理涉及认识论术语的初步模态推理

---

① Jane M. Geaney. A Critique of A. C. Graham's Reconstruction of the "Neo-Mohist Canons". *Journal of the American Oriental Society*, 1999, 119 (1): 1.

② Jane M. Geaney. A Critique of A. C. Graham's Reconstruction of the "Neo-Mohist Canons". *Journal of the American Oriental Society*, 1999, 119 (1): 10-11.

③ Desheng Zong. Studies of Intensional Contexts in Mohist Writings. *Philosophy East and West*, 2000, 50 (2): 208-228.

(*modal inferences*)。① 他提出，墨家发展出的语义学工具足以处理大量他们研究的外延逻辑问题。② 认识论是墨家的首要哲学议题之一，他们对认识论问题进行了系统的探讨，关于我们所知（或所不知）问题易犯的错误，他们也提出了具有深刻见解的主张。③

（二）“辩”与“类”的观念辨析

钟泽云（Chaehyun Chong）在《后期墨家“辩”的概念》一文中，对以前将后期墨家的“辩”划归为推理方法（art of inference）或划归为描述方法（art of description）的理论提出挑战。④他主张，“辩”既具有推理的方面，也具有描述的方面，“类”(classification，kinds）的论说在上述解释中具有重要作用，从这个意义上说，任何强调其中一方面而忽视另一方面的解释都无法把握后期墨家“辩”的实质。⑤

钟泽云认为，以前学界对墨家“辩”的解释可以分为两类：一类认为墨家的“辩”指的是一种推理，而另一类则认为“辩”指的是描述。主张前者的学者以谭戒甫和成中英（Chung-ying Cheng）为代表，他们都认为后期墨家对“辩”的研究是关于逻辑上有效的推理形式（valid inference forms）。谭戒甫运用后期墨家“辩”的方法对《墨经》中的推理形式进行了重构，成中英也主张后期墨家对“辩”的研究追求的是推理的普遍正确和有效。他没有将墨家关于严格应用“辩”的方法的警告视为相反例证，而是认为这些警告表明了后期墨家有逻辑上正确的推理形式的概念。陈

① Desheng Zong. Studies of Intensional Contexts in Mohist Writings. *Philosophy East and West*, 2000, 50 (2): 208.

② Desheng Zong. Studies of Intensional Contexts in Mohist Writings. *Philosophy East and West*, 2000, 50 (2): 220.

③ Desheng Zong. Studies of Intensional Contexts in Mohist Writings. *Philosophy East and West*, 2000, 50 (2): 224.

④ Chaehyun Chong. The Neo-Mohist Conception of *Bian* (Disputation). *Journal of Chinese Philosophy*, 1999, 26 (1): 1-19.

⑤ Chaehyun Chong. The Neo-Mohist Conception of *Bian* (Disputation). *Journal of Chinese Philosophy*, 1999, 26 (1): 1.

汉生、葛瑞汉则从字面意义理解了这些警告，所以认为后期墨家的“辩”与逻辑上正确的推理形式没有关系。陈汉生的观点较为激进，他主张“辩”是一种描述而非推理，所以很自然地推断出后期墨家“辩”的学说与任何推理形式都无关。葛瑞汉的观点则较为温和，他主张后期墨家有两种“辩”：一种是证明（demonstration），另一种是描述。不过，葛瑞汉认为，后期墨家即便是在证明学说中也不关注逻辑上有效的论证形式。在钟泽云以“类”为基础的解释中，墨家的“辩”既有推理的方面，也有描述的方面，其原因在于后期墨家认为描述或辨别的活动（activity of describing or discriminating）等同于做推理（making inferences）或给出理由（giving reasons）的活动。“类”的概念无论是在描述还是在推理中都起着重要作用。①

卢思睿（Thierry Lucas）的《后期墨家的逻辑、类、类别和种类》一文进一步考察了墨家“类”的观念。② 卢思睿从一个最明显的问题开始：如何理解“虽盗人，人也；杀盗人，非杀人也？”这一推理或类似的推理对墨家伦理学而言是绝对必要的，也是他们的逻辑极为关注的对象。传统的三段论的路径无法证明这一推理是正确的，因而有必要调和逻辑与墨家的方法。作者的提议是，使用一些技术手段来对墨家的推理所设定的诸问题（例如上文给出的问题）做出回答。③ 从语义学的角度来回答这个问题，可以考虑重复谓项（duplicating predicates），即区分动词“杀”的两种意义：第一种意义的“杀”（称为“杀^{1}”）运用于盗，第二种意义的“杀”（称为“杀^{2}”）则运用于人，这样的话，前面的句子就会理解为“盗人是人，但杀^{1}盗非杀^{2}人”，如此也就不会产生形式化

① Chaehyun Chong. The Neo-Mohist Conception of *Bian* (Disputation). *Journal of Chinese Philosophy*, 1999, 26 (1): 16-17.

② Thierry Lucas. Later Mohist Logic, *Lei*, Classes, and Sorts. *Journal of Chinese Philosophy*, 2005, 32 (3): 349-365.

③ Thierry Lucas. Later Mohist Logic, *Lei*, Classes, and Sorts. *Journal of Chinese Philosophy*, 2005, 32 (3): 349-350.

(formalization) 或解释方面的问题。这种解释无疑是正确的，然而这并不能令人十分满意，其原因有二：首先，从形式主义的角度看，这样无法鲜明地表达杀盗和杀人的词语所具有的"惊人"同一性；从形式上说，杀^{1}和杀^{2}是两个并没有共同之处的谓项。其次，如此处理还忽略了墨家逻辑的一个重要特征即"类"的观念，提出的解决办法应该更好地与墨家思想相协调一致。在此基础上，作者继而认为更好的解决方案是重复宾语。

卢思睿认为，墨家谈话中的宇宙由不同种类 (different sorts) 的物体构成，"种类"非常接近于"类"这一观念的某些方面。按照这一观点，同样的事物可能被复制成两个或更多不相交的种类，因而同样的宾语可以被认为是一个盗贼或者一个人，这意味着在此我们考虑两种事物，第一种是盗人的种类，或更一般地说是冒犯道德的人，第二种是人的种类，可称为活的生物的种类。因而一般说来，同样的事物就可以在两个或更多不同的种类中加以考虑。

卢思睿主张，"类"的观念在墨家的逻辑中起着重要作用，"类"既不能等同于"类别"(classes)，也不能等同于"种类"(sorts)，而是一种结合了这两个概念特征的观念。他认为，墨家的逻辑远非形式化的 (formalized)，它在本质上是一种种类谓词的逻辑 (logic of sortal predicates)，这种特性描述使得我们把墨家的逻辑放在公孙龙的逻辑与传统逻辑之间。① 卢思睿所提出的种类逻辑提供了一种共同背景，能让人们解释诸如潜存于公孙龙、墨子之下的逻辑。

艾乔恩 (Ian Johnston) 的《〈公孙龙子〉：翻译及对其与后期墨家著作关系的分析》一文后半部分探讨了《公孙龙子》与后期墨家著作即《墨辩》六篇之间的关系。② 作者认为，后期墨家和公孙

---

① Thierry Lucas. Later Mohist Logic, *Lei*, Classes, and Sorts. *Journal of Chinese Philosophy*, 2005, 32 (3): 361-363.

② Ian Johnston. *The Gongsun Longzi*: A Translation and an Analysis of Its Relationship to Later Mohist Writings. *Journal of Chinese Philosophy*, 2004, 31 (2): 271-295.

龙都在探讨同样的问题，只是后者采取了直接辩论的形式。不过，由于文本的不确定所带来的困惑，西方学者因而并未给予《墨辩》六篇以应有的关注。该文简要讨论了《墨辩》与《公孙龙子》之间的关系，并依次考察了《公孙龙子》的每一章，以期阐明两者之间的关系。① 作者提出，后期墨家的著作所涉及的问题范围远比《公孙龙子》要广泛，很多问题在《公孙龙子》中并没有对应的部分。在《公孙龙子》与《墨辩》共有的话题上，有观点一致的地方，这具体包括名实（name/entity）关系的性质与重要性，“正名”（correction of names）规划的基本立场，以及与命名相关的“类”的诸方面；也有观点不一致的地方。关于两者出现的时间先后问题，作者赞同伍非百的观点，认为目前尚无法加以确定，他进而指出，《墨辩》至少部分地对公孙龙的一些论点做出了回应，尤其是当这些论点与墨家的主要学说有关的时候。②

（三）对《大取》、《小取》及《经下》、《经说下》第六十七条的分析与诠释

艾乔恩对《大取》、《小取》两篇作了英译，填补了翻译上的空白。在《大取与小取：对〈墨子·大取〉与〈墨子·小取〉篇的翻译与分析》中，③ 艾乔恩认为，葛瑞汉在《墨子》研究上成就突出，但他的观点太富于个人特色（idiosyncratic）。④ 他进一步指出，葛瑞汉利用《小取》和《大取》的一小部分创造出一个混合文本（hybrid text），并取名为《名与物》（*Names and Objects*），

① Ian Johnston. The *Gongsun Longzi*: A Translation and an Analysis of Its Relationship to Later Mohist Writings. *Journal of Chinese Philosophy*, 2004, 31 (2): 271.

② Ian Johnston. The *Gongsun Longzi*: A Translation and an Analysis of Its Relationship to Later Mohist Writings. *Journal of Chinese Philosophy*, 2004, 31 (2): 290.

③ Ian Johnston. Choosing the Greater and Choosing the Lesser: A Translation and Analysis of the Daqu and Xiaoqu Chapters of the *Mozi*. *Journal of Chinese Philosophy*, 2000, 27 (4): 375-407.

④ Ian Johnston. Choosing the Greater and Choosing the Lesser: A Translation and Analysis of the Daqu and Xiaoqu Chapters of the *Mozi*. *Journal of Chinese Philosophy*, 2000, 27 (4): 399.

而把《大取》章余下的大部分归于《释经》（*Expounding the Canons*）名下，这恐怕是不恰当的。尽管葛瑞汉的巨大成就不容否认，但他所作的许多文本订正与中国注释者的订正相抵牾，而支撑这种重新整理的证据也并不令人信服，尤其是在汉学研究中并没有与其呼应的人。①

关于《大取》篇，艾乔恩认为，除非发现具有重大意义的新材料，否则就无法解决其中的主要文本问题。不过，该篇确实提供了一些重要论证的框架，或至少是框架的本质部分。该篇主要关涉伦理学，尤其是有关兼爱和爱、利两者之间的关系。其中也不乏一些重要的对语言和本体论（ontology）的论述，这些零碎的论述反映出后期墨家试图为命名（naming）活动确立一个客观的基础，也为由不同的客观标准所决定的分类（classification）确立一个稳固的基础。此外，该篇中还有一些简短和不完整的话语涉及天志（will of heaven）、认识（knowing）与概念化（conceptualizing）之间的区分，意图（intention）与结果（outcome）之间可能的差异，这些都被艾乔恩归为"文本游牧族"（textual nomads）。艾乔恩认为只能对其作最为尝试性的分析。相较之下，《小取》篇的条理更为清晰。该篇清楚地论述了"辩"的性质与方法，继而举例支持墨家在兼爱、宿命论、语言和本体论等诸方面的立场。② 当然，《大取》与《小取》还存在许多问题有待研究、思考和回答。

方克涛（Chris Fraser）在《再批注〈墨子〉：就〈墨子〉〈经下〉及〈经说下〉第六十七条的诠释回应梅约翰》一文中，对《墨子·经下》及《经说下》第六十七条文本作了新的诠释，阐明了两者的文法与哲学涵义，同时还评价了葛瑞汉、陈汉生、梅约翰

① Ian Johnston. Choosing the Greater and Choosing the Lesser: A Translation and Analysis of the Daqu and Xiaoqu Chapters of the *Mozi*. *Journal of Chinese Philosophy*, 2000, 27 (4): 375.

② Ian Johnston. Choosing the Greater and Choosing the Lesser: A Translation and Analysis of the Daqu and Xiaoqu Chapters of the *Mozi*. *Journal of Chinese Philosophy*, 2000, 27 (4): 399.

等人的诠释。① 方克涛将《经说下》第六十七条第二句（“则或非牛或牛而牛也可”）中的动词解读为推定动词而非陈述动词。据此，他认为在墨家“辩”的学说（theory of disputation）中，无法确定由两种事物组合而成的“兼”（fusion）是否属于指涉其中任何一个事物之词项的外延。墨家的主张似乎受这样一种隐含态度的影响：尽管由两种事物组合而成的“兼”可被视为单一的对象，但它在根本上仍然是不同种类对象的总合。因而，《经下》、《经说下》第六十七条隐含了对墨家“兼”概念的限制，同时也突出了墨家“辩”的学说在概念上的缺漏（gap）。②

（四）《墨语》的伦理学及身体轻重权衡之喻

方克涛在《〈墨语〉的伦理学》一文中认为，《墨语》的伦理学大体上与《十论》一致，但是至少提供了四个新的扩充：其一，他们将墨家“道”的概念阐明为能以“言”加以明晰地表达的准则；其二，他们表达了一系列有关道德价值的看法，这些看法将道德价值与人的个性、意图联系在一起；其三，他们填充了墨家道德动机的看法，表明了墨家是如何解决意志软弱的问题；其四，他们提出了一个新的要求很高的道德圣人的理想。总体来说，与《十论》相比，《墨语》提出了更高的道德生命的观念。此种差异，可能部分归因于墨家后期学者向更为极端的立场转移的一般倾向，也可能归因于两组文本所针对的听众不同。③

关于权衡身与天下之轻重的问题，乃是战国中后期诸子刻意加以反省的一个话题。《墨子·贵义》及《经说》有相关论说。葛瑞汉将《吕览·本生》、《重己》、《贵生》、《情欲》、《审为》，以及《庄子·让王》、《盗跖》、《说剑》、《渔父》等篇看做杨朱学派之

---

① Chris Fraser. More Mohist Marginalia: A Reply to Makeham on Later Mohist Canon and Explanation B 67. *The Journal of Chinese Philosophy and Culture*, 2007 (11): 227-259.

② Chris Fraser. More Mohist Marginalia: A Reply to Makeham on Later Mohist Canon and Explanation B 67. *The Journal of Chinese Philosophy and Culture*, 2007 (11): 227.

③ Chris Fraser. The Ethics of the Mohist Dialogues. *Leuven*, 2009 (6).

作（见葛瑞汉著《利己的正当性：杨朱学派、后期墨家与庄子》一文及《论道者》一书）。戴卡琳（Carine Defoort）在《墨家思想中权衡身体不同部分之轻重的隐喻》一文中接过这一话题，仔细地分析了这些文献，特别就《墨子》在权衡人己、物我利害关系的问题上作了讨论，而得出了三个结论：第一，杨朱学派所设轻重权衡的故事，其性质不仅相当简单、老套，而且也可为其论敌所利用，以反对杨朱学派的观点。第二，墨家采用这些故事，乃是为了自己的论证服务，而以不同的方式来做出反省（reflection）。墨家认为一个人应该依靠知识，而不仅仅是自然的倾向来保护自己。第三，同意顾颉刚的看法，《列子·杨朱》篇两“为我”段落所反映的是杨朱不愿意从天下获利的思想。杨朱派学者认为，唯有不想伤害自己的身体以获取整个天下之利的人，方才值得天下人的信任。此种洞见超越了墨家的关心，即超越了以利己主义与利他主义相对的关心。①

五、秦汉时期的墨家问题

关于《墨子》一书的形成及在秦汉的流传，关于墨家在汉代的传播及其消亡，或墨家在汉代、汉后的影响问题，西方汉学家的研究才刚刚开始，有待进一步的展开。

戴梅可（Michael Nylan）在《古代思想中的孔子与墨子、儒与墨》一文中首先对《史记》有关墨子24字的传记作了反省。她认为这个传记没有提到许多肯定与墨子相关联的教义，例如墨子对于有意识之鬼神存在的肯定，而其中或许最令人震惊的是，它竟然没有试图将墨子与“兼爱”的口号联系起来。与此同时，从《史记》其他段落的文本中可以看出，墨子的影响直至西汉中期以后仍然继续存在。通过寻求、评论目前可见的孔、墨或儒、墨并称的证据，

① Carine Defoort. The Metaphor of Weighing Body Parts in Mohist Thought. *Leuven*, 2009（6）.

戴梅可希望探求墨家在汉代的地位及其延续时间的问题。王充《案书》指出："儒家之宗，孔子也；墨家之祖，墨翟也。且案儒道传而墨法废者，儒之道义可为，而墨之法议难从也。"根据《汉书·艺文志》中关于墨子弟子及其书籍的记载，戴梅可怀疑王充论证的确切性。由于汉初提倡节俭，所以汉代的文献常把墨子比作晏婴。相应地，墨子的名字与曾子相提并论：曾子作为实践"孝"的榜样而经常出现在礼学文献中。与孔子一道，墨子很早就以尧、舜、文王、周公这些圣王之学生的身份出现。①

汉代时期，思想家们往往是实用主义者。在戴梅可看来，甚至形而上学的代表人物扬雄的"太玄"（the Great Mystery）也根本不算太玄（great mystery），而宇宙之"道"决不干预统治精英的责任，而意味着对公共生活之德性（virtues）的一般支持。因此，将思想上的显著特性归并于孔子和墨子而作为"证据"，这是汉代思想运动中的一种重要倾向。将墨子解释为一个推进"好古"运动的思想家，这与在伪经的基础上提出削弱王室花费的主张是相一致的。不过，即便是这样的情节也仍然处于推测之中，因为我们缺乏足够的证据来肯定任何东西。

耿优进（Joachim Gentz）在《〈春秋繁露〉中的墨家痕迹》一文中考察了《春秋繁露·俞序》、《十指》等篇与墨家主张的关系，认为墨家的痕迹在《春秋繁露》较早的篇章中随处可以察觉到，在《公羊传》中不能发现的墨家传统的中心话题、概念、术语和方法，我们可以在《春秋繁露》中加以确定。耿优进认为，作为一个连贯的墨家思想体系在西汉时代已停止存在，因此可以推断，在汉代儒学的新参考系统中，墨家的痕迹似乎获得了一个新的儒家身份而丧失了墨家的特质。②

① Michael Nylan. Kongzi and Mozi, the Ru and the Mohists, in Classical-Era Thinking. *Leuven*, 2009 (6).

② Joachim Gentz. Mohist Traces in the *Chunqiu fanlu*. *Leuven*, 2009 (6).

参考文献

[1] ALICE LUM. Social Utilitarianism in the Philosophy of MoTzu. *Journal of Chinese Philosophy*, 1977, 4(2): 187-207.

[2] AUGUS CHARLES GRAHAM. *Disputers of the Tao: Philosophical Argument in Ancient China*. La Salle: Open Court Publishing Company, 1989.

[3] A. C. GRAHAM. *Divisions in Early Mohism Reflected in the Core Chapters of Mo-tzu*. Singapore: National University of Singapore, 1985.

[4] A. C. GRAHAM. *Later Mohist Logic, Ethics and Science*. Hong Kong: The Chinese University Press, 1978.

[5] BENJAMIN I. SCHWARTS. *The World of Thought in Ancient China*. Cambridge: Harvard University Press, 1985.

[6] BENJAMIN WONG, HUI-CHIEH LOY. War and Ghosts in Mozi's Political Philosophy. *Philosophy East and West*, 2004, 54(3): 343-363.

[7] BURTON WATSON. *Mo Tzu: Basic Writings*. New York & London: Columbia University Press, 1963.

[8] WING-TSIT CHAN. *A Source Book in Chinese Philosophy*. Princeton: Princeton University Press, 1963.

[9] CARINE DEFOORT. Argumentation and Persuasion in Ancient Chinese Texts: Introduction. *Oriens Extremus*, 205(6): 91-98.

[10] CARINE DEFOORT. The Growing Scope of *Jian*: Differences Between Chapters 14, 15 and 16 of the *Mozi*. *Oriens Extremus*, 2005(6): 119-140.

[11] CARINE DEFOORT. The Metaphor of Weighing Body Parts in Mohist Thought. *Leuve*, 2009(6): 25-28.

[12] CHAD HANSEN. *A Daoist Theory of Chinese Thought*. Oxford: Oxford University Press, 1992.

[13] CHAD HANSEN. *Language and Logic in Ancient China*. Ann Arbor: University of Michigan Press, 1983.

[14] CHAD HANSEN. Chinese Language, Chinese Philosophy, and "Truth". *Journal of Asian Studies*, 1985, 44(3): 491-519.

[15] CHAD HANSEN. Mozi: Language Utilitarianism: The Structure of Ethics in Classical China. *Journal of Chinese Philosophy*, 1989, 16: 355-380.

[16] CHAEHYUN CHONG. The Neo-Mohist Conception of *Bian*. *Journal of Chinese Philosophy*, 1999, 26(1): 1-19.

[17] CHRIS FRASER. Moism and Self-Interest. *Journal of Chinese Philosophy*, 2008, 35(3): 437-454.

[18] CHRIS FRASER. More Mohist Marginalia: A Reply to Makeham on Later Mohist Canon and Explanation B 67. *The Journal of Chinese Philosophy and Culture*, 2007(11): 227-259.

[19] CHRIS FRASER. The Ethics of the Mohist Dialogues. *Leuven*, 2009(6): 25-28.

[20] DAN ROBINS. The Moists and the Gentlemen of the World. *Journal of Chinese Philosophy*, 2008. 35(3): 385-402.

[21] DAVID SOLES. Mo Tzu and the Foundation of Morality. *Journal of Chinese Philosophy*, 1999, 26(1): 37-48.

[22] DENNIS AHERN. Is Mo Tzu a Utilitarian. *Journal of Chinese Philosophy*, 1976, 3(2): 185-193.

[23] DESHENG ZONG. Studies of Intensional Contexts in Mohist Writings. *Philosophy East and West*, 2000, 50(2): 208-228.

[24] DIRCK VORENKAMP. Another Look at Utilitarianism in Mo-Tzu's Thought. *Journal of Chinese Philosophy*, 1992, 19(4): 423-443.

[25] ERICA BRINDLEY. Human Agency and the Ideal of *Shang Tong* in Early Moist Writings. *Journal of Chinese Philosophy*, 2007, 34(3): 409-425.

[26] ERIK W. MAEDER. Some Observations on the Composition of the "Core Chapters" of the *Mozi*. *Early China*, 1992, 17: 27-82.

[27] FRANKLIN PERKINS. The Moist Criticism of the Confucian Use of Fate. *Journal of Chinese Philosophy*, 2008, 35(3): 421-436.

[28] HENRY ROSEMONT. *Chinese Texts and Philosophical Contexts: Essays Dedicated to Angus C. Graham*. La Salle: Open Court Publishing Company, 1991: 323-328.

[29] H. R. WILLIAMSON. *Mo Ti, A Chinese Heretic: A Short Sketch of His Life and Works*. Tsinan: The Tsinan University Press, 1927.

[30] HUI-CHIEH LOY. Justification and Debate: Thought on Moist Moral Epistemology. *Journal of Chinese Philosophy*, 2008, 35(3): 455-471.

[31] HUI-CHIEH LOY. On a Gedankenexperiment in the *Mozi* Core Chapters. *Oriens Extremus*, 2005(6): 141-158.

[32] HUI-CHIEH LOY. The *junzi* in the *Mozi* "Qinshi" Chapter: On the Mohist Subversion of Virtue. *Leuven*, 2009(6): 25-28.

[33] HUI-CHIEH LOY. The Moral Philosophy of the *Mozi* "Core Chapters". Adviser: University of California, 2006: 336.

[34] IAN JOHNSTON. Choosing the Greater and Choosing the Lesser: A Translation and Analysis of the Daqu and Xiaoqu Chapters of the *Mozi*. *Journal of Chinese Philosophy*, 2000, 27(4): 375-407.

[35] IAN JOHNSTON. The *Gongsun Longzi*: A Translation and an Analysis of Its Relationship to Later Mohist Writings. *Journal of Chinese Philosophy*, 2004, 31(2): 271-295.

[36] JANE M. GEANEY. A Critique of A. C. Graham's Reconstruction of the "Neo-Mohist Canons". *Journal of the American Oriental Society*, 1999, 119(1): 1-11.

[37] JOACHIM GENTZ. Mohist Traces in the *Chunqiu fanlu*. *Leuven*, 2009(6): 25-28.

[38] KAREN DESMET. The Growth of Compounds in the Core Chapters of the *Mozi*. *Oriens Extremus*, 2005(6): 99-118.

[39] KRISTOPHER DUDA. Reconsidering Mo Tzu on the Foundation of Morality. *Asian Philosophy*, 2001, 11(1): 23-31.

[40] KWONG-LOI SHUN. Mencius' Criticism of Mohism: An Analysis of *Meng Tzu* 3A:5. *Philosophy East & West*, 1991, 4(2): 203-214.

[41] MICHAEL NYLAN. Kongzi and Mozi, the Ru and the Mohists, in Classical-Era Thinking. *Leuven*, 2009(6): 25-28.

[42] MICHAEL PUETT. *To Become a God: Cosmology, Sacrifice, and Self-Divinization in Early China.* Cambridge: The Harvard University Center for the Harvard-Yenching Institute, 2002.

[43] MIRANDA BROWN. Mozi's (Re)invention of Ancient Authority. *Leuven*, 2009(6): 25-28.

[44] NICOLAS STANDAERT. Heaven as Standard. *Leuven*, 2009(6): 25-28.

[45] OWEN FLANAGAN. Moral Contagion and Logical Persuasion in the *Mozi*. *Journal of Chinese Philosophy*, 2008, 35(3): 473-491.

[46] PHILIP J. IVANHOE, BRYAN VAN NORDEN. *Readings in Classical Chinese Philosophy.* Indianapolis: Hackett Publishing Co., 2003.

[47] QIANFAN ZHANG. Human Dignity in Classical Chinese Philosophy: Reinterpreting Mohism. *Journal of Chinese Philosophy*, 2007, 34(2): 239-255.

[48] RODNEY TAYLOR. Religion and Utilitarianism: MoTzu on Spirits and Funerals. *Philosophy East and West*, 1979, 29(3): 337-346.

[49] ROEL STERCKX. Mozi 31: Explaining Ghosts, Again. *Leuven*, 2009(6): 25-28.

[50] RONNIE LITTLEJOHN. Book Reviews. *Philosophy East and West*, 2006, 56(4): 687-691.

[51] SCOTT LOWE. *Mo Tzu's Religious Blueprint for a Chinese Utopia: The Will and the Way.* Lewiston: Edwin Mellen Press, 1992.

[52] THIERRY LUCAS. Later Mohist Logic, *Lei*, Classes, and Sorts. *Journal of Chinese Philosophy*, 2005, 32(3): 349-365.

[53] WEIXIANG DING. Mengzi's Inheritance, Criticism, and Overcoming of Mohist Thought. *Journal of Chinese Philosophy*, 2008, 38

(3):403-419.

[54] XIUFENG LU. Understanding Mozi's Foundations of Morality: A Comparative Perspective. *Asian Philosophy*, 2006, 16(2): 123-134.

[55] YI-PAO MEI. *The Ethical and Political Works of Motse*. London: Arthur Probsthain, 1929.

[56] YI-PAO MEI. *Mo-tse: The Neglected Rival of Confucius*. London: Arthur Probsthain, 1934.

[57] YONG LI. The Divine Command Theory of Mozi. *Asian Philosophy*, 2006, 16(3): 237-245.

[58] http://plato.stanford.edu/entries/mohism/.

[59] http://plato.stanford.edu/entries/mohist-canons/.

科学与宗教：和谐还是冲突？

——最新科学与宗教研究述评*

郝长墀**

（武汉大学哲学学院，武汉，430072）

“世界是如何来的？世界是永恒的还是有开端的？”“人类是如何产生的？”对于宇宙的奥秘以及人类自身产生的疑惑，在现代科学兴起以前，西方文明中以希伯来文化为根源的宗教给出了回答：上帝在大约10000年前创造了世界和人类。而具有现代科学知识的人对于上面的问题可以给出完全不同的回答：宇宙起源于140亿年前的宇宙大爆炸，它不是永恒的；同样地，人类是进化而来的。在人们看来，宗教给人类提供的是关于宇宙和人类自身问题的初级的愚昧的解答，是人类幻想的产物。从宗教到科学是人类的进步。科学与宗教的关系似乎是一个历史的问题，是一个已经解决了的问题，即宗教是现代科学技术出现以前人类对于自然的初级的错误的认知形式。科学与宗教因而也被看做是进步与落后的关系，真理与错误的关系。人类的近代历史也被理解为是科学与真理战胜宗教与愚昧的过程。然而，在西方学术界，有关科学与宗教的关系的研究最近成了一个学术热点，而且，很多著名的科学家、哲学家等都参与进来。这种现象是不是说明科学与宗教的问题并非那么简单呢？

---

* 本项目得到了武汉大学“海外人文社会科学研究前沿追踪计划”项目的资助和 Templeton Foundation 的“科学与宗教”项目的支持，特此感谢。在本研究中桑靖宇副教授也提供了帮助。

** 郝长墀，武汉大学哲学学院教授。

科学与宗教作为一种交叉性的学科与研究者的知识和社会背景有着密切的关系。在本文中，所谓的科学指的是现代西方自然科学，所谓宗教指的是基督教和犹太教。在英语世界中，研究科学与宗教的人大多数都是基督教徒或者无神论者。我将着重讨论两个互相对立的观点：一个是以世界著名基因学家 Francis Collins① 为代表的宗教与科学调和论，认为自然科学为信仰上帝提供了新的证据，科学与宗教可以相容，是和谐的关系；一个是以牛津大学著名生物学家 Richard Dawkins 为代表的无神论，认为当代宇宙论和生物学证明上帝存在的可能性是很小的。为了更好地理解这两种观点，在本文的第一部分，我将主要依据 Ian Barbour 的具有里程碑意义的著作 *Religion and Science*：*Historical and Contemporary Issues* 一书对于科学与宗教研究基本模式作一个简要的概述。

一、四种模式

Ian Barbour 曾是美国 Carleton College 的物理学教授、宗教学教授以及科学技术与社会的讲席教授。他在 *Religion and Science*：*Historical and Contemporary Issues*② 一书中，提出了科学与宗教研究的四种模式：冲突模式、独立模式、对话模式、整合模式。在每一种模式中对于科学与宗教的关系界定一种基本的态度，而且在每一种模式中又区分出不同的思路。需要特别提出的是，Barbour 对于科学与宗教的关系的系统性梳理，对于科学与宗教研究的基本框架的概括，仍然适用于最近几年的研究成果。也就是说，最近的研究成果是在某个方面对于某些观点作了进一步的探讨。

（一）冲突模式

在普通人和很多科学家、学者头脑中，对于科学与宗教的关系一般都理解为冲突的，认为两者是不相融的。在这种思维模式中，

---

① 为了读者查询英文资料方便，在本文中不翻译作者和著作名字。

② Ian Barbour. *Religion and Science*: *Historical and Contemporary Issues*. New York: HarperOne, 1997.

有两种极端的互相对立的观点，即科学唯物主义和圣经实解主义(biblical literalism)。

1. 科学唯物主义

科学唯物主义尽管有不同的派别，但基本上可以用还原主义(reductionism)来概括。这种还原主义认为所有现象归根到底都是以物理科学和化学所揭示的基本事实为根基的。在认识论上，它认为所有的科学理论都在原则上可以还原为物理学或化学的理论和规律；在形而上学上，它认为物理学、化学所研究的对象是最终的实在。因此，它认为所有的现象都可以在原则上用物理学、化学来解释。它的极端而又生动的表达方式就是“人是机器”。DNA结构的发现者之一Francis Crick说：“在生物学中，当代发展的最终目的就是要在事实上用物理学、化学来解释所有的生物学。”①著名的社会生物学家Edward O. Wilson曾宣称，社会学、社会科学以及人文学科将会最终成为生物学的分支学科。②将物理学、化学以及生物学的研究对象作为最终实体，把人的心理、心智、精神等活动理解为物理现象或者伴随现象，这对于宗教和道德的起源的问题的回答，必然是否定上帝和道德的超越性。科学唯物主义在对待宗教和道德问题上，一方面否定传统神学和道德理论，另一方面试图用进化论生物学以及进化论心理学来解释人类社会的宗教道德现象。牛津大学的生物学家Richard Dawkins的观点就属于科学唯物主义。本文的第三部分将讨论他的理论。

2. 圣经实解主义

圣经实解主义就是把圣经中所说的当做是宇宙和人类历史中实际发生的事情来理解。一些基督徒认为，与当代宇宙物理学和进化论不同，在圣经中我们可以发现一种“创世科学”。世界不是宇宙大爆炸而来的，是由上帝创造的，人类也是上帝创造的，不是进化

① See Ian Barbour. *Religion and Science: Historical and Contemporary Issues.* New York: HarperOne: 1997: 79.

② See Ian Barbour. *Religion and Science: Historical and Contemporary Issues.* New York: HarperOne, 1997: 80.

而来的。美国一些基督徒主张在中学应该同时讲授进化论和创世科学。

他们认为，地球和所有的现代生命形式是在几乎10000年前的六天中创造、成熟和完全正常运行的。这一信念来自对于圣经《创世记》第一章的特定解读。在过去30年里，他们试图科学地证明他们的观点是正确的，试图构造无数的科学论证来说明地球只有数千年的历史，他们对于天文学和地质学有关宇宙和地球有数亿年历史的证据和数据进行辩驳。但是，他们的论证在主流的科学文献中没有得到出版。他们是一种极端的"智能设计"（Intelligent Design）流派。①与科学唯物主义一样，他们也认为科学与宗教是冲突的，因为圣经和现代科学对于宇宙和人类产生给出了不同的甚至是矛盾的结论。

这里，需要特别注意的是，在"智能设计"（Intelligent Design，简称ID）流派之下，还有不同的比较弱的流派。这些比较弱的观点不能算是圣经实解主义，但是也与之有某些关系。比如，渐进创世者接受数十亿年来在生命历史中的进化模式的观点，不过他们不认为达尔文在他的进化论中所提出的机制能够描述这一模式，因为他们相信在生命历史中不同的时间点上，上帝肯定有奇迹的指导或干涉才产生了现代生命形式；进化论创世主义者接受进化模式理论并认为达尔文的进化论是对于生命史的科学的描述，但是他们相信上帝使用进化论的自然过程以产生现代的生命形式，就好比上帝如何使用重力的自然机制来让地球围绕太阳的固定轨道运行一样。②这种迂回的策略虽然严格意义上不属于圣经实解主义，但是，它们之间的微妙的关系也是值得讨论的。Barbour也提到，这里所说的四种模式仅仅是粗略的概括，有的观点很难说仅仅属于某一个模式。

---

① 梅尔·斯图尔特．科学与宗教的对话．郝长墀，译．北京：北京大学出版社，2007：176-177.

② 梅尔·斯图尔特．科学与宗教的对话．郝长墀，译．北京：北京大学出版社，2007：175-176.

（二）独立模式

有学者认为宗教与科学是互相独立的，各自都有自己的研究领域和独特的研究方法，它们之间不是矛盾的。也有学者认为宗教与科学研究领域相同，只是研究的视野不同。

1. 方法不同

上帝是超越者，是完全的他者，除自我显现，别无其他途径可以认知。自然神学之所以不可靠，就是因为它依赖于人的理性。宗教信仰完全依赖于神圣的开启，而不是依赖于如在科学之中所发生的发现。上帝活动的领域是历史，而不是自然。“科学是依赖于人类的观察和推理，而神学是建立在神圣的显现之上的。”① Karl Barth 的观点与上面圣经实解主义不同，他认为，圣经是人的理性对于神迹的显现的见证的记录，但人的理性是有限的和有罪的，是先天“有缺陷的”。对于圣经的解读不应该只做字面意义上的理解，而应把它看做是对于神迹的象征性的描述。这样，圣经中的创世说就与宇宙论区分开来了。圣经中没有创世科学，圣经中所讲的是人与上帝之间的关系，而不是人与自然界之间的关系。这种观点与科学唯物主义也不同，因为它认为神学的源泉和权威来自上帝而不是人的理性，而科学主义认为人的理性是一切事物的根基。

Karl Barth 的启示神学的观点与存在主义有着相似性，即科学与宗教处理的对象不一样，一个是人的自我的问题，而另外一个是没有人格的自然对象。关于自我的问题，应该是在人的行为和参与中得到实现，而不是采取旁观者的态度。科学所寻找的是抽象的一般概念和规律，而人的生命的意义不是现成的，是在人的信念和行为之中实现的。这实际上暗含了两种真理观：一种真理观是人在行为中实现真理，而另外一种真理观是真理是反映外在世界的对象。

2. 语言不同

两种真理观决定了宗教和科学的语言不同。宗教的语言是比喻

① Ian Barbour. *Religion and Science: Historical and Contemporary Issues.* New York: HarperOne, 1997: 85.

和象征性的，就如路标一样，只有在具体的存在者的生活实践中，其含义才能表达和实现出来。“宗教是人生的导向。它表达的是人生道路，是通过实践而学习的道路。”①而在自然科学中，概念的功能是反映自然实在对象，其理想状态是与外界对象一对一的关系。其语言是命题性的语言。科学理论是用来表达所观测的现象中的规律性和规则性，是可以用来进行预测和控制现象的。科学与宗教因其语境不同，功能也相异。

独立模式的思维方式并非说宗教和科学没有关系。它强调的是两者之间的独特性，强调各自的领域和界限。我们应该尊重各自的独特性，把它们混淆起来是犯错误的根源。

但是，问题是，独立模式是不是就意味着科学家在实验室把宗教忘掉，而出了实验室把科学抛到脑后呢？Barbour 指出，如果宗教处理的是上帝与人的关系，而科学处理的是自然界，那么，谁来关心上帝与自然的关系，自我与自然的关系呢？在科学和宗教之间如何有对话呢？事实上，独立的模式不等于把科学与宗教孤立起来看。独立模式认为科学所处理的是人和自然之间的抽象的关系，而宗教则在具体的语境下讨论人和上帝、上帝与自然之间的关系。科学技术的意义应该是在具体的宗教语境下讨论，而不是在科学的语境中讨论宗教关系。后期海德格尔的思想值得借鉴。

（三）对话模式

对话模式与整合模式的区分就在于前者讨论科学或者自然界的一般特性与宗教的关系，而后者用具体的科学理论探讨宗教问题。

1. 假设与域限问题

域限问题是对于科学整体领域提出的本体论问题，与科学方法无关。很多历史学家不解，为什么在世界文化中，现代科学产生于基督教的西方？Barbour 与当代其他研究科学与宗教的基督教学者都认为，创世说为科学活动奠定了基础。古希腊人虽然相信世界的

① Ian Barbour. *Religion and Science: Historical and Contemporary Issues*. New York: HarperOne, 1997: 88.

次序性和可理解性，但是，他们把世界看做是必然的，是可以从第一原理推出来的。而创世说则把世界看做是有条件性的，偶然的，因此，我们必须通过实验才能理解世界。对于世界的去神圣化也使得人们消除了对于世界的神圣感，把自然作为物体来研究和利用。当然，这也包含了对于自然的破坏。这一点似乎是当前绝大多数研究科学与宗教问题的基督教学者的信念，包括第二部分我们要讨论的 Francis Collins。

Ernan McMullin 认为，上帝是这个世界的第一因，而科学研究是第二因，这是两个不同的层次的问题。科学本身是自足的，是没有缝隙的。这并不意味科学与宗教是相互独立的。但是，McMullin 反对利用科学解释不了的现象来推论上帝是存在的论证。这是本末倒置的做法。他还认为，大爆炸理论并没有证明世界在时间上有一个开始，因为当前的扩张可能是一个摇摆或者循环的宇宙的第一阶段。他说，“我们不能说，第一，基督教的创世说‘支持’大爆炸模式，或者，第二，大爆炸模式‘支持’基督教的创世说”。①我们将看到 McMullin 所批评的正是 Francis Collins 所要论证的。

其他学者如 Karl Rahner，David Tracy 都认为，现代科学的发展有助于我们对于传统神学观点进行新的叙述和修改。

2. 方法论上的平行问题

有的学者认为，科学研究中的方法在宗教研究中也有类似现象。科学研究中的素材和数据的收集背后充满了理论和假设，而且对于这些素材的分析不是纯逻辑的，创造性的想象力扮演了很重要的角色。同样，宗教研究的素材包括宗教经验、礼仪、圣典文本，这些素材更是具有理论假设背景。虽然宗教信念不能通过严格的经验性试验进行修改，但是，在宗教思想中，同样具有科学领域所表现的一致性、完整性、富有成果性等特点。

Barbour 认为，库恩关于科学范式的理论同样适用于宗教研究。

---

① See Ian Barbour. *Religion and Science: Historical and Contemporary Issues.* New York: HarperOne, 1997: 91.

宗教团体就如科学共同体一样，具有一系列的概念上、形而上学上以及方法论上的假设。宗教传统比科学更适合用范式理论来解释。Stephen Toulmin 认为，量子力学中关于观察过程中观察者与被观察对象的不可分性，这种变化是从纯粹的旁观者的假设到对于观察者参与性的认可的变化。观察者与观察对象之间的不可分性与宗教中的关系很类似。Michael Polanyi 指出，参与一个研究共同体，这是克服主观性的保障，当然，它并没有减少个人责任的负担。在宗教团体中更是如此。① 著名剑桥物理学家 John Polkinghorne 认为，人们对于光的理解以及量子力学的发现过程非常类似基督学中关于基本教义的理解，都经历了五个阶段：新理论代替旧的并吸收旧观念中合理因素；新旧之间互相对立紧张的关系；新综合新理解；对于未解问题和新理论的继续探索；对于新理论所包含的不可预见东西的认识。②

3. 以自然为中心的精神追求

有一些作者根据个人的经验，认为科学所揭示的宇宙和万物令我们感到惊奇和赞美，我们应该对于自然的神圣性用歌唱舞蹈等艺术来表达。尽管其他模式范畴中有很多流派，这个模式下的作者背景更是非常不同。但是，最为突出的是环境伦理学。

（四）整合模式

整合模式主要包括自然神学（natural theology）、神学自然和谐论（theology of nature）、系统综合论。自然神学从科学出发，试图依据科学所解释的“设计”证据来推出上帝存在。神学自然和谐论与自然神学不同，它的出发点是宗教信仰，认为科学理论会影响我们对于传统信条的重新叙述，特别是关于创世说和人性。而系统综合论则认为，科学与宗教都有助于建立一个更加综合的形而上学，比如过程哲学。

---

① See Ian Barbour. *Religion and Science: Historical and Contemporary Issues.* New York: HarperOne, 1997: 94.

② John Polkinghorne. *Belief in God in an Age of Science*. New Heaven & London: Yale University Press, 2003: 25-47.

1. 自然神学

自然神学有着非常悠久的历史，中世纪的阿奎那，近代的牛顿，都属于这个范畴。在当代自然神学最著名的代表人物是牛津大学哲学家 Richard Swinburne。Swinburne 认为，上帝的存在一开始仅仅是一个假设，而世界的次序性的有力证据增加了这个假设的可能性。他还认为，科学不能解释为什么这个世界有具有意识的存在者，他的结论是，有神论的可能性比其不可能性要高。

在宇宙论中，科学家发现，如果在宇宙早期某些物质常量和条件与它本来所具有的值有非常细微的不同的话，生命在宇宙中的出现将是不可能的。这就是有名的“人择原理”(the anthropic principle)。这个原理给传统的“设计论证”思想注入了新的生命。在神学意味比较强的语境下，它也被称作有关上帝存在的可能性的“微调论证”（the fine-tuning argument)，宇宙好像收音机一样被“微调”了一下，以便生命出现，似乎宇宙背后有一个“设计师”。需要注意的是，很多基督教学者认为“微调论证”是令人信服的，包括 Francis Collins。

2. 神学自然和谐论

与自然神学不同，神学自然和谐论认为宗教和科学在起源上相对独立，但在某些领域是重叠的。神学教义必须根据科学的新发现而重新叙述，并与科学证据保持一致。著名生化学家、神学家 Arthur Peacocke 认为，上帝是通过规律和偶然性进行创世的，而不是在自然过程间隙之间进行干预，即上帝是通过科学所揭示的自然世界过程并在其中进行创造的。他讨论了规律和偶然性在宇宙学、量子力学、非平衡态热力学以及生物进化论中是如何协调的。神学自然和谐论可以理解为试图把科学理论和观念与宗教传统的信念综合起来，其结果之一就是科学的新发展可以进一步修正我们对于上帝的观念，但是，这并不证明上帝观念是从科学理论中演绎出来的。这是神学自然和谐论与自然神学之间的本质区分。

3. 系统综合论

形而上学试图建立一套普遍范畴来解释不同的现象。形而上学是哲学家的任务，不是科学家或神学家所关心的。科学和宗教有助于建立一个完整的形而上学体系。过程哲学就是在科学与宗教的影响下建立起来的。过程哲学把实在看做是一个互相联系的动态网络系统，自然界充满了变化、偶然性、创新性以及规律性。过程哲学实在观与生物学和物理学的影响是分不开的。过程哲学家 Charles Hartshorne、Charles Birch、John Cobb 等试图把过程哲学和神学联系在一起。在人和自然的关系上，过程哲学认为，所有的存在者都是在与其周围更大的环境的作用下形成的，所有的存在都是人类经验的对象。人与自然是连续性的，是自然的一部分，因此，人的经验可以用来作为解释其他存在者经验的线索。过程哲学克服了传统哲学中的二元论思想所遇到的难题。

我们看到，上面所说的四种模式之下又包含有不同的思路和派别。每个思想家对于科学与宗教的理解不能用一个或两个模式来套用，因为在具体的论述中我们往往碰到某种模式思想占主导地位，同时也交织着其他的模式。

二、上帝存在的科学证据

目前，在研究科学与宗教关系的学术界，很多具有基督教背景的学者普遍公认这么一个假设：科学的兴起与科学研究是与圣经创世说分不开的。创世说所包含的自然世界的偶然性决定了通过科学实验认知事物的必然性，同时，上帝创世的次序性和规律性又决定了自然世界的可知性。古希腊思想不可能成为现代科学兴起的充分条件，这是因为古希腊人把事物看成是必然的，是可以从第一原理推出来的。实验与观察的科学方法是在基督教思想中产生出来的：只有通过实验与观察的方法才能认识一个有意志的造物主所创造的自然世界。因此，宗教与科学是相互有关系的：宗教首先为科学提供了思想上的条件，同时，科学也进一步证明了上帝创世的伟大性。两者从而构成了一个解释学（hermeneutics）的圆圈。关于这一点，可以参看美国哲学教授 Del Ratzsch 的《科学的宗教根源》一文。①这是一种科学宗教协调论的观点。

---

① 参见梅尔·斯图尔特．科学与宗教的对话．郝长墀，译．北京：北京大学出版社，2007：59-81.

世界著名基因学家 Francis Collins 在奥巴马政府担任重要职务，任美国国家健康研究所主任（National Institute of Health），他被称为是当代最有成就的科学家之一。他 2006 年出版了一本畅销书：*The Language of God*：*A Scientist Presents Evidence for Belief*。从标题上看，这本书讲的是一个科学家认为信仰上帝是有科学根据的。他的观点具有代表性。下面，我主要依据这本书，讨论一下 Collins 是如何把现代物理学与生物学和宗教信仰联系在一起的。

（一）宇宙起源

Collins 指出，科学活动本身是不断发展、不断超越的过程。科学家在面临着科学素材中无法解释的现象的时候，就会提出新设想，然后用实验来验证自己的假设。科学家总是幻想能有一天颠覆现有的理论，改变目前的研究领域，开拓新视野。在过去的 500 年间，科学经历了不断更新、不断革命的过程，将还会有新的更新与革命等待着我们。①我们的问题是，以哥白尼、开普勒、伽利略、爱因斯坦、海森堡以及霍金为里程碑的现当代科学革命是不是动摇和否定了宗教信仰呢？他们的理论本身是不是包含着对于宗教的否定因素呢？

1. 宇宙大爆炸理论与世界从无到有的神学教义

运用“多普勒效应”（the Doppler Effect），哈勃（Edwin Hubble）发现，无论在哪里，星系之中的光显示这些星系是不断远离我们的星系的。星系越远，星系退得越快。如果宇宙中万物都在飞散，那么，逆时间而推的话，可以预测在某一时刻所有这些星系本来是聚集在一个难以置信的巨大的物质体中。经过无数次的实验和计算，绝大多数物理学家和宇宙学家得出结论：宇宙开始于某一个时刻，即我们现在所说的宇宙大爆炸。这一时刻在大约 140 亿年前。物理学家认为，宇宙的开端是一个没有层次的密度极强的纯粹的能量点。到目前为止，科学家还无法解释大爆炸之处的最开端的

① Francis Collins. *The Language of God*：*A Scientist Presents Evidence for Belief*. New York：Free Press，2006：58-59.

事件，即在开始的10^{-43}秒钟所发生的事件。目前还无法回答的问题是，大爆炸所产生的宇宙是无限扩张呢，还是在某一时刻由于重力的影响，宇宙将缩回去，最终导致“大破碎”（big crunch）。当前最好的证据可以让我们预测宇宙可能会慢慢地消失。

Collins 认为，宇宙大爆炸理论对于相信世界是上帝从无到有创造的结果的人来说，是非常令人振奋的。在宇宙大爆炸“以前”是什么？由于时间和空间是开始于大爆炸，严格说来，宇宙的起点是在时间之外的。自然界有个起点，但是，这个起点不是自然界本身：自然界不能自己创造自己，“只有一个外在于空间和时间的超自然的力量才能创造自然”。大爆炸理论使得科学与神学走得更近了。就如宇宙物理学家 Robert Jastow 在 *God and the Astronomers* 一书中所说的，科学家完全依赖于理性的力量，而当他排除了无数的无知，似乎要征服最高峰的时候，他发现，已经在那里坐了几个世纪的神学家正向他打招呼。宇宙大爆炸是不是与奇迹的定义相符合呢？圣经中的创世说与宇宙学的证据虽然在细节上不同，但是在基本精神和元素上是一致的。世界的产生是瞬间的，① 上帝是在时间空间之外创造世界的。

Collins 认为，不仅宇宙大爆炸理论给予上帝存在提供了科学的证明，在大爆炸以后，宇宙的演变，直至生命的出现，人类的出现，都显示了在宇宙背后有一个“设计师”的存在。在这里他的思想既可以被看做是符合“自然神学”的模式，也可以被解读为神学自然和谐论。有关“人择原理”的讨论，同样显示出 Collins 的自然神学和神学自然和谐论的特色。

Collins 对于大爆炸宇宙学所采取的态度似乎是完全肯定性的，但是，正如 Barbour 所警告的那样，当代宇宙学的大部分理论都是暂时的和猜想性的。在大爆炸之前是“大破碎”（big crunch），而在这个大爆炸之后，又可能是“大破碎”（big crunch）。对于过去

① Francis Collins. *The Language of God*: *A Scientist Presents Evidence for Belief*. New York: Free Press, 2006: 66-67.

的宇宙运动，我们无法直接观察到。还有其他宇宙学假设也把时间看做是无限的，不是有开端的。①如果非常肯定地把大爆炸理论和创世说联系起来，认为宇宙大爆炸理论引证了神学上的创世说，把上帝放到大爆炸之前的位置，这个上帝与“缝隙中的上帝”（god of the gaps）有什么区分呢？而“缝隙中的上帝”观念正是 Collins 批判的。下面我们还会看到，Collins 把基因序列看做是上帝的语言，这都与他的神学自然论观点是不一致的，更像一种自然神学的观点。

2. 人择原理（the anthropic principle）与微调论证（the fine-tuning argument）

人择原理或者微调论证，可以说，在当今科学与宗教研究学术界是一个最著名的例子。基督教学者一般倾向于用 fine-tuning 或 the fine-tuning argument，而非基督教学者，特别是无神论者，喜欢用 the anthropic principle。这是因为 fine-tuning 这个词背后就隐含了一个有意志的存在者。

那么，这个原理究竟是什么呢？为什么自然神学论者对此表现了极大的兴趣，并宣称这个原理是非常令人信服的呢？物理学家的研究表明，我们生活的宇宙对于生命的存在是非常友好的。如果物理学的法则和参数不是目前这个样子，而是有非常非常微小的不同的话，宇宙就不会产生出生命。这就是物理学中所说的“精微调节”（fine-tuning）的宇宙属性。为了收听一个广播节目，我们必须把频道调到准确的位置。宇宙中的参数、粒子以及力都似乎是经过精心的调节以便具有生命存在所需要的值。这就是 the anthropic principle。有的学者利用这个物理学理论来证明上帝的存在，这样的论证被称为 the fine-tuning argument。

对于这个理论，不同的物理学家有不同的表述。著名科学家 Martin Rees 在他的书中，列举了六个常量，每个常量都是被如此地

① Ian Barbour. *Religion and Science: Historical and Contemporary Issues.* New York: HarperOne, 1997: 198-199.

调节以便生命出现。我们列举他书中的两个例子：第一，宇宙之所以这么巨大，那是因为在自然界有这么一个巨大的非常重要的巨大数值 N，而这个 N = 1000000000000000000000000000000000000。这个数值是用来衡量把原子聚集在一起的电子力的强度的。如果 N 少了几个 0，那么，只有非常短暂的小宇宙存在，其结果就是没有生物可以生长到大于昆虫，也就没有时间允许生物进化。第二，□ = 0.007。这个数值是定义原子核如何扎实地捆绑在一起的，以及地球上的原子是如何生成的。如果这个数值是 0.006 或者 0.008，那么，我们人类就不会出现。①人类之所以能出现，就是因为宇宙中这些细微的差异造成的。换言之，如果宇宙参数和常量出现一点点的差异，就没有人类。人类的出现的几率几乎是不可能的，在□ = 0.007 之外有无数的值。Martin Rees 说："如果任何一个数字不是被调节好的话，那么，将没有星球，没有生命。"②在科学上，类似现象被称为不可能性论证（the argument from improbability）。

Collins 在他的书中，列举了三个例子来说明宇宙中的"精微调节"现象。在他的第三个例子中，他所说的也就是上面我们看到的□ = 0.007 理论。我们所生活的宇宙之所以能存在，是依赖于刀锋一样的不可能性上的，即宇宙中的参数和常量以及条件只要有非常非常微小的变化，就不是我们现在的宇宙了。用我们中国人的话说，宇宙早期的变化是失之毫厘，差之千里。0.007 是一个"刚好"（just right）数值。可见，生命的产生，人类的出现，完全悬在这一个数值上，出现任何变化就不是现在的宇宙。

Collins 说："总体上说，有 15 个物理常量的值目前的理论无法预测。它们是被给予的：它们就是它们所具有的值。"③这个宇宙刚

① Martin Rees. *Just Six Numbers: The Deep Forces That Shape the Universe*. New York: Basic Books, 2000: 2.

② Martin Rees. *Just Six Numbers: The Deep Forces That Shape the Universe*. New York: Basic Books, 2000: 4.

③ Francis Collins. *The Language of God: A Scientist Presents Evidence for Belief*. New York: Free Press, 2006: 74.

好具有产生生命所必备条件。这是为什么呢？是不是背后有一个上帝在调节 Martin Rees 所说的六个数值呢？就连霍金也意识到这种微调现象所具有的神学意义。Collins 引用霍金在《时间简史》中说的，“为什么宇宙正好以这种方式开始，这是非常难以回答的，除非看做是上帝有意创造如我们一样存在者的行为”。他还引用著名物理学家 Freeman Dyson 的话：“我对于宇宙及其机构的细节的审视越多，我就越发现有更多的证据说明，在某种意义上，宇宙一定知道我们是会出现的。”诺贝尔奖获得者 Arno Penzias 甚至把大爆炸理论与圣经联系起来，认为科学证据完全证明了圣经所说的。①

宇宙物理学真的为上帝存在提出了新的强有力的证明吗？Collins 对于这个问题的探讨属于自然神学或者神学自然和谐论的思维模式。说他的思维是自然神学，是因为他的讨论中暗含了这么个命题，当代宇宙物理学证明了上帝是存在的，特别是 fine-tuning 论证。他的某些语言很容易给人自然神学的印象。说他的思维是神学自然和谐论，是因为他似乎还不是从纯粹的理性和自然科学出发来演绎上帝的存在，他也强调物理学与圣经的一致性，或者说，用当代自然科学理论来重新解释圣经的创世说。他的思想与 ID（Intelligent Design）流派有一定的距离，因为 ID 的核心思维模式是“缝隙中的上帝”（god of the gaps）理论，即凡是科学理论中无法解释的现象都可以用上帝来解释，而 Collins 是在科学理论基础上探讨信仰问题，两者之间有着微妙而本质性的区分。这是我们需要特别注意的。在后面的讨论中，我们将逐步明白什么是 ID 和 god of the gaps。

对于宇宙物理学中的所谓的 fine-tuning 现象，有着不同的回应。第一个就是上面所说的基督教的理论：只有一个宇宙，就是我们生活的宇宙。所有物理常量和物理法则是被精确地调整以便生命

---

① Francis Collins. *The Language of God*: *A Scientist Presents Evidence for Belief*. New York: Free Press, 2006: 75-76.

出现，这不是一个偶然事件，它反映的是创造世界存在者的行为。第二个回应是这样的：只有一个宇宙，就是这个宇宙。它正好就具有产生生命所应该具有的特性。如果它不是这样的，我们也就不会在这里讨论这个问题了。也就是说，如果不是这样的，我们就不可能存在。我们是非常幸运的，除此之外没有其他原因。第三个回应是著名的多重宇宙论。与前两者不同，第三个观点认为，很可能具有无限多的宇宙，这些宇宙可能是与我们的宇宙同时存在，也可能有先后之分，它们的物理学常量值和法则也可能不同于我们的宇宙所具有的。但是，我们不能观测其他宇宙。我们人类仅仅存在于这么一个具有生命存在的所有物理特性的宇宙之中。我们所在的宇宙不是什么奇迹，它就是试验和错误的非正常产物。①很明显，Collins 是赞同第一种回应的。虽然他承认没有科学证据可以绝对地证明上帝的存在，他还是觉得人择原理为造物主的存在提供了有趣的论证。

我们这里需要指出的是，在这三个回应中，第三个回应与前两个是不同的。第三个回应是一个理论物理学的假设。对于这个假设，没有任何实验证据来支持，甚至不可能得出可检验的预测。这是一个科学上的回应。而第一个和第二个回应都是跳出科学领域，进而对于科学理论进行的反思的回应，一个是神学的，一个是形而上学的。对于多重宇宙论，我们还是能够从神学和形而上学的角度进行思考。科学和宗教的问题事实上是一个神学的、哲学的问题，不是一个纯科学的问题。科学本身是不讨论上帝问题的。对于多重宇宙的理论，在科学上可以继续讨论是不是有类似的微调现象，在神学上，还是可以追问它与造物者的关系的，在形而上学上可以讨论它是不是可能的。

关键是第一个回应和第二个回应，他们都武断地假设只有一个宇宙，就是我们生活的宇宙。一种态度是，我们的宇宙就是这样

---

① Francis Collins. *The Language of God*: *A Scientist Presents Evidence for Belief*. New York: Free Press, 2006: 74-75.

的，否则，就不会有我们的存在。另一种态度是，宇宙是这样的，简直太奇妙了，它背后是不是有一个最终的原因呢？这两种态度不是科学态度，这两种回答都不影响物理学本身的理论，只有第三种回答才会对于物理学有影响。Collins 所引用的霍金、Freeman Dyson、Arno Penzias 等著名科学家的话是不会出现在科学研究论文中的。当 Arno Penzias 说科学证据与圣经所说的是非常一致的时候，他不是作为科学家而言说的，而是站在科学领域之外对于科学理论进行反思，更准确地说，是把基督宗教教义与科学研究联系起来作神学的或者形而上学的思考。Arno Penzias 等科学家首先是生活在一定历史、文化、宗教背景中的人，其次他的职业是科学家。我们不应该把科学家职业与他本身等同起来，这是一个很重要的区分。这也是我们理解为什么同样著名的科学家 Richard Dawkins 对于同样的科学理论和证据却得出了无神论的结论的关键所在。更准确地说，科学本身在有神论和无神论问题上是中立的，但是，它可以被有神论、无神论拿来为自己的思想服务。

Collins 自己也承认在第一个回应和第二个回应之间是很难做出选择的。在这里，我们很自然地想到康德关于知识的界限问题。超越于物理科学，或者更广泛地说，超越于自然科学的界限，那就是思辨理性的领域。在思辨领域中，完全可以得出两种相反的同样有效的可能性。

Collins 的立场是，物理学和宇宙学所描述的宇宙与上帝创造世界的信仰是不矛盾的。他认为，上帝的假设反而更能解决一些深层次的科学问题，比如大爆炸之前是什么样子的。就他倾向于阐释宇宙物理学的神学含义而言，他是自然神学论者或者神学自然和谐论者。他既反对科学唯物主义的观点，也不赞同圣经实解主义。但是，他没有意识到，就如我们上面分析的那样，科学的有神论或无神论含义，都是属于思辨层次的，都是超越了科学范围的。

需要指出的是，普通人的信仰中的上帝不仅不是一个科学假设，而且不是任何假设。科学不可能证明上帝是存在的。对于 Collins 来说，他的态度似乎是，科学理论至少是与他的信仰是不矛盾的，或者，更强一点说，科学理论丰富和增强了他关于上帝存在信仰的内容。这是神学自然和谐论立场。

（二）生命起源

上面的宇宙物理学已经告诉我们，宇宙早期的发展为生命的出现提供了必需的元素和条件。宇宙的演变好像是为了生命存在而被微调一样。那么，地球上的生命是如何出现的呢？如何协调人是自然发展的产物的科学理论与人是上帝创造的圣经教义呢？对于生命起源问题，似乎宇宙与生命进化论的科学摧毁了圣经中的一个最基本的信条，它也摧毁了人类中心主义的信仰。人不是上帝按照自己的形象创造的，而是自然界发展的结果。达尔文进化论在基督教中引起的震动，比日心说对于基督教的震撼更大，更有毁灭性。不仅地球不是世界的中心，人也不是万物之灵。对于这一点，很多基督教学者都认为，这些震动和毁灭性打击不是对于基督教信仰本身的冲击，而是对于圣经实解主义的摧毁。我们看看 Francis Collins 在生命起源问题上是如何协调科学与信仰的。

1. 地球上的生命起源

现代科学告诉我们，我们生活的宇宙大约有 140 亿年，而我们的地球的年龄约为 45.5 亿年（1% 的误差）。在地球起初 5 亿年间，地球不断受到灾难性的宇宙袭击，其后果之一就是把月亮和地球分开。所以，没有任何证据证明 40 亿年前有任何形式的生命存在。然而，发现在 1.5 亿年前有很多种类的微生物存在。可能是，这些单细胞生物能够储存信息，也许是用 DNA，能自我复制和演化为多个种类。Carl Woese 最近提出一个假设，认为在这个时期，生物之间的 DNA 交换已经完成。“也许在这个意义上，早期的进化更倾向于集体性的而不是个体行为。”这种“水平方向的基因转换”在目前发现的最古老的细菌中有非常详细的记录。①

由于科学目前不能解答生命起源问题，一些有神论者就把 RNA 和 DNA 的出现理解为上帝创造行为的结果。如果上帝有意创

---

① Francis Collins. *The Language of God*: *A Scientist Presents Evidence for Belief*. New York: Free Press, 2006: 89-90.

造人类，而宇宙化学环境没有复杂到能自我组合生命的能力，是不是因为上帝的干涉而启动了生命过程呢？Collins 的评论是，把上帝作为假设虽然有吸引力，但是，这种行为所面临的危险是：今天科学无法解释的东西，明天也许就可以做到。用上帝来填充科学无法解释的鸿沟，这样的话，上帝岂不成了“缝隙中的上帝”（god of the gaps）？随着科学的进步，上帝岂不是要一步步倒退？Collins 认为，我们不应该在暂时没有知识的地方假设上帝存在，而是应该在知识的基础上来给出信仰上帝的理由。他的意思是，我们不应该在科学理论的空隙或者不足的地方塞进一个上帝的假设，而是应该在坚实的科学基础上理解上帝，比如在数学原理和宇宙次序中看到上帝的足迹。这是他与 ID 理论的微妙而关键的区分。

2. 达尔文进化论

经过 20 多年的努力，1859 年达尔文在 *The Origin of Species* 书中提出了自然选择的进化论思想。达尔文认为，所有生命种类都来源于少量的共同的祖先，可能只有一个祖先。在一个种类里所发生的变异是偶然性的，而且，每一个生物体的生存还是灭亡依赖于它适应环境的能力。达尔文理论的发表，立刻引起了巨大的争论。宗教界的反应并非如后来所描述的那样都是否定性的。普林斯顿神学院的著名保守派新教神学家 Benjamin Warfield 就热情地拜读了达尔文的著作，认为进化论是关于天意的方法上的理论。①

Collins 认为，“今天没有任何严肃的生物学家怀疑进化论可以解释如此复杂和多样的生命。事实上，通过进化机制把所有的物种联系起来，这是理解所有生物学的基础，以至于难以想象没有进化论如何研究生命”。②进化论在宗教上有什么意义呢？Collins 用相当的篇幅描述他担任人类基因工程主任的工作，以及如何能够在 2003 年 4 月终于宣布这个工程达到了它所有的目标：人类能够描

① Francis Collins. *The Language of God*: *A Scientist Presents Evidence for Belief*. New York: Free Press, 2006: 98.

② Francis Collins. *The Language of God*: *A Scientist Presents Evidence for Belief*. New York: Free Press, 2006: 99.

绘出一个完整的人类基因序列。Collins认为，把他任命为人类基因工程的主任，对于他个人而言，有着深刻的宗教意义："作为信仰上帝的人，这是否意味着，如此的时刻，我被召唤去担任一个对于理解我们自己具有深远影响的角色？这是一个解读上帝语言的机会，是（解读）决定人类如何出现的细节的时刻。"①当他在2000年宣布完成人类基因初步序列的时候，他感到"上帝的语言被揭示了出来"。他认为，人类基因就是上帝的语言，是上帝在人类进化中的神迹。

人类进化和DNA有什么关系呢？Collins说，在19世纪中期，达尔文无法知道自然选择的进化机制可能是什么样的。我们现在可以看到，达尔文所假设的变种是由DNA中自然发生的变异所支持的。绝大多数变异发生在非本质性的基因组部分，因此，它们的影响很小甚至没有。在基因组较弱的部分发生的变异一般具有有害性，因为它们减少繁殖力，所以很快就被淘汰出去了。但是，在非常少的情况下，一个变异也会偶尔对于选择性有积极作用。这个新的DNA"拼写"将会具有较高的可能性被传递给后代。经过很长时间，这些偶尔发生的变异事件将在整个种类中广泛传播，最终导致生物功能的大变化。②

对于基因组的研究不可避免地得出如下结论：人类与其他生物拥有共同的祖先。比如，我们人和老鼠的染色体中的基因次序总是一样的，尽管在基因之间的空间有某种区分。人类与猩猩的基因序列在DNA层次上96%是完全一样的。对于基因的研究证明达尔文的进化论是正确的，或者说，达尔文的进化论是基因研究的理论前提。

如果人是严格地从自然选择和变异的过程进化而来，那么，我们为什么需要上帝来解释我们人类呢？Collins回答说，我们需要。

① Francis Collins. *The Language of God: A Scientist Presents Evidence for Belief.* New York: Free Press, 2006: 118-119.

② Francis Collins. *The Language of God: A Scientist Presents Evidence for Belief.* New York: Free Press, 2006: 131.

因为通过对猩猩和人类的基因序列的比较，尽管非常有趣，但并没有告诉我们“什么是人”。“依照我的观点，DNA 序列本身，即使伴随着有关生物功能的巨大的宝贵数据，也将永远不能解释某些特殊的人类特质，比如我们对于道德的知识和对于上帝的普遍诉求。”①

Collins 在这里似乎想说的是（尽管他没有明确指出）：达尔文的进化论在现代基因学中得到了进一步的证实，人与所有生物都具有基因结构上的相似性，而人区别于其他生物的东西是变异造成的。单就 DNA 层次上来看，我们无法说明为什么人类不同于猩猩。基因序列无法说明为什么人类具有道德知识和对于上帝的信仰。换言之，生物学无法解释道德和信仰的根源。我们将看到，这是与 Richard Dawkins 的根本区分点之一。

Collins 的中心观点如下：上帝在时间和空间之外，大约在 140 亿年前创造了宇宙。上帝选择了优美的进化论机制创造了微生物、植物、动物。最神奇的是，上帝有意地利用同样的机制创造了一个拥有智慧、道德知识、自由意志、寻求上帝的特殊种类。上帝也知道人类将最终选择服从道德法则。②

这里有一个问题，既然上帝创造了一切，那么，我们如何解释进化论中的偶然性因素呢？如果没有基因发生偶然变异，也就没有人类。人类是偶然性的产物，怎么说是上帝有意创造的呢？

对于这个问题，Collins 的观点似乎是不一致的。他一方面主张，进化过程是一个事实，不仅仅是一个理论。他为很多美国基督徒对于进化论持怀疑态度感到惋惜。③他的这种态度包含了这种观点：进化论是对于宇宙和生物发展过程的真实性反映。进化论认为

---

① Francis Collins. *The Language of God*: *A Scientist Presents Evidence for Belief*. New York: Free Press, 2006: 140-141.

② Francis Collins. *The Language of God*: *A Scientist Presents Evidence for Belief*. New York: Free Press, 2006: 200-201.

③ Francis Collins. *The Language of God*: *A Scientist Presents Evidence for Belief*. New York: Free Press, 2006: 141-142.

自然选择和偶然性因素是生物多样性和复杂性产生的原因。偶然性似乎是自然进化过程的本身的部分。他似乎没有意识到自己的这个主张的本体论意义。

另一方面，他给出了康德式的回应。他说，上帝是超越时空的，上帝对于未来的一切都非常清楚，对于化学、物理学、地理学、生物学所说的宇宙形成变化和生命产生过程都在创造的时刻一目了然。自然界所发生的一切理解，对于上帝来说都不是偶然的。但是，我们人类由于局限在时间和空间之中，我们只能看到进化是由偶然性驱动的，是任意性的，是没有方向的。① 偶然性成了一种人类认识机制中不可避免的认识现象。在上帝眼中，进化机制是没有偶然性的，是完全有目的的。

进化过程究竟是偶然性的还是必然性的？如果进化机制在上帝和人类眼中不一样，那么，我们就不能说进化是一个事实，是自然本身的过程。如果我们跟随康德的哲学，认为所有当代科学都是对于现象界的认识，进化论就是关于现象界的事实的理论，进化是一个现象，不是本体。进化论中偶然性并不意味着自然过程本身的偶然性或者无方向性无目的性，因为这是我们人类的知识。对于上帝而言，同一个过程却是有目的有方向的。进化论不仅不威胁我们对于上帝的信仰，反而对于我们的信仰有一定的帮助。进化论揭示了我们人类理性的有限性。

在 Collins 的书中，他倾向于哲学上的实在论，他把基因序列看做是上帝的语言，看做是对于自然界的最终真理。

三、无神论的科学证据

对于 Francis Collins 来说，科学的最新发展与宗教信仰不矛盾，甚至为宗教信仰提供了某些证据，具体的科学理论可以为宗教信仰

① Francis Collins. *The Language of God: A Scientist Presents Evidence for Belief*. New York: Free Press, 2006: 205.

服务。但是，对于牛津大学教授 Richard Dawkins 而言，“上帝”是一个幻觉，宗教完全可以在科学领域中解释或被化解掉。Dawkins 就此观点发表了一系列著作，*The Selfish Gene*, *The Blind Watchmaker*, *Climbing Mount Improbable*, *A Devil's Chaplain*, *The God Delusion*。Dawkins 的假设是，科学是万能的，凡是可以被解释的东西，凡是存在的东西，都可以被科学解释。如果说上帝存在的话，他也是科学的研究对象。他明确说：“我认为上帝的存在就如其他事物一样是一个科学假设。”①上帝是否存在的假设，就如罗素的“茶壶”假设一样，在科学上是可以证明其可能性程度的。他讽刺说，神学家无事可做，因为他没有研究对象，因为神学家不能像科学家那样研究深奥的宇宙问题。把科学问题描述为关于“如何”的问题，把神学的问题看做是“为什么”的问题，在 Dawkins 看来，这是荒谬的。“如果科学不能回答一些终极问题，谁又能使宗教做得到呢？”

（一）关于上帝存在的假设

Richard Dawkins 批判的靶子是创世主义，他认为创世主义代表了所有关于上帝存在论证的核心思想，因为几乎所有的基督教徒都认为世界和人类是上帝从无到有创造的。关于这一点在科学中有两种解释，一种是自然主义的，或者进化论的，一种是设计论证（the argument from design）。在 Dawkins 看来，后者的基本思想是，把自然的复杂性或者科学无法解释的现象都用来证明上帝的创造性，上帝是“缝隙中的上帝”。他认为，凡是自然的现象都是可以用进化论来解释的。

1. 不可能性论证（the argument from improbability）

我们在上面已经看到，我们生活的宇宙和地球之所以能为生命的存在提供必要的条件，其可能性是非常小的，因为如果目前所具有的常量和条件略微发生一点点变化，就不可能有人类出现。科学

---

① Richard Dawkins. *The God Delusion*. New York: Houghton Mifflin Company, 2008: 72.

家 Fred Hoyle 有过这样的比喻：生命在地球上出现的可能性并不比一阵飓风经过垃圾场后组合成一架波音 747 飞机的机会大。这种机会是科学完全无法论证的，这就是“不可能性论证”。

Dawkins 认为，创世主义者利用科学中的不可能性论证（the argument from improbability）来论证世界是被有意设计的。他认为，不可能性论证恰恰说明上帝是不可能的，因为，第一，“当你求助于一个设计者来试图解释一个在统计学意义上是有多么不可能的东西的时候，设计者本身至少也是不可能的。上帝就是那个最终的波音 747”。他的意思是，本来科学是用简单的道理解释复杂的现象，而上帝是一个比自然界所有现象都复杂的假设，上帝就成了更不可能的存在。第二，他说，“不可能性论证所说的是，复杂的事物不可能是由于偶然性而产生的。但是，很多人把‘因偶然性而产生’等同于‘在缺少一个有意的设计者的情况下出现的’。这样，就不奇怪他们把不可能性看做是设计的证据”。他说，根据达尔文的自然选择理论，在生物学的不可能性意义上，这种理解完全是错的。尽管达尔文主义不直接与宇宙学相联系，但是却可以让我们警觉起来。①

Dawkins 反对上帝的假设的基本思路很简单：如果你用上帝来解释一个在统计学意义上几乎是不可能出现的自然现象，你如何解释上帝的存在？关于上帝的假设至少是与不可能性的自然现象一样不可能。在 Dawkins 看来，这是更不可能的。他一再重复这个观点。他的另外一个根本思想是：“自然选择不仅可以解释生命的全部，它还可以把我们的意识提高到科学力量的高度，我们可以解释从简单的开端到有组织的复杂性的出现，这个过程不需要任何有意识的引导。”②

在反对把“缝隙中的上帝”作为解释自然现象的假设上，

---

① Richard Dawkins. *The God Delusion*. New York：Houghton Mifflin Company，2008：137-139.

② Richard Dawkins. *The God Delusion*. New York：Houghton Mifflin Company，2008：141.

Dawkins 的观点与 Francis Collins 没有什么不同。在 *The Language of God: A Scientist Presents Evidence for Belief* 一书的第九章，Collins 反驳了 ID（智能设计理论）在科学上的错误，认为这个理论不仅在科学上是错误的，对于宗教信仰也是不利的。

2. 不可还原的复杂性

有很多自然现象是如此复杂，导致科学在一定的时刻无法解释它们是如何演变而来的。比如，鞭状细菌（bacteria flagellum），鞭毛（flagellum）是一个在单细胞组织生物的细胞膜上发现的细小的鞭状结构，它由超过 12 个不同的蛋白质结构组成，以最恰当的方式组合，这样才能允许该生物移动。创世主义认为，一个偶然变异的序列是很难产生如此不可还原的复杂性系统的。根据渐进的创世主义的观点，这是一种不可能性现象。①

Dawkins 的解释是，“自然选择是一个积累的过程，是把不可能性的问题分解为小的块状。每个小的块状是略微不可能的，但是，不是绝对禁止的不可能。当这些略微不可能的事件的数目巨大并积存为一个系列时，这种积累的最后结果就是非常非常不可能，是如此地不可能，远远超越了偶然性可以达到的”。Dawkins 认为，对于科学现象的解释不是在偶然性和设计者之间选择，而是在设计者与进化论之间选择。在他的 *Climbing Mount Improbable* 一书中，他用一座山来比喻进化论的思想：假设有这么一座山，一面是陡岩峭壁，是不可能攀援上去的，另外一面是一个斜坡，可以到达顶端。创世主义者仅仅看到了山的不可攀援的一面，认为要到达山顶需要一个外在的力量，而进化论则看的是山的另外一面。这里需要特别注意的是，Dawkins 所理解的进化过程与 Collins 是不同的。Dawkins 不认为进化过程是偶然的，他认为进化是一个漫长积累的过程，是很多不可能性组成的更大的不可能性。而 Collins 认为，进化过程是由偶然因素推动的。Collins 还补充说，所谓偶然性，那

---

① 梅尔·斯图尔特．科学与宗教的对话．郝长墀，译．北京：北京大学出版社，2007：179.

是对于我们人类而言的，对于上帝来说就不是偶然过程。

Dawkins 说，即使我们认为创世主义是对的，那么，他们立刻面临着一个问题，即设计者自身是如何来的？有关上帝的存在的假设只能使得问题变得更严重，使我们陷入一种恶性循环之中。从这个例子中，我们可以看到 Dawkins 所批判的对象是创世主义的某些理论，即“缝隙中的上帝”的理论。他把这个观点扩大化，认为是所有基督徒学者的观点。

实际上，还有另外一个观点，即被称为进化论的创世主义。上帝也许选择使用遗传变异和不同的繁殖成功机制来渐渐地创造一个多样的生命形式，而每一种生命形式都能很好地适应其环境。① 我们已经看到，Collins 持的是这个观点，美国著名哲学家 Alvin Plantinga 也是这个观点，②还有很多学者也是这个观点。

3. 人择原理（the anthropic principle）

不仅在生命进化过程中，我们遇到很多理论上无法解释的间隙，在生命起源的根源上也有着一个更大的鸿沟：从非生物的化学过程如何转化到生物进化过程？在宇宙物理学上，人择原理可以解释这个过程。Dawkins 是如何看待这个问题呢？

Dawkins 认为，我们能生活在一个对于生命友好的环境中是基于两个原因，“一是，生命在地球所提供的条件的基础上通过进化而蓬勃发展，这是因为自然选择的缘故。另外一个原因是人择原理。在宇宙中有以万亿计的星球，然而，可能只有少数的星球具有生命友好的环境，我们的地球正好是其中的一个”。③在这里，Dawkins 的意思是，在地球上，对于生物生命的解释，都依赖于生物进化论，而在宇宙的层次上，地球之所以具有生命生存的特征和

---

① 梅尔·斯图尔特．科学与宗教的对话．郝长墀，译．北京：北京大学出版社，2007：180.

② 徐英瑾，梅尔·斯图尔特．科学与宗教：二十一世纪的对话．上海：复旦大学出版社，2008：218-219.

③ Richard Dawkins. *The God Delusion*. New York：Houghton Mifflin Company，2008：169.

条件是因为人择原理。这是什么意思呢？

Dawkins 说，生命起源只发生一次，以后的进化论步骤以或多或少相同方式进行复制。那么，我们的地球为什么具有生命呢？生物进化论所要回答的问题是开端以后的过程问题。生命的起源是如何发生的呢？Dawkins 认为，人择原理是取代创世论的科学答案。生命起源问题和生命进化问题是两个不同的问题。“自然选择能发挥作用，这是因为它是一个积累的单方向的进化过程。它需要某种运气（luck）来启动，而数以亿计的星球的人择原理给了它这个运气。”①他的基本假设是，之所以我们的地球和宇宙具有对于生命友好的环境的条件，这是因为：在数亿的星球中，我们的地球正好具有生命出现的特征；在多个宇宙中，我们的宇宙正好具有生命出现的特征。对于 Dawkins 而言，如果说进化论没有偶然性的因素的话，生命的出现是需要纯粹的偶然性或者幸运的。他的理论立场类似我们讨论 Collins 所看到的：我们正好生活在这个生命友好的宇宙中和地球上，否则，就不会有我们。这是一个偶然性或者幸运。

Dawkins 也许是想说，科学只描述生命出现的物理、化学等条件，至于为什么宇宙和地球具有这些正好适合生命出现的条件和特征，这只能是归结为偶然性了。事实就是这样，运气的概念是与设计的概念不一样的，运气或者偶然性否定了背后一个具有意向的上帝的存在。所以，Dawkins 说，人择原理是不同于设计假设的另外一种选择。

Dawkins 在这里没有意识到，即使从我们的观点看，我们的宇宙和地球正好具有生命存在的特征和条件是因为运气或者偶然性的话，我们可以这么理解：具有生命的存在或者说我们生活的宇宙的存在，不是建立在必然性上的，是可有可无的。这反而印证了我们一开始所说的基督教的信念：上帝自由选择创造了这个世界。尽管 Dawkins 的论证充满了修辞技巧和重复性语言，他对于终极问题所

① Richard Dawkins. *The God Delusion*. New York：Houghton Mifflin Company，2008：169.

给出的“幸运”的回答，反而证明了Collins等学者的观点。

（二）宗教的根源

如果说，关于上帝的存在是最不可能的话，为什么宗教伴随着人类历史呢？如何解释宗教现象呢？Dawkins认为，达尔文主义能够对宗教现象给予正确的解释。进化过程是无情的功利主义，优胜劣汰，这个经济原则是不可动摇的。宗教是人类历史上最大的资源浪费：浪费时间，浪费金钱，浪费生命，是非常不经济的。而达尔文进化论要求消除任何没有利益，不利于进化的废物。宗教能给人类带来什么利益呢？宗教的存在似乎是与进化论相矛盾的。对于这一矛盾的现象，不同的学者给出了不同的回答。我们这里看看Dawkins是如何回答的。

1. 宗教是进化过程中的副产品

达尔文进化论认为，任何东西只要是有益于生存的，都是有价值的。Dawkins说，宗教迷信等几乎是人类社会的普遍现象，它是不是也有生存价值呢？他认为，宗教是人心的病毒，应该是没有价值的。但是，为什么宗教信仰那么普遍呢？宗教本身没有价值，但是它是某些有价值的东西的副产品，是人的心理特征的副产品之一。

我们都知道，飞蛾扑火，这种自我毁灭的行为显然是与自然选择原理不符合的。如何解释这种反进化的行为呢？在很久以前，飞蛾是依赖于月亮和星星等没有温度的光来作为指针指导自己的方向。它们的神经系统也有一个经验性原则，用以调节自己与光的角度。用光作为指针，关键就在于天体光源是无限远的距离。如果不是这样，光线就不是平行的，而是如车轮的辐条一样。当飞蛾的神经系统错误地把蜡烛火当做天体光源一样看待的话，它就会飞到火中。“尽管在特殊的情况下是致命的，飞蛾的经验原则一般来说仍然是好的，因为，对于一个飞蛾来说，看到蜡烛的时间要比看到月亮的时间少得多。我们没有注意到上千的飞蛾静悄悄地和有效地依赖月亮或者明亮的星星，甚至远处城市的明亮之光来指导自己的行踪，我们只看到飞蛾扑火，因而，我们就问错误的问题：为什么这些飞蛾自杀呢？”这不是自杀，“这是正常的有用的指针（功能）

被错误利用的副产品”。①

同理，我们看到宗教信仰者为宗教而生，为宗教而死。他们的行为就如飞蛾扑火一样，是人类深层心理倾向的不幸的副产品。“依据这种观点，在我们祖先中这种自然选择的倾向其本身不是宗教，它有其他一些好处，它只是偶然地表现为宗教的行为。”Dawkins 是这么解释宗教的心理起源的。对于人类而言，前辈的经验积累对于生存下去非常重要，而这些经验需要传递给后代。如何才能使得后代接受前辈的经验灌输呢？为了进化的利益，孩子的大脑需要拥有这么一个经验原则：不要问任何问题，相信成年人对你所说的。“服从你的父母；服从氏族头领，特别是当他们采取庄重和威胁的口气的时候。相信长者，不要怀疑，这对于一个孩子来说是一个普遍的有价值的原则。但是，就如飞蛾一样，它（这个规则）可以被错误地使用。”②自然选择要求孩子服从父母等长者，这是有价值的。但是，服从长者有其负面的一面，即易骗性，“这种不可避免的副产品就是容易被心灵病毒所腐蚀”。因为，孩子们分不清什么是好的，什么是坏的。这种要求孩子服从长者的心理机制可以一代一代地传下去。③

根据以上所说的，我们可以解释为什么在不同的区域，不同的武断的信念，没有任何事实作为基础，可以一代一代地传下去，“就如接受有用的传统智慧一样，比如肥料对于庄稼有益”。“我们还应该预料，迷信和其他无根基的信念将会在局部演进，在代代相传中变化，或者是因为偶然的偏离，或者是某种类似达尔文选择机

① Richard Dawkins. *The God Delusion*. New York：Houghton Mifflin Company, 2008：200-202.

② Richard Dawkins. *The God Delusion*. New York：Houghton Mifflin Company, 2008：202-203.

③ Richard Dawkins. *The God Delusion*. New York：Houghton Mifflin Company, 2008：205.

制，其结构是最终表现出一种与共同的祖先非常不同的模式。”①

Dawkins 在这里实际上是说明了孩子们在接受间接知识的时候所具有的模式。这是孩子成长所必须具有的过程，无论是接受技能，还是学习语言。对于他人的信任，这是知识传授的基础，也是社会的根基。它的负面的影响也经常被教育家等所提醒和关注。信赖机制可以接受很多东西，但是，为什么孩子长大后放弃了很多天真的和幼稚的观念，而持久地接受宗教信念呢？放弃其他天真的或者是错误的东西，这表明人们还是有分辨是非的能力的。人类历史上有很多过去看来是绝对正确的东西，后来慢慢被放弃了。而宗教作为普遍的东西，普遍的信念，没有被放弃，这并非是人类信赖机制所不能克服的唯一的有害的病毒。Dawkins 用飞蛾扑火来解释宗教信仰，其背后的假设就是宗教是有害的东西，是没有价值的。在对待宗教上，为什么人类会执迷不悟呢？这是不是违反自然选择原理？

Dawkins 所说的信赖机制的正面和负面功能已经暗含了这么一个道理：这个机制无法区分正确和错误。宗教信仰是建立在普遍信任的基础上的，其正确与否，这不是信赖机制所能决定的。任何观念的对错与它们在人类社会的功能是两码事情。了解一个观念的功能并不意味着知道这个观念的真理性，比如知道肥料对于庄稼有好处，但是并不见得知道为什么肥料对于庄稼有益处。错误的观念也会产生好的结果。有益的和有实效的东西，并不见得是正确的，比如相信太阳是围绕地球转，根据这个信念安排农业生产，是有益处的，是会产生好结果的。

Dawkins 在列举宗教现象时，几乎都是一些负面的东西。根据我们上面所说的，我们不能把宗教的社会功能与宗教信念本身的真理性混淆起来。宗教可以被利用，可以服务于某些团体的利益。如果用 Dawkins 所说的无情的功利主义的标准，宗教对于一个种族或者社会来说，很可能是增加进化的有用的工具。

---

① Richard Dawkins. *The God Delusion*. New York：Houghton Mifflin Company，2008：205-206.

Dawkins 把宗教信仰和行为还描述为是非理性的。我们且不管理性与非理性的标准是什么，我们根据 Dawkins 的达尔文自然选择原理，即使宗教是非理性的，人的自我牺牲和自我奉献虽然对于个体或者集体而言是没有益处的，但是，在基因或复制者（replicator）层次上却是有益的，这难道不能说宗教是好的吗？

我们可以看出，Dawkins 的出发点不单单是达尔文的进化论，还有很多其他的前提和假设。他对于宗教的看法不是完全从进化论的角度衡量的。用进化心理学是不能反驳宗教的，是无法解释宗教的。Dawkins 似乎意识到了这个问题，他提供了另外一种解释，用文化进化论，即 meme 理论来补充进化心理学。

2. meme 的假设

Dawkins 的进化论最基本的原理是：复制者（replicator）是最基本单位，复制者包括基因、计算机病毒以及文化遗传的单位 meme。任何个人和群体都是由很多复制者组成的，是复制者的载体。进化机制是在复制者之间的竞争，不是在个体和群体之间的竞争。那么，什么是复制者呢？"一个复制者是严格自我复制的密码信息体，并偶尔会发生不严格的复制或'变异'。"那些善于自我复制的复制者比那些不善于自我复制的复制者要变得越来越多。最典型的复制者就是基因。Dawkins 假设，与自然界的基因相类似，在文化传递中具有同样的复制者，他称为 meme。基因的命运是与它的载体联系在一起的。基因与几千个其他的基因"合作"，最终导致了一个机体的产生，就如同在烹调中，菜谱上的字词产生了一道菜一样。Dawkins 假设存在一个类似基因库的 meme 库，同时，还存在着 meme 综合体（memeplex）。所谓的 meme 综合体就是一组的 meme，虽然它们独立起来看未必是强的生存者，但是，在同一个综合体中其他 meme 出现的情景下，它们就是强有力的生存者。①

---

① Richard Dawkins. *The God Delusion*. New York：Houghton Mifflin Company，2008：229-230.

根据上面关于meme的理论，宗教信念也是meme。“就如一些基因一样，有的宗教信念之所以能生存下来是因为其本身的绝对优点。这些meme将会在任何的meme库中生存下来，不管有没有其他的meme。”“有些宗教信念之所以能生存下来，那是因为它们与meme库中其他的meme可以相容，是作为meme综合体（而生存下来的）。”①不是基因的自然选择，而是meme的自然选择，成了宗教生存的原则。

在这里，我们且不管Dawkins关于meme的假设是否具有科学根据（有的科学家认为对于meme的假设是一种基于基因基础上的错误的类比理论②），我们可以看到，Dawkins的meme进化理论从文化的角度来解释宗教信念的进化，并认为有的宗教meme本身具有“绝对的优点”，或者因为与其他meme相联系，从而能在人类历史中生存下来。这样，宗教就不是什么别的东西的副产品了，因为其本身就具有自我复制的功能。这个论断与前面把宗教与孩子的易欺骗性联系起来解释宗教的起源是非常不同的，甚至是矛盾的。进化论是“无情的功利主义”，适者生存的原则决定了那些复制者是进化过程中的强者。宗教的普遍性不正意味着宗教信念作为自我复制者是具有非常强大力量进行自我复制的吗？Dawkins没有其他标准来评判宗教是人的心理上的病毒。实际上，即使是一个病毒，如果它能自我复制，而且是绝对地延续下去，这表明它在进化过程中是强者。进化论从批判宗教到为宗教辩护，这是Dawkins所不愿意看到的。

四、总　结

在本文中，我们看到，无论是Collins的科学宗教调和论还是

---

① Richard Dawkins. *The God Delusion*. New York：Houghton Mifflin Company，2008：231.

② Alister McGrath. *Dawkins' God：Genes，Memes，and The Meaning of Life*. Malden：Blackwell Publishing，2007：119-138.

Dawkins 的科学宗教冲突论，都是把科学的具体理论与宗教联系起来考察的。一个是希望论证，自然科学的发展丰富了宗教信仰的内容，科学与宗教是相容的，科学甚至还为宗教信仰提供了新证据。一个希望证明，宗教所信仰的上帝是不存在的，宗教作为文化现象是进化的副产品。尽管 Dawkins 试图用进化论来消解宗教，把宗教解释为一种物理现象或者类似物理现象，他并没有用科学来证明宗教信念本身所包含的内容是真的还是假的。他与 Collins 一样，是"信仰寻求理解"：Collins 是从基督教的信仰出发，试图用科学理解自己的信仰；Dawkins 是从无神论的信念出发，试图用进化论来论证自己的形而上学观念。两人都是科学家，两人的信念不同，对于科学和宗教的关系的解释也就不同。这实际上印证了康德的观点：科学是无法证明或者证伪宗教信念的。

参考文献

[1] IAN BARBOUR. *Religion and Science: Historical and Contemporary Issues.* New York: HarperOne, 1997.

[2] GERARD V. BRADLEY, Don De Marco. *Science and Faith.* South Bend, Indiana: St. Augustine's Press, 2001.

[3] FRANCIS COLLINS. *The Language of God: A Scientist Presents Evidence for Belief.* New York: Free Press, 2006.

[4] RICHARD DAWKINS. *The God Delusion.* New York: Houghton Mifflin Company, 2008.

[5] RICHARD DAWKINS. *The Blind Watchmaker.* New York: Norton, 1996.

[6] RICHARD DAWKINS. *The Selfish Genes.* Oxford: Oxford University Press, 1976.

[7] RICHARD DAWKINS. *Climbing Mount Improbable.* New York: Norton, 1996.

[8] DARREL R. FALK. *Coming to Peace with Science: Bridging the Worlds Between Faith and Biology.* Downers Grove, IL: InterVarsity

Press, 2004.

[9] BRIAN GREENE. *The Elegant Universe: Superstrings, Hidden Dimensions, and the Quest for the Ultimate Theory.* New York: Norton, 2003.

[10] MALCOLM A JEEVES, R. J. BEERY. *Science, Life and Christian Belief.* Grand Rapids, MI: BakerBooks, 2000.

[11] CHRISTOPHER C. KNIGHT. *Wrestling with the Divine: Religion, Science, and Revelation.* Minneapolis: Fortress Press, 2001.

[12] ALISTER MCGRATH. *Dawkins' God: Genes, Memes, and the Meaning of Life.* Malden, MA: Blackwell Publishing, 2007.

[13] KEITH B. MILLER. *Perspectives on an Evolving Creation.* Grand Rapids, MI: William Eerdmans Publishing Company, 2003.

[14] ARTHUR PEACOCKE. *Theology for a Scientific Age.* Minneapolis: Fortress Press, 1993.

[15] ALVIN PLANTINGA. *Religion and Science.* [2009-08-31]. http://plato. stanford. edu/entries/religion-science/.

[16] JOHN POLKINGHORNE. *Belief in God in an Age of Science.* New Heaven & London: Yale University Press, 2003.

[17] JOHN POLKINGHORNE. *Science and Providence: God's Interaction with the World.* Philadelphia and London: Templeton Foundation Press, 2005.

[18] MARTIN REES. *Just Six Numbers: The Deep Forces That Shape the Universe.* New York: Basic Books, 2000.

[19] HUGH ROSS. *The Fingerprint of God.* Orange, CA: Promise Publishing Co. ,1991.

[20] RICHARD SWINBURNE. *The Existence of God.* Oxford: Oxford University Press, 2004.

[21] 梅尔·斯图尔特．科学与宗教的对话．郝长墀,译．北京:北京大学出版社,2007.

[22] 郝长墀．科学、宗教信仰、宗教关系．北京:宗教文化出版社,2007.

[23]徐英瑾,梅尔·斯图尔特. 科学与宗教:二十一世纪的对话.
上海:复旦大学出版社,2008.

西方跨文化传播研究进展述评*

单　波　肖　珺　杨　丹

本文在全面检索和梳理各主要学术期刊内容的基础上，① 采用访谈法（即通过电子邮件采访了15位国际知名的跨文化传播研究专家）集纳多元学术评价，以期为2008年西方跨文化传播研究勾勒一幅层次分明、内容丰富的理论画卷。

一、2008年西方跨文化传播研究概貌

2008年的跨文化传播研究在不同的学术期刊中形成了多样的学术景观。《跨文化传播季刊》通过实地调查、抽样实验、比较研究等多种研究方法，广泛探讨了跨文化传播领域中的各类议题，相

* 本文是教育部哲学社会科学研究重大课题攻关项目“中国软实力建设与发展战略研究”（07JZD0003）的研究成果，同时得到了武汉大学“海外人文社会科学研究前沿追踪计划”项目的资助。博士生赵欣、刘学蔚以及研究生麦巅、邱越、李鹤林、刘婵等参与收集资料，在此表示感谢。

① 本文检索了包括《跨文化传播季刊》（*Journal of Intercultural Communication*）、《语言与跨文化传播》（*Language and Intercultural Communication*）、《国际跨文化关系学报》（*International Journal of Intercultural Relations*）、《传播调查》（*Journal of Communication Inquiry*）、《人类传播研究》（*Human Communication Research*）、《传播理论》（*Communication Theory*）、《欧洲传播》（*European Journal of Communication*）、《全球媒介与传播》（*Global Media and Communication*）、《媒介、文化与社会》（*Media, Culture & Society*）在内的九种主要期刊，共计362篇文章。

对集中的话题包括：跨文化传播中的身份问题、语言学问题、全球化电子时代的跨文化传播等，此外，跨文化传播中的意识形态模型、公共机构的跨文化整合等成为新的研究亮点。《语言与跨文化传播》则集中收录了从跨文化维度来审视语言本身的研究文章，它们一方面关注语言学在跨文化传播过程中所扮演的重要角色，另一方面也关注跨文化传播在语言及外语教学中所起到的重要作用。值得一提的是，该杂志论文采用了比较一致的反支配性的文化解读方式，学者来自亚非拉美欧各地，从而展现出强烈的全球性视野。《国际跨文化关系学报》发表的论文呈现了突出的理论创新色彩，它们从跨文化交往、关系建构的观察中深刻反思不同的跨文化研究主题，如：文化适应研究中“融合”概念、全球化与原教旨主义、全球化与文化适应、全球化与本土文化、文化多样性等，并对这些传统议题进行新的建构。《传播调查》杂志作为一个前沿性跨学科论坛，强调对跨越时间和文化的大众传播与社会之间的关系进行哲学的、经验的、法律的、历史的和批判的调查与研究，其研究热点包括：性与性别的理论、媒介霸权问题、媒介报道中的种族问题等，这些论文的内容十分新鲜，与大众传播中最重要最前沿的问题保持同步。跨文化传播是《人类传播研究》杂志涉及的主要领域之一，其所体现的学术研究国际化程度相当高，该杂志较为集中地发表了健康传播的相关文章，在讨论健康行为时，还考察了制度、文化、政治等方面的原因。《传播理论》探讨了跨文化传播中的跨地区主义、全球化与跨文化传播、跨民族对话等理论话题，还较为集中地研究了哈贝马斯理论中的传播学意义。《欧洲传播》杂志涉猎的范围则十分广泛，主要包括：媒介与社会、媒体全球化与地方媒体、媒体受众、媒体管理与媒体生产活动、媒介理论、电影媒体等多项媒介研究议题，从而表现出欧洲传播研究的丰富性。《全球媒介与传播》是具有批判性的传播学杂志，它一直致力于在全球媒介与传播持续变化的环境中成为辩论与思考发展的学术论坛，其关注媒介和信息的全球化流动，以及这种流动所带来的媒介文化重塑。《媒介、文化与社会》中的跨文化传播研究仍然关注美国和阿拉伯世界的文化冲突，关注媒体和国家地缘政治版图间的关系。

本文以跨文化传播为主题的学术论文为主要分析对象，发现2008年的西方学术研究呈现出承继和创新两大趋势，即在延续往年研究议题的基础上进行了多元化、深入性的理论创新，而且还出现了一些新的、有价值的研究议题。具体研究议题如下：

1. 跨文化传播基础理论研究创新。如：重塑跨文化传播理解、文化和培养，探讨基于信息管理和道德的跨文化传播理论（Natasa Bakic-Miric）；对哈贝马斯"传播缓解"（communication relief）①和"冲突管理"（conflict management）② 理论在跨文化交往中的理解和使用；超本土理论的建构（Marwan Kraidy）；跨文化合作中的跨文化传播能力（Gelaye Debebe）；全球化和多样性问题（Young Yun Kim & Dharm P. S. Bhawuk）；全球化与原教旨主义间的关系（Michael B. Salzman）等众多议题。

2. 身份和种族研究中的跨文化传播路径。如：青少年的涵化和文化身份建构（Henrik Bøhn）；跨文化传播和民族身份间的关系（Jelena Durovic）；跨文化调解中的文化协调模型与文化身份间的相互影响（Claude-Hélène Mayer）；种族主义言论的媒介传播问题（Mastro, Dana E, Behm-Morawitz, Elizabeth & Kopacz）等。

3. 跨文化传播中语言的意义。如：从语言哲学的角度研究跨文化传播中价值观和文化身份建构（Halvor Nordby）；从语言运用的角度考察全球化、地方化、全球地方化三股社会力量对语言运用的影响（Martin East）；移民在融入新社会群体过程中的语言态度（Angel Huguet, Judit Janés）等。

4. 新技术与跨文化传播。如：探讨不同的价值观、传播模式和不同的语言对在线跨文化交流的支配与排斥作用（Kay Kyeongju Seo, Paul Chamness Miller, Cynthia Schmidt）；数字化世界是如何建

① Thomas Hove. Understanding and Efficiency: Habermas's Concept of Communication Relief. *Communication Theory*, 2008, 18 (2): 240.

② Daniel Wehrenfennig. Conflict Management and Communicative Action: Second-Track Diplomacy from a Habermasian Perspective. *Communication Theory*, 2008, 18 (3): 356.

立跨越文化边界的体验，建立全球虚拟团队（Nittaya Campbell）；虚拟化身在网上合作情景中的作用和意义（Bente, Gary, Rüggenberg, Sabine, Krämer, Nicole C. & Eschenburg, Felix）；新媒体与文化全球化之间的关系（Ralf St. Clair, Alison Phipps）等。

5. 跨文化传播中的文化表达。如：建构跨文化传播中跨文化和多文化两种读写方式，通过文化间表达减缓文化同质化的趋势（Moradewun Adejunmobi）；少数民族如何在既定的社会框架中进行文化表达（Sari Pietikäinen）等。

6. 健康研究的跨文化传播。如：科学的不确定性与新闻报道间的关系（Jakob D. Jensen）；知识鸿沟对健康信息传播的影响（Niederdeppe, Jeff）；信息设计逻辑理论对披露疾病信息所产生的相对复杂性（Caughlin, John P, Brashers, Dale E, Ramey, Mary E, Kosenko, Kami A, Donovan-Kicken, Erin & Bute, Jennifer J）等。

7. 媒介与跨文化偏见。如：面对跨文化新闻事件报道，媒介是如何选择，进而引发跨文化偏见（Jesper Stromback, Adam Shehata, Daniela Dimitrova & Karen Lee）；跨国性媒介如何塑造民族叙事，进而影响公共讨论（Shani Orgad）；跨国媒体如何作为符号暴力中介在国际性事件中扮演角色（Lilie Chouliaraki）；探讨媒体在国际性冲突中制造全球性话语的可能性与问题（Michael J. Barker, Hartmut Wessler, Manuel Adolphsen）等。

8. 意识形态冲突与跨文化身份构建。即将意识形态作为跨文化身份的一个重要而不可避免的维度，并试图证明其在跨文化传播中的影响（Haibin Dong）。

9. 人口迁移与跨文化传播。如：以人口迁移为背景对跨文化传播的基本要件进行考察（Jef Verschueren）；人口迁移中的少数民族文化身份认同问题（Ricardo Vieira & José Trindade）等。

那么，在这个领域从事学术研究的学者们实际在关注什么？他们如何评价这一领域的进展呢？我们通过电子邮件访谈了来自美国、英国、法国和中国香港的15位学者。在与他们交流、阅读他们发表的相关文献的基础上，本文整理了他们对2008年西方跨文化传播研究的回顾和总结。

由圣地亚哥州立大学的萨默瓦（Larry A. Samovar）教授和加利福尼亚州立大学长滩分校的波特（Richard E. Porter）教授合编的经典读本《跨文化传播选读》（*Intercultural Communication: A Reader*）2008年2月出版了第12辑，收录了2008年最新的跨文化研究成果。1972年以来，每一辑《跨文化传播选读》都收录了最新的跨文化研究成果，并且具有原创性。2008年的第12辑共收录了47篇论文，涵盖了跨文化传播领域的各个研究话题。30篇文章是最新的，其中有25篇是专门为本书撰写。文章的作者来自美国、德国、韩国、中国、日本、肯尼亚、以色列以及印度。论文共分成八个部分，第一部分是跨文化传播的研究路径，其中包括提出集体主义和个人主义文化分类的特兰迪斯（Harry C. Triandis）的经典作品《文化与冲突》，以及亚洲中心主义的代表人物三池贤孝的《和而不同：亚洲中心世界观以及其传播学含义》。第二部分是文化身份：归属问题。其中收录了Sabine Chai和Mei Zhong的论文《美国华裔的民族及文化身份》。第三部分是国际文化：理解多样性。其中有著名的社会心理学家Richard E. Nisbett关于东西方思维差异的文章《聚居vs独行：亚洲和西方人的思维差异》，以及Mary Fong的文章《跨文化传播中“存在”、善和道》。第四部分是亚文化（co-cultures）：在两种文化中生存。包括金洋咏教授的《合与众》（*Unum and Pluribus*）。第五部分是跨文化的信号（messages）：语言与非语言交流。论文分别研究了以色列人与巴勒斯坦人的对话、争论及文化交流编码，肯尼亚人的演讲模式，墨西哥人和美国人的空间观，以及超越语言的非语言跨文化交流。第六部分是文化语境：情境的影响。这部分的论文主要集中探讨商务、职场、教育以及组织中的跨文化交流。第七部分是拥有跨文化交流能力，其中包括著名华裔教授陈国明的论文《跨文化效能》（*Intercultural Effectiveness*）。第八部分是跨文化传播的伦理思考以及对未来的展望。其中包括金洋咏的《跨文化人格》。

国际传播学百科全书（International Encyclopedia of Communication）的2008年纸质版本和网络版本同时发行，很多知名的传播学者发表了新的词条和解释。金洋咏撰写了文化适应过程与传播

(acculturation processes and communication)条目，追溯了文化适应研究的历史。贾尔斯和沃特森（Howard Giles & Bernadette Watson）撰写了跨文化与跨群体传播（intercultural and intergroup communication）条目，① 阐述了跨文化传播研究与跨群体传播研究之间的密切联系。Donal Carbaugh 教授更新了关于传播学民族志研究方法的两条：传播民族志（ethnography of communication）以及文化与传播：民族志视角。

新墨西哥大学新闻与传播系主任奥泽尔（John Oetzel）教授认为，2008 年跨文化传播研究关注的比较多的问题仍然是与媒介表现有关的问题，以及对认同的研究，因为人们怎样看待他者和自我是交流的核心。他本人的关注点继续放在冲突问题上，因为冲突总是存在并且总是很显著地吸引人们的注意力。他认为 2008 年的研究对跨文化传播的各个方面又有了更多的理解，理论和方法更加多样化，这说明研究在持续进步。同时，奥泽尔与丁允珠（Stella Ting-Toomey）联名发表了《对可观察的冲突中面子观念与维护面子行为之间的关系：对四种文化的调查》，继续深化了“面子协商”理论的研究。

夏威夷大学希洛分校的三池贤孝副教授认为有四个问题非常重要：非西方的文化传统以及它们在地方和全球的重要性；全球交流能力和伦理；后殖民语境以及白人特权的含义；英语跨文化交流中的语言偏见和歧视。这些方面之所以重要，是因为它们从不同的途径关注跨文化互动中的平等和交互性以及全球社会的未来。三池贤孝是传播理论亚洲中心学派的代表人物，2008 年他的研究主要集中在厘清文化与传播研究中的欧洲中心主义（Eurocentrism），为将来的亚洲传播研究制定出亚洲中心（Asiacentricity）的元理论概念和含义。在《全球跨文化传播选读》一书中，他与 Molefi Kete Asante 教授（著名的非裔美国人研究学者）以及尹靖（夏威夷大学

① Giles H, Watson B. Intercultural and intergroup parameters of communication. *International Encyclopedia of Communication*, 2008, 6, 2337-2348.

希洛分校传播系副教授）收集整理了20篇论文，从非传统的理论视角考察文化内和文化间传播的各个方面。①

马萨诸塞大学Armherst分校传播学研究室主任Donal Carbaugh教授一直致力于建立新的传播理论以理解传播的文化特点，从而感知文化的可变性。因此，他的关注点在于深入分析现实中的跨文化相遇（intercultural encounters）问题，而他采用的分析视角是传播的民族志方法，尤其关注传播编码和文化话语。他从观察对象的五个基本问题来研究跨文化传播：

关系（relating）：人们怎样通过传播而产生联系。

存在—身份（being-identity）：谁跟谁交流。

行为（acting）：交流达成的文化观点是什么。

情感表达（emoting）：交流中的显著感受是什么。

处所（dwelling）：此地的本质是什么。

2008年Carbaugh教授出版了新书《那不是我——学习处理敏感的文化问题》，系统考察了澳大利亚人、法国人、芬兰人和美国人之间的跨文化交流的情形。他和他的两个博士生还一起研究了跨文化对话问题，发表了论文《跨文化视野中的对话》。

加利福尼亚州圣芭芭拉大学传播系教授贾尔斯（Howard Giles）认为，2008年跨文化传播研究的焦点是文化适应（acculturation）问题。他认为这个问题一直以来都很重要，因为世界各地的人们流动性增强了，而对主文化的适应困难以及主文化的接受程度对于人生满意度和健康来说非常重要。贾尔斯是跨文化传播“传播适应理论”CAT（Communication Accommodation Theory）的提出者，近年来他的研究重心转为如何把跨群体传播和跨文化传播结合起来。他认为，通过对健康问题的关注把跨文化传播和跨群体传播结合起来的尝试非常有意义。

香港浸会大学传理学院的陈凌教授认为，正如传播学的其他领

① Asante M K, Miike Y, Yin J. *The Global Intercultural Communication Reader*. New York: Routledge, 2008.

域一样，新媒介传播在跨文化传播领域也是一个新的焦点话题。不过，新话题并不意味着新问题，因为跨文化传播领域的问题多年以来还是集中在这些方面：支配问题（issue of dominance）、研究视角以及文化在传播中的角色等，这些问题一直都是争论的热点，只是问题的表现形式有新的变化。陈凌教授认为在过去的10年中，有更多的研究出自非发达国家的和过去未得到充分注意的人群/群体的学者之手，这是一种进步。他们的研究提供了更丰富的研究视角。虽然只针对跨文化传播的专门刊物并没有增加，但是有更多的关于某一个特定文化/社会传播研究的刊物出现（比如，《中国传播》杂志）。尽管这些期刊关注的不仅仅是文化或者跨文化传播，但是它们无疑能够扩展我们对文化作为人类现象以及文化和传播之间的关系的认识。陈凌教授2008年发表（合著）了两篇关于跨文化传播的论文，都是关于不同语境中文化对传播的影响，分别是《跨文化冲突管理：中国经理与西方雇员研究初探》和《中国处方药广告的恐惧诉求：对四元信息结构的扩展》。

宾夕法尼亚州立大学传播艺术与科学学院杰出教授赫克特（Michael Hecht）认为，文化与健康是跨文化传播的一个重要话题，健康差异、文化与健康促进、传统健康实践、医患互动关系的文化、污名与健康（stigma and health）等，都是跨文化传播研究的重要方向。赫克特教授2008年发表了一系列跨文化健康传播的论文，例如《韩裔移民的身份差距以及抑郁程度》和《美国课堂中身份差距、歧视与文化适应对留学生教学满意度的影响》。① 他认为，2008年此领域的研究围绕健康促进中的文化敏感、文化扎根、文化适当性等开展，以帮助我们更好地理解如何促进健康行为。另外，健康传播中的身份概念也是2008年的一个重要话题。

西密歇根大学传播学院传播与多样化以及性别与女性研究教授奥尔布（Mark Orbe）对文化身份、传播以及跨群体互动问题很感

---

① Hecht M. Identity Gaps and Level of Depression among Korean Immigrants. *Health Communication*, 2008, 23, 313-325.

兴趣。他关注的焦点在于不掌握社会权利的人们如何看待自己并为了事业成功而进行策略性的交流。奥尔布教授的跨文化传播研究主要采取批判路径，关注的是跨种族传播、亚文化传播以及多重文化身份的协商。2008年，他再版了著作《跨种族传播：从理论到实践》。同时他还在《媒介传播批判研究》等杂志上发表了一系列论文，探讨有关跨种族传播的各方面问题。

圣弗朗西斯科州立大学心理学系的David Matsumoto教授认为，2008年跨文化传播的热点问题是与跨文化能力相关的知识、技能和能力问题。他认为跨文化能力最重要的是情绪的角色和情绪管理。

英国华威大学应用语言学中心主任Helen Spencer-Oatey教授也认为，跨文化研究的能力对有效的跨文化互动非常重要。她认为我们需要建构对跨文化能力概念性的理解，从而更好地去处理和克服跨文化障碍。2008年她再版了自己的著作《文化交谈：文化、传播和礼貌》。

夏威夷大学管理系主任Richard Brislin教授认为跨文化传播中的交流方式问题很重要，一个人如何才能与他文化的成员讨论他/她认为很适当而对方认为并不适当的问题，这是一个值得研究的话题。2008年，他出版了新作《与文化差异共事：有效处理职场的多样性》，从心理学和管理学的角度对工作中的文化差异问题提供鲜活实用的指导。

与上述跨文化研究背景不同，法国的相关研究有其特殊性。旅法中国学者王志杰认为："法国的跨文化问题和研究首先来自外交关系和对美国等其他国家跨文化研究成果的引进，随后面临的是移民问题以及对此开展的研究。20世纪80年代后，大批的跨文化企业使跨文化研究进入了一个新的阶段，近几年，欧共体的推进以及各文化的融合问题又成为跨文化研究的新动力和目标。"与法国发展历史相呼应，2008年法国跨文化研究的主要议题包括：跨文化中的语言、文化问题；跨文化与新媒体；跨文化培训与教育问题；法国跨文化现状和对跨文化研究的反思。

本文综合西方跨文化传播研究的最新文献和对众多跨文化研究学者的访谈后认为，2008年西方跨文化传播研究创新主要集中在四大议题中：全球化形态下跨文化传播的功能及实现；跨文化传播中的身份、种族问题及其文化表达；媒介表现与跨文化偏见；新技术与跨文化传播。下面将就此四个议题进行详细述评，并借此铺展2008年西方跨文化传播研究的整体风貌。

二、2008年西方跨文化传播研究创新

（一）全球化形态下跨文化传播的功能及实现

全球化是当前跨文化传播研究的基本社会背景，许多学者都将研究置于这一语境之下，如何提升多文化间的跨文化传播能力，并使之具有现实可能性，是学者们共同关注的话题。尽管迄今为止，“全球化”缺乏一个被普遍接受的概念，但它与跨文化传播间的关系却是异常紧密。学者们认为，“全球化或是我们这个时代的元语境”（Michael B. Salzman，2008），“全球化缘起于跨文化交流，它使文化和个体发生改变”（J. W. Berry，2008），全球化“作为一个复杂多变的过程（process）”，它是过程，而非目的（Legrain，2002）。那么，应该如何认识全球化与跨文化传播间的关系呢？在两者的关系中，跨文化传播如何实现文化间的彼此理解和融合呢？对此，不同观点的争鸣由来已久。

1. 全球化形态下的跨文化传播必然带来文化同质化吗

有一类观点认为，文化适应（acculturation）和全球化过程颠覆的是非主流人群，其最终结果是非主流群体成员文化和行为特质的丧失，趋附于与主流群体如出一辙的同质化社会。跨文化传播的长期结果将是全球同质化，社会结构以及人们的信念、价值观、消费倾向趋同，文化交流必然导致文化和心理同质化（cultural and psychological homogenisation）以及文化趋同（cultural convergence）。① 2008年，著名学者贝里（John W. Berry）对这一颇为流行的观点提出了挑战。他在《全球化与文化适应》一文中借助文化适应理论框架提出，群体间交往对文化和心理方面的影响有多种

① 最典型的观点是“将全球化的过程与结果糅合成一个伟大的理想，即世界不同文化和不同人群都趋向同一”。

表现，除了非主流群体被文化同化外，亦存在其他的可能，比如，融合（integration）有助于人们既维系其传统文化和行为方式，又在不断演进的公民框架中参与日常交流；分离（separation）的结果为群体和个体尽可能规避与东道主国国民接触，以此维系其传统文化和心理；边缘化（marginalisation）的后果是非主流群体的文化失落以及因遭受排斥而无法全面、公平地融入更广泛的社会。

贝里在文中详细阐述了他对文化适应理论的新观点。其一，文化适应只是文化变迁（culture change）这一包罗万象的概念的一个层面；其二，在文化适应过程中，与之相关涉的两个群体均要发生变化；其三，文化适应与文化同化（assimilation）迥然不同。贝里解释说，将文化适应仅仅理解为文化同化不免有失偏颇，文化适应是相互的，它使交流互动中的两个（或多个）群体均发生改变，而不单纯是非主流群体的变化。心理上的文化适应不仅有着向文化同化方向发展的趋势，而且还是能动的，它能够促使两个群体中个体成员的所有行为发生改变。比如，人类学中“非同化式的文化适应”（non-assimilative ways of acculturating）研究就比比皆是，世界上许多殖民地原住民和受奴役的人民当中兴起的“再证”（reaffirmation）或“复兴”（revitalisation）运动可为佐证。

贝里在解读复兴运动时说：这些复兴运动是推翻文化殖民统治，恢复（有时是重新缔造）某一群体的文化传统的集体努力。在此意义上，这些运动都包含着对现今被我们所命名的“全球化”的回应。而且这种“回应”，不仅仅包括将统治他们的社会所携带的特征拒之门外，还囊括另一个层面的意义——有选择地吸纳。贝里在文中深入探讨了全球化与文化适应间的关系，他认为，究其实质，全球化不外乎是一种交流，文化适应始于全球化。在文化适应策略的基础上，他构想出全球化的四种可能结果：（1）全球化将招致全世界范围内的文化同质化，使得非主流社会趋同于主流社会（即文化同化）；（2）参与交流的两个群体在维系其显著特征的同时，发生交互式改变，相互间趋同，共享某种特征（即文化融合）；（3）拒受主流社会的影响，要么一开始便将其拒之门外，要么竭力从这种影响中挣脱出来（即复兴）；（4）全球化还可能导致非主流文化的消亡，使其成员失去赖以生存的文化之根（即边缘化）。

贝里的研究表明，基于不同的时代背景、群体选择和社会运动，全球化下的跨文化交流结果不是文化同化和同质化，而更可能是融合（文化和心理延续与新社会结构的建构）或分离（抵御他文化，复兴传统文化）。

2. 全球化形态下的跨文化传播会带来文化威胁或抵制吗

有学者曾经归纳了全球化与文化间矛盾关系的三个范式："文化碰撞"（clash of civilizations）范式，即认为文化间的差异在所难免；"麦当劳化"（McDonaldization），即认为跨国集团影响无处不在，资本主义关系在全球蔓延，在此语境下，文化将趋同；"杂糅"（hybridization）模式，即认为无须放弃原本的文化认同就可实现文化交融和融合（J. N. Pieterse，2004）。尽管这三个范式基本概括了当今世界文化格局，但这些年来，伴随种族与国家紧张冲突日趋频繁、原教旨主义运动激化、恐怖事件接二连三地发生的事实，越来越多的学者加入了对跨文化传播理论的反思、完善与更新中。

美国学者萨尔兹曼（Michael B. Salzman，2008）探讨了全球化和原教旨主义（religious fundamentalism）间的关系。文章从人类的需要（the need for meaning）出发，基于恐惧管理理论（Terror Management Theory，简称 TMT）、社会认同理论（Social Identity Theory，简称 SIT）和动机认识（Motivated Cognition）理论审视跨文化冲突，并阐发对全球化下原教旨主义的认识。文章指出，原教旨主义者对文化同质化颇为憎恶，因为人们希望生活在富有意义和可预测的世界当中，而全球化可能泯灭这种富有意义的世界，伤害人们所依托的优良传统和价值观，因此，原教旨主义者对此深恶痛绝。信念体系（belief systems）和意识形态（ideologies）共同构成意义体系，它为人们提供心理寄托，亦成为自尊形成的基础。文章认为，文化通过其世界观和价值观准则发挥着至关重要的心理功能，即为人类提供有助于缓冲焦虑的自尊。对于信守其世界观和价值观的人来说，在纷争的世界中，自尊是焦虑的缓冲器。因而，自尊是一种文化阐释。在所信守的信念体系受到威胁或无法追求所遵奉的世界观所规定的价值准则的情境下，焦虑则无法得以缓冲，由此而生的焦虑所造成的憎恶情绪极具破坏力（即贬损、妖魔化和伤害不赞许自己价值观的他人）。同时，作者也指出，全球化的趋同效应可能抹杀人类赖以提升自尊感的群体间（即氏族、民族国家和宗教间）差异性，当差异性和脑海中的预设优越感处于危险境地时，防御性反应则出现，从而导致群体间冲突。文章的结论表明，全球化造成的同质化和错位效应，会导致原教旨主义的焦虑和防御性强化，甚至采用极端的方式抵御对其文化和宗教世界观的威胁。从某种意义上说，以全球化为标志的文化威胁或许是原教旨主义产生的先决条件和推进器。

巴戊克（D. P. S. Bhawuk，2008）的研究指出，20世纪以来，很多人类所面临的问题多以西方的世界观加以审视，而问题与争端的解决更无须笃守文化视野。世界上许多地区发展项目的夭折归结起来不外是强行推行、实施此种反传统文化观念（counter-cultural ideas）的结果。究其原因，不管是以前的殖民统治，还是现今的全球化均忽视了知识创建（knowledge creation）的必要性和研究中必不可少的文化知识与视野。巴戊克认为，面对全球化与本土文化间出现的同质化/异质化的矛盾和争论，人类经常以文化的视野解决问题和争端，因此毋庸讳言，知识创建与文化关联甚密。知识创建过程将助益于形成心理学和管理学等人类文明成果的全局整体理论（global theories），而这一研究策略则有助于拓展目前西方和跨文化理论的研究，从而避免盲目从西方引进那些带有反传统文化性质的所谓“出路”。

3. 全球化形态下的跨文化传播的实现路径

全球化与跨文化传播相辅相生，无疑也出现了很多的问题和挑战，学者们从各自不同的角度分析和回应这些现实难题，并希冀建构理论的、现实的实现路径。

哈贝马斯理论在全球化形态下的跨文化传播应用是2008年的新亮点。以往的许多批评家认为，哈贝马斯关于传播行为的概念理论虽有趣，但无法实践。丹尼尔（Daniel Wehrenfennig）在《冲突管理和传播行为：从哈贝马斯角度看二轨外交》一文中的研究对象从原先依靠政府间官方渠道，即第一轨外交（first-track diplomacy）发展到更复杂和融合的，通过民间友好往来加强相互信任的二轨外交（second-or multitrack diplomacy）。① 丹尼尔认为，二轨外交与哈贝马斯的观点非常接近，文章指出，传统的协商和国家外交之冲突管理方式使得哈贝马斯的传播理论没有用武之地，然而，随着新的冲突解决形式，即二轨外交的出现，哈贝马斯的传播理论似乎可得到新的应用。总而言之，二轨外交与哈贝马斯的观点不管是在传播行为（communicative action）的微观层面、建构冲突管理的公共空间，还是疏导公众观点的水闸模式（sluice model）这样的宏观层面等各个层面上都非常相似。这一研究意味着，如果二轨外交能够在冲突管理中造成积极的改变，那么哈贝马斯的理论真的能通过这种方式增添其理论活力。另一篇同主题论文来自托马斯（Thomas Hove）的《理解和效率：哈贝马斯的传播宽慰概念》，论文研究的重点是哈贝马斯著作中一个常被忽视的领域，即传播宽慰/传播释放（communication relief）。文章写到，哈贝马斯将媒体划分为三类：语言性协商、导向性媒体和普遍性传播，并界定了四种宽慰/释放机制：金钱、权力、影响和价值恪守。托马斯认为，

① 关于二轨外交（second-or multitrack diplomacy）、第一轨外交（first-track diplomacy）的译法和解释参见《什么是“二轨外交”》(《人民日报》2007 年 4 月 17 日第 3 版)。该文指出：“二轨外交”是从外交行为实践主体的角度对外交进行的分类。它是一种特殊的非官方外交，如果把政府间的官方渠道定义为“第一轨外交”、官方外交，则“二轨外交”是指运用非官方人物，包括学者、退休官员、公共人物、社会活动家、非政府组织等多种渠道进行交流，通过民间友好往来加强相互信任，待政治氛围成熟后，进一步将民间成果和经验向官方外交的轨道转化，从而推动真正影响大局的“第一轨外交”的顺利进行。随着时代的发展和经济全球化进程的推进，“二轨外交”对国家间关系产生的影响已经不可低估。

人们往往忽视了哈贝马斯对导向性媒体和普遍性传播的论述，因此，他的论文将更多的分析重点放在后两种媒体形式上，这两种媒体形式可用一个更广泛的概念即传播宽慰/传播释放来概括。金钱和权力是导向性媒体的两种主要形式，它们的功能是重置共同的理解，帮助人们避免突然发生的争论，减轻他们意见分歧的负担，阻止或阻碍行动的话语的出现。影响和价值恪守执行普遍性传播功能以提高效率和理解，是传播宽慰/传播释放第二种机制的表现形式。传播宽慰/传播释放通常采取例行的形式，例行形式和体制将人们从话语和达成文字协议过程中可能存在的风险、焦虑中解脱出来，因此，传播宽慰/传播释放的出现可以将人们从传播行为的重担中解脱出来。

娜塔莎·巴奇克-米瑞克（Natasa Bakic-Miric）在《重塑跨文化传播理解：文化和培养》一文中批评了西方社会一直将传播业充当社会控制工具的现实，并指出传播过程中存在的传送—接收的双向模式会受到文化噪音、传者、接收者不同解读等因素的影响，因而进行得格外困难。巴奇克-米瑞克为此提出的解决方案是：成功的传播依赖于参与者的技巧，即跨文化传播的艺术。这里所说的技巧偏重于对文化差异性、复杂性的深刻理解，用普遍化代替定型化的解读，编织跨文化传播的安全之网；侧重于采取培养的立场应对文化的不断演进改变，不将已有的对文化的理解绝对化，达到消解文化霸权的作用，更重要的是建立一种道德追求的方向，即弘扬包容他者的文化，抵制残害异类的文化。由此可见，作者认为培养立场在现今这个文明冲突不断发生的世界非常重要，它将使人们可以重新框定对文化的理解，不至于陷入一种绝望的境地，即认为我们与他者无法和平共处。

还有一些学者则对“全球化”概念本身提出了质疑和替代性解释。法国学者范比妮·达宁-沃尔夫（Fabienne Darling-Wolf）在《克服我们的“虚幻角度”：从全球化到遍布世界化（以法国说唱乐为例)》一文中用法国学界通用的“世界化”(mondialisation)①新概念替代“全球化”这一既定词汇。范比妮尖锐指出了美国学术论述中全球化表述的政治特性，特别是用东西分界或南北分界的二元对立对全球进行划分，并将西方等同于美国等文化帝国主义的表征，认为这些都不利于对现行文化杂交(hybridity)现象的探讨。文章在对法国说唱音乐发展进程的分析中发现，现有研究没有完全抓住跨文化影响的复杂性，忽视了一些重要的权力关系。因此，作者采用“世界化”作为对“全球化”的替代性翻译，从而拓宽了人们对于跨文化交换(transcultural exchange)的理解。该研究相信，“世界化”将以多种灵活方式与国家文化相互作用，并参与到不同权力的关系之中。与此相类似，克莱迪和墨菲(Marwan M. Kraidy & Patrick D. Murphy)在论文中创造性地完善了“超地方主义”(translocalism)理论，进一步达到激活全球传播学研究的目标。论文采用“超地方主义”概念，用地方—地方模式取代周边—中心模式来解读在全球传播研究中占据中心位置的地方—全球关系，作者改变了以前对地方的老概念：将其视为与全球对立的词汇，是全球化的受害者，以及全球在文化上的附庸者，取而代之一种全新的理解：将其视为生产意义、处理焦虑、进行协商的场所。本文的贡献在于挑战了全球传播研究中关于制定地方—全球关系的解读模式，以地方与地方之间的关联切入，观察全球力量的流动与运作。

全球化下的跨文化传播正处于社会断裂和文化焦虑发生的历史时刻，上述的理论研究为人们理解全球化抑或世界化下的文化适

① “世界化”(mondialisation)的翻译参考了国内学界和新闻报道中所采用的普遍译法。一个比较清楚的解释来自2008年6月11日，法国驻华大使苏和在北京外交学院的讲话，他认为：全球化(globalisation)是英美国家的概念，定义为一种模式，是所有国家定位的样板。而世界化(mondialisation)则意味着对文化身份的考虑与尊重，中国人和欧洲人都充分意识到了自己的文化身份并引以为豪。世界化承认独创性与特殊性，认同它们的价值，并使其服务于整个地球。参见 http：//blog. ifeng. com/article/1573731. html。

应、文化融合、文化培养等多形态跨文化传播现象打开了新的视界。

（二）跨文化传播中的身份、种族问题及其文化表达

跨文化传播中的个体或群体时常处于矛盾与选择的状态中，他们一方面希望在一定程度上保持文化的完整性，保有独立的文化身份；另一方面，文化群体的成员亦谋求成为更为广泛的社交网络中不可或缺的一个组成部分。因此，身份、种族一直是跨文化研究的重要议题，而2008年的研究在此基础上还比较集中地关注到文化表达的重要性和方式。

1. 文化渗透与移民个人身份建构

移民是跨文化传播热衷研究的对象，他们生活在两种或多种文化中，个体在文化适应中不断面临着选择，他们可能成为种族中心主义者，也可能完成文化上的变形，甚至可能演变成综合两种文化的第三种类型。对移民而言，文化和身份是动态的现实。维埃拉和特林达德（Ricardo Vieira & José Trindade）以生活在葡萄牙的巴西移民为研究对象，探讨移民个人身份建构的趋势和原因。他们总结了在个人身份建构过程中出现的两种趋势：一是把最初的文化和新遇的文化整合起来的趋势；二是拒绝最初的文化，理想化地把目标文化作为生活目标。他们认为一个人的社会化和终身学习会改变一个人的身份，从而在文化适应中完成移民身份变形和文化变形（a cultural metamorphosis）。

2. 肤色无视与跨种族对话障碍

珍妮佛·L. 辛普森（Jennifer L. Simpson）在其最新研究《肤色无视的双重束缚：白人种族主义和对话的可能性及不可能性》一文中讨论了肤色和种族身份与对话间的关系。辛普森认为和其他人的直接碰撞对于对话来说是至关重要的，与他者的彻底接触（radical encounters with otherness）最为关键。文章批判了白人种族主义及其带来的自大无知，认为它在相当大程度上（也可能是不可修复地）抑制了不同肤色之间进行有关种族的有意义对话的可能性，而“肤色无视”（color-blind）过程阻碍而非促进了美国有关种族的对话活动。作者解释说，仿佛是在表明每个人都是独特的个

体，肤色和种族身份不是人生经历的标记，它强化了一个信仰，即所有特权的拥有不是没有原因的，坏运气只能是源于个人的失败。"肤色无视"实际上维持了白人至上主义（White supremacy）的思想体系，从而实际上成为白人至上主义的同盟。本文的观点是，白人至上主义的社会主导地位使得肤色无视的话语更难受到挑战，但具有讽刺意味的是，反对肤色无视的言论被认为是带有种族主义倾向，因为它们强调差异而不是共同性，因此，肤色无视阻碍了有意义的对话。

3. 少数民族媒体生产与文化表达

少数民族媒体（minority media）是他们保持自身文化身份，进行文化表达的特殊场域。皮耶蒂凯宁（Sari Pietikäinen）对少数民族新闻机构和新闻工作者进行了人类学考察，他将少数民族媒体定义为：少数民族社会出产的和针对少数民族的，往往旨在提供替代性空间的呈现、身份和参与的各类媒体。他认为，少数民族媒体包含着在更宽广社会框架下多文化、多语言和跨国界的媒介变化。在他们自己的身份认同、语言和文化方面，少数民族媒体不仅旨在提供相关信息而且提供替代性舆论场（alternative publicity），进而强化民族身份、民族语言和民族文化的感受。少数民族的文化表达需要借助少数民族自己的独立媒体，但少数民族媒体的生存和发展却不容乐观。总体来看，少数民族媒体面临着一系列的矛盾和使命：一方面，它们被视为扰乱和破坏少数人群体融入多数人群体的一体化过程的负面因素；另一方面，少数民族媒体又被看做是进行文化传承、文化发展，甚至是文化解放的重要潜在力量。皮耶蒂凯宁的研究指出，媒体在制造语言环境方面的作用举足轻重，新闻工作者不仅要在日常工作中使用他们自己的语言，而且还要致力于创造新词，在占优势的多数人的语言环境压力下保护少数民族语言。可见，对于许多边缘化的少数民族而言，民族身份中一个最重要的、最突出的特点就是他们的语言。语言不仅是交流的工具，而且包含着文化的核心元素：下一代人的一种理解和智慧、知识的文化方式，而少数民族媒体则担任着语言复兴的使命和文化表达的社会政治责任。

4. 文化间读写、跨文化读写与本土文化复兴

读写行为是跨文化传播中的重要工具，但其在跨文化交流中的作用却很少有人进行系统的研究，美国学者阿德君莫比（Moradewun Adejunmobi）弥补了这一空白。他在《当代非洲的文化间读写素养和跨文化读写素养》一文中提出本地语言读写素养涉及本国语言读写素养、跨文化读写与文化间读写素养的平衡问题，进而开创了“文化间读写素养”和“跨文化读写素养”的定义。“文化间读写素养”（intercultural literacy）是以一种公认的非本国语言的读写文本能力，但这种语言不是同时作为本国第二语言或在本社会中广泛使用的语言。“跨文化读写素养”（transcultural literacy）则是以本国第二语言阅读和写作，或以在本国读者、作者中较广泛使用语言的读写能力。绝大多数的文化间传播（intercultural communication）研究是指传播跨越了疆界，往往是指国家边界。在西方世界的后工业语境中，文化间读写所使用的语言几乎是读者/作者自己国家之外的语言。但在许多非洲国家，一个人不需要跨越国家疆界，不需要横穿文化意义的边界，因为典型的非洲国家就是多语言多民族的国家。文章的结论表明，单独的本地语言读写与本地语言的翻译相结合将会促使语言转换为更为有力的语言。相比之下，文化间读写将会钝化文化语言转换，并导致单一文化；而跨文化读写将增强非洲文本生产中本地能量的复苏。越来越多的非洲部门、生产非洲文本的支持者把本国语言读写（vernacular literacy）作为解决跨文化读写素养问题的理想方式，通过本国语言写作实现本国语言读写、跨文化读写和文化间读写某种程度的平衡，从而实现本土文化复兴。

（三）媒介表现与跨文化偏见

2008 年研究的另一个热点是探讨媒介如何塑造了跨文化偏见。

1. 新闻选择、新闻建构与跨国信息流

斯特伦贝克等四位学者（Jesper Stromback，Adam Shehata，Daniela Dimitrova & Karen Lee）仍以 2005 年丹麦报纸刊登了穆斯林先知穆罕默德漫画事件为分析对象，调查瑞典和美国的精英报纸是如何建构这一有争议性的新闻事件。文章开门见山地指出，新闻报

道绝不可能完全反映现实。相反，新闻应或多或少地被视为一些意识选择的产物，并被一些因素所限制，诸如新闻准则、价值观和采访例程、媒体格式、财政资源和考虑因素、时间压力和技术水平以及对新闻资源的需求性及紧迫性等。从更抽象的水平来说，新闻报道受媒体制度和政治制度、政治文化、公众及新闻工作者主流观念的影响。后者决定了什么新闻才是重要的，或是有趣的，以及这样的新闻事件是否属于舆论范围内、是否离奇诡异、是否能在某一国家引起合法的争论。因此，不同国家对于同一事件，其新闻选择和新闻构架很有可能大相径庭，特别是当这些国家有着不同的政治文化、媒体体制和政治形态的时候。研究表明，很明显地，两国报纸中具有新闻价值的事件并非发表漫画本身，而是在发表后几个月时间里穆斯林人的反应。此外，对于暴力威胁的反应被认为是最有新闻价值的，这也许是为了迎合新闻选择的反常性标准。文章针对新闻选择与跨国信息流流动的研究发现：(1) 事件发生地点越远，新闻报道就越多地依赖于政府官方消息来源。因此，当事件发生在遥远的地方（包括地理概念上的和文化概念上的），而不是离自己较近的地方时，政府来源可能在框架建设进程中拥有更多的权力。(2) 事件发生地点越远，对新闻媒体来说，那些涉及冲突的问题易于理解与可视化的需求就更为重要。虽然无论这个问题发生在一个偏远的地方或是较近的地点，突发性事件可能是相同的，但在前一种情况下，该事件所引起关注的起点会更高，因此，事件发生的地点愈远，对冲突、暴力与视觉效果的需求就愈加急切。(3) 当在国际层面上出现新的或紧急的问题时，新闻媒体通常选择那些适合现有规划的建构，而这可能是由本国政府或外国政府所提倡的建构。如果本国政府和外国政府提倡的建构有冲突，那么媒体将遵循本国政府。若本国政府没有提倡任何建构，新闻媒体将在相当程度上让外国政府紧急确定新闻建构。(4) 如果某一特定媒体所在国家在地理、文化和社会上都与牵涉的国家相近，这种接近性将导致新闻媒体投入更多的关注，而且会导致国内参与者之间展开建构斗争的进程。另一方面，如果某一特定媒体所在的国家在地理、文化和社会上都与牵涉的国家有一定距离，这就会导致新闻媒体投入较少的关注，而关于该事件的建构将更大程度上受到国际和外国参与者的影响。总体来看，涉及跨文化传播时，新闻选择和新闻建构总是会受到政治和媒体系统、政治文化、新闻标准等因素的影响，从而形成不可避免的跨文化偏见。

2. 媒介作为建构刻板印象的复杂变量

媒介作为在全球信息流中的积极参与者，积累并传播了大量的音频、影像和新闻信息。然而人们认为其中大部分信息并不能构成社会现实，而是基于个人经验之上的，尤其是与人类生存、奇闻轶事以及全球性问题相关的内容。在此背景下，人们所认为的社会现实可能主要由我们和他人所分享的很大一部分未经核实的信息所构建而成。这些我们每天都要消费的数量庞大的信息，可以被方便而快捷地分类、概括和组织起来，但这种特定的社会信条和理解会形成"刻板印象"，从而产生跨文化偏见。《媒介怎么了？一个对外国人刻板印象的社会建造模型》（Elza Ibroscheva & Jyotika Ramaprasad，2008）回应了这一现实问题。文章从刻板印象形成的基本途径、社会—文化路径、种族主义和个人意识形态、知识变量等多个角度试图分析媒介这一变量在跨文化传播中是如何发挥作用和产生变化的。研究发现，大众传媒是信息传递的变量，在被提出来的刻板印象社会建构模式中，媒体被概念化为一个综合变量，它结合了四种不同的群体：曝光（所花在新闻上的时间和兴趣，比如国际新闻），值得信赖的媒体的特点（被感知的意识形态倾向以及被公开的信息来源，比如美国来源或国外来源），媒介形象内容（在涉及外国人的情况下，新闻报道中被感知的价值和偏见），以及媒介效果（在涉及外国人的情况下，将媒介刻板印象视为社会压迫机制的观点）。这些表明，刻板印象已成为被大众媒体放大了的讨论最为广泛的社会建构之一，并成为了将社会上等人群与边缘人群之间的社会关系合法化与制度化的工具。

（四）新技术与跨文化传播

新技术与跨文化传播的合作正在急速发展，事实上，依托互联网的信息传播自身就具备了跨文化的国际交流条件。共享的工作空间和虚拟合作环境使实时信息交换和大范围内的工作成果同步分布成为可能，那么，新技术导致跨文化传播发生了怎样的变化？虚拟世界与现实世界的意义交换是怎样实现的呢？2008 年的系列论文为人们展现了多样性的研究成果。

1. 虚拟化身与网上合作

本特（Bente，Gary，Rüggenberg，Sabine，Krämer，Nicole C. & Eschenburg，Felix.）等学者探讨了《虚拟人物化身中介的网络：提升网上合作中的社会存在和人际信任》，该研究通过比较分析了虚拟化身在网上合作情景中的社会存在、人际信任、非语言传播、视觉注意力以及所感知的沟通质量的影响。文中将包含一个特殊虚拟化身的即时传播窗口整合到一个共享的合作性工作平台当中，所研究的传播模式包括文本聊天、音频、视频以及虚拟人物化身。研究发现，以网络为基础的合作内容似乎普遍忽视了人类交流的社会情绪维度，出现了仅仅关注工作效率，却忽视了社会丰富层面（social richness）的问题。新技术媒介为互动提供了空间，但没有为交流提供诸如有意义的平台这样的社会场域。该研究将所有虚拟化身形态都放于同一工作空间，拥有一个标准化的合作任务，选择统一的方法来获取关注的社会情绪以及行为效果。总体的研究结果显示，几种交流形态（文本、音频、视频、化身）对于参与者的主观经验和客观行为有着不同的效果。对于互动结果的满意，对于协同存在的感受，以及人际信任的情感组成，似乎都受益于实时音频或视频的交流。文章的研究表明，尽管音频和视频在增加共同存在方面是有限的，化身平台还是为克服传统媒体的基本限制提供了新的可能。虚拟世界和化身因此能够成为一种使社会互动语境化（contextualize）和促进非语言信息更突出的方式，而不仅仅只是为视觉信息提供高保真的传输渠道。

2. 网上交流与全球虚拟团队的跨文化传播学习

当组织已经越来越快地全球化，劳动力也迅速呈现文化差异，“全球虚拟团队”（global virtual teams）变得越来越普遍，坎贝尔（Nittaya Campbell）的《你有邮件了！运用电子邮件技术来提高跨文化传播学习》一文对这一现象进行了解读。文章从跨文化传播教育的角度出发，认识到计算机技术拥有跨文化传播教育的巨大潜力，由于它拥有跨越地理边界的能力，能够联结不同国家的学生，使他们足不出户就能跨越文化界限。文章总结了跨文化传播能力的一些要点，包括：（1）文化意识（cultural awareness），即交流对象文化的知识构成，包括社会价值、习俗、规范和系统的知识；（2）自我意识（self-awareness）、民族优越感（ethnocentrism）和移情作用（empathy），这包括人们不仅通过回应交流了解了他们合作伙伴的文化，同样也更多地了解了自己的文化，此外，学生们的自我意识包括认识到他们自己的民族优越感，同时也理解了它是如何成为跨文化传播的障碍的；（3）想当然和刻板印象（assumptions and stereotypes），这是指人们预先就存在一些既定的成见，通过使用电子邮件，他们愿意面对自己预设的观念（preconceived notions），能够认识到自己的刻板印象和想当然并且愿意去质疑和改正，这显示了参加实验的学生们"对新信息的开放"（openness to new information）；（4）自我揭露（self-disclosure），该研究相信某种程度的自我揭露对于形成关系和发展信任都是很有必要的，研究证实了美国人，尤其是欧洲裔美国人，比许多其他文化中的人们都更倾向于自我揭露，特别是那些最初的传播者（initial encounters）。通过电子邮件建立起来的全球虚拟团队，让人们发现电子邮件技术在帮助了的同时也阻碍了他们与同伴的交流。对于电子邮件的优势，学生们认为它跨越了距离的限制，另一个优势是使学生们能够在任何时间都很方便地发送信息，不需要实时交流。但同时，这项技术同样也有一些缺陷，再加上时差，给学生们的交流带来了一些困难。此外，缺乏面对面互动也是虚拟团队面临的一大挑战，非实时回应与非语言信息的缺乏导致了"社会存在"（social presence），即对其他人共同参与交流互动的感知，很有可能受到限制。

其他研究也涉及类似的跨文化交流议题。《创建电脑空间内个人主义和集体主义的协同：香港和美国学生间网上交流方式的比较》（Kay Kyeongju Seo，Paul Chamness Miller，Cynthia Schmidt，Patience Sowa）一文指出，随着互联网作为教育模式的日益增长的运用，跨文化传播对于学生的学习体验来说成为了一个重要的因素，很多研究都提倡使用跨文化交流来促进学生间的互相理解，提升学生的全球性意识和国际性体验。然而必须指出的是，形成多样文化讨论需要更加细心的准备，因为参与者们有着不同的价值观、传播模式和不同的语言。如果这些讨论没有很好地进行架构和正确操作，来自一个文化群体的参与者就有可能支配讨论，排斥他者的声音和经历。因此，理解不同文化中的学生如何交流他们的思想是至关重要的，只有这样才能为所有参与者提供成功的跨文化经历。

除上述四大主要议题外，2008 年的西方跨文化传播研究还有一些零星的亮点，比如，关于意识形态冲突与跨文化身份建构的研究就值得一提。董海兵（Haibin Dong）在其发表的《面向内省的传播》一文中指出，跨文化传播理论融入了文化、种族主义、民族主义和其他传播问题，但意识形态从未成为跨文化传播理论的一个中心主题。造成这种情形的原因，或与跨文化传播作为传播学的亚学科起源有关系。意识形态，作为精神活动和社会的上层建筑的主要构件，长期被跨文化传播学者们忽视。该文章指出，在跨文化传播的语境中，意识形态因素非常复杂，一方面，意识形态差异导致的冲突很容易上升到情感、心理的层面；另一方面，情感和心理因素的冲突往往又包含着意识形态因素。就个体而言，个人的意识形态的形成是个复杂的过程，包括许多不可观察的变因。个人、群体和文化价值观不同，有时候会导致性情与倾向上不同，对跨文化传播中意识形态因素的研究，有助于解释、协商和管理群体内和群体间的分歧和摩擦。简言之，意识形态非常重要，传播/交流的终点预示着意识形态的起点，个人倾向、权力结构、组织、文化结构都会影响人的文化身份，换言之意识形态作用于人际传播，而与跨文化传播中意识形态因素相关的有三个概念：身份、语境和互动性（identity, context, and interactivity）。当然，“意识形态”不能取代“文化”，相反，意识形态从属于文化。文化是个更包容的概念。意识形态是一个强大的、动态的文化的组成部分，它往往在更大程度上降低了交流者的文化敏感度。所以，“意识形态”具有跨文化传播理论值得研究的新角度。

参考文献

[1] NATASA BAKIC-MIRIC. Reimaging Understanding of Intercultural Communication, Culture and Culturing. *Journal of Intercultural Communication*,2008(17).

[2] YOUNGHAN CHO. We Know Where We're Going, but We Don't Know Where We Are. *Journal of Communication Inquiry* ,2008,32(2):102-122.

[3] MARK ANDREJEVIC. Interview With Graeme Turner: February 12, 2008, Brisbane, Australia. *Journal of Communication Inquiry*, 2008,32(3):217-229.

[4] Marwan M. Kraidy, Patrick D. Murphy. Shifting Geertz: Toward a Theory of Translocalism in Global Communication Studies. *Communication Theory* ,2008,18(3):335- 355.

[5] FABIENNE DARLING-WOLF. Getting Over Our "Illusion d'Optique": From Globalization to Mondialisation (Through French Rap). *Communication Theory*,2008,18(2):187-209.

[6] JENNIFER LYN SIMPSON. The Color-Blind Double Bind: Whiteness and the (Im)Possibility of Dialogue. *Communication Theory*,2008, 18(1):139-159.

[7] DANIEL WEHRENFENNIG. Conflict Management and Communicative Action: Second-Track Diplomacy from a Habermasian Perspective. *Communication Theory*,2008,18(3):356 - 375.

[8] THOMAS HOVE. Understanding and Efficiency: Habermas's Concept of Communication Relief. *Communication Theory*,2008,18(2):240.

[9] Daniel Wehrenfennig. Conflict Management and Communicative Action: Second-Track Diplomacy from a Habermasian Perspective. *Communication Theory*,2008,18(3):356.

[10] DANIEL WEHRENFENNIG. Conflict Management and Communicative Action: Second-Track Diplomacy from a Habermasian Per-

spective. *Communication Theory*,2008,18(3):356.

[11] LARRY A. SAMOVAR, RICHARD E. PORTER, EDWIN R. MCDANIEL. *Intercultural Communication: A Reader (12th Edition)*. Wadsworth Publishing,2008.

[12] Giles H, Watson B. Intercultural and intergroup parameters of communication. *International Encyclopedia of Communication*,2008,6:2337-2348.

[13] DONAL CARBAUGH. Ethnography of Communication. *The International Encyclopedia of Communication*,2008,4:1592-1598.

[14] DONAL CARBAUGH. Culture and Communication: Ethnographic Perspectives. *The International Encyclopedia of Communication*, 2008,3:1122-1126.

[15] ASANTE M K, MIIKE Y, YIN J. *The Global Intercultural Communication Reader*. New York:Routledge,2008.

[16] DONAL CARBAUGH, DAVID BOROMISZA-HABASHI, XINMEI GE. Dialogue in Cross-cultural Perspective. Koln, Germany: SAXA Verlag,2006:27-46.

[17] CHEN L, CHEUNG C F. Management of Intercultural Conflict: A Preliminary Study of Chinese Managers and Western Subordinates. *Intercultural Communication Studies*, 2008,17(4), 17-35.

[18] SHEER V, CHEN L. Fear Appeals in Chinese Print OTC Ads: Extending the Four-Component Message Structure. *International Journal of Communication*, 2008,2, 936-958.

[19] HECHT M. Identity Gaps and Level of Depression among Korean Immigrants. *Health Communication*,2008,23, 313-325.

[20] WADSWORTH B C, HECHT M L, JUNG E. The Role of Identity Gaps, Discrimination, and Acculturation in International Students' Educational Satisfaction in American Classrooms. *Communication Education*,2008,57, 64-87.

[21] ORBE M, HARRIS T M. *Interracial Communication: Theory into Practice (2nd Edition)*. Thousand Oaks, CA:Sage,2008.

[22] SPENCER-OATEY H. *Culturally Speaking. Culture, Communication and Politeness.* London: Continuum, 2008.

[23] BRISLIN R. *Working with Cultural Differences: Dealing Effectively with Diversity in the Workplace.* Westport, CN: Greenwood, 2008.

[24] HENRIK BØHN. Acculturation and Identity in Adolescents in Norway. *Journal of Intercultural Communication*, 2008, 18.

[25] JELENA DUROVIC. Intercultural Communicaiton and Ethnic Identity. *Journal of Intercultural Communication*, 2008, 16.

[26] CLAUDE-HÉLÉNE MAYER. Identity and Health in Transcultural Mediation: The Model of Culture-Synergetic Transcultural Mediation and its Impacts. *Journal of Intercultural Communication*, 2008, 17.

[27] MASTRO DANA E, BEHM-MORAWITZ ELIZABETH. Exposure to Television Portrayals of Latinos: The Implications of Aversive Racism and Social Identity Theory. *Human Communication Research*, 2008, 34(1): 1-27.

[28] MARTIN EAST. Moving Towards "Us-Others" Reciprocity: Implications of Glocalisation for Language Learning and Intercultural Communication. *Language and Intercultural Communication*, 2008, 8(3): 156-171.

[29] HALVOR NORDBY. Values, Cultural Identity and Communication: A Perspective From Philosophy of Language. *Journal of Intercultural Communication*, 2008(17).

[30] ANGEL HUGUET, JUDIT JANÉS. Mother Tongue as a Determining Variable in Language Attitudes. The Case of Immigrant Latin American Students in Spain. *Language and Intercultural Communication*, 2008, 8(4): 246-260.

[31] KAY KYEONGJU SEO, PAUL CHAMNESS MILLER, CYNTHIA SCHMIDT. Creating Synergy between Collectivism and Individualism in Cyberspace. *Journal of Intercultural Communication*, 2008(18).

[32] NITTAYA CAMPBELL. You've Got Mail. *Journal of Intercultural*

Communication,2008(16).
[33]MORADEWUN ADEJUNMOBI. Intercultural and Transcultural Literacy in Contemporary Africa. *Language and Intercultural Communication*,2008,8(2):72-90.
[34]SARI PIETIKÄINEN. Broadcasting Indigenous Voices: Sami Minority Media Production. *European Journal of Communication*, 2008,23(2):173.
[35] JAKOB D JENSEN. Scientific Uncertainty in News Coverage of Cancer Research: Effects of Hedging on Scientists' and Journalists' Credibility. *Human Communication Research*,2008,34(3): 347-369.
[36] RICARDO VIEIRA . *Ser Igual*, *Ser Diferente*: *Encruzilhadas da Identidade*. Porto:Profedicoes,1999.
[37]CAUGHLIN JOHN P, BRASHERS DALE E, RAMEY MARY E, et al. The Message Design Logics of Responses to HIV Disclosures. *Human Communication Research*,2008,34(4):655-684.
[38]ELZA IBROSCHEVA, JYOTIKA RAMAPRASAD. Do Media Matter? A Social Construction Model of Stereotypes of Foreigners. *Journal of Intercultural Communication*,2008(16).
[39]JESPER STROMBACK, ADAM SHEHATA, DANIELA DIMITROVA,et al. Framing the Mohammad Cartoons Issue:A Cross-cultural Comparison of Swedish and US Press. *Global Media and Communicaiton*,2008,4(2):117-138.
[40]SHANI ORGAD. Have You Seen Bloomberg:Satellite News Channels as Agents of the New Visibility. *Global Media and Communication*,2008,4(3):301-327.
[41] LILIE CHOULIARAKI. The Symbolic Power of Transnational Media. Managing the Visibility of Suffering. *Global Media and Communication*,2008,4(3).
[42] MICHAEL J. BARKER. Democracy or Polyarchy? US-funded Media Developments in Afghanistan and Iraq Post 9/11. *Media*,

Culture & Society,2008,30:109-130.

[43] HARTMUT WESSLER. Contra-flow from the Arab World? How Arab Television Coverage of the 2003 Irap War was Used and Framed on Western International News Channels. *Media, Culture & Society*,2008,30:439-461.

[44] HAIBIN DONG. Towards the Soul-searching Communication. *Journal of Intercultural Communication*,2008(18).

[45] JEF VERSCHUEREN. Intercultural Communication and the Challenges of Migration. *Language and Intercultural Communication*, 2008,8(1):21-35.

[46] RICARDO VIEIRA, JOSÉ TRINDADE. Migration, Culture and Identity in Portugal. *Language and Intercultural Communication*, 2008,8(1):36-49.

[47] GELAYE DEBEBE. Cross-cultural Competence and Power-based Rules: A Native American Case Study. *International Journal of Intercultural Relations*,2008,32(5):399-414.

[48] YOUNG YUN KIM, DHARM P. S. BHAWUK. Globalization and Diversity: Contributions from Intercultural Research. *International Journal of Intercultural Relations*,2008,32(4):301-304.

[49] MICHAEL B. SALZMAN. Globalization, Religious Fundamentalism and the Need for Meaning. *International Journal of Intercultural Relations*,2008,32(4):318-327.

[50] PAWEL BOSKI. Five Meanings of Integration in Acculturation Research. *International Journal of Intercultural Relations*, 2008, 32(2):142-153.

[51] J. W. BERRY. Globalisation and Acculturation. *International Journal of Intercultural Relations*,2008,32(4):328-336.

[52] DHARM P. S. BHAWUK. Globalization and Indigenous Cultures: Homogenization or Differentiation. *International Journal of Intercultural Relations*,2008,32(4):305-317.

[53] LEGRAIN P. *Open World: The Truth about Globalization*. London:

Abacus,2002.

[54] BRANSCOMBE N R, SCHMITT M T, HARVEY R D. Perceiving Pervasive Discrimination among African Americans: Implications for Group Identification and Well-being. *Journal of Personality and Social Psychology*,1999,77,135-149.

[55] SCHMITT M T, BRANSCOMBE N R. The Meaning and Consequences of Perceived Discrimination in Disadvantaged and Privileged Social Groups. *European review of social psychology*, 2002, 12:167-199.

[56] J. N. PIETERSE. *Globalization & culture.* Lanham, Maryland: Rowman&Littlefield,2004.

[57] PYSZCZYNSKI T, SOLOMON S, GREENBERG J. *In the Wake of 9/11: The Psychology of Terror.* Washington, DC: American Psychological Association,2003.

[58] D. P. S. BHAWUK. Looking for the Silver Lining: Integrative Potentials in International Project Negotiation. *Psychology and Developing Societies*,2001,13(2):243-262.

[59] RICARDO VIEIRA . *Historias de Vidae Identidades. Professorese Interculturalidade.* Porto: Edicoes Afrontamento,1999.

海外赛博文化研究进展述评*

李 松 刘 苹**

(武汉大学文学院，武汉，430072)

“赛博”（Cyber）一词的原意可以追溯到希腊语 kyber（to navigate），意指“舵手”、“控制者”。它被广泛应用于自动控制、信息通信以及计算机技术等现代信息领域中。计算机通信技术通过数字化科技将整个地球变成了“数字化地球”，营造了一个虚拟化、网络化的信息空间，相应地也就形成了人机结合的赛博空间（Cyberspace）。这是一种虚拟空间、精神空间和文化空间。人们生活于赛博空间创造了不同于口头文化、书面文化的赛博文化以及独特的生存方式。赛博空间的出现给整个人类生活和文化发展带来了深刻的变化。本文将从人—机关系、赛博朋克、赛博女性主义三个方面着手，对 2008 年和 2009 年度英语文献中关于赛博文化（Cybercultures）的研究成果进行述评，从而起到介绍西学成果、启发本土学术的作用。

一、人—机关系

自从赛博空间成为生活现实之后，人—机关系一直是赛博文化研究的核心命题。

---

* 本项目得到了武汉大学“海外人文社会科学研究前沿追踪计划”以及武汉大学青年科研项目的资助，特此感谢。

** 李松，武汉大学文学院，副教授。刘苹，中南民族大学外语学院，讲师。

（一）关于赛博格的研究

从赛博（Cyber）一词的词源来看，它与控制论有着极其密切的关系。从控制论阐释赛博的内涵是赛博文化的起点。《赛博格与控制论的关系》一文认为，从20世纪80年代中期关于赛博格的研究开始以来，人机复合体已经遍及了日常生活、军事、通俗文学和学术领域，因而在最近几十年来，赛博格已成为常见的主题，但是美国和英国对控制论早期历史的研究却少之又少。该文分析了早期创建赛博格的控制论专家的研究成果。罗纳德·克莱恩（Ronald Kline）把赛博格的历史当做重新解读控制论历史的基础，批评赛博格研究导致了控制论的目的论局限性，也批评了控制论历来只把自身当做一个单一学科的局限性。他认为，在美国和英国赛博格原本是控制论中的一个不大的研究领域，从1948年威纳（Wiener）的《控制论》出版到20世纪60年代控制论被主流科学家所忽略，赛博格通常被归于"医学控制学"。在这期间，控制论专家们对控制论的解读也是各有不同。绝大部分的控制论研究者关注人类和机器之间的类比而不是两者的融合，前者是控制论的主要研究方法而后者属于赛博格的领域。尽管英美很多控制论专家把控制论看做"通用学科"，他们仍然对控制论因领域而异的后控制论话语进行了不同解读。① 艾里森·莫里（Allison Muri）的《赛博格启蒙》一书整理了赛博格的历史——20世纪人与机器的结合。该书主要讲述了人类生活与虚拟生活之间的区别，也解释了赛博格启蒙时期的一些问题及其技术发展。她不赞同后现代主义者夸张的"新人类"或"后人类"说法，也不赞同近来人们认为赛博格克服或者助长了技术和现代性所带来的问题的看法。历史应该反对盲目的乌托邦或者绝望，而在技术环境中，似乎很多关于人类身份的理论都有这个弊病。艾里森·莫里认为后现代主义者和赛博格理论家们误读了《赛博格启蒙》一书，因为描述赛博格历史是一个复杂却有

---

① Ronald Kline. Where are the Cyborgs in Cybernetics. *Social Studies of Science* (*Sage*), 2009, 39 (3): 331-363.

意义的过程。《物质赛博格》一文中尼珊·萨（Nishant Shah）从翻译的角度提出了“物质赛博格”的说法，其认为随着信息交流技术的发展，赛博格作为一个认识论范畴导致了对赛博格身份产生的不同意见。文章把赛博格看做一个翻译机器，认为这种翻译机器与不同意义和意义产生的多种系统相关联。在分析这种近年出现的新网络系统的同时，文章不仅把赛博格看做翻译文本的作者也看做翻译过程的产物。尼珊·萨探讨了在赛博格化过程中的不同参与者和赛博格想象的实质性结果，力求分析这种赛博格作为翻译机器进行生产的同时也产生自己的不可理解的现象。① 也有人考察赛博格的特征及其与人类的关系。人们把“博格”描述为一个机器，它是具有人的特征的自动控制混合体，它具有意识、意志和使命。这些特征也是科幻小说中的很多形象之一，由于这些形象很多，所以统一称为赛博格。而且，人们可以把赛博格定义为人类渴望和潜能的外化，然而，它的技术实体模糊了人类和机器之间的边界。② 赛博格意味着人—机同体，也就是一种特殊机器人。《虚拟生命和机器人》一书认为机器人观念起源于20世纪，它在科学、工程、经济、艺术和文化方面相当程度上影响了人类活动。这本书简单描述了机器人概念的最初意义及其后来的变化，也描述了过去的一个世纪中机器人观念的影响，同时描述了目前未反映到的事实——虚拟生活观念和机器人观念。③《人类之外：与机器人和赛博格共存》一书评价了运用机械方式促使人工智能发展、拓展人类生活和能力的科技发展。书中充满激情地讨论了赛博格身体部件、机器人和人

① Nishant Shah. Material Cyborgs: Asserted Boundaries. *European Journal of English Studies*, 2008, 12 (2): 211-225.

② Nan Runde. Tangents: the machine of the Mind. *Parabola*, 2008, 33 (3): 94-104.

③ Jana Horáková, Jozef Kelemen. Artificial Living Beings and Robots: One Root, Variety of Influences. *Artificial Life and Robotics*, 2009, 13 (2): 555-560.

类自我改变的前景等话题。① 在后现代社会，由于人类面临更加巨大的生存挑战，因而希望通过人—机结合，从而获得强大的应对能力。

（二）人—机关系的模式

实质上，人—机关系是一种人与机器的互动关系，其主要存在模式有观念赛博格、功能赛博格与植入赛博格。微软公司的研究者德斯尼·谭（Desney Tan）在其题为《思想系统》的文章中讨论了人机互动。他认为人类从某种程度上来说已经是赛博格——一种人机共生体。为了论证这个观点，他讨论了很多东西，从隐形眼镜、耳蜗灌输术到髋骨更换手术。谭和一些神经科学家以及两个医学博士所组成的团队，在努力地进行人机互动实验，目的是挖掘出人类的赛博格特征。德斯尼·谭的这篇文章提到了研究者们正在考察用思想来控制个人电脑的可能性。② 福雷斯曼（Fleischmann）的文章《“社会—技术”互动与“赛博格—赛博格”互动：人机互动的等级和结合程度转型》描述了人机互动方式的拓展。由于计算机无处不在的网络联系，人机互动的等级越来越高。从个体之间的互动到群体之间的互动，再到整个社会之间的互动，最后到整个社会与技术之间的互动。人机互动过程中人类与计算机结合越来越紧密，最后导致了“赛博格与赛博格”之间的互动。福雷斯曼探讨了这两个趋势尤其是非人类中介，包括人类和动物的生物中介、信息技术的赛博中介和网络的集体中介对社会和伦理的影响。文章总结道：生物中介和赛博中介结合得越来越紧密，其结果不仅仅是用计算机进行合作更是与计算机合作。③ 《论连接人脑和机器脑》一文研究怎样把人脑和机器连接起来，同时也考虑了神经输入技术的前景，包括思想通信的现实潜能——增加商业机会。但是非常清楚的

---

① Gregory Benford. *Beyond Human: Living With Robots and Cyborgs*. New York: St Martins Pr, 2008.

② Desney Tan. The Think System. *PC Magazine*, 2008, 7 (1/2): 86.

③ Kenneth R. Fleischmann. Social Technical Interaction and Cyborg-Cyborg Interaction: Transforming the Scale and Convergence of HCI. *Information Society*, 2009, 25 (4): 227-235.

是，大脑一半是人、一半是机器的个体的能力能够远远超过只具有人脑的个体。因此，该文也考虑这样的问题：这样的个体是否会表现出与人类不同的道德和伦理价值观呢？如果这样，那么会对社会产生怎样的影响？①《人机合一》介绍了英国雷丁大学控制学教授柯文·沃里克（Kevin Warwick）的成果。他宣称其使命是要成为世界上第一个人机混合体并成为"赛博格工程"的一部分。他的研究目的是要发展心灵感应交流以及人脑的计算机化。柯文·沃里克的研究工程引起了人们的批评。②

（三）赛博虚拟问题

赛博空间作为一种文化交往空间，要求进入这一空间的人必须首先被转化为二进制符号才能确立文化身份。这就说明赛博空间中的人不同于现实世界中的人，而是一种虚拟性的、符号性的、超文本的存在。《虚拟现实与幻想——非科技视角》一文从经验角度考察虚拟现实。赛博空间的虚拟现实把虚拟与现实相提并论，从而改变了现实经验的存在状态。艺术家、新媒体理论家和哲学家创造、混合、模拟、扩展了现实，也修改了现实。媒体理论家罗伊·爱斯科（Roy Ascott）创造了一个三维虚拟现实模型：可证实的现实、虚拟现实和植物现实。我们转换感知假设的方式，创造并证实幻想并使人们开始相信，从而让我们进入想象的世界，不管虚拟世界是显性具象（机器人操纵）的或是显性想象（艺术家创造）的，这对虚拟世界的体验是非常重要的。虚拟现实的比喻与幻觉——蒂莫西·拉里（Timothy Leary）所拓展的感知方式——交织在一起。文章讨论了两个领域之间的哲学、社会历史和心理感知的联系。詹姆斯·纽曼在《游戏系统：视频游戏、游戏玩家和游戏角色》一文中指出，提供一种方式去思考视频游戏玩家的主体地位，那就是使玩家不把自己当成荧幕上的角色而只把视频游戏当做一种模拟。通

① Kevin Warwick, Virginie Ruiz. On Linking Human and Machine Brains. *Neurocomputing*, 2008, 71 (13-15): 2619-2624.

② Ben Sampson. Man into Machine. *Professional Engineering*, 2008, 21 (1): 26.

过这种方式，他认为游戏玩家不应只关注游戏系统的单一元素，如某一个角色或者“化身”，而应把游戏当做一个系统，一个数学模型。这种模式鼓励、要求玩家“像计算机一样地思考”，探索游戏的边界，观察它的规则，开拓它的潜能，最终变成系统的一部分。①

（四）赛博格的社会影响

计算机与人的精神融为一体，它改变了人的生活方式、社会行为与精神观念，因而计算机不仅成为人类日常物质生活与精神生活的一部分，而且将持续改变人类的生存方式与社会走向。人机一体的赛博格文化将极大地影响人类的生活。《控制论启蒙》关注个体主体性与电子通信媒体网络的融合。文章认为在早期对人机知识、判断的现代描述中，就有人提到对赛博格个体和赛博格社会进行管理，让它们具有控制和交流功能。② 佟米（Toumey C）认为，人类和技术之间的关系，通常被看做反对技术、无视于技术所带来的好处的人和认为所有的技术都无可挑剔的人之间的争论。③《抽象之爱》认为赛博格体现了社会想象的轮廓。技术给社会实践提供可行性空间，给储存最初的交流提供社会媒介。《2.0网络与语义网络》讨论了弗罗里德（Floridi，2007）关于信息通信技术的未来发展和对人类生活的影响的结论。文章中所支持的两个主要内容是：随着信息社会的发展，网上和网下之间的区别已经越来越模糊，一旦它们之间不再有重要区别，我们将渐渐把自己当做“信息格”而不是“赛博格”，也就是社会中的信息有机体。作者从这个角度在文章中考察所谓的语义网络及2.0网的发展并试图预测它们的将来。关于语义网络，作者认为这是一个清楚的、细致的工程，尽管

① James Newman. Playing the System：Videogames/Players/Characters. *Semiotica*, 2009, 173（2）：509-524.

② Allison Muri. Enlightenment Cybernetics：Communications and Control in the Man-Machine. *Eighteenth Century*：*Theory & Interpretation*, 2008, 49（2）：141-163.

③ Toumey C. Plenty of Gloom and Doom at the Bottom. *Nature Nanotechnology*, 2009, 4（7）：396.

有些权威观点有不同意见，认为这个工程前景堪忧。关于2.0网，作者认为，尽管这个工程定义不好，缺乏对它的性质和范围的详细解释，它确实有成功的可能性（它已经成为云计算①这一新现象的一部分)，因为它平衡了自然中到目前为止唯一的语义引擎——人类。文章最后对数字交流的36篇文章进行了评论。这些文章讨论编码的弊病、女性主义理论和批评研究的突出成绩、技术和文化假设的缘由、赛博空间的诱惑和期望、视域的控制、后媒体研究、乌托邦元素、对“污秽年代”的反应、生物哲学、恒等式代数学以及福柯对编码的理解等。这些文章也描述了新媒体背后的政治、性别和宗教以及它们各自的力量，包括对赛博格母亲、同性恋者、数字宇宙论背后的意识形态、数字启示、数字对城市的影响等有趣的评价。更多的文章评价了感知、身体和在完整的数字体验中的声音效果。②

二、赛博女性主义

简言之，赛博女性主义是指与赛博空间相联系的女性主义理论，以及发生在赛博空间之中的女性主义社会实践。

（一）关于唐娜·哈洛维成果的研究

“赛博女性主义”的说法出现于20世纪90年代初期，它通常是指赛博空间中女性之间的互动关系以及女性主义实践。与塞迪·普朗特（Sadie Plant）为代表的观点相对的是唐娜·哈洛维（Donna Haraway）的赛博格隐喻。哈洛维在1985年的《赛博格宣言：20世

① 云计算（cloud computing）是一种新兴的商业计算模型。它将计算任务分布在大量计算机构的资源池上，使各种应用系统能够根据需要获取计算力、存储空间和各种软件服务。云计算（cloud computing）是分布式处理（distributed computing)、并行处理（parallel computing）和网格计算（grid computing）的发展，或者说是这些计算机科学概念的商业实现。

② Arthur Kroker. *Critical Digital Studies: A Reader*. Toronto: Univ of Toronto Press, 2008.

纪晚期的科学、技术及社会主义的女性主义》文章中提出了“赛博格”的概念。她认为赛博格是一种控制论的有机体，一种人机同体的高科技产物。《分裂的自我和现实世界的知识：变成赛博格的骗子》以唐娜·哈洛维（Donna Haraway）的女性主义客观性理论为基础，以该理论中分裂的自我、身体化的幻想、现实世界的知识等为背景，托马斯·弗伦茨（Thomas S. Frentz）讲述了医务人员为他进行换髋手术的过程，故事以三个情节展开：第一个主要讲一个骗子，第二个讲把他变为赛博格，第三个结合前两者情节而展开。他通过这个故事暗示哈洛维的女性主义主张也可以通过笑声、虚弱的情感和具有启发性的故事来体现。① 《赛博女性的进化还是退化?》一文表明赛博格化并不会自动地表示自由主义化，《黑客帝国》系列电影比威廉·吉布森的作品受欢迎得多的现实表明有吸引力的情节更受欢迎，所以小说应不断挖掘新的表达方式。②《赛博格伊甸园：生态批评和〈创世记（二、三）〉》介绍了唐娜·哈洛维的女性主义特别是她的《赛博格宣言：20 世纪晚期的科学、技术及社会主义的女性主义》及其对希伯来圣经的相关批判。从希拉里·克莱恩（Hilary Klein）的研究成果出发，唐娜·哈洛维认为马克思主义、女性主义和科技通常来自那些重新描述女性主义者力求克服的二元论的原创故事。她提到了像伊甸园故事一样的所有现代原创故事。哈洛维寻找那些模糊二元论边界的故事或人物，这种二元论体现为：一方面建构压迫，而另一方面则可能有助于建构一个更适于生存的未来。她的大多数作品都与“妖魔”有关，比如说，尽管赛博格源于一个父权资本主义社会的可怕神话（其内容是地球毁灭后人类逃入太空），但是她认为赛博格可能会颠覆关于这个起源的说法，因为这个说法消除了人类与自然之间的界限并重新定义了两者。伊甸园故事里的蛇是一个超越了边界的妖魔，

---

① Thomas S. Frentz. Split Selves and Situated Knowledge the Trickster Goes Titanium. *Qualitative Inquiry*, 2009, 15 (5): 820-842.

② Barbara Czarniawska, Eva Gustavsson. The (D) evolution of the Cyberwoman. *Organization*, 2008, 15 (5): 665-683.

它消除了上帝与自然、人性与自然之间的界限。由于蛇的帮助，人类获得了认识能力以完成他们服务地球、保护地球的天职，并且选择了现实和完整的人性。对这个关于蛇的故事的解读能使异性恋以及人类中心主义作品边缘化，并颠覆对地球未来的设想。①

哈洛维认为，在赛博格空间中，男性与女性的身体由于无法同技术相分离，因此同社会性别相关的权力差异将减弱。有些赛博女性主义者认为网络科技可以成为一个反抗压迫女性的政权制度的有效工具，而有些人则对此持怀疑态度。杰西·丹尼尔（Jessie Daniels）的《重新审视赛博女性主义：种族、性别和身体化》总体介绍了赛博格女性主义理论和实践。她评价了赛博女性主义关于人机混合体赛博格的颠覆性潜能等，分析了女性的生命体验和网络实践。有些赛博女性主义者认为：网络通过人机复合体赛博格、身份旅行和避免身体化来改变性别和种族的政治力量，杰西·丹尼尔却认为：女性的生命体验和网络实践揭示了她们用网络以很多方式改变她们的物质和肉体生活，这既反抗了性别和种族的等级制度同时也加强了这些制度。在关注学术领域的同时，杰西·丹尼尔也特别留意社会学家在网络实践中所进行的以理论为指导的经验调查。同时作者分析了萨克雅·萨森（Saskia Sassen）、罗利·肯德尔（Lori Kendall）、卓蒂·欧布莱恩（Jodi O'Brien）和维多利亚·皮特（Victoria Pitts）等人的赛博女性主义观点，得出“对不同赛博女性主义形式的回顾表明，网络以很多复杂的方式融入了我们的物质生活和肉体生活”的结论。而杰西·丹尼尔自己则因为她的社会学背景而更关注网络实践的社会学实验方法研究，她认为要试图改变社会教育，社会就不能忽略赛博研究。②

（二）赛博女性主义与性别身份

赛博女性主义的主要议题是当代科技中的社会性别身份、身体

① Arthur Walker-Jones. Eden for Cyborgs: Ecocriticism and Genesis 2-3. *Biblical Interpretation*, 2008, 16 (3): 263-293.

② Jessie Daniels. Rethinking Cyberfeminism (s): Race, Gender, and Embodiment. *Women's Studies Quarterly*, 2009, 37 (1/2).

与技术的结合方式。《论女性博格》讨论流行文化中的虚拟女性的发展。据考察，流行文化中女赛博格的数量远远少于女机器人。第一个仿生学女性吉米·索美斯（Jamie Sommers）1976 年出现在电视中。《赛博格的回归》评价了把沮丧诊断和抗抑郁剂当做新性别技术销售给女性的新趋势。这是对现代主义者理想化地看待女性并把女性的精神上的悲伤沮丧怪罪于身体和社会因素的看法的回应。该项研究介绍了三项新药物广告。它们把抗抑郁病的药剂推销给一些女性，试图鼓励她们自己管理悲伤沮丧并服用药物。跟唐娜·哈洛维和安妮·波赛姆（Anne Balsamo）的观点一样，文章认为这些意象表现了惯常的现代主义女性、缺席的女性和模糊地被标记为生病的或者痊愈了的赛博格。文章回顾了 20 世纪后期赛博格理论中的物质主义转型之后出现的一些研究，暗示了在药品营销中突然出现赛博格的文化逻辑。作者认为这一冲突的视觉信息与沮丧的压力起因讽刺地重合，这既呈现了一个复杂的精神—身体系统也呈现了一个简单的唯一解决方案，实际上也可能给消费者对于混乱的抗抑郁症逻辑的批判提供机会。①《女性、科学和神话：古今性别观念》这本百科全书性质的作品调查了各个时代关于性别的科学研究，详尽地介绍了科学组织所发现的关于相关的人、实验和影响的合理不合理成果。“历史上很多关于女性能力的故事受到了科学世界的赞赏，可是科学世界本身却迟迟不肯接纳女科学家的作品，两者之间有何联系?”“该书直接回答这个关键问题，非常清醒地看待科学世界中这一迟迟未能解决的争议，从长期问题和主题的角度按时间顺序来讨论这个主题。”该书考察历史上科学家们研究性别的方式，他们的研究成果对社会看待女性的态度的影响，以及这些成果对科学界、女性、女科学家和女权运动的影响。该书的研究成果是及时的有启迪作用的资源，这些资源证伪了所谓的“科学研究证

---

① Paula Gardner. Return of the Cyborg; Gendered Antidepressant Ads, Biopsychiatry. *Conference Papers*: *International Communication Association*, 2008, 1-23.

明”的拙劣的性别观念，表现了科学的合理成果。①《女性化身世界：关于虚拟现实时代女性身体的在线艺术调查》关注女性化身的使用以及一个就该主题所进行的艺术项目。该文解释道：该项目是艺术家艾弗琳·斯特弥茨（Evelin Stermitz），策划人茱尔·科茨曼（Jure Kodzoman）、里加纳·波科维克（Ljiljana Perkovic）和洛里茨·兹比各尼（Loritz Zbigniew）合作的产物。该论文通过这个项目探索女性身体和女性与她们身体的关系。这个项目的主题是身体和技术、身体和性、缺席的身体、身体和图画、身体和暴力以及赛博空间作为环境的本质。《性别、空间和跨边界话语：论赛博空间中的性别问题》讨论建立一个赛博教室，给所有学生尤其是女性学生一个安全的话语空间，通过消费过程和鼓励学生用批评的眼光评价在不同空间中性别有什么不同的表现的过程来鉴别社会空间中性别的产生。②《电影技术超验时代男性欲望的女性“本质”》考察了20世纪末的科幻电影代表作。作者认为尽管这些电影形式各不相同，但都关注由科技对自我和现实的考虑所带来的身份焦虑。这首为后工业资本主义社会中丢失了的稳靠的男性地位所唱的挽歌，标志着自然的想象性建构的颠覆。这些电影展现了男性内涵的转变过程：从超越自然——母系领域而进入文化——社会领域的男性，转变为通过无条件接近自然——母系世界的幻想所建构的男性。这个转变体现了随着自然世界的消失以及人们对自然世界的向往而出现的渐增的焦虑。③关于赛博女性主义与性别的研究成果还有如下一些专著：《媒体、艺术和文化中的性别表现》运用女英雄的故事体现有关女性主义的研究成果。《性别和妇女研究导论》反映了性别和妇女研究领域的新发展。《妇女运动：欣欣向荣还是止

① Sue V. Rosser. *Women, Science, and Myth: Gender Beliefs from Antiquity to the Present.* Santa Barbara: ABC-CLIO, Incorporated, 2008.

② Janemaree Maher, Chng Huang Hoon. Gender, Space, and Discourse Across Borders: Talking Gender in Cyberspace. *Feminist Teacher*, 2008, 18 (3): 202-215.

③ Jeanne Hamming. The Feminine “Nature” of Masculine Desire in the Age of Cinematic Techno-Transcendence. *Journal of Popular Film & Television*, 2008, 35 (4): 146-153.

步不前?》研究不断变化的女性运动模式以及运动的地方性空间、全球空间和赛博空间，讨论女性运动的现状。①

（三）赛博女性主义的地域差异

《赛博女性乌托邦？马来群岛计算机科技专业女性师生的性别和计算机科学认知》一文认为，在大部分西方国家，高等计算机科学教育中女性的数量较少并且仍然在逐渐减少是一个众所周知的问题。西方对于性别和计算机科学的关系的主要认知是，后者是"男性的"，其中一部分原因是女性在这个行业中很少。马来群岛的情况却不一样。计算机科学行业有很多女性，计算机科学并不被认为是"男性的"，而被认为能给女性提供合适的工作和较好的职业。这反映了人们对性别的认知。因为在计算机行业，人们在办公室工作，对女性很友好，比起建筑工地和工厂等地方来说更安全，所以这个行业被认为具有更多女性特质。这些研究发现表明性别和计算机科学的关系比西方研究所表明的具有更多的存在方式。②《北方的赛博女性主义：北欧数字媒体和性别》一文认为尽管学术界对赛博女性主义有很多的争论，但是它应该是全球化的现象却是无可争议的，不过目前的赛博女性主义研究更多地是在英国和美国。卡斯特德（Karlstad）大学研究媒体信息的艾尔姆（Elm）和斯德哥尔摩皇家技术学院研究媒体技术的桑顿（Sunden）解释了北欧赛博女性主义的独特之处，并认为从地理和文化因素的角度来看，北欧赛博女性主义有更多的内涵。他们主要考察了丹麦、芬兰、冰岛、挪威和瑞典的情况。他们描述了网络色情文学和"常态"中的性和身体，以及网络社区和数字化的分性别的表演中的身份，分析性别化的尤其是年轻人的计算和计算机使用，阐述工作中的监视技术，试图找出缺少女黑客的原因。《从赛博女性主义到

---

① Marian Sawer, Sandra Grey. *Women's Movements: Flourishing or in Abeyance?* London: Routledge, 2008.

② Vivian Anette Lagesen. A Cyberfeminist Utopia? Perceptions of Gender and Computer Science among Malaysian Women Computer Science Students and Faculty. *Science, Technology & Human Values*, 2008, 33 (1): 5-27.

技术女性主义：从实在说视角到西班牙女性主义实践中的社会赛博女性主义》认为，从1990年前后起，西班牙女性主义实践的理论设想和目标就已经开始多样化，这些理论试图在多种视角使用新虚拟社区，这些视角使实践接近赛博女性主义和技术女性主义。该文的目的是用近期西班牙女性主义实践的具体实例来深层次地探讨新社会空间的建构和运用。文章分析了西班牙20世纪末21世纪初的两个主要女性主义网站的创立者所提出的理论建议，通过解释这些网站的开始、目的、运营，从分析玛拉·安格斯瑟斯·伯特姆（Mara Angustias Bertomeu）所创建的“E-leusis”网和蒙特塞拉特·伯克斯（Montserrat Boix）所创建的“女性在线”（Mujeres en Red）出发，作者得出结论：西班牙女性主义实践已经从伯特姆所支持的实在乌托邦发展到已被伯克斯所说的社会赛博女性主义的技术女性主义。①《阿拉伯世界中的赛博女性主义》一文认为网络已经成为人类的新闻、信息、休闲和社会综合内容的来源，它也是性别身份体现非常明显的一个媒体，尤其是女权主义者，她们把网络当做一个女性可以不受限制的，并且可以体现她们身份以及挑战她们在媒体中固有角色的领域。但是网络是否真正能满足她们的乌托邦理想呢？该书分析了18个以阿拉伯妇女为对象的网站，结果表明网络充斥着几十年来对女性的陈旧性别定位，把她们限制在家庭主妇和母亲这些家庭角色之中或者仅仅把她们描述为美或视觉享受的对象。这些分析对性别研究领域的学生、研究者和专业人士非常有启发。② 上述对世界不同地区赛博女性主义的考察，体现了技术社会化的个体特征。这种研究方式反映了文化研究以案例分析见长的特点。

---

① Sonia Núñez Puente. From Cyberfeminism to Technofeminism: From an Essentialist Perspective to Social Cyberfeminism in Certain Feminist Practices in Spain. *Women's Studies International Forum*, 2008, 31 (6): 434-440.

② Dalia Al Nimr. *Cyberfeminism in the Arab World*. Germany: VDM Verlag Dr. Mueller e. K, 2009.

三、赛博朋克

(一) 关于威廉·吉布森的《神经漫游者》的研究

威廉·吉布森的《神经漫游者》(*Neuromancer*)这部长篇小说最早被确认为"赛博朋克"小说之一,也就是典型的科幻小说。与传统的科幻小说不同的是,"赛博朋克"叙述的科学技术不仅是可能发生的,而且有些技术人类正在使用之中。目前有不少文章聚焦于《神经漫游者》的研究。《推理怀旧:超小说、科幻小说和小说的假性死亡》一文认为威廉·吉布森的小说《神经漫游者》(1984)及其续集《归零》(*Count Zero*)(1986)中对于未来媒体的理想化的想象都源自以前的权力和控制话语。该文同时也研究了蒸汽朋克这种狂热的粉丝文化和艺术/工程运动。这个运动起源于新维多利亚时期的几本轻率狂妄的科幻小说。它自称为科技发展的"非勒德批评",通过假想的反历史叙述剪接传统形式和新媒体之间固有的对立。透过蒸汽朋克文本中所产生的广阔的文化镜头,诺姆·柯亨(Noam S. Cohen)认为目的论叙述持续关注效度,因此导致忽略复杂性、不可还原性及反抗性的结果,他探讨是否可以把这个结果当做现代小说和现代通信科技问题的起源。诺姆·柯亨解读了马克·阿丹尼勒维斯基(Mark ADanielewski)的后现代恐怖小说和电影《叶屋》,揭示了当艺术作品被当做复杂的物质构成而不是作者表达交流意愿的简单载体时,所表现出的被压抑的恐惧。因此,关于小说的死亡的作品可能并不是为了保存传统文学形式,而是为了让我们记住媒体形式和人类体验之间是相互渗透的这一事实。媒体的唯心主义观念,不管是新的还是旧的,可以并已经被用来去除两者之间的边界,从而允许权力结构违反个人意志。在这个实实在在存在着的相对沉闷的"边界"中,小说的持续存在就顽强地凸显着身体、文本和精神的复杂互动,并有可能使两者之间的完美交流和牵制变得复杂混乱。① 威廉·哈内(William S. Haney

① Noam S. Cohen. *Speculative Nostalgias: Metafiction, Science Fiction and the Putative Death of the Novel.* Stanford: Stanford University, 2008.

II）认为，在威廉·吉布森的《神经漫游者》中，后人类社会将不会给日常生活中的超验（transcendence）提供有利的环境，仿生技术无疑会提供破坏性的替代品——虚拟的超验。因此，基于对技术把人类转变为赛博格时人类可能面临的危机的想象，科幻小说作家对此有非常清楚的认识。《神经漫游者》从物质的角度而不是从精神的角度模糊了人类和赛博格或者机器之间的区别，计算机永远也不能成为人类。小说中的一些角色，特别是凯斯（Case）有双重身份：一种是基于与技术合并的社会建构的维度，一种是由赛博空间对潜意识的影响所引起的潜在的非建构维度。①《湿件②小说：赛博朋克和后人类身体的意识形态》探讨了威廉·吉布森的赛博朋克小说对后人类身体的描述所隐含的意识形态。文章首先给后人类身体分类，然后从他的小说中离析出四种主要的后人类形式：劳动的身体、被压抑的身体、消失中的身体和有标记的身体。劳动的身体的性别特征最明显，最能反映身体的工作。不过，赛博朋克认为身体有利于资本主义事业，因此不管是男是女都把他们看做劳动的身体。被压抑的身体往往是技术所包含的"原始"身体，受设备和软件限制。消失中的身体是"原始"身体因为替换和增加而发生了改变的身体。最后，有标记的身体在消费的过程中获得了新的内容和更美好的外观，它连接着人类和消费者文化。做完分类之后，文章从三个领域讨论后人类身体政治：家庭、老龄化和公民身份。文章认为"赛博格家庭"的含义是指传统家庭的含义因技术的改变而完全被颠覆，正如这篇文章在讨论后人类时期老龄化的意识形态时所提到的，在解决老龄化问题时赛博朋克只能提供昂贵的技术。最后，文章讨论了公民身份，以及在赛博格时代个体和团体在改变政治的全貌时本身不断改变的想法，从而对新科技的到来的

① William S. Haney II. William Gibson's Neuromancer: Cyberpunk and the End of Humanity/William Gibson' in Neuromancer Adli Eseri: Siberpunk ve Insanligin Sonu. *Interaction*, 2009, 18 (1): 73-88.

② 原文是"wetware"，网络用语，指人脑。

假设提出质疑。①

（二）赛博朋克的主题

1. 人类未来的生活

在一个以复制、拟真与仿象为特征的电子文化时代，赛博朋克小说借助艺术与技术的结合建构了未来赛博文化的想象空间。《星空的裂痕：新未来神话》一书中的科幻故事展望了将来的生活。该书中的故事讲述了一些常见的科幻情节，如外星人造访地球、威力超大的计算机游戏等，也讲述了不那么常见的故事或者主题，如未来的吸血鬼以及一个关于无形的问卷的有趣故事。这些故事不只是读来有趣，也启发人们的思考。②《赛博格，后人类主义和短篇科幻小说》讨论短篇科幻故事中后人类主义的发展，主要探讨赛博格、虚构的境遇和人类精神的潜力，后现代主义和科幻小说的范围等，还讨论了故事叙述、超验主义、精神与身体之间的联系、短篇科幻故事的认知和创造之间的关系等。③ 哈斯勒（Hassler）和威尔科克斯（Wilcox）所编辑的《政治科幻小说新边界》收集了关于科幻小说中的政治意识形态这一主题的文章。这些文章表明这个领域的绝大部分作者要么认为命运与个人成就紧密相关，要么认为人类必须考虑到并不乐观的未来而不应只关注自身。这些文章有的考察班克斯（Banks）、迪克（Dick）、罗斯（Russ）和吉布森（Gibson）的观点，有的关注种族、性别和辩证法等问题，以及从现在的人类所进化而来的“新人类”。这本书也探索政治科学和政治科幻小说在影视之中的表达方式。④《世界编织者：全球化、科幻小说和赛博革命》这本书是第一个研究全球化和科幻作品的关

---

① Pramod K. Nayar. Wetware Fiction: Cyberpunk and the Ideologies of Posthuman Bodies. *ICFAI Journal of English Studies*, 2008, 3 (2): 30-40.

② Jonathan Strahan. *The Starry Rift: Tales of New Tomorrows: an Anthology of Original Science Fiction*. New York: Viking, 2008.

③ William S. Haney II. Cyborgs, Posthumanism and Short Fiction. *Atenea*, 2008, 28 (2): 157-167.

④ Donald M. Hassler, Clyde Wilcox, Donald M. Hassler. *New Boundaries in Political Science Fiction*. Columbia: University of South Carolina Press, 2008.

系的作品。科技革新给不同国家的人们提供了独一无二的共同空间以及与相隔很远的人们建立新的联系的方式。该书试图探索由于技术的进步、对这些进步的共同兴趣以及这些进步带来的可能未来，我们的世界怎样才能联系得越来越紧密。科幻作品早已或直接或隐喻地与地球村联系在一起，它们现在的任务是探索赛博革命将会怎样改变世界，并在现实世界不断加速发展的情况下始终预测着它的发展。①《循环性的生物和罗格·吉诺米》认为科幻小说总是能创造神话，从而让我们了解科技控制自然的能力的有效性和局限性。作为一种生物赛博格，索米（Sonmi）的物质和符号身份不可预知，表现了自然对社会系统意图控制生命实体这一行为的反抗。②有学界认为所谓的“后人类时期”起源于20世纪早期的现代主义文学、绘画和雕刻，“后人类”有力地表达了一个文化概念，尽管从科学的角度来说这种说法很不准确。帕特里克·帕瑞德（Patrick Parrinder）从人类与后人类之间的所谓区别出发考察了20世纪20年代早期以来的科幻和非科幻作品。③ 克拉克（Clarke）在《后人类变体：作品和系统》中说道：身体变化的隐喻在人类文学中从远古的寓言到达尔文的进化论均一直存在着，即使是从现代到后现代的转型也未能结束这种状况。他并系统考察了摩里亚博士（Dr. Moreau）、大卫·科洛伦博（David Cronenberg）、斯坦尼斯洛·勒姆（Stanislaw Lem）和奥克塔维亚·巴特勒（Octavia Butler）的后

---

① Wong Kin Yuen, Gary Westfahl, Amy Kit Sze Chan. *World Weavers: Globalization, Science Fiction, and the Cybernetic Revolution.* Hong Kong: Hong Kong University Press, 2009.

② Louise Economides. Recycled Creatures and Rogue Genomes: Biotechnology in Mary Shelley's Frankenstein and David Mitchell's Cloud Atlas. (Report). *Literature Compass*, 2009, 6 (3): 615-631.

③ Patrick Parrinder. Robots, Clones and Clockwork Men: The Post-Human Perplex in Early Twentieth-Century Literature and Science. *Interdisciplinary Science Reviews*, 2009, 34 (1): 56-67.

人类变体作品。①《罗斯·阿斯比的哲学及其与〈黑客帝国〉的关系》一文认为，阿斯比在进行技术和精神病学研究的同时也在认真地观察着他周围的世界。柯文·沃里克（Kevin Warwick）对人类智慧的本质、大脑的工作机制、电脑的人工智能和思考能力甚至整个科学都做出了很多哲学结论。在柯文·沃里克的这篇文章中，他整体介绍了阿斯比的哲学，尤其是它与世界的联系甚至是对世界的科学预测。他比较了阿斯比的理论和《黑客帝国》的科幻理念，并认真探讨了从阿斯比的观点角度来看《黑客帝国》的话，世界最终成为现实的可能性有多大。②《终结者Ⅳ》的导演在这部电影中试图表现在核战的破坏之下世界将变成怎样，他想把它表现得脏乱却又真实。③

2. 人类未来的精神生活

凯姆·索恩（Kym Thorne）和亚历山大·科泽明（Alexander Kouzmin）认为，在可控的、资源丰富的虚拟世界我们应该仔细讨论“改变”或“保持现状”的问题。由于以2.0网为基础的宣传和对政治经济自由的赛博空间的设想，1.0网似乎会有所发展。“数字区分”的内在和外在“民主”和“发展”维度都完全包含在一种新“恐怖政治”、一种“恐怖主义”和“安全”的新霸权话语之中。在这种情况下，即使是那些对信息与通信技术发展和对民主社会的影响的简单回应，也开始变得像反乌托邦的颠覆行为。新自由主义赛博空间，1.0网或2.0网，是充满了缺陷和可能性的强制空间。④ 克里斯多夫·匹茨诺（Christopher J. Pizzino）的论文关

① Bruce Clarke. *Posthuman Metamorphosis: Narrative and System*. New York: Fordham University Press, 2008.

② Kevin Warwick. The Philosophy of W. Ross Ashby and its Relationship to “The Matrix”. *International Journal of General Systems*, 2009, 38 (2): 239-253.

③ Mekado Murphy. California as a Human Abattoir. *New York Times*, 2009-05-03 (6).

④ Kym Thorne, Alexander Kouzmin. Cyberpunk—Web 1.0 “Egoism” Greets Group, Web 2.0 “Narcissism”: Convergence, Consumption, and Surveillance in the Digital Divide. *Administrative Theory & Praxis*, 2008, 30 (3): 299-323.

注赛博朋克小说建构宗教的方式以及怎样以主观与历史的概念来理解世俗和宗教之间的区别。他进一步认为后现代科幻小说中常见的世俗主观可以被认为是世俗主观的关键表达，因为它的合法性受到了质疑。同时，运用后现代科幻电影中的例子，匹茨诺讨论了世俗主观挑战宗教与世俗的对立的改变。① 马丁·帕克（Martin Parker）分析了鲍拉德（J. G. Ballard）的几篇短篇小说，也讨论了“空间”的现代形式。这些空间是孤立的、个体的，通常以赛博或虚拟的形式存在。从某种程度上来说，在现代赛博朋克科幻小说和关于空间的资本主义阴谋作品中可以看到野心的减少。尽管太空人可能会有政治嫌疑，但它代表了进步、技术和组织的现代主义串联的成功。与虚拟世界的含蓄表达不同，星际之间的异常空间可能体现技术和人类之间的更广阔的关系。② 约翰·奥斯特（John Oster）的科幻小说《最后一个主教》提出了一个有趣的问题：在充斥着人性化电脑、时空旅行和赛博格技术的22世纪，在一个科技成为生命的世界，拥有宗教信仰的人的位置在哪里？雷·科茨威尔（Ray Kurzweil）迫不及待地想要成为赛博格——永恒的机器中的人类灵魂，但这到底是人类进化过程中的一个飞跃或者仅仅是中年人的更年期想象？《赛博朋克的赛博自由：改变现实银幕》这本书是蒂莫西·拉里的“赛博朋克宣言”，它展望了新人文主义的出现。该书所描述的新人文主义强调通过计算机和大脑质疑权威，强调独立思考、个体创新和掌握权力。这本书集中了拉里的最具有感染力的作品，也精选了不同的作家和思想家的一些采访和对话。书中的“怎样打开你的生物电脑”这一章突出表现了拉里的疯狂却又具有惊人的说服力，它模仿一些植物的生物机制，把异端的、基于自然的礼节与大脑的集体开机连接起来。这些内容描述了一种新人类，他们信奉技术并且用技术改革交流方式。他们一方面防止出现垄断

① Christopher J. Pizzino. *Religion in Postmodern Science Fiction: A Case Study in Secularity*. New Brunswick: Rutgers, The State University of New Jersey, 2008.

② Martin Parker. Memories of the Space Age. *Information, Communication & Society*, 2008, 11 (6): 846-860.

信息的巨无霸，另一方面又给个人获得成功和得到政治力量的机会。最重要的是，他们各得其所又自得其乐。①

（三）蒸汽朋克

蒸汽朋克是20世纪80年代到90年代早期占主流地位的幻想小说和推理小说的分支之一。它是指以蒸汽仍然被广泛地运用的19世纪尤其是维多利亚时代的英国为时代背景，但主要元素是科幻或者幻想（如幻想的技术发明或者真正的技术发展）的作品。蒸汽朋克通常与赛博朋克相关而且有同样的反叛主题，但它是一个独立的运动，尽管两者对彼此的影响很大。除去发展的时期和技术发展的层次不一样之外，两者的主要区别是：蒸汽朋克的反乌托邦倾向没有赛博朋克明显，甚至完全缺乏反乌托邦倾向。简单说来，蒸汽朋克力求通过复兴过去几个世纪中被忽略的技术和设计元素，使现代技术体验变得人性化。蒸汽朋克想象一个依靠其他可持续燃料而不是依靠石油的未来，如利用木头来运输、供热和创造艺术，它通过思考过去来计划未来。在这个过程中，蒸汽朋克狂热者在创造一种影响时尚、设计和文学的全新美学。圣弗兰西斯科是蒸汽朋克的前沿阵地。《蒸汽朋克》集中了很多幻想故事，这些故事充满了新奇的机械想象和阴错阳差的情节。蒸汽朋克起源于维多利亚时代的浪漫典雅，它混合着现代科技进步并综合了虚构技术，如用蒸汽操纵的机器人、超现代化的飞船等。

结　语

当前人类的文化环境出现了由工业社会向信息化社会转型的巨大变迁，与之相应的是，近些年来，西方学术界不仅从器物层面研究计算机网络技术的进展，而且从人机互动、赛博女性主义、文学

① Timothy Leary. *Cyberpunks Cyberfreedom*: *Change Reality Screens.* Berkeley: Ronin Publishing, 2008.

艺术等方面探讨赛博文化的人文关怀、情感内涵等终极价值。① 这是物质文明与精神文明的良性互动问题，也是科学主义与人文主义的和谐存在问题。

参考文献

[1] RONALD KLINE. Where are the Cyborgs in Cybernetics. *Social Studies of Science*,2009, 39(3):331-363.

[2] NISHANT SHAH. Material Cyborgs: Asserted Boundaries. *European Journal of English Studies*,2008, 12(2):211-225.

[3] DIANA REED SLATTERY. Vr and Hallucination: a Technoetic Perspective. *Technoetic Arts*,2008, 6(1):3-18.

[4] KENNETH R. FLEISCHMANN. Social Technical Interaction and Cyborg-Cyborg Interaction: Transforming the Scale and Convergence of HCI. *Information Society*, 2009, 25(4):227-235.

[5] LUCIANO FLORIDI. Web 2.0 vs. the Semantic Web: A Philosophical Assessment. *Episteme*, 2009, 6(1):25-37.

[6] NOAM S. COHEN. *Speculative Nostalgias: Metafiction, Science Fiction and the Putative Death of the Novel.* Stanford: Stanford University, 2008.

[7] DONALD M. HASSLER, Clyde Wilcox, Donald M. Hassler. *New Boundaries in Political Science Fiction.* Columbia: University of South Carolina Press, 2008.

[8] OLIVER LOWE. *Steam Punk Live: Retro-Futurist Dream.* San Francisco: Pollinator Press, 2008.

[9] BARBARA CZARNIAWSKA, EVA GUSTAVSSON. The (D)evolution of the Cyberwoman. *Organization*,2008, 15(5):665-683.

[10] ARTHUR WALKER-JONES. Eden for Cyborgs: Ecocriticism and

① 除了本文提及的三个方面的研究成果之外，赛博与伦理、赛博与医疗、赛博与科技等方面也是研究的热点领域。

Genesis 2-3. *Biblical Interpretation*,2008, 16(3):263-293.

[11]SUE V. ROSSER. *Women, Science, and Myth: Gender Beliefs from Antiquity to the Present.* Santa Barbara: ABC-CLIO, Incorporated, 2008.

新石器化研究动态*

余西云　李　俊**

（武汉大学历史学院，武汉，430072）

所谓新石器化（neolithization），是指人类从旧石器时代或中石器时代到新石器时代的转变过程。新石器化这一课题近年来成为国际考古学界和人类学家们关注的焦点之一，它所涵盖的内容大致包括以下几个方面：新石器化产生的原因；旧石器或中石器时代向新石器时代过渡的模式；与新石器化相关的农业起源、陶器起源、磨制石器起源、定居的起源以及社会结构复杂化等。

新石器化研究强调文化变迁的动态过程而非变迁的最终结果。新石器化的研究并不是要像传统的研究那样在旧石器时代或者中石器时代与新石器时代之间画出一条本不存在的鸿沟，而是为了理解这个过程中丰富而深刻的文化变迁过程、模式和机制。

旧大陆的新石器化大致可以分为华南地区、西南亚地区、欧洲地区和东北亚地区这样四个大的区域，不同地区的新石器化进程互有联系又各具特色。考虑到华南地区的新石器化研究起步不久，很大程度上还没有纳入国际学术界的话语圈，这个年度报告的内容仅限于其余三个地区。

---

* 本文得到了武汉大学“海外人文社会科学研究前沿追踪计划”项目的资助。蔡金英、徐娜、易姗姗参与了资料的翻译，特此感谢。

** 余西云，武汉大学历史学院考古系教授。李俊，武汉大学历史学院考古系硕士研究生。

一、西南亚地区

西南亚地区的新石器化研究主要涉及约旦、巴勒斯坦、土耳其、叙利亚以及两伊地区。作为全球范围内农业最早发生的地区之一，新石器化研究成果最为丰富，尤其以近东的利凡特地区（中东托罗斯山脉以南、地中海东岸、阿拉伯沙漠以北和上美索不达米亚以西地区，图 1）的研究最为深入和细致。

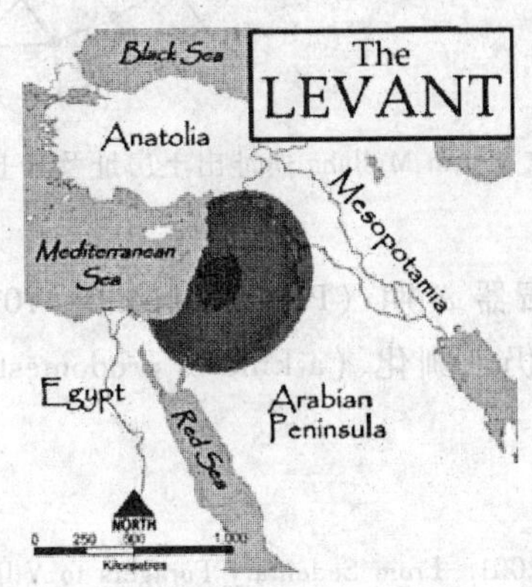

图 1　利凡特地区

这一地区的新石器化经历了一个漫长的过程。以利凡特地区为例，这里的新石器化从最早的纳吐夫早期文化（距今约 14400 年）开始，一直持续到前陶新石器的最后一个阶段（距今约 8250 年），一共经历了近 6000 年。这个过程可以分为四个阶段：

（一）纳吐夫文化阶段（Natufian，14400—11450BP）。这一阶段最显著的特点是定居的出现，房屋多为成群落的石砌圆形小屋（图 2）。① 有大型的石工具（如石臼），出现了较大的墓葬。这一

① Bar-Yosef O，Belfer-Cohen A. The Origins of Sedentism and Farming Communities in the Levant. *Journal of World Prehistory*，1989（3/4）：447-498.

Boyd Brian. On "sedentism" in the Later Epipalaeolithic（Natufian）Levant. *World Archaeology*，2006，38（2）：164-178.

时期的居住方式有两种，一种是长期性居住的营地，另一种是季节性居住的营地。①

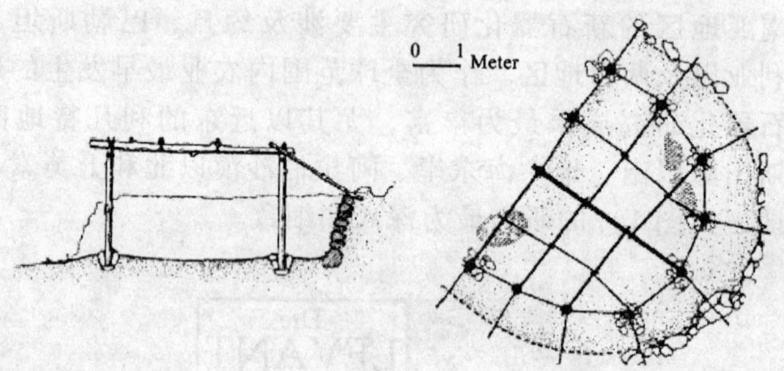

图 2　纳吐夫文化 Ain Mallaha 遗址出土房址及其上部结构复原图

（二）前陶新石器 A 期（PPNA，11450—10750BP）。有最早的栽培作物，但可能仍未驯化（a kind of predomestic）。② 开始出现长

① Bar-Yosef O. 2001. From Sedentary Foragers to Village Hierarchies: the Emergence of Social Institutions . In Runciman G. (ed.). *The Origin of Social Institutions*. The British Academy. Londres: 1-38.

Bar-Yosef O, Meadow R. H. 1995 . The Origins of Agriculture in the Near East. In Price. T. D. and Gebauer A. B. (eds.). *Last Hunters, First Farmers: New Perspectives on the Prehistory Transition to Agriculture.* School of American Research Press. Santa. Fe:39-94.

② Cauvin J. 1997. Naissance des Divinités: Naissance des L'agriculture . In *La Revolution des Symbols au Néolithique* . CNRS. Editions. Pafís.

Hillman G. 1996. Late Pleistocene Changes in Wild Plant-foods Available to Hunter-gatherers of the Northern Fertile Crescent: Possible Preludes to Cereal Cultivation . In Harris D. (ed.). *The Origins and Spread of Agriculture and Pastoralism in Eurasia.* UCL Press. London:159-203.

Miller N. F. 1992. The Origins of Plant Cultivation in the Near East . In Cowan W. C. and Watson P. J. (eds.). *The Origins of Agriculture.* Smithsonian Institution Press. Washington-Londres:39-58.

Willcox G. 2000. Nouvelles Données Sur L'origine de La Domestication des Plantes au Proche-Orient . Guilaine J. (ed.). *Premiers Paysans du Monde. vNaissance des Agricultures.* Séminaire du Collège de France. Ed. Errance:123-139.

方形房屋，穴居生活方式逐渐消失。在纳吐夫文化晚期的墓葬中发现了没有头骨的人骨架和二次葬现象，这些迹象被认为是祖先崇拜的表现。此外，这一时期开始出现比较原始的象征符号。①

（三）前陶新石器 B 期（PPNB，10750—9050BP）。种植农业完全形成，动物的驯化也已经出现。在这一阶段发现了面积达10～

---

① Bar-Yosef O. 1998. The Natufian Culture in the Levant, Threshold to the Origins of Agriculture. *Evolutionary Anthropology*, 6:159-177.

Cauvin. J. 1978. Les Premiers Villages de Syrie-Palestine du Ⅸe au Ⅶe Millénaire Avant Jésus-Christ. *Collection de La Masion de l'Orient Méditerranéen Ancien*. 4. Lyon.

Cauvin. J. 1985. Les Cultures Villageoises et Civilization Préurbaines d'Asie Antérie. Lichardus J. and Lichardus-Itten M. (eds.). *La Protohistoire de l'Europe. La Revolution des Symbols au Né-olithique*. CNRS Editions. París.

Cauvin J. 1997 Naissance des Divinités: Naissance des L'agriculture. *La Revolution des Symbols au Néolithique*. CNRS. Editions. París.

Kuijt Ian. 1995. *New Perspectives on Old Territories: Ritual Practices and the Emergence of Social Complexity in the Levantine Neolithic*. Unpublished PhD Thesis. University of Harvard.

Kuijt I. (ed.). 2000. *Life in Neolithic Farming Communities: Social Organization, Identity, and Differentiation, Fundamental Issues in Archaeology*. New York. Kluwer Academy.

Le Mort F. 1992. *Les Pratiques Funéraires des Populations Du Levant au Début du Néolithique*. Arche-Nil 2:37-42.

Stordeur Danielle. 1999. *Organisation de L'espace Construit et Organisation Social Dans Le Néolithique de Jerf el Ahmar. Braemer* F. Cleuziou S. and Coudart A. (ed.). *Habitat et Societé. Habitat et Societé. X Ⅸ e Rencontres Internationals d'Archéologie et d'Histoire d'Antibes*. Édition APDCA. ANTIBES: 131-149.

Stordeur Danielle. 2000. Jerf el Ahmar et L'émergence du Néolithique au Proche Orient. Guilaine J. (ed.). *Premiers Paysans du Monde. Naissances des Agriculture*. Séminaire du Collège de France. Éditions Errance. Paris: 33-60.

Stordeur D, Abbès F. 2002. Du PPNA au PPNB: Mise en Lumière D'une Phase de Transition à Jerf el Ahmar. *Bulletin de La Societé Préhistorique Française*, 99/3: 563-595.

Verhoeven Marc. 2004. Beyond Boundaries: Nature, Culture and a Holistic Approach to Domestication in the Levant. *Journal of World Prehistory*, 18(3): 179-282.

12公顷的大型遗址。① 墓葬方面，人骨的二次葬现象在利凡特南部地区仍然存在，其中的一些人骨涂有石膏或画有图案。② 这同样被看成是对祖先崇拜的表现。这些聚落的形成被认为是人口增长的结果，而这种人口的增长是与农业生产方式的形成、动物驯化的完成联系在一起的，而对于墓葬的特殊处理形式则被理解为这一时期大

① Cauvin. J. 1985. Les Cultures Villageoises et Civilization Préurbaines d'Asie Antérie. Lichardus J. and Lichardus-Itten M. (eds.). *La Protohistoire de l'Europe. La Revolution des Symbols au Né-olithique*. CNRS Editions. París.

Cauvin J. 1997. Naissance des Divinités: Naissance des L'agriculture. *La Revolution des Symbols au Néolithique*. CNRS. Editions. París.

Kuijt Ian. 2000. People and Space in Early Agricultural Villages: Exploring Daily Lives, Community Size and Architecture in the Late Pre-pottery Neolithic. *Journal of Archaeological World Prehistory*, 16(4): 75-102.

② Cauvin J. 1997. Naissance des Divinités: Naissance des L'agriculture. *La Revolution des Symbols au Néolithique*. CNRS. Editions. París.

Coqueugniot E. 1998. Dja'de el Mughara. Un Village Néolithique Dans Son Environnement Naturel à La Veille de La Domestication. Fortin M. and Aurenche O. (eds.). *Espace Naturel, Espace Habité en Syrie du Nord. Canadian Society for Mesopotamian Studies* (Bull 33.). Publications de La Masion de l'Orient. Québec/Lyon: 109-114.

Ferembach D. 1970. Etude Anthropologique des Ossements Humains Néolithique de Tell Ramad (Syrie campagnes 1963-1966). *l'Anthropologie* 74: 247-254.

Ferembach D, Lechevallier M. 1973. Découverte de Deux Cranes Surmodelés Dans une Habitation du Ⅶème Millénaire à Beisamoum. *Israel. Paléorient*, 1/2: 223-230.

Goring-Morris N. 2000. The Quick and the Dead: The Social Context of Aceramic Neolithic Mortuary Practices an Seen from Kfar Hahoresh. In Kuijt I. (ed.). *Life in Neolithic Farming Communities: Social Organization, Identity, and Differentiation.* New York. Kluwer/Plenum: 103-136.

Özdogan M. 2003. Çayönü. Site-clef du Néolithique Pré-Céramique. *Les Dossiers d'Archéologie*, 281: 30-35.

Rollefson G. O, Schmandt-Besserat D, Rose J. C. 1999. A Decorated Skull from MPPNB Ain Ghazal. *Paléorient*, 24/2: 99-104.

Stordeur Danielle. 2003. Des Crânes Surmodelés à Tell Aswad de Damascène (PPNB-Syrie). *Paléorient*, 29/2: 109-116.

型聚落内居民社会内聚性的体现。①

（四）最后一个阶段是前陶新石器 C 期（PPNC，9050—8250BP）或有陶新石器时期（PN），这一时期家养动物已经比较普遍，而最重要的是陶器的出现。所以从这一阶段开始，这一地区已经完成了新石器化的全过程，具备了定居、农业、动物驯养、陶器和社会等级等所有新石器时代标志的因素。②

关于这一地区是如何开始进入新石器时代的，长期以来是一个争论不休的话题。最早的解释是由柴尔德（Childe. Vere Gordon）提出的，他认为是更新世末期到全新世初期的气候变化导致了所谓的“新石器革命”，即“自然环境压力说”。但是这一理论很快就受到了挑战。1960 年，罗伯特·布雷德伍德与一些环境学者认为，在更新世晚期并没有明显的关于气候变化的证据。无论如何，干冷气候与温暖气候的交替在更新世发生过多次，但并没有导致西南亚地区的农业发生。所以说，自然环境的压力并不能作为人类走向农业社会的首要背景因素。③ 如果是这样的话，文化因素的重要性就不言而喻了，遗憾的是布雷德伍德等人并没有明确这些文化因素是如何产生并发挥作用的。

---

① Kuijt Ian. 1995. New Perspective on Old Territories: Ritual Practices and the Emergence of Social Complexity in the Levantine Neolithic . Unpublished PhD Thesis. University of Harvard.

Kuijt Ian. 1996. Negotiating Equality Through Ritual: A Consideration of Late Natufian and Pre-Pottery Neolithic A period Mortuaru Practices. *Journal of Anthropological Archaeology*, 15: 313-336.

② Akkermans P. 1993. Villages in the Steppe. Late Neolithic Settlement and Subsistence in the Balikh Valley, Nothern Syria . *International Monographs in Prehistory*.

Cambell S. 1992. Culture, Chromology and Change in the Later Neolithic of North Mesopotamia . Unpublished PhD Thesis. University of Edinburgh.

Le Mière M, Picón M. 1999. Les Débuts de La Cerámique au Prche-Orient. *Paléorient*, 21/2: 111-121.

③ Braidwood R. J. The Agricultural Revolution. *Scientific American* , 1960, 203: 130-141.

20世纪60年代末，著名的过程主义考古学家刘易斯·宾福德和肯特·弗兰纳里选择从生态学的角度来考虑这个问题。他们认为是人口增长导致一些采集狩猎者开始进行农业活动，即“人口压力说”。肯特·弗兰纳里根据自己在伊朗西南部所做的田野工作，提出了一个称为“扩地革命”（the broad spectrum revolution）的学说。在这个学说中，他认为由于地理条件优越的地区人口增长的压力不断增大，一些人开始向邻近的边缘地区扩展。食物和资源的缺乏使得他们不得不去寻找和尝试新的食物。最为重要的是，这种食物和资源的匮乏使得这些边缘地区的人们在选择并且驯养某种特定的植物（如谷物）时更加慎重。在条件优越的地区，这类植物完全在自然条件下生长以满足人们的需求，但是在边缘地区，则需要投入更多的人力来帮助它们的生长。这样，经过这次革命，人们开始向植物驯化的方向发展，并开始了定居生活。① 这一解释同样受到挑战，这种解释是假定早期农业比采集狩猎作为食物的生产方式有着更明显的优势，然而这种假定并非无懈可击。成熟的精细农业确实比采集狩猎更加多产并更具有稳定性，然而在农业最初被尝试和发展的时候，其优越性并没有想象的那样明显。此外，它还遇到了与“自然环境压力说”类似的问题，即为什么人口压力在这个时候产生而不是更早的时候？然而，最近的一项研究结果表明，在人类向新石器时代转化的过程中，确实存在着一次生育率增长的大爆炸，法国著名学者让-皮埃尔·波切特-艾蓓尔（Jean-Pierre Bocquet-Appel）将这种现象称为新石器时代人口变迁。

进入20世纪90年代以后，后过程主义的兴起，学者们对此问题又有了新的思考。以雅克·考文（Jacques Cauvin）为代表的学者认为符号文化所代表的人类认知能力的发展与转变有着重要的意义。与以前的研究者不同，该观点显然更关注人类自身在这场变革

① Flannery K. V. 1969. *The Domestication and Exploitation of Plants and Animals*. In Ucko P J. and Dimbleby G W (eds.) (Aldine, Chicago, IL): 73-100.

中所起到的能动作用。① 从前面的介绍中可以看到，这一地区在农业出现之前经历了漫长的纳吐夫文化时期（Natufian），以居住遗迹和大型墓葬为代表的新的社会组织和新的生活方式已经出现，这些新的生存方式必然对人们管理和协调大型社会的组织能力提出了更高的要求。

彼得·威尔森（Peter. J. Wilson）认为，人类接受经过人工改造的建筑环境，对于他们的社会心理的进化有着深远的影响。人们对于社会自身的认知受到挑战，人工建筑使人类开始意识到个人空间的存在，这种生活方式与在公共空间中的生活方式是完全不同的。此外，这种相对封闭的环境也为符号表达方式的产生提供了相当有利的条件。② 人类学家莱斯利·艾洛(Lesley Aiello)和心理学家罗宾·邓巴(Robin Dunbar)则指出了原始人类进化的一条独特轨迹,即人类大脑的进化使人类越来越能够适应依赖个体而存在的大型社会组织。③ 邓巴进一步指出，语言的进化为人类提供了进行大范围群体交流的方式，这比其他灵长类动物只能进行一对一的交流具有明显的优势，而社会组织的规模越大，支撑其运行所需的文化和意识符号系统就越复杂。因此，人类思维的进步与文化进步是一

---

① Cauvin J. 1994. Naissance des Divinites, Naissance de L'agriculture. *La Revolution des Symboles au Neolithique*. CNRS Publications. Paris.

Cauvin J. 2000. *The Birth of the Gods and the Origins of Agriculture*. Translated by T. Watkins. Cambridge University Press. Cambridge.

② Wilson P. J. 1988. *The Domestication of the Human Species*. Yale University Press. New Haven. MA.

③ Aiello L, Wheeler P. 1995. The Expensive Tissue Hypothesis. *Current Anthropology*, 36: 199-211.

Aiello L, Dunbar R. 1993. Neocortex Size, Group Size and the Evolution of Language. *Current Anthropology*, 36: 184-193.

Dunbar R. 1992. Neo-cortex Size as a Constraint on Group Size in Primates. *Journal of Human Evolution*, 20: 469-493.

Dunbar R. 1999. Culture, Honesty and the Freerider Problem. In Dunbar R, Knight C. and Power C. (eds.). *The Evolution of Culture: an interdisciplinary view*: 194-213.

个相辅相成的过程。① 另一个人类学家与心理学家组合博伊德（Boyd）和里彻森（Richerson）认为，通过文化，人类学会如何建立、交流和分享大量的信息；反过来，通过使用语言和文化符号系统，人类的思维也逐步形成了一个非凡而独特的抽象思维模式。②加拿大人类学家梅林·唐纳德（Merlin Donald）的《人类思维的起源》一书中将人类交流方式的进步分为三个阶段，人类的思维方式在每个阶段都发生了重大变化。③ 这三个阶段仅概括了人类文字符号发展的阶段，而文字符号仅仅是人类意识表达的一个重要方面，人类社会的物质文化为我们的认知能力提供了更多的表达方式，建筑就是其中很重要的一种。

在西南亚地区，从旧石器时代晚期开始，文化开始以加速度的方式向前发展，我们可以很清楚地看到人类是如何利用文化因素来构建和维持自己的社会系统。到了新石器时代早期，大型建筑开始出现，这意味着定居的村落社会已经出现。人们开始共享特定的仪式行为和宗教观念，通过此种途径来完成自己社会身份的表达，这同时也意味着更高权力的出现。在一个社会组织中，成员可能有数百甚至数千名，要维持这样一个相对较大的群落的行动，共享的宗教信仰和宗教行为是必不可少的。然而共享一个宗教观点与共享信仰和日常礼仪并不是一回事，而后者才是人们日常行为和规范的直接推动者。因此，在这种大型社会组织中，那种能够创造并复制类似“集体”和“睦邻关系”的抽象概念的认知和教养能力尤为重

① Dunbar R. 1996. Grooming, Gossip and the Evolution of Language. *Faber and Faber*. London.

Dunbar R. 2004. The Human Story: A New History of Mankind´s Evolution. *Faber and Faber*. London.

② Boyd R, Richerson P. J. 1982. *Culture and the Evolutionary Process*. University of Chicago Press, Chicago.

Richerson P. J, Boyd R. 2005. *Not by Genes Alone: How Culture Transformed Human Evolution*. University of Chicago Press. Chicago.

③ Donald M. 1991. *Origins of the Human Mind: Three Stages in the Evolution of Culture and Cognition*. *Harvard University Press*. Cambridge.

要。经过特殊处理的墓葬也在这一时期出现，这些也同样可以看成是人类意识与文化行为的特征物，是人类驯服自然的重要证据，而对于植物和动物的驯化同样是这种驯服的进一步拓展。与传统的将农业的发生作为新石器时代开端的标志不同，这个观点认为新石器时代的开始是一场“符号革命”，这个符号主要指代表人类认知能力变革的一些实物性标志，其中以建筑物最为重要。①

二、东北亚地区

与西南亚地区相比，东北亚地区的新石器化经历了一个完全不同的进程。在近东地区，农业的发生远远早于陶器的出现，而东北亚地区则刚好相反。

俄罗斯远东地区最早的新石器化距今 13200—12400 年出现在阿穆尔河流域，距今 10700 年左右出现在滨海区，② 距今 9000—7500 年到达库页岛，共经历了大约 5000 年的时间。

俄罗斯远东地区和西伯利亚已经发现三种早期新石器文化：奥西波夫卡（Osipovka）文化、格罗马图哈文化（Gromatukha）和卡棱加河口（Ust-Karenga）文化。其中奥西波夫卡（Osipovka）文化的遗址多位于阿穆尔河（即黑龙江）下游地区，包括加夏（Gasya）、库米（Khummi）和 Goncharka 等遗址（图 3）。

加夏遗址位于俄罗斯哈巴罗夫斯克市以东约 80 公里处，这里发现了细石器、两用器和陶器共存的层位关系。1975 年，首次在

---

① Trevor Watkins. 2006. Neolithisation in Southwest Asia—the Path to Modernity. *Documenta Praehistorica*, 33: 71-88.

② Kuzmin Y. V. 2005. Geokhronologiyai Paleosreda Pozdnego Paleolitai Neolita Umerennogo Poyasa Vostochnoi Azii [Geochronology and Palaeoenvironment of the Late Palaeolithic and Neolithic of Temperate East Asia]. *Vladivostok: Tikhookeansky Institut Geografii DVO RAN.*

Kuzmin Y. V. 2006b. Chronology of the Earliest Pottery in East Asia: Progress and Pitfalls. *Antiquity*, 80: 362-371.

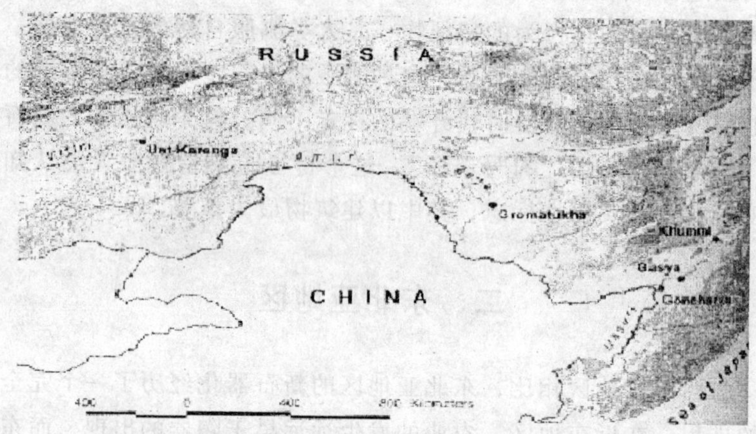

图3 俄罗斯远东西伯利亚地区早期新石器时代遗址分布

遗址的底部发现一些碎陶片，与月桂叶形尖状器这类中石器共存。1980年，又发现了大约20片稍大块的夹碳陶片。检测数据显示为距今13000年。复原的一个平底筒形陶罐，高25～27厘米。腹壁的厚度为1.2～1.7厘米，底的厚度为1.5～1.7厘米。陶罐的容积为5.5～6升。纹饰非常简单，在器物的外表有竖行排列的条痕纹。陶罐的陶色为黑色，在陶罐的里外两面都发现了烟灰的痕迹。陶质的羼合物中有植物纤维（图4）。① 在库米遗址，1992年和1993年发现了大约20片碎陶片，因为陶片数量小而且很碎，未能复原出完整陶器。这些碎片的厚度在0.7～1.0厘米之间，陶片的两面都

① Derevianko A. P, Medvedev V. E. 1992. The Study of the Gasya Site (General Information, Preliminary Results of 1975 Excavations). *Institute of History, Philosophy, Siberian Branch of the USSR Academy of Sciences.* Neovosibirsk.

Derevianko A. P, Medvedev V. E. 1993. The Study of the Gasya Site (General information, Preliminary Results of 1980 Excavations). *Institute of History, Philosophy, Siberian Branch of the USSR Academy of Sciences.* Neovosibirsk.

Zhushchikhovskaya I. S. On Early Pottery-Making in the Russian Far East. *Asian Perspectives: the Journal of Archaeology for Asia*, 36(2): 159-174.

有沟槽，陶色为黑灰色。与加夏遗址相同的是，这些陶片的羼合物中也有植物纤维。① Goncharka 遗址出土了数百块陶片，并复原出四个平底器。这些陶片分为两类：第一类陶片的腹壁厚度为 0.7～

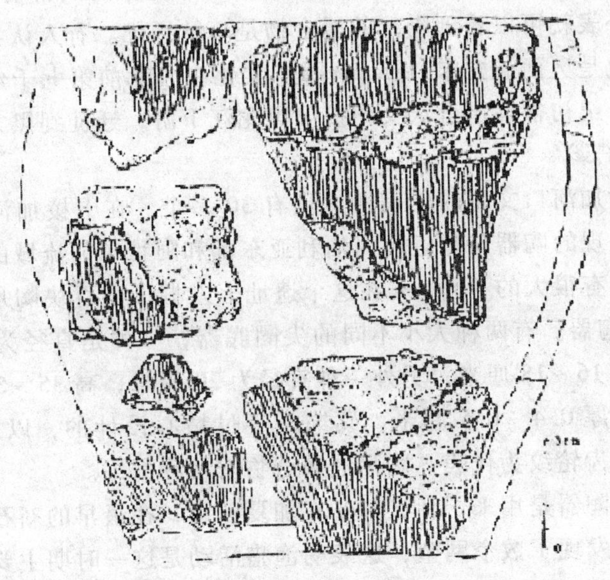

图 4　加夏遗址出土的 Osipovks 文化陶器

0.8 厘米，有用草束或者梳状物划的平行凹痕，在边缘有用枝条或者绳子按压形成的波浪形凹痕，有些陶片装饰有似乎用梳状物划出的竖行之字纹。第二类陶片有外凸的绳纹。腹壁碎片的厚度为 0.7～1.0 厘米。这两类陶片中都没有发现有机羼合物的明显证据，

① Lapshina Z. S. 1998. The Ceramics of the Early Horizon of Khummi Site in the Lower Amur River Basin. In A. R. Artemiev (ed.). *Historical-Cultural Contacts between Aborigines of the Pacific Coast of North Western America and North Eastern Asia*: 191-200.

Lapshina Z. S. 1999. The Antiquities of Lake Khummi. *Amur Geographic Society*. Khabarovsk.

这是与奥西波夫卡文化的其他遗址（如加夏和库米）不同的地方，① 年代可能比加夏遗址和库米遗址要晚一些。

格罗马图哈文化遗址发现了大量的夹碳陶片。复原出的平底陶器②腹壁厚度为 0.7～0.8 厘米，在陶片的内外两面都有条痕纹，陶片的外表就可以看到陶片的羼合物是草叶纤维。有人认为格罗马图哈文化是奥西波夫卡（Osipovka）文化在公元前第七千纪到公元前第六千纪初被马雷舍沃文化挤出黑龙江下游，迁徙到黑龙江中游后形成的。③

卡棱加河口文化的代表性遗址有 30 多个。在卡棱加河口遗址第七层发现的陶器与邻近的西伯利亚东部和阿穆尔河流域的其他最早的陶器有很大的不同。④ 在这个遗址上发掘了数百块陶片，复原了 20 个陶器。有两种大小不同的尖圜底器，一种是直径为 12～14 厘米，高 16～18 厘米；另外一种直径为 20 厘米，高 35～38 厘米。器物腹壁厚 0.4～0.5 厘米。纹饰是经过精心设计的，以之字纹、鲱鱼纹和齿轮纹为代表。陶片的羼合物有植物纤维。

这些陶器是用来干什么的？在加夏遗址，在最早的新石器时代文化层中发现了数个网坠，这表明渔猎活动是这一时期主要的经济活动。既然这样，陶器可能是用来煮肉和鱼的。⑤

---

① Shevkamud I. Y. 1997. New Research Concerning the Osipovskaya Culture in the Amur River Basin. *Quarterly of Archaeological Studies*, 44 (175): 102-109.

② Okladnikov A. P, Derevianko A. P. 1977. The Gromatukha Culture. *Nauka Publishers.* Novosibirsk.

③ Derevianko A. P, Medvedev V. E. 1993. The Study of the Gasya Site (General Information, Preliminary Results of 1980 Excavations). *Institute of History, Philosophy, Siberian Branch of the USSR Academy of Sciences.* Neovosibirsk.

④ Vetrov V. M. 1985. Pottery of the Ust-Karenga Culture on the Vitim. River. In P. B. Konovalov(ed.). *Ancient Transbaikal and Its Cultural Contacts*: 123-130.

Vetrov V. M. 1995. Early Ceramics of the Stone Age Cultures of Upper Vitim. In H. Kajiwara(ed.). *The Origin of Ceramics in East Asia and the Far East*: 31-35.

⑤ Yaroslav V. Kuzmin. 2002. The Earliest Centres of Pottery Origin in the Russian Far East and Siberia: Review of Chronology for the Oldest Neolithic Cultures. *Documenta Praehistoria*, 29: 37-46.

俄罗斯远东地区农业的出现很晚，直到20世纪90年代末，农业出现的具体时间还是模糊不清的。考古证据表明，这一地区最早的粟类作物栽种始于滨海地区，时间是4200—3700BP。① 随后在这一地区的扎伊桑诺夫卡（Zaisanovka）文化遗址中出土的陶器表面发现了被认为是栽培粟种子的印记，时间早到4800—4600BP，②在扎伊桑诺夫卡文化随后的阶段中栽培粟一直延续下来。后来又有学者将这个年代提前到了5400—5200BP。③

陶器制造最早在13000年前左右出现在日本群岛，定居村庄则在近10000年前出现，而农业生产直到2500年前才出现（图5）。在农业出现之前的这段时间被称为绳纹时代。④

日本群岛的早期陶器发现较早，1960年长崎县福井洞穴遗址发现的隆起线纹陶器，经测距今为12700±500BP，此后又有一系列新的发现。20世纪80年代后期，又辨识出以素面陶为特征的“神子柴文化”，根据这些发现可以判定日本最早的陶器出现应该在距今12000年左右。⑤

在冰河时代，日本群岛被北冰洋苔原所覆盖，许多石质狩猎工具被发掘出来。到了全新世，日本群岛被浓密的温带森林所覆盖。

---

① Kuzmin Y. V, L.A. Orlova, L. D. Sulerzhitsky, et al. 1994. Radiocarbon Dating of the Stone and Bronze Age Sites in Primorye (Russian Far East). In *Radiocarbon* 36: 359-366.

② Kuzmin Y. V. 2005. Geokhronologiyai Paleosreda Pozdnego Paleolitai Neolita Umerennogo Poyasa Vostochnoi Azii [Geochronology and Palaeoenvironment of the Late Palaeolithic and Neolithic of Temperate East Asia]. *Vladivostok: Tikhookeansky Institut Geografii DVO RAN.*

③ Vostretsov Y. E. 2007. Rezultaty Issledovaniya Protsessov Kulturnoi Adaptatsiiv Pribrezhnoi Zone Rossiiskogo Dalnego Vostokav Golotsene [The Results of Study of Cultural Adaptation Processes in Coastal Zone of the Russian Far East in the Holocene]. In A. V. Kharinsky (ed.). *Etnoistoriya I Arkheologiya Severnoi Evrazii: Teoriya, Metodologiya I Praktika Issledovanyia*: 309-314. Irkutsk: Irkutsky Gosudarstvenny Tekhnichesky Universitet.

④ Imamura K. 1996. *Prehistoric Japan*. University College of London Press.

⑤ 朱延平．中国陶器起源阶段及相关问题．商务印书馆，1999：91-111.

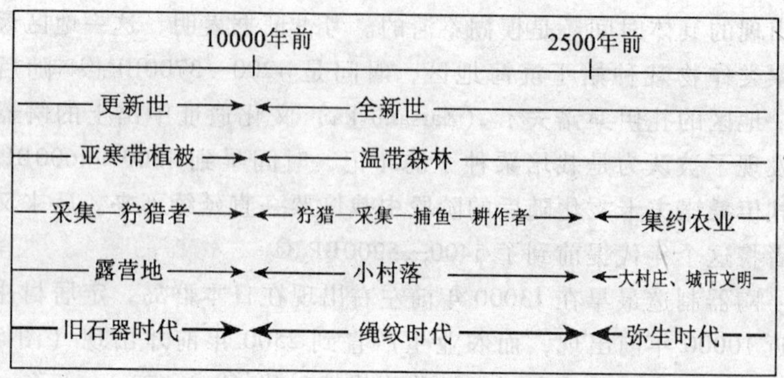

图5　日本群岛史前阶段

这种植被和动物群的改变，让狩猎活动实施的环境因素也发生改变。浓密的森林的存在意味着动物不再清晰可见，使得狩猎变得困难。在这种条件下，绳纹时代的技术和生存方式形成了。绳纹时代的人类遗物表明当时的居民以狩猎、采集、捕鱼为生存方式。

这一时期的生计类型和技术，可以鸟滨（Torihama）贝冢遗址为例。该遗址保存状况较好，最主要的被猎杀的动物遗存是鹿和野猪。通过分析遗址中发现的牙齿可看出野猪是在冬季猎杀的，鹿则全年都被猎杀。其他数量较少的动物遗存，包括熊、猴子、野兔、狐、水獭和狼，兽皮遗存的存在表明这些种类的动物的狩猎季节在冬季。此外还发掘出少量的大雁骨头。在遗址中发现大量的核桃、栗子。这些坚果在秋季采集，并可能保存起来以便在其他季节食用。捕鱼是绳纹时代的一项重要的生产活动，在鸟浜贝冢遗址中发现很多种类的鱼骨。捕鱼应该是一项夏季生产活动，在遗址中发现有近30种淡水和海洋贝类，通过生长线的分析，可以判断这些贝类是在春季、夏季和秋季采获的。遗址中没有直接的栽培作物遗存、农田遗迹或者农业生产工具等。这种广泛的生计类型与西南亚地区在定居出现的初期情况是类似的。

精心建造的房屋和废石堆表明当时人们已经定居。这一时期人口增长缓慢，说明这个社会发展比较平稳。定居的村庄在距今

10000年前出现在日本群岛的南部地区，直到数千年后才出现在日本北部地区，这种时间上的滞后性表明定居的生活方式是随着温带森林由南向北的扩展而逐步产生的。定居生活方式的形成是一个对温带森林环境的适应过程。绳纹时代的许多房子是用密集的木头柱子支撑的半地穴式房子。在绳纹时代的村落遗址发掘出土了许多陶片和笨重的石质烹饪工具。许多村庄周围发现有墓地，在一些遗址中墓地甚至位于聚落的中心区，而某些遗址发掘出的竖直摆放的墓碑则体现了标记墓葬对于居民的重要性。①

三、欧洲地区

传统上，这一地区所经历的新石器化过程被称为移民模式或殖民模式，这种移民模式主要有三个证据：中石器时代文化突然消失，并被与大陆特征明显相似的新的人类遗物、埋葬习俗和标志性建筑所代替；经济和物质文化转变在时间上吻合；贯穿中石器时代向新石器时代转变的连续性聚落的缺乏。②

作为新石器时代的最主要指标，农业的扩展被看做欧洲新石器化过程的最重要方面，也是新石器化研究的重点。柴尔德认为，农业在欧洲的扩展是人口扩张的结果。来自近东地区的农民向欧洲移民，为他们带来了崭新的技术和生活方式。然而，这一说法受到另一种观点的挑战，即长距离的文化传播不一定仅仅只能通过人口的迁徙完成，人群之间的文化交流同样可以带来这种结果。安默曼（Ammerman）和卡沃利·斯福尔扎（Cavalli Sforza）提出了一种人

① Masaki Nishida. Another Neolithic in Holocene Japan. *Documenta Praehistorica*, 2002, 29: 21-28.

② Clive Bonsall, David E. Anderson, Mark G. Macklin. 2002. The Mesolithic-Neolithic Transition in Western Scotland and its European Context. *Documenta Praehistorica*, 29: 1-20.

口扩张所导致新石器传播的模式。① 这个模式的缺陷在于它忽视了所有的异质性环境因素的影响，不过对于说明早期比较稳定的农业传播速度来说还是非常有用的。

自从瓦维诺夫在西亚的农业起源中心区进行了开辟性的工作以后，近东地区一直被认为是欧洲农业的故乡。② 最早的谷物和豆类作物栽培以及动物的驯养证据来自 12200BC 左右的扎格罗斯山麓。而到后一个阶段，农业聚落的中心逐渐北移到东部高地和小亚细亚的低洼地区。现在发现的欧洲地区最早的农业遗存位于希腊的山脉之间的低洼地，年代大约为 6400— 6000BC。③ 这里的栽培植物的基因分析显示它们来自近东地区。④ 接下来，传播到东北部更远的斯特鲁马河（Strouma）流域和北部的瓦尔达尔—摩拉瓦河流域。在色雷斯河北部的低洼地带和多瑙河中下游可以看到新石器时代聚落数量迅速增加。新石器时代在欧洲发展的下一个阶段就是早期线纹陶文化，最早的线纹陶文化出现在蒂萨河平原，年代为 5600—5500BC，这种文化迅速在欧洲中心地带（主要是沿着多瑙河、莱茵河和维斯瓦河）传播开来，整个传播过程主要发生在 5600—4800BC 这一年代范围内。⑤

新石器文化在欧洲的传播速度一直都是一个令人感兴趣的话题，埃德蒙森（Edmonson）是这个领域的先行者。他假设那些新石器时代的特征（例如陶器）的传播速度是恒定的，他推算其传

① A. J. Ammerman, L. L. Cavalli-Sforza. 1973. A population Model for the Diffusion of Early Farming in Europe. In C. Renfrew (Ed.). *The Explanation of Cultural Change*. Duckworth, London: 343-357.

② N. I. Vavilov. 1926. Centry Proiskhozhdeniya Kul'turnyh Rastenii. *Bulletin of Applied Botany*, XVI No. 2.

③ C. Perles. 2001. The Early Neolithic in Greece. *The First Farming Communities in Europe*. Cambridge University Press.

④ M. Ozdogan. 1997. The Beginning of Neolithic Economies in South-eastern Europe. *Journal of European Archaeology*, 5 (2): 1-33.

⑤ P. Dolukhanov, A. Shukurov, D. Gronenborn, et al. 2005. The Chronology of Neolithic Dispersal in Central and Eastern Europe. *Journal of Archaeological Science*, 32: 144-158.

播速度约为1.9公里/年。① 安默曼（Ammerman）和卡沃利·斯福尔扎（Cavalli Sforza）则将重点放在早期农业的传播速度上，结论是早期农业在欧洲的平均传播速度约为1公里/年。不同的生态和地理因素可能会导致不同的传播速度，例如作为线纹陶文化的传播通道，多瑙河和莱茵河河谷的传播速度要快一些，在地中海沿岸地区也有同样的情况。他们分别推算出了这些地区的不同传播速度：多瑙河—莱茵河流域约为4～6公里/年；地中海沿岸约为10公里/年（图6）。②

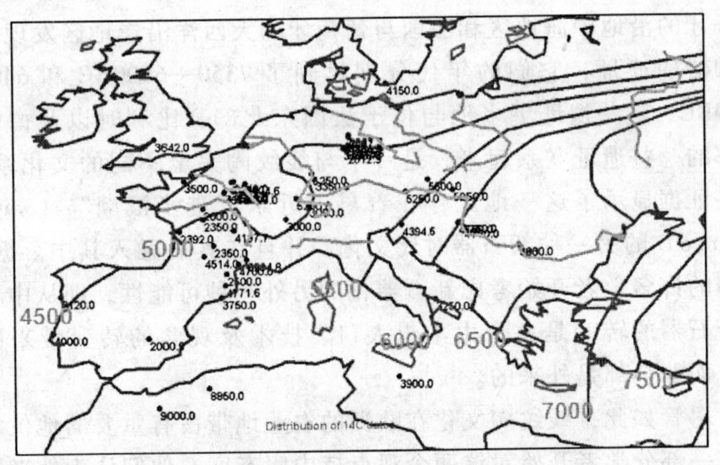

图6　农业在欧洲大陆的传播速度和路径

以上是新石器文化在欧洲传播的基本过程，随之而来的问题是这一过程是如何完成的？这个问题在西方学术界同样颇多争议。Zvelebil经过总结提出了七种可能的模式：（1）群体移民。这是最传统的移民解释，即整个人群直接从一个地区转移到另外一个地区，导致了基因的整体换代。（2）人口扩散。即人口像波浪一样

① M. Edmonson. 1961. Neolithic Diffusion Rates. *Current Anthropology*, 2: 71-102.

② A. J. Ammerman, L. L. Cavalli-Sforza. 1971. Measuring the Rate of Spread of Early Farming in Europe. *Man*, 6: 674-688.

向外不断扩张。(3) 精英支配。即一个或一部分社会精英渗入到某个地区将新的文化强加给当地的人群。(4) 群体渗透。例如一小部分有特殊技能的人完成特定的工作，比如家畜饲养者。(5) 一小部分人以最佳的居住地为目标，进行跳跃式殖民，然后占领一块被当地人包围的领土。(6) 通过农民和采集狩猎者在农业地区边界流动或交换。(7) 地区间的接触，包括贸易的方式和观念的交换。①

近来的一些研究提出了欧洲新石器化的另外一种模式，这种模式认为欧洲的新石器化与近东地区没有明显的联系。由于在法国和西班牙的沿地中海地区和法国与葡萄牙的大西洋沿岸地区发现了存在陶器的遗址，它们的年代分别早到了 7350—6500BC 和 6400—5500BC，这些遗址更多地与位于法国东北部、比利时以及德国西北部的一些遗址联系起来，是一个与线纹陶完全不同的文化系统。这些证据显示了这一地区存在着早于近东“进步浪潮”（wave of advance）的另一种新石器时代文化，并且在其后融入其中。据此，欧洲的许多学者开始考虑新石器化的另外一种可能性，即从中石器到新石器的转变是一个由本土人口、技术及观念的转变带来的变化，而非全部是外来的。

尽管如此，线纹陶文化在欧洲的农业地带占有重要的地位。最近，一部分学者开始对这两个观点持中庸态度，他们认为外来因素和内在因素在欧洲的新石器化过程中起到了同样重要的作用。一些移民模式的坚定支持者开始逐步修改自己的观点，Zvelebil 承认：“在 1986 年，我坚定地相信线纹陶文化是完全继承来自东南部的闯入的农民，现在关于这个问题的理解应该改变了……线纹陶文化的来源应该是多元化的，我们应该重视它的文化和基因的多样性”。

① Zvelebil M. 2000. The Social Context of the Agricultural Transition in Europe. In Renfrew C. and Boyle K. (eds.). *Archaeogenetics: DNA and the Population Prehistory of Europe*: 57-79.

四、结　语

以上是对西南亚、欧洲大陆以及东北亚地区新石器化研究情况的简略介绍。作为全球新石器化研究的中心地区，西南亚和欧洲大陆的研究已经比较深入，这些地区的新石器化，尤其是农业的发生和传播的过程，很早就已经被初步建立起来了。然而随着新材料的发现和新观点的出现，一系列的传统观点正在受到前所未有的冲击。而东北亚地区则由于发现材料和研究水平的限制，基本上还处于资料积累阶段，这与我国新石器化研究的现状比较相似。

参考文献

[1] BART VANMONTFORT. Forager-farmer Connections in an "Unoccupied" Land: First Contact on the Western Edge of LBK Territory . *Journal of Anthropological Archaeology*, 2008, 27: 149-160.

[2] CLIVE BONSALL, DAVID E. ANDERSON, MARK G. MACKLIN. The Mesolithic-Neolithic Transition in Western Scotland and its European Context . *Documenta Praehistorica*, 2002, 29: 1-20.

[3] DETLEF GRONENBORN. Beyond the Models: Neolithisation' in Central Europe . *Proceedings of the British Academy*, 2007, 144: 73-98.

[4] JEAN-FRANCOIS BERGER, JEAN GUILAINE. The 8200calBP Abrupt Environmental Change and the Neolithic Transition: A Mediterranean Perspective. *Quaternary International*, 2009, 200. 31-49.

[5] KATE DAVISON, PAVEL DOLUKHANOV, GRAEME R. SARSON, et al. The Role of Waterways in the Spread of the Neolithic . *Journal of Archaeological Science*, 2006, 33: 641-652.

[6] MARTIN RICHARDS. The Neolithic Transition in Europe: Archaeological Models and Genetic Evidence . *Documenta Praehistorica* , 2003, 30: 159-167.

[7] MASAKI NISHIDA. Another Neolithic in Holocene Japan . *Documenta Praehistorica*,2002,29:21-28.

[8] SUE COLLEDGE, JAMES CONOLLY, SREPHEN SHENNAN. The Evolution of Neolithic Farming from SW Asian Origins to NW European . *European Journal of Archaeology*,2005,8:137-156.

[9] TREVOR WATKINS. Neolithisation in Southwest Asia—the Path to Modernity. *Documenta Praehistorica* ,2006,33:71-88.

[10] YAROSLAV V KUZMIN, LYUBOV A ORLOVA. The Neolithization of Siberia and the Russian Far East: Radiocarbon Evidence . *Antiquity*,2000,74:356-364.

[11] YAROSLAV V. KUZMIN. Geoarchaeology of Prehistory Culture Complexes in the Russian Far East: Recent Progress and Problems. *Bulletin of the Indo-Pacific Prehistory Association*,2008,28:3-10.

[12] YAROSLAV V. KUZMIN, VIKTOR M. VETROV. The Earliest Neolithic Complex in Siberia: the Ust-Karenga 12 Site and its Significance for the Neolithisation Process in Eurasia . *Documenta Praehistorica*,2007,34:9-20.

美国的中国社会经济史研究动态*

任 放**

（武汉大学历史学院，武汉，430072）

20世纪下半叶，中国研究的重心逐渐由欧洲移至美国。时至今日，美国作为国际学术中心的地位仍然不可动摇，有关中国问题的学术研究亦以美国为转移。鉴于此，了解美国最新的学术动态，便成为中国学术界的基础性工作之一。限于篇幅，本文仅对2008年美国的中国社会经济史研究的最新成果予以评述，主要针对在美国公开出版的以英语为写作工具的学术著作，包括美籍学者和非美籍学者在内。在结构上，本文按照古代史、近代史、现代史进行分类和介绍。

一、古代史部分

本年度值得关注的中国古代社会经济史著作，主要有以下几部。首先是保罗·惠特利（Paul Wheatley）① 的《中国古代城市的

* 本文得到了武汉大学“海外人文社会科学研究前沿追踪计划”项目的资助，特此感谢。

** 任放，武汉大学历史学院暨中国传统文化研究中心教授、博士生导师。

① 保罗·惠特利（Paul Wheatley），芝加哥大学教授和该校思想委员会主席。他最擅长都市文明的比较研究，著有《众人祈祷之地：7世纪至10世纪伊斯兰城市》、《长良号和会所：东南亚城市传统的起源》、《成功的管理：现代新加坡的模式》等。

起源与特征：中国古代的城市》（奥丹古籍出版社，2008 年）。作者以一位社会科学家的敏锐视角，考察了公元前两千年华北平原的社会制度，详细剖析了这些制度所具有的政治基础、地域色彩、层级结构和特定功能。华北是中华文明的发祥地之一，其文化播散的效应十分巨大。在其后的数百年间，华北地区创造的社会制度广泛传布到中国其他地区，影响之深远令人震撼。作者认为，某些仪式中心的出现，对于城市起源的研究有着非同寻常的意义，它标志着一种新功能及其发展阶段的开始。为了论证自己的观点，作者还将中国的制度安排与美洲、美索不达米亚、埃及、东南亚、地中海、约鲁巴等地区作了比较。古代中国城市的起源及特征凸显了中国城市的宇宙论的象征意义，换言之，中国人很早就习惯在哲学理念上将一个完整的世界构建到城市之中，并由此协调城市的各种功能。毫无疑问，探索古代中国城市的起源及特征，在某种程度上可以匡正我们关于“城市”的概念和知识偏差。这本书提醒我们，必须对西方流行的城市理论的局限性有清醒认识，因为它们的事实基础是西方的城市史和西方人的都市生活体验，这样的城市学说基本上与古代中国相悖。

另一本散文体的著作出自柯林·萨布伦（Colin Thubron）① 笔下，书名为《幽暗的丝绸之路》（哈珀出版社，2008 年）。这部荣登《纽约时报》畅销书排行榜的书一经面世，便好评如潮，称其为“最新的吸引人的史诗”，“这是萨布伦最好的作品”，“一个令人精疲力竭的旅程，一本了不起的著作”。丝绸之路无疑是地球上最有历史意义的陆路交通线之一，它是贸易、军事、思想、宗教和发明的走廊。马可·波罗正是沿着这条路线来到了中国。丝绸之路举世闻名，但真正走完此路之人却为数不多，探险兼研究者更是屈指可数。萨布伦历尽艰辛，八个月里走完了这条连接中国和地中海的古代贸易路线。萨布伦在跋涉中回归了历史。令人惊奇的是，萨

① 柯林·萨布伦（Colin Thubron），英国著名的游记作家。他花了毕生精力来探索亚洲，被誉为最好的健在的旅行作家之一。著有《在俄国人之中》、《西伯利亚》、《大马士革印象》等 15 本书。目前居住在伦敦。

布伦在中国西部发现了罗马军团的遗迹和凯尔特人的木乃伊，而这些仍然是史学家没有完成的工作。他用中国话、俄语、英语与五花八门的人——警察、商人、农夫、朝圣者、赶骆驼的人——交谈，这些人属于不同的国家、部落、家族和宗教团体。萨布伦挖掘了中亚的历史，探索了一个有待重新认识的古代世界。他追溯丝绸之路的历史，见证了它的现在，他并把这次旅行写成了一部编年史。萨布伦的著作揭示了这样一个事实：对人类历史的探索不全是历史学家的事情，那些出自非专业人员的历史写作往往可以为我们带来有价值的“另类”观察。

第三本值得推介的著作是凯瑟琳·塔普蕾(Kathryn Edgerton-Tarpley)①的《泪水涟涟：对19世纪中国饥荒的文化反应》（加利福尼亚大学出版社，2008年)。这是一部灾荒史著作，研究对象是中国19世纪晚期华北的饥荒，以及各社会阶层对饥荒的文化反应。在19世纪70年代，华北大规模的干旱和饥荒夺去了上千万人的生命。此时，正值内忧外患频仍的晚清时期，这场灾难为我们了解国家危机之际，区域性的灾害所造成的社会影响提供了大量素材。在资料收集上，作者下了一番工夫，其涉猎的范围相当广泛，包括歌曲、诗歌、碑刻、民间传说和口述史料、官方和通商口岸的相关记载、国外关于这些事件的讨论等，从而为研究工作的展开奠定了坚实基础。客观而论，作者以非凡的洞察力探讨了一系列对1870年代华北饥荒的文化反应，提炼了一种全新的灾害史分析模式，丰富了华北的社会史研究。

古代史方面第四本书，是陈学霖（Hok-lam Chan)②的《创建北京城的历史传说》（华盛顿大学出版社，2008年)。这本视角奇特、内容丰富的书讲述了老北京的“新”故事。通过对13—17世纪中文史料和蒙文史料的解读，作者考察了围绕北京城兴建和重建

① 凯瑟琳·塔普蕾(Kathryn Edgerton-Tarpley)，圣地亚哥州立大学历史系助理教授。

② 陈学霖（Hok-lam Chan)，华盛顿大学中国史特聘教授，曾担任香港中文大学历史系主任和教授。

的一系列民间传说，包括元朝的哪吒城传说、“大都”传说、明朝的“北都”传说，蒙古人“按照箭可到达的射程确定都城的位置”的传说，等等。在这些传说中，蕴藏着丰富的宗教和文化传统的历史信息，跃动着不同族群关于都城起源的观念和理想。很显然，这些历史记忆不同于帝国的意识形态和王朝传统，或者说它们随着历史进程的演绎而变化，是与国家意志相杂糅的文化形态。迄今为止，这本书是关于北京历史起源的最为深入的研究，它凸显了官修史书之外历史记忆的重要价值。

二、近代史部分

中国近代史长期以来是美国学术界关注的焦点领域之一，这或许与现代美国的中国研究奠基者费正清有关，因为费正清学术主攻方向正是中国近代史。这里介绍的几部著作，涉及了中国近代史的不同侧面。

首先进入视线的，是罗伯特·穆迪（Robert Mudie）①的《中国及其资源和特征：物质、政治、社会和商业》（书目周期出版社，2008年），这是一本向西方人介绍中国国情的书。在这部貌似资料综述的著作中，作者的如下观点值得注意——中国是一个停滞的完全不同于其他国家的独特帝国；了解中国必须将各方面贯通起来，不能奢望单独从某一方面去获取对中国的深刻理解。这是典型的西方中心主义观点，其理论逻辑在于：将中国设定为“特例”，以表达西方道路是历史发展的唯一可能；将中国判决为“停滞”，以衬托西方文明的优越。作为中国学者，我们必须对西方论著中挥之不去的西方中心论有足够的警觉，以批判的立场审读其方法和观

① 罗伯特·穆迪（Robert Mudie，1777—1842），是自学成才的作家、艺术家和博物学家，写作和编辑了总共90册（卷）书。他生于苏格兰福法尔郡，曾担任《古苏格兰季刊》的编辑，也是它的插图画家和主要撰稿人。他曾是敦提学院的院长和艺术导师。

点，避免被愚弄和“学术殖民”。再就是马士（Hosea Ballou Morse）① 的《东印度公司对华贸易编年史（1635—1834）》（马尔蒂诺出版社，2008 年）。这是再版书，第一版是 1926—1929 年位于牛津的克拉伦登出版社的版本，另有 1966 年的版本，表明该书的史料价值弥久不衰。这套八开本的 5 卷巨著，长达 1886 页，堪称马士学术事业的宏大纪念碑，为世人研究清代中国对外贸易史奠定了坚实基础。很少有史家具有马士这样非凡的毅力和才能，独自一人完成如此繁重的历史编纂工作。马士保留了许多珍贵材料：既有贸易细节、公司职员的日志和急件的清单，又有几种罕见的来华使节的文件，东印度公司与广州地方官员之间斗争的记录，欧洲人对中国朝廷的债务档案。对于每一位研究中英关系史和东印度公司历史的学者，这些卷宗是不可缺少的重要资料，有助于揭示政治和经济方面的复杂问题。

近代城市史一直是学界的聚焦对象。本年度有几本著作不可遗漏：首先是斯蒂芬·麦金农（Stephen R. MacKinnon）② 的《1938 年的武汉：战争、难民和现代中国的形成》（康奈尔大学出版社，2008 年）。这一研究某种程度上填补了中日战争史的一个重要空白。在历史时空下，武汉保卫战成为抗日战争的转折点，并引起国际社会的广泛关注。与此同时，因战争流离失所的大批难民进入了这座硝烟弥漫的城市。诗歌、散文和人口统计数据都显示了数以百万计的难民惊恐万状。这部著作凸显了 1938 年武汉抗战的意义，

① 马士（Hosea Ballou Morse，1855—1934），美国人，哈佛大学毕业。他先后在天津、北京、上海、北海、淡水、广州等地海关税务司任职，长达 30 年。著有《东印度公司对华贸易编年史（1635—1834）》、《中华帝国对外关系史》等书，是西方学术界中国近代史研究的开创者。

② 斯蒂芬·麦金农（Stephen R. MacKinnon），亚利桑那州立大学历史学教授，著有《中华帝国晚期的权力与政治：在北京的袁世凯和天魂（1901—1908）》，《中国报告：1930 年代至 1940 年代美国新闻业的口述史》（合著），《艾格妮斯·史沫特莱：一位美国激进派的生活及其时代》（合著）。他还与黛安娜·拉莉（Diana Lary）、艾兹拉·沃格尔（Ezra Vogel）合编了《战时中国：1937—1945 年的中国各地》，等等。

向读者展示了战时状态下军事、政治、社会和文化各方面的真相：既有各种政治力量的博弈，也涉及1850年以来的地方历史，这一历史蕴含了工业的汉阳、文化的武昌、商业的汉口；既有关于军事较量的总结，又有关于难民危机、文化压力、社会动员、国际舆论的分析。作者以洗练的手法，再现了十个月高度紧张氛围里的英勇与绝望，并冷静地思考了这场恶战带给现代中国的巨大冲击，以及文化、社会和政治的新走向。这本书虽然仅有120页，却有俯瞰中国城市的宽广视角，其所描绘的画面既复杂又细微。正如作者所言，抵抗运动鼓舞了士气，使国际舆论倒向支持中国，它也培养了中国难民的超越地域观念、意识形态和传统文化的集体意识。在该书结尾部分，作者表达了一个反讽的观点：日军占领武汉后，张之洞之子张仁蠡出任伪武汉市市长，而张之洞是晚清中国一系列现代化事业（尤其是在武汉地区）的开创者。该书的注释和参考文献多达40页，显现作者严谨的治学态度。可以肯定，在汗牛充栋的抗战史著作中，这是一本长期研磨的经得起时间推敲的作品。同样题材的著作，是玛西娅·瑞丝泰诺（Marcia R. Ristaino）① 的《一个法国教士建立的中立区：战时的上海难民》（斯坦福大学出版社，2008年）。迄今为止，这是关于中日战争惨重伤亡的最优秀的著作之一。通过研读多种语言的大量档案资料，作者描述了一个被遗忘的人及其建立安全区模式的陈年往事，凸显了一个抗战叙事中被忽略的话题。往事并不如烟：在第二次世界大战期间，该安全区保护了数十万中国平民。当日军1937年入侵上海之际，一位在中国生活了27年的法国神父贾奎诺挺身而出，决心给战争受害者提供安全的避难所。通过艰难的谈判和灵巧的手法，他得到了中日双方的许可，获准在战事不断的环境中建立一个安全区。贾奎诺的做法随即在中国其他城市被模仿，总计拯救了50多万中国平民的生

① 玛西娅·瑞丝泰诺（Marcia R. Ristaino），美国国会图书馆约翰·克鲁格中心的助理研究员，美中政策基金会顾问，曾是国会图书馆高级中国问题专家。著有《中国的革命文艺：不完全的动员》（1989），《最后的港湾：上海的离散犹太人社区》（2001）。

命。第二次世界大战后，“贾奎诺区”作为专门术语写入了1949年日内瓦公约的相关协议。该书探讨了贾奎诺神父的才能、性格及其在中国的生活和工作，考察了促使他采取如此令人惊奇的大胆举动的各种因素，剖析了日军进攻上海前后的政治格局，论述了创建安全区必需的具体步骤和如何进行国际筹款，描述了与安全区相联系的具体生活场景，作者最后主张使这一历史遗产变成国际政治的一大举措。贾奎诺创建安全区的工作在历史上是罕见的，为今天保护和援助难民提供了一个重要样板。瑞丝泰诺的著作再次体现了抗战史的学术价值和现实意义，同时也展示了该领域的研究尚有巨大空间。

第3本城市史的著作是王笛（Di Wang）① 的《茶馆：成都的商业、日常生活和大众政治（1900—1950）》（斯坦福大学出版社，2008年）。这是第一本大部头的关于中国茶馆的历史著作，它让我们感受到了一个城市的市民品位和文化气息。在方法论层面，该书通过呈现最基层的大众生活日常文化，提供了观察中国城市的“另类”视角；或者说，该书提供了一种从微观角度研究城市史的模式，它兼具社会史和文化史的双重学术价值。毫无疑问，考察茶馆的运作和大众生活的实态，使我们可以突破宏大叙事的束缚，使我们可以眼光向下，深入到城市内部去认识城市的社会性格。凭借对成都历史的熟悉和档案资料的运用，王笛详细地分析了茶馆内的小社会和茶馆外的大社会。换言之，通过成都茶馆，作者透视了20世纪上半叶中国的经济、社会、政治、文化的变迁。必须指出

① 王笛（Di Wang），出生于成都，1978年进入四川大学历史系，1985年硕士毕业后留校任教，1989年完成了第一部专著《跨出封闭的世界——长江上游区域社会研究，1644—1911》。1991年赴美，师从罗威廉教授，1998年在约翰·霍普金斯大学获博士学位。现为得克萨斯州A&M大学历史学副教授，华中师范大学近代史研究中心客座教授，中国社会科学院近代史研究所特邀研究员，华东师范大学思勉人文高等研究院紫江讲座教授。著有《成都街头文化：公共空间、都市平民和地方政治（1870—1930）》（斯坦福大学出版社2003年版），该书荣获2005年都市史学会最佳著作奖（非北美范围）。

的是，王笛从早期的四川区域史研究，转至前些年的成都街头文化研究，再到这本成都茶馆研究，题目越做越小，但开掘越来越深，理论上的提炼也越来越精粹，这是值得国内史学工作者思考的研究路径。第4本是再版的著作，即叶文心（Wen-hsin Yeh）① 的《上海的光环：一个文化史（1843—1945）》（斯坦福大学出版社，2008年）。作者以细腻笔触展现了令人眼花缭乱的都市文化的演变过程，描绘了一幅城市中产阶级的全新的经济文化场景。不仅如此，作者通过都市传说和视觉印象，探讨了影响都市人群及其政治的社会文化动力，从而摆脱了哗众取宠之嫌，在浮光掠影中见证了历史的深刻。

需要重点推介的是曾小萍（Madeleine Zelin）② 的《自贡商人：中国近代的企业家》（哥伦比亚大学出版社，2008年）。该书初版于2005年，这次再版说明了它所具有的不可忽略的学术价值。自贡盐的生产曾是中国最大的本土工业之一，经历了19世纪早期的戏剧性扩展和1930年代晚期的衰败。某种意义上，它是中国近代产业史的缩影。这本书详述了自贡商人融通资金的新奇手法，以及通过发展新技术、占领市场、整合商业组织来拓展自身实力的成长史。长期以来，学术界对中国近代产业不发达的流行看法是：社会结构、国家传统、现代银行业的缺乏、关于商业的文化偏见等。曾小萍的看法与此相左，她着力发掘中国经济和社会发展过程中不受西方影响的因素，力求展示中国商人文化的潜能，认为它能够创造有意义的技术进步和组织创新。在西方学界，该书获得了高度评价，认为它是对中国商人研究的一项突出贡献，是迄今关于中国经

① 叶文心（Wen-hsin Yeh），加利福尼亚大学伯克利分校历史学教授。她是《疏远的学术：民国时期的文化与政治》、《省道：文化、空间和中国共产主义的起源》的作者，并主编了《变成中国人：通往现代性之途（1900—1950）》一书。

② 曾小萍（Madeleine Zelin），哥伦比亚大学丁天龙中国研究教授，历史学和东亚语言及文化教授，曾担任该校东亚研究中心主任。著有《地方官员的银两：18世纪清代中国合理化的财政改革》，合编《近代中国早期的契约和财产》。

济史的最好的著作之一。

关于20世纪最严重的经济危机对中国的冲击，最新成果当推城山智子（Tomoko Shiroyama）① 的《大萧条时期的中国：市场、国家和世界经济（1927—1937）》（哈佛大学亚洲研究中心，2008年）。20世纪的经济大萧条是一种全球瘟疫，凡与国际金融和商品市场有关联的经济体无一幸免。某种程度上，它也构成了现代中国经济史的一个分水岭。该书通过分析中国遭受的资金流量和贸易额剧烈衰退，描绘了国家在危机中所扮演的角色：在金本位主导的国际货币体系中，中国是唯一实行银本位的国家，然而国际银价的起伏不定破坏了中国的货币体系，甚至一定程度上动摇了国民经济的基础。为了应对通货紧缩，国民政府改变了对市场的放任立场，建立了一套全新的货币体系，在经济复兴的过程中，政府行为导致中国经济全面政治化。城山智子从中国与世界经济相互关联的宏观角度切入论题，深入分析了国家与市场关系的转型，为现代中国历史研究提供了一种新视角。

鸦片问题是近代中国研究的永恒话题。本年度再版了艾伦·波姆纳（Alan Baumler）② 的《共和政体下的中国人和鸦片：比洪水猛兽更可怕》（纽约州立大学出版社，2008年）。该书考察了20世纪早期中国政府试图控制鸦片的情形。19世纪中叶，吸食鸦片在中国非常普遍，并酿成鸦片战争的惨祸。在这本书里，作者让我们意识到：当20世纪西方的吸毒概念进入中国，鸦片成为了比洪水猛兽更可怕的问题。在有识之士的要求下，民众和政府均相信剔除鸦片是当前面临的紧要任务之一。在此情境下，国民政府开始借鉴国际社会的经验处理鸦片问题。与此同时，现代公民观念得以放大，成为现代中国的公共话语之一。该书不仅丰富了我们有关鸦片问题的知识，而且在更宽泛的意义上丰富了我们对现代中国国家建构的整体历史的认识。显然，这样有分量的研究成果拓宽了中国现

---

① 城山智子（Tomoko Shiroyama），一桥大学研究生院经济史教授。

② 艾伦·波姆纳（Alan Baumler），宾夕法尼亚州印第安纳大学历史学副教授，主编《现代中国与鸦片：一位读者》一书。

代史的学科视域。

这里要推介一本特别的著作——安东篱（Antonia Finnane）①的《中国服饰的变化：时尚、历史与国家》（哥伦比亚大学出版社，2008年）。2007年已出精装本，这是精装本之再版。作者并未单纯谈论"时尚"，而是将"时尚"置于广阔的历史背景之下予以探讨，字里行间充满关于性别、阶级、民族主义如何影响中国时尚的独到分析。由于19—20世纪中国服装给人留下的老旧印象，一直以来人们倾向于将"时尚"与西方文化画上等号。安东篱的著作让人大开眼界，它向公众表明充满活力的时尚是大清帝国晚期中国人生活的重要部分。20世纪初期，尽管中国服装仍然是简单和单调的代名词，但是现代时尚已开始浮现：穿蓝色长袍的男人们开始接受帽子和皮鞋，女孩子开始穿紧身夹克和窄裤，土布粗衣开始让位于机织服装。这些服饰上静悄悄的革命具有深远意义，并导致了20世纪后半期中国城市和农村的服饰文化转型：从辛亥革命时期的紧身夹克和高领，到文化大革命时期军人样式的流行，再到今天中国人色彩斑斓的衣饰。在不远的将来，中国的服饰必将引领世界潮流，成为"时尚"中心。可以肯定的是，这本书必将促进中国研究领域的时尚研究，以及相关的比较研究、社会经济史研究、文化史研究和后殖民研究。

有一本迈克尔·狄龙（Michael Dillon）主编的论文集，书名是《中国经济史（1949年之前）重要论文集》（夏威夷大学出版社，2008年）。长久以来，中国经济的发展对西方史学家而言一直是个悖论：到底是增长、发展，还是停滞、沉沦？是否存在伴随某一崩

① 安东篱（Antonia Finnane），先后在澳大利亚悉尼大学、北京语言学院、南京大学学习，后在澳大利亚国立大学跟随著名华裔学者王赓武教授研习东亚史并获得博士学位（1985年）。现为澳大利亚墨尔本大学历史系副教授，主要从事16—20世纪中国社会和文化史研究，重点关注城市、消费、时尚、视觉文化、阶级、族群和性别关系等问题，近年来在这些方面发表过一系列论著，在美国的中国研究领域产生了较大影响。著有《说扬州：1550—1850年的一座中国城市》，该书获得2006年列文森图书奖（有关1900年之前的中国的图书）。

溃时期而出现的长达数百年的停滞的经济周期？或者说，它一直平稳行进，然后在18世纪前达到了高峰？甚至，中国的经济发展是否孕育着与西方道路不同的另一种可能？可以确定的是，中国经济增长从未发展到一种完全的工业革命阶段，李伯重的江南早期工业化研究提供了有力的例证。拥有四大发明优先权的中国被西方赶超也是不争的事实，但是其中的原因在中国国内和国际上都是众说纷纭。收录在本书中的重要论文涵盖了经济史研究的基本命题，诸如土地使用权和所有权、手工业和早期工业化、贸易和商业、交通和运输、税收和金融等。开篇的几篇论文讨论了秦汉时期经济的早期发展，接着集中讨论了学界颇多争议的所谓宋代的“商业革命”，明中叶工商业的扩张，以及19—20世纪西方和日本对中国经济的影响。另一本论文集是滨下武志（Takeshi Hamashita）① 的《中国、东亚和全球经济：区域和历史的视角》（劳特利奇出版社，2008年），该书汇集了作者有关近代亚洲贸易的各种专论。滨下武志是著名的中国经济史专家，他提出的以中国为中心的“亚洲贸易圈”概念引起国际学术界的广泛讨论，成为至今仍有影响力的有关中国历史的少数几个分析模式之一。

三、现代史部分

现代史似乎总是美国学界中国研究领域最火爆的议题，这与美国学术理念的实用性和全球战略的即时性密切相关。因此，2008年跃入眼帘最频繁的美国关于中国社会经济史的研究成果，仍然是

① 滨下武志（Takeshi Hamashita），曾任东洋文库、一桥大学、东京大学的研究员、教授，1996—1998年任东京大学东洋文化研究所所长。现任京都大学东南亚研究中心教授、东京索菲亚大学教授，兼任纽约州立宾汉姆顿大学和康奈尔大学教授。主要著作有：《中国近代经济史研究》（1989），《近代中国的国际契机》（1990），《亚洲经济圈与日本工业化》（1991，合著），《从亚洲进行的思考》（1994，合著），《香港——亚洲的网络都市》（1996），《朝贡体系与近代亚洲》（1997），《亚洲价值、秩序与中国的未来：后国家时代之亚洲研究》（2000）。

为数众多的现代中国论著。

在本年度美国出版的“城市的成长”丛书中，有两本涉及中国城市。第一本是马艳（Ma Yan）①的《北京：城市的发展》（卡特威尔图书，2008年），第二本是琼·沃勒（Joan Waller）②的《上海：城市的成长》（卡特威尔图书，2008年）。他们分别考察了北京和上海的历史，揭示了它们复杂多变的命运。关于北京，另有一本书，即李莉莲（Lillian M. Li）、崔诺维（Alison J. Dray-Novey）、孔海力（Haili Kong）③合著的《北京：从帝都到奥运城市》（麦克米兰出版社，2008年）。这是平装本，2007年出版了精装本。该书探讨了北京从一个历史悠久的帝都到20世纪国际商业中心，2008年奥运会主办城市的转型，涉及拆除历史建筑（如四合院），以及新的居民区、商业区、奥运场馆的建设等问题。无独有偶，关于上海也有另外一本书，即马克·斯威士洛可（Mark Swislocki）④的《烹饪的乡愁：上海的地方小吃文化和都市体验》（斯坦福大学出版社，2008年）。这本关于上海饮食史的专著采取社会学的分析视角，广泛收罗报纸、杂志、方志、市政档案、回忆录等相关资料，从中提炼了一种原创性框架，即在一个宏大的城市史中定位上海的餐饮文化，以及在城市史的某些关键时期，“味道”如何记录了历史过程中的变与不变。在“品尝”上海食品时，作者诠释了城市居民如何建构他们与城市本身的关系，与中国其他

① 马艳（Ma Yan），北京人，在英国留学并获得出版专业的硕士学位，最近迁移到纽约。

② 琼·沃勒（Joan Waller），1986年，她受邀作为一名外国专家在芜湖师范学院任教。在那儿教了两年英语后，她来到云南省昆明市，在这里生活了两年多，然后来到香港。1990—1993年，她在香港为英国文化委员会工作。她在中国期间广泛地旅行，并多次往返中国。她为中国的英语杂志写作，参与教材编纂，关注中国最新的发展。她在中国的部分收藏品后来成为伯明翰博物馆的藏品。

③ 李莉莲（Lillian M. Li），斯沃斯莫尔学院历史学教授；崔诺维（Alison J. Dray-Novey），马里兰圣母学院历史学教授；孔海力（Haili Kong），斯沃斯莫尔学院中国语言、文学和电影专业教授。

④ 马克·斯威士洛可（Mark Swislocki），布朗大学历史学助理教授。

地区的关系，以及与更宽广的世界的关系。关系的建构与重构，正是社会史研究的独特视角和方法论意义之所在。

不得不提到一本引起人们高度关注的书——莱斯利·张（Leslie T. Chang）① 的《改革时期中国工厂的女工：从乡村到城市》（史匹格和格劳出版社，2008 年）。迄今为止，中国离乡进城谋生的一亿多农民工是历史上最大规模的移民。作者花了三年时间观察两个小姑娘——鲁琴敏（Lu Qingmin），来自湖北；吴春明（Wu Chunming），来自湖南——的生活史。她们是东莞流水线上的打工妹，而东莞是中国的新型工业城市之一。作者将她们的日记、电邮、短信整合到故事中，让这两个满怀憧憬的女孩子跃然纸上。该书最感人的部分是鲁琴敏的返乡之旅，它凸显了几代人之间生活方式的日益扩大的差距。该书展示了从乡村到城市的大规模迁移如何重塑了个人的生活，如何使中国社会发生转型。尽管该书是一项透彻的研究，但也有明显的缺点，即作者在书中穿插了自己家族的移民史。她这样做的初衷是通过几代人的差异来描绘中国历史的转变，但有些离题。她的家族显然是一个权势之家，都是受过高等教育的专业人才和到中国台湾、美国的移民。在书中，这群人显得突兀，而非必要的“证人”。这也提醒我们，除去枝蔓是研究者们在写作最后阶段应该完成的基本工作。

另有两本关于移民的著作。一本是妮可·莱雯朵帕（Nicole Newendorp）② 的《不自在的团圆：1997 年以后香港的移居、市民身份和家庭生活》（斯坦福大学出版社，2008 年）。这本书讲述了 1997 年香港回归中国之后，中国内地的妻子与她们的香港丈夫之间的团聚故事。作者探讨了身份观念在香港被构建的方式，以及这种方式如何影响了内地移民在香港的日常生活，呈现了一种有深度

① 莱斯利·张（Leslie T. Chang），她以《华尔街日报》记者身份在中国生活了十年。她的丈夫何伟（Peter Hessler）也写了些关于中国的著作，如《江城》、《甲骨文》。她目前生活在科罗拉多州。

② 妮可·莱雯朵帕（Nicole Newendorp），哈佛大学社会研究专业讲师。这是她的第一部著作。

的民族志。不仅如此，作者还讨论了民族国家、性和移民等问题，凸显了香港所面临的新挑战。另一本是范路易（Floris-Jan van Luyn）① 的《一座浮动的农民城：现代中国的大移民》（新新闻出版社，2008 年）。通过 12 个农民工的个人档案，作者描绘了性工作者、垃圾清运工、工厂工人的生活肖像。确切地说，这本书的主要价值在于以纪实手法记录了现代中国历史变迁的某些片断。

城市中的第三产业往往是学者们关注的题材，例如艾米·汉舍（Amy Hanser）② 的《服务业的遭遇：中国城市中的阶级、性别和市场方面的差别》（斯坦福大学出版社，2008 年）一书中，他考察了新型商场如何变成辨识和确认社会身份的舞台。通过仔细的研究，作者探讨了中国社会经济的变迁如何催生了新的价值观和不平等形式，并为我们提供了一种中国城市中阶级、性别、服务等文化符号发生变化的民族志文本。汉舍的研究展示了社会史研究的新方向，“眼光向下”成为学者们摆脱固有范式的理性选择。

比城市更放大的题材，是省一级的发展，如海南。这方面的研究，可参见柯尔德·伯德加得（Kjeld Erik Brodsgaard）③ 的《海南：一个中国省份中的国家、社会与商业关系》（罗德里奇出版社，2008 年）。这本书聚焦海南省的经验，考察了中国的国家、社会和商业之间的关系，即国家官员、商人、外国投资者之间到底存在着怎样的游戏规则。乡镇企业是改革开放之后中国的新生事物，这方面最新的成果当推卡尔文·陈（Calvin Chen）④ 的《必要的综合：中国乡镇企业中的工作、社区与政治》（哈佛大学亚洲研究中心，2008 年）一书。基于作者在浙江的实地考察，这本书探讨了

---

① 范路易（Floris-Jan van Luyn），他曾是荷兰《新鹿特丹商业报》驻华记者（1995—2001）。在成为一名记者和电影制作人之前，他在莱顿、台北、北京学习历史和中文。他目前住在荷兰海牙。

② 艾米·汉舍（Amy Hanser），加拿大英属哥伦比亚大学社会学助教。

③ 柯尔德·伯德加得（Kjeld Erik Brodsgaard），丹麦哥本哈根商学院亚洲研究中心研究员。

④ 卡尔文·陈（Calvin Chen），霍山学院鲁思政治学助理教授。

乡镇企业的出现和成功，以及普通的村民如何卷入最近几十年的乡村工业化进程。其实，这一研究选题与近些年学界兴起的中国早期工业化研究是遥相呼应的，可以相互比照和参验。

关于中国面临的棘手问题，有两本书值得注意，一本是万光华(Guanghua Wan)① 的《中国不平等和贫困问题研究》（麦克米兰出版社，2008 年），它是一本论文集。该书探讨的问题包括：区域和个人在收入上的变化，保障幸福的措施（诸如健康和教育），沿海地区与内地的差距，城乡差别，以及导致不平等和贫困的因素，包括资源禀赋、地理位置、经济发展的历史差异性、经济改革的不均匀影响、基础设施方面的不平衡等。另外一本是丹尼尔·麦曲克斯（Daniel A. Metraux）、詹姆斯·约克希尔（James W. Yoxall)②合著的《中国面临的问题：政治、经济、健康和宗教》（艾德文·麦伦出版社，2008 年）。该书广泛讨论了中国今天所面临的问题，诸如移民工人、能源、教育和健康、对外政策、国家的领导力、迅速的经济膨胀、技术的现代化、环境损害、人口贫困化等。

张泰明（Tai Ming Cheung)③ 研究了中国的国防经济，出版了《富国强兵：为建立中国现代国防经济而奋斗》（康奈尔大学出版

---

① 万光华（Guanghua Wan)，联合国大学世界经济发展研究院高级研究员和项目主任，中国多所大学的名誉教授。曾在新英格兰大学和悉尼大学讲授经济计量学和发展经济学。他是一位多产的研究者，先后在著名的学术期刊上发表了 50 多篇研究论文。

② 丹尼尔·麦曲克斯（Daniel A. Metraux)，玛丽·波德因学院亚洲研究教授，外国语言、文学和文化系主任。2002 年，他是澳大利亚国立大学亚洲研究院访问学者。他著有 14 本关于日本和东亚史的著作。詹姆斯·约克希尔（James W. Yoxall）是玛丽·波德因学院亚洲研究兼任讲师。他的专长是中国孤儿领域。他和妻子希拉里已经收养了两名中国孩子。从 1990 年代以来，约克希尔已在中国好几所学校执教。

③ 张泰明（Tai Ming Cheung)，加利福尼亚大学全球冲突与合作研究所研究员，加利福尼亚大学圣地亚哥分校国际关系和太平洋研究所兼任助理教授。著有《中国企业家军团》。他是一个中国人，曾担任《远东经济评论》军事记者好多年，也在中国香港和日本担任过股票和政治风险分析师。

社，2008年）一书。作者指出，中国国防经济正在转型之中；民用经济和国防经济正在整合为一个更有竞争力的经济形态，这一战略将在国防现代化方面发挥关键作用。从国防和经济角度考察中国的，还有另一本书，即大卫·蓝普顿（David M. Lampton）① 的《中国力量的三副面目：威慑、金钱和思想》（加利福尼亚大学出版社，2008年）。中国的迅速崛起和中华文化的复兴，引起西方世界对所谓“中国力量”的广泛关注。通过与中美等国的政治领袖、外交官、其他精英人士的广泛交谈，蓝普顿对中国日益增长的社会影响进行了多角度的观察，并将中国的国家力量放在宽广的历史框架之中予以评估。当然，这本书展示的是一个西方视角——中国的实力是如何变化的，它的脆弱和不确定之处何在，包括美国在内的世界其他国家应该如何获得准确的判断。印在该书内页上的两则评论是耐人寻味的：一是美国战略和国际关系研究中心的布热津斯基（Zbigniew Brzezinski）的评论，他认为：通过了解更多的不仅是有关中国的事务，而且是来自中国本身的观察，美国更能够与崛起的中国维持一个建设性的关系。蓝普顿向我们提供了有见地的非常需要的指导。二是前任美国驻华大使芮孝俭（J. Stapleton Roy）的评论，他指出：蓝普顿教授的令人兴奋的和深入研究的书，为理性思考中国经济和军事力量的迅速增长对美国和世界的意义提供了一个综合的框架。学习世界事务的学生和关心美中关系前途的非专业人士，都将从该书发人深省的以历史为基准的洞察和判断中获益。

具有传奇色彩的吉姆·罗杰斯（Jim Rogers）② 写作了一本有

① 大卫·蓝普顿（David M. Lampton），约翰·霍普金斯大学教授，中国研究主任，高级国际研究学院教务长。著有《同床异梦：处理美中关系（1989—2000）》，主编《改革时代中国对外和安全政策的形成》，以及许多其他的关于中国国内事务和外交事务的书和文章。

② 吉姆·罗杰斯（Jim Rogers），他37岁时就退休，并与人共同创立了量子基金。从那之后，他有时是哥伦比亚大学商学院的金融教授，有时是全球的媒体评论员。他著有《热销商品》、《风险投资家》和《投资骑士》等著作，被誉为“投资天才”或“投资大师”。他现住在纽约。

影响力的书，题为《中国的牛市：在全球最大的市场投资赢利》(兰登书屋，2008年)。这是平装本，2007年出版了精装本。通过案例分析，罗杰斯指出现今世界正在变成中国世纪——如果20世纪是美国人的世纪，那么21世纪就属于中国。在他的眼里，中国的经济繁荣是英国工业革命后最伟大的经济繁荣。他提醒人们，任何投资家都能够在中国的经济现代化进程中获得有利地位，表演的时间就在当下。在书中，罗杰斯剖析了电力、能源、农业、旅游、供水、基础设施等行业的投资机会，阐述了推动赢利和革新的官方政策，讨论了A股、B股和上市证券报告中的不利因素，甚至对“红筹股”公司（如烟台张裕，中国最大的制酒企业之一）也有评述。罗杰斯1984年第一次到中国之后，便一直研究中国经济，堪称“中国通”，因此他的著述应该引起有关部门的高度重视。

关于中国经济改革中的各个侧面，有不同的专著予以探讨。例如，侯赛因（Athar Hussain）①的《中国：向市场经济过渡》（劳特利奇出版社，2008年）一书对中国向市场经济快速过渡提出了新见解。又如，张勇（Yong Zhang）② 的《中国的大型国有企业：公司化和战略发展》（麦克米兰出版社，2008年）一书探讨了大型国有企业战略发展的各种各样的改革，以及公司化带来的冲击。再如，迪利普·答斯（Dilip K. Das）③ 在《中国的经济复兴：启示或富饶?》（麦克米兰出版社,2008年）一书指出,在2008年——中国改革第30个年头——中国完成了市场取向的宏观经济改革和结构调整。关于全球化背景下的中国经济，有两本著作可以参考，一

---

① 侯赛因（Athar Hussain)，英国伦敦经济学院（LSE）亚洲研究中心主任、教授，中国—欧盟社会保障合作项目专家，世界银行、亚洲发展银行、联合国发展项目顾问以及中国政府顾问。他的许多文章发表在顶级经济学术刊物上，如《美国经济评论》、《经济学》等。

② 张勇（Yong Zhang)，北京毕马威会计师事务所市场部主管。

③ 迪利普·答斯（Dilip K. Das)，他是一位研究亚洲经济的杰出学者，出版了很多著作。他还与几所著名的商学院有联系，包括悉尼大学商学研究生院和法国的欧洲商学院。他也是世界银行、亚洲开发银行经济研究部的顾问。

本是伊兰·阿龙（Ilan Alon）、约翰·麦金太尔（John R. Mcintyre）①主编的《中国企业的全球化》（麦克米兰出版社，2008年）。这本论文集荟萃了不同学科的中国研究专家的观点，涉及中国经济对全球商业和环境的冲击、全球化背景下的中国公司、可持续发展、外部采购等问题。另一本是道格·格思礼（Doug Guthrie）② 的《中国与全球化：政治、经济与社会转型》（劳特利奇出版社，2008年）一书。这是精装本，2006年出版了平装本。在这本新修订的书中，作者更新了他的关于现代中国的叙述，提供了新材料和新事例，试图探明中国的发展趋势及其世界性影响。

关于中国的富裕阶层，应该阅读邓肯·休伊特（Duncan Hewitt）③ 的《中国先富起来的人们：一部现代社会的历史》（飞马图书公司，2008年）。中国在几十年的时间里，完成了西方花了数百年才完成的现代化，这无疑是最具震撼力的历史事件之一。《新闻周刊》记者休伊特亲临中国，目睹了发生在这块神奇土地上的巨大变迁。作者从多角度考察了1980年代以后经济繁荣带来的社会后果，包括消费习惯、性风俗、人口移动、房地产开发等。休伊

① 伊兰·阿龙（Ilan Alon），罗林斯学院教授、中国研究中心执行理事，哈佛大学访问学者。著有《中国的文化、组织行为和国际商务管理》、《中国经济转型与国际营销策略》、《中国的商业和管理教育：转型、教育和培训》、《新的中国企业家和商界领袖的传记辞典》。约翰·麦金太尔（John R. Mcintyre），乔治亚理工学院之管理学院乔治亚技术中心执行理事、国际商务管理专业教授。

② 道格·格思礼（Doug Guthrie），纽约大学管理学教授，社会学系、艺术与科学系联合聘任的社会学教授，哈佛大学商学院、斯坦福大学商学院兼职教授。他于1997年在加州大学伯克利分校获得社会学博士学位，主要研究领域是管理学、领导力、公司治理、中国经济改革。现为TRIUM全球EMBA项目学术主任。他还在社会科学研究委员会担任商业机构创立项目主任。目前，他是活跃于国际学术界的著名管理学者、社会学者。

③ 邓肯·休伊特（Duncan Hewitt），英国人。1986年他第一次到中国生活。他在加入英国广播公司之前，曾在香港从事过现代中国文学方面的编辑和翻译工作。1997—2002年，他被英国广播公司派驻中国担任记者。后来，他又成为英国广播公司在上海的第一个记者。现在，他在上海为《新闻周刊》和其他出版物撰稿。

特广泛的阅历、生动的文笔和谨慎的洞察，使这本书成为有关中国崛起的新版指南书之一。另外一本有相同主题的著作，是戴维·古德曼（David Goodman）① 的《中国的暴发户：未来的领袖和现今的生活》（劳特利奇出版社，2008 年）。该书聚焦中国的“暴发户”，讨论了有关阶级、地位、权力、代理、结构和生活方式等问题。

在有关中国传媒文化方面，赵月枝（Yuezhi Zhao）② 的《中国的大众传播：政治经济学、权力与冲突》（罗曼和利特菲尔德出版公司，2008 年）堪称重要著作。对于所有中国传媒专业的学生来说，这本新书是必读书。该书探讨了大众传播在中国划时代的变迁中的矛盾角色，将历史依据、透彻分析、生动细致有机地结合在一起。与赵月枝的书同属一个领域的著作，还有朱瑛（Ying Zhu）③ 的《后改革时代中国的电视：王朝剧本、儒家领导和全球电视市场》（劳特利奇出版社，2008 年）。作者探讨了电视在现代中国扮演的角色，探讨了 1990 年代中期以来热播的历史连续剧、中国电视产业的商业化、国家宣传机器这三者之间的互动，探讨了某些电视节目在海外的普及情形。尤其是，作者将中国电视剧与美国和拉美黄金时段播出的电视肥皂剧作了比较。在此基础上，该书试图揭示历史连续剧热播背后的文化和经济原因，试图凸显商业化的大众

---

① 戴维·古德曼（David Goodman），澳大利亚悉尼理工学院当代中国研究中心教授，著有《邓小平政治评传》等书。

② 赵月枝（Yuezhi Zhao），加拿大西蒙弗雷泽大学大众传播专业副教授和全球传播政治经济学首席专家。她的研究兴趣包括国际传播政治经济学、转型社会中传播、发展和民主之间的关系、中国的媒体和信息产业。著有《中国的媒体、市场和民主：在党的路线和支撑民主的底线之间？新闻业与客观政治》（与罗伯特·哈克特合著），主编《全球传播：向跨文化的政治经济迈进》（与波拉·查可雅瓦蒂合编），《全球媒体的民主化？一个世界中的多种挣扎》（与罗伯特·哈克特合编）等。现为武汉大学新闻与传播学院客座教授。

③ 朱瑛（Ying Zhu），纽约市立大学斯坦顿岛学院传媒文化专业副教授。著有《改革时期的中国电影：精巧的体系》。她的文章出现于顶尖杂志和各种书中。

文化所扮演的主导角色，试图弄清楚中国电视对于全球文化发展的影响。与此同时，关于未来好莱坞在跨国界的华人视听市场扮演的角色，关于中国的电视生产三大中心（内地、香港、台湾）之间的差别、相似、合作、竞争，作者也提出了独特见解。由此可见，当代史的写作必须视野开阔，无论选题大至国家或小至个人。

大众传媒方面还有一本书也不可忽视，那就是王瑾（Jing Wang）① 的《品牌中国：广告、媒体和商业文化》（哈佛大学亚洲研究中心，2008 年）。这本书将市场研究和文化分析结合起来，剖析了中国广告策略和市场营销，体现了作者对中国商业文化的深刻把握。王瑾在北京广告代理界的经历和美国的学术背景使她的著述具有一种独特视角。

中国有票房号召力的著名导演冯小刚的电影作品也成为研究对象，相关成果可参见张蕊（Rui Zhang）② 的《冯小刚的电影：1989 年之后中国的商业化和电影审查》（华盛顿大学出版社，2008 年）。这本书以冯小刚为个案，通过中国电影政策的变化、经济改革、政府提倡主旋律电影、大众影院的增长，探讨了 1990 年代以来的中国电影发展史。作者将冯小刚及其作品置于当代中国特殊的社会经济背景之下予以诠释，这种方法本质上属于历史学的方法。简言之，历史学给予人们的方法论启示在于：离开了具体的时间和空间，任何人物和事物都是没有意义的。

---

① 王瑾（Jing Wang），麻省理工学院中国语言与文化专业教授，麻省理工学院外国语言与文学系主任，比较媒体研究（MIT Comparative Media Studies）项目的指导委员，“中国知识共享”（Creative Commons in China）项目国际顾问委员会主席。研究方向集中于中国媒体文化、新媒体营销以及数字媒体等领域。著有《文化热》、《石头记》。近期发表的学术论著包括《中国的中产阶级？新部落和城市移民》、《中国的青年人文化、音乐和手机品牌》、《定位中国》、《介绍：中国的政策和生产规模》、《一个全球性话题：创意产业能够走多远？》。

② 张蕊（Rui Zhang），曾在俄亥俄州立大学学习艺术和电影史。她目前是清华大学的博士后。

四、小 结

无论是古代史，还是近现代史，城市史的写作似乎构成了本年度美国学界中国研究的重心。这或许与2008年北京主办奥运会有关。毫无疑问，奥运会在中国的成功举办构成了现代中国史的一个重要转折点，它同时也成为了世界性的重大事件。另一个重心所在，是中国经济改革的相关研究，涉及国家政策、社会问题、乡镇企业、传媒文化、国防工业等，其中农民工又是核心的研究对象。应该说，这些英语著作在主题、方法、视角、材料、表述、结论上，都大不同于国内的研究，需要我们采取批判的立场，既要有"拿来主义"（鲁迅语）的气魄，又要有学术层面的冷静审视，不封闭也不盲从。最后需要强调的是，对近现代史的偏重是美国学界的一贯作风，数十年间不曾改变，这是应该引起我们注意的。

参考文献

[1] ALAN BAUMLER. *The Chinese and Opium under the Republic: Worse Than Floods and Wild Beasts*. New York: State University of New York Press, 2008.

[2] AMY HANSER. *Service Encounters: Class, Gender, and the Market for Social Distinction in Urban China*. Palo Alto, CA: Stanford University Press, 2008.

[3] ANTONIA FINNANE. *Changing Clothes in China: Fashion, History, Nation*. New York: Columbia University Press, 2008.

[4] ATHAR HUSSAIN. *China: Transition to a Market Economy*. New York: Routledge, 2008.

[5] CALVIN CHEN. *Some Assembly Required: Work, Community, and Politics in China's Rural Enterprises*. Cambridge, MA: Harvard University Asia Center, 2008.

[6] COLIN THUBRON. *Shadow of the Silk Road*. New York: Harper

Perennial, 2008.

[7]DANIEL A. METRAUX, JAMES W. YOXALL. *The Problems Facing China Today: Politics, Economics, Health, and Religion.* Lewiston, NY: Edwin Mellen Press, 2008.

[8]DAVID GOODMAN. *The New Rich in China: Future Rulers, Present Lives.* New York: Routledge, 2008.

[9]DAVID M. LAMPTON. *The Three Faces of Chinese Power: Might, Money, and Minds.* Los Angeles, CA: University of California Press, 2008.

[10]DI WANG. *The Teahouse: Small Business, Everyday Culture, and Public Politics in Chengdu, 1900-1950.* Palo Alto, CA: Stanford University Press, 2008.

[11]DILIP K. DAS. *The Chinese Economic Renaissance: Apocalypse or Cornucopia.* New York: Palgrave Macmillan, 2008.

[12]DOUG GUTHRIE. *China and Globalization: The Social, Economic and Political Transformation of Chinese Society.* New York: Routledge, 2008.

[13] DUNCAN HEWITT. *China: Getting Rich First: A Modern Social History.* New York: Pegasus Books, 2008.

[14]FLORIS-JAN VAN LUYN. *A Floating City of Peasants: The Great Migration in Contemporary China.* New York: New Press, 2008.

[15] GUANGHUA WAN. *Understanding Inequality and Poverty in China: Methods and Applications* . New York: Palgrave Macmillan, 2008.

[16]HOK-LAM CHAN. *Legends of the Building of Old Peking.* New York: University of Washington Press, 2008.

[17]HOSEA BALLOU MORSE. *The Chronicles of the East India Company Trading to China* 1635-1834. Mansfield Centre, CT: Martino Pub, 2008.

[18]http://www. amazon. com/ref=gno_logo_b.

[19]ILAN ALON, JOHN R. MCINTYRE. *Globalization of Chinese En-*

terprises. New York: Palgrave Macmillan, 2008.

[20] JIM ROGERS. *A Bull in China: Investing Profitably in the World's Greatest Market.* New York: Random House Trade Paperbacks, 2008.

[21] JING WANG. *Brand New China: Advertising, Media, and Commercial Culture.* Cambridge, MA: Harvard University Asia Center, 2008.

[22] JOAN WALLER. *Shanghai: Growth of the City.* Secaucus, NJ: Chartwell Books, 2008.

[23] KATHRYN EDGERTON-TARPLEY. *Tears from Iron: Cultural Responses to Famine in Nineteenth-Century China.* Los Angeles, CA: University of California Press, 2008.

[24] KIRK W. LARSEN. *Tradition, Treaties, and Trade: Qing Imperialism and Choson Korea, 1850-1910* . Cambridge, MA: Harvard University Asia Center, 2008.

[25] KJELD ERIK BRODSGAARD. *Hainan - State, Society and Business in a Chinese Province.* New York: Routledge, 2008.

[26] LESLIE T. CHANG. *Factory Girls: From Village to City in a Changing China.* New York: Spiegel & Grau, 2008.

[27] LILLIAN M. LI, ALISON DRAY-NOVEY, HAILI KONG. *Beijing: From Imperial Capital to Olympic City.* New York: Palgrave Macmillan, 2008.

[28] MA YAN. *Beijing: Growth of the City.* Secaucus, NJ: Chartwell Books, 2008.

[29] MADELEINE ZELIN. *The Merchants of Zigong: Industrial Entrepreneurship in Early Modern China.* New York: Columbia University Press, 2008.

[30] MARCIA RISTAINO. *The Jacquinot Safe Zone: Wartime Refugees in Shanghai.* Palo Alto, CA: Stanford University Press, 2008.

[31] MARK SWISLOCKI. *Culinary Nostalgia: Regional Food Culture and the Urban Experience in Shanghai.* Palo Alto, CA: Stanford

University Press, 2008.

[32] MICHAEL DILLON. *Key Papers on Chinese Economic History Up to 1949* . Los Angeles, CA: University of Hawaii Press, 2008.

[33] NICOLE NEWENDORP. *Uneasy Reunions: Immigration, Citizenship, and Family Life in Post-1997 Hong Kong*. Palo Alto, CA: Stanford University Press, 2008.

[34] PAUL WHEATLEY. *The Origins and Character of the Ancient Chinese City: The City in Ancient China* (*Volume* 1). Piscataway, NJ: Aldine Transaction, 2008.

[35] ROBERT MUDIE. *China and Its Resources, and Peculiarities: Physical, Political, Social, and Commerical*. Charleston, SC: BiblioLife, 2008.

[36] RUI ZHANG. *The Cinema of Feng Xiaogang: Commercialization and Censorship in Chinese Cinema After 1989*. New York: University of Washington Press, 2008.

[37] SARAH ROSE. *For All the Tea in China: Espionage, Empire and the Sercret Formula of the World's Favourite Drink*. New York: Hutchinson, 2008.

[38] STEPHEN HAW. *Beijing—A Concise History*. New York: Routledge, 2008.

[39] STEPHEN R. MACKINNON. *Wuhan, 1938: War, Refugees, and the Making of Modern China*. Ithaca, NY: Cornell University Press, 2008.

[40] TAI MING CHEUNG. *Fortifying China: The Struggle to Build a Modern Defense Economy*. New York: Cornell University Press, 2008.

[41] TAKESHI HAMASHITA. *China, East Asia and the Global Economy: Regional and Historical Perspectives*. New York: Routledge, 2008.

[42] TOMOKO SHIROYAMA. *China during the Great Depression: Market, State, and the World Economy, 1929-1937* . Cambridge, MA:

Harvard University Asia Center, 2008.

[43] WEN-HSIN YEH. *Shanghai Splendor: A Cultrual History, 1843-1945*. Palo Alto, CA: Stanford University Press, 2008.

[44] YING ZHU. *Television in Post-Reform China: Dynasty Drama, Confucian Leadership and the Global Television Market*. New York: Routledge, 2008.

[45] YONG ZHANG. *Large Chinese State-Owned Enterprises: Corporatisation and Strategic Development*. New York: Palgrave Macmillan, 2008.

[46] YUEZHI ZHAO. *Communication in China: Political Economy, Power, and Conflict*. New York: Rowman & Littlefield Publishers, Inc., 2008.

国际社会学研究主题及其趋势述评*

周长城　唐　勃**

（武汉大学社会学系，武汉，430072）

近几年来，国际社会学研究无论是在理论基础、研究方法、研究视角还是在研究影响力上都有了显著的发展与创新。社会学研究的进步一方面应归因于各国社会学研究者孜孜不倦的工作，另一方面则是源于这个全球化、多元化而又不断变化的现代世界给予了社会学研究以更为宽广的研究平台。作为在社会科学领域最具有跨学科能力的学科之一，近几年无论是对全球化问题的研究，对劳动力市场与市场结构等经济问题的分析，对文化传播与文化融合等文化问题的探讨，对政治模式、公民社会等政治问题的探究，还是对环境保护问题、性别平等问题、社会转型问题等新兴领域的探索，社会学都在其中发挥着日益重要的影响力。

为了更好地梳理近几年来繁杂的社会学研究的脉络，本文致力于对《国际社会学》（*International Sociology*）杂志在2007年至2008年所刊登的论文与研究述评进行归纳与总结。之所以选择《国际社会学》杂志，一是因为其作为由国际社会学协会（ISA）公开发行的学术刊物，是当今社会学领域中具有一定权威性与创新

---

* 本项目得到了武汉大学“海外人文社会科学研究前沿追踪计划”项目的资助，特此感谢。在本研究中黄婷、刘溪、张家铭同学参与了收集整理工作和部分编写工作，杭苏红、蒋说、黄珊珊等同学也提供了帮助。

** 周长城，武汉大学社会学系教授，武汉大学生活质量研究与评价中心主任；唐勃，武汉大学社会学研究生。

性的研究刊物之一；二是因为《国际社会学》具有鲜明的全球化视野，其所选择的论文来自不同国家、不同视角、不同立场的社会学研究者的优秀成果，是对当代国际社会学发展的有效的归纳。在《国际社会学》近两年来所刊登的文章中，共有89篇研究论文，90篇著作和论文的述评，这些文章或是基于当前全球化的背景展开论述，或是对东方国家、转型国家等特殊的社会进行分析，或是聚焦于政治社会学、性别社会学、环境社会学等领域中的新兴问题。本文将对上述文章进行进一步整合与归纳，以期全面地把握当前前沿社会学研究成果的基本内容与基本取向。

一、全球化问题研究

全球化的浪潮改变了世界格局，同时也使得地域社会的文化、经济和政治等各个方面发生了根本性的变化。对全球化背景下地域社会的研究，一直是国际社会学界关注的一个重要话题。全球化意味着全球性资本的扩张、跨国公司的发展以及市场经济模式和民主观念的传播；同时也促使着地域社会从传统向现代的转型，国与国的联系日益紧密，几乎每一个国家都深受其影响。在对全球化的研究过程中，社会学因其突破空间和时间限制的学科“想象力”而拥有更为广阔的研究领域。同时对社会学而言，与时俱进地研究全球化浪潮下经济、政治等社会各方面的变化也是学科进步的必要举措。在当前对于全球化的社会学研究大多选取宽广的视角，一些研究致力于对全球化进行理论探讨，一些研究关注全球化给发展中国家造成的不平等影响，一些研究则聚焦于全球化对文化、经济、社会等各个层面的具体影响。

1. 全球化与全球化理论研究

在对于全球化的理论研究中，学者们往往基于不同的理论从不同的视角上来看待全球化现象。在《跨国化与全球化的当代过程》（*Contemporary Process of Transnationalization and Globalization*）一文中，作者Heather Hofmeister与André Pascal Breitenstein从跨国化（transnationalization）的视角来重新审视全球化（globalization）这

一概念。① 跨国化是一种与全球化紧密相连，而又具有差别的概念。跨国化可以被看做是资本、信息、人力以及文化等因素由某些地区转向另一些地区的连锁反应，简而言之，跨国化是当前国际变动的一种进程，而全球化则是这一进程的结果。在这一进程中，全球性的不平等和差异将会被拉大。同时，传媒科技的发展和进步将会加速信息、资金、货物和人员的跨国化流动速度。跨国化可分为宏观和微观两个不同层面，宏观层面包括物质（科技和经济）文化和非物质（社会）文化，这两者之间的区别与联系正是跨国化进程的根本动力之一。而微观层面的跨国化则完全不同，它主要关注的是社会中的个体如何被影响及如何去回应这些影响。外国资本进入的同时也带来了西式的文化和理念，这些首先影响的是个人，然后才慢慢波及整个社会群体。同时，一个全球范围的跨国化实践系统还包含经济、政治和文化三个水平面，每个层面都有其不同的运作方式，而在跨国化过程中，文化往往先于政治和经济的传播。他们认为，跨国化进程是一种带有帝国主义扩张倾向与“被限制的竞争”并存的活动。在国际竞争中，精英团体或精英组织（如WTO，IMF，World Bank 等）往往扮演规则制定者的角色，它们制定游戏规则来限制和规范种种跨国化行为。

与之不同的是，在《亚洲与欧洲变革的世界主义视角》（*Cosmopolitan Perspectives on European and Asian Transnationalism*）一文中，英国 Sussex 大学的 Gerard Delanty 与澳大利亚 Deakin 大学的 Baogang He 则持批判世界主义（critical comopolitanism）的视角来探讨全球化问题。② 作者认为，批判性的世界主义（critical comopolitanism）能够成为对传统国家主义（nationalism）的一种改变和对全球化的更严格的定义。在现今的社会科学中，世界主义已经作为一种重要的理论方法出现了。今天，文化和文明世界的对话成

① Heather Hofmeister，André Pascal Breitenstein. Contemporary Process of Transnationalization and Globalization. *International Sociology*，2008，22（4）：480-487.

② Gerard Delanty，Baogang He. Cosmopolitan Perspectives on European and Asian Transnationalism. *International Sociology*，2008，23（3）：323-344.

为了一个主要的挑战。当不同的国家利益一起作用时，发展合作和对话的难度就会增加。世界性与欧洲和亚洲紧密相关，两方都极具重要性。批判性世界主义主张避免共同主义（universalism）和关联主义（relativism）的陷阱。批判性世界主义能够成为国家主义的替代和对全球化进行更狭窄的定义，但主要问题在于地区合作中积极的政治形式是否会沿着世界性道路发展。这个问题也是一个文化性的问题，尽管亚洲文化的多样性将阻止一个同一性亚洲的出现，但它在建构一个跨国区域身份上确实发挥着作用。

此外，在《全球化与组织化：世界社会与组织变迁》（*Globalization and Organization*：*World Society and Organizational Change*）一文中，作者 G. S. Drori 等人还从组织（organization）的视角来看待全球化。① 全球化与组织化是当代最为重要的两个概念，在作者看来，全球化可以被看做是一个现代理性组织的理念扩张的过程，全球化催生了一大批组织化、法制化、理性化、标准化与专业化的全球组织，这种理性化的组织恰恰是对韦伯关于科层制组织理念的回归。作者通过一系列经验研究探讨了全球化背景下现代组织扩张在教育、管理等具体领域的表现，认为当前现代组织的扩张不仅表现在地理区位的扩张，更表现为功能的扩展。尽管对于本书的观点存在着较大的分歧，但无论是相信这种观点的人还是不相信这种观点的人都能从其研究中获得启发。

2. 全球化进程中的发展中国家

相当多的研究表明，全球化是一个不平衡的进程，其在很大程度上意味着发达国家在资本或人力上对发展中国家的新一轮剥削。在《对外直接投资与全球移民：一项对欠发达国家的跨国调查》（*Foreign Direct Investment and International Migration*：*A Cross-National Analysis of Less-Developed*）一文中，作者 Matthew R. Sanderson 与 Jeffrey Kentor 试图探讨在全球化进程中，在发展中国家同

① Drori G S，et al. H Hwang. *Globalization and Organization*：*World Society and Organizational Change*. Oxford：Oxford University Press，2006.

时产生的资本输入与人才输出这两者间的关系。① 作者认为，当前的全球化在某种程度上就意味着资本与人力的跨国转移，这种转移对于发展中国家的经济发展起到了至关重要的作用。这项研究致力于对国际移民理论、国际政治经济理论与新古典主义经济理论进行综合，构建出新的研究框架，通过小组回归模型的方法对自1985—2000年间25个发展中国家所接受的对外直接投资（FDI）与向外移民情况进行数据分析，探讨两者之间存在的内在联系。通过分析，这项研究得出如下结论：（1）从短期来看外国资本投资与向外移民程度呈负相关关系；（2）从长期来看外国资本投资与向外移民程度呈正相关关系；（3）国家对外贸易水平的提升会降低其向外移民的程度。这些结论一方面验证了发展中国家所接受的对外直接投资与向外移民情况存在着相关性关系的假设，从短期上来看，发展中国家所吸引的投资会促进其经济增长与就业岗位的增加，从而降低居民向外移民的水平。但从长期来看，国外资金的注入会打破传统的工作结构，为不发达国家与发达国家间的文化和观念交流建立了联系，吸引发展中国家的人才向发达国家转移。同时，发展中国家融入全球经济能力的增强会抑制人力资本的流出，因为国家对外贸易水平的提升能够促进经济的增长，在国内提供更多国际化的岗位。这项研究对在全球化过程中影响发展中国家最深的两件事，即资本的输入与人力的输出进行了分析，作者也指出，在全球化中，尽管发展中国家获得了大量的资本，促进了其经济的增长与收入的增加，但也同时面临着人才的流失及相关资源的损失等问题。

3. 全球化对文化的影响

当前，全球化进程在文化层面正在产生空前的交流、演变与冲突，这已经成为众多研究者研究的焦点。在《虚假的多样化：文化差异中的个人主义》（*Façade Diversity: The Individualization of*

① Matthew R. Sanderson, Jeffrey Kentor. Foreign Direct Investment and International Migration: A Cross-National Analysis of Less-Developed. *International Sociology*, 2008, 23 (4): 514-539.

Cultural Difference）一文中，美国 Emroy 大学的 John Boli 与 Michael A. Elliott 探讨了在全球化背景下个人主义文化的扩散现象对当今世界的影响。① 尽管很多学者认为，当今全球文化正在日益地多样化，但作者指出这种文化多样化仅仅是一种虚假的现象，其背后是日益占统治地位的个人主义文化的扩散。个人主义作为西方社会的基础价值观扮演了十分重要的角色。个人主义不是利己主义的表现形式，它被认为是一种将个人价值置于他人之上的文化理念。个人主义根植于西方基督教文化的利他主义，将个人置于他人的印象管理之中，并表现出对集体、自我和他人合作的兴趣。个人主义之所以重要是因为它是西方文化和价值观中对个体认识和定义的基础，也是最不同于世界其他国家和地区文化价值观的地方。在全球化的时代，这种个人主义文化由发达国家向发展中国家扩散，使个人日益追求与众不同的个性化，这在表面上表现为日益繁荣的多元性文化，但其本质上则是因为个人主义的入侵无所不在，建立了一种被全球各地更多人认可的共同的认知系统和指向性行为模式，因此这种蔓延的趋势很大程度上导致了更大限度的同质性而不是多元化。个体将更习惯通过一种限制性的身份建构而不是一种合作性的身份建构来定义自身，而这种限制性的身份建构系统偏向于在一个具有认同感的文化体系和象征意义中塑造个体印象。这些都被认为是全球性的个人主义价值观扩散的结果，这个过程只从表面上增强了不同文化的基准规范和制度化程度。

同时，还有学者将焦点聚焦于在全球化的文化传播过程中起着核心角色的新闻媒体。在《权力转移：鲁伯特·默多克和他的全球商业传媒》（*Switching Power*：*Rupert Murdoch and the Global Business of Media Politics*）一文中，作者 Amelia Arsenault 与 Manuel Castells 以全球传媒巨头鲁伯特·默多克及其所掌管的跨国媒体公司新闻集团（NewsCorp）为例，运用社会网络理论探讨了默多克是如

① John Boli，Michael A. Elliott. Façade Diversity：The Individualization of Cultural Difference. *International Sociology*，2008，23（4）：540-560.

何将其传媒公司所拥有的文化影响力拓展到经济、媒体、政治、社会等多个领域，从而获得全球掌控能力的。① 默多克所掌管的新闻集团不仅仅是一个单纯的传媒公司，它已成为其自身的跨国运作机制的产物，是一个不再仅仅和某一特定的领域发生关联的公司，其成功之处在于广泛地嵌入到了经济、政治以及社会等系统中，成为了各个系统之间的利益联结者与调控者。默多克的新闻集团采取高度集中的管理体制，其决策大多集中于默多克本人，高度集权模式使其对将要播出的新闻进行类同化处理，大量不同观点被抹杀，同时由于默多克本人无可忽视的主要影响力，它所发布的新闻都具有高度的一致性。同时，默多克的新闻集团致力于全球性的扩张，其媒体网络的触角触及世界绝大多数的角落，从而拥有了巨大的宣传能力。此外，不同于其他新闻媒体倾向于保持政治的中立性，默多克的新闻集团广泛地参与到政治事务之中，通过资助、宣传、新闻控制等方式支持所选定的政治代理人，例如默多克曾对布什政府及其所发动的伊拉克战争提供过巨大的经济及舆论帮助。通过上述方式，默多克的传媒帝国在获得巨大商业利益与极高声望的同时，也具有了能够影响公众意见、扶植政治势力、参与政府决策、影响有利于己的法规制定的能力，从而为其商业帝国的继续膨胀提供了坚实的基础。默多克在经济、文化、政治等多个领域的成功表明，在全球化社会中，谁控制了媒体，谁就拥有了改变世界的能力。本文也深层次地揭示出了对于文化平台掌控的能力是全球化竞争中的核心资源，这种资源能够深入到经济、政治、社会生活的方方面面，成为整个世界利益的枢纽。

4. 全球化对经济的影响

因全球化而带来的世界范围内的经济转型与经济变革是当代经济社会学研究所探讨的核心话题之一。在《聚合性分歧：一项针对全球化对劳资关系与职业雇佣的影响的国际比较研究》（*Conver-*

---

① Amelia Arsenault, Manuel Castells. Switching Power: Rupert Murdoch and the Global Business of Media Politics. *International Sociology*, 2008, 23 (4): 488-513.

ging Divergences: An International Comparison of the Impact of Globalization on Industrial Relations and Employment Careers）一文中，作者 Melinda Mills 等人探讨了全球化进程对于发达国家福利政策、劳资关系以及个人就业选择等方面所产生的影响。① 作者指出，当前很多学者认为全球化进程对于世界经济产生了一种聚合（convergence）效应，表现为国家边界的模糊使得各个发达国家在经济、政治及社会政策的制定上日趋相同；各国的经济制度日益向新自由主义经济的方式靠拢，表现为自由市场的扩大、劳资压力的减小、非正式职业的增多等，而这项研究即是为了验证这种全球化的聚合效应是否在发达国家的劳动雇佣领域存在。在研究中，作者采取了宏观与微观相结合的视角，既从宏观领域探讨各国福利制度以及劳资关系的演变，又通过定量化的纵向研究方式从微观视角分析年龄在 25～54 岁之间的中年劳动者在职业选择以及职业流动上的差异。该研究认为，全球化进程并没有给发达国家的劳动雇佣结构带来聚合效应，而是产生了一种聚合性分歧（converging divergences）效应，表现为不同国家在劳动雇佣方面的差异并没有因全球化而减少，相反其分歧还在扩大，各国所选取的经济体制（保守主义、社会民主主义、自由主义、后社会主义）的不同也影响到本国福利政策、劳资关系以及个人的职业选择的不同。在福利政策上，瑞典、德国等保守主义或奢华民主主义国家给予工人的保障以及对于福利的公共支出仍然远远多于美国、英国等自由主义国家。在劳资关系上，选取不同道路的各国在工会的密度、劳动保护法律的执行等方面仍然存在着很大的分歧与不同。而在职业雇佣领域，各国的中年劳动者在雇佣保障、职业流动频率、职业流动容易程度、所选取的职业类型（正式职位还是灵活就业职位）等方面同样因其所处国家的不同而具有两极化的差异。这项研究表明，全球化所带来的世界经济一体化仅仅是一种表面现象，各国的市场开放程度、福

① Melinda Mills, Hans-Peter Blossfeld, et al. Converging Divergences: An International Comparison of the Impact of Globalization on Industrial Relations and Employment Careers. *International Sociology*, 2008, 23 (4): 562-595.

利保障程度以及劳资博弈程度仍然存在着显著的差异，新自由主义的经济理念并没有完全改变以欧洲为代表的福利国家所制定的政策，效率优先还是保障优先的争论仍然要继续进行下去。因此，全球化所带来的这种差异化仍然是社会科学所研究的热点。

5. 全球化进程中的移民问题

近年来，随着人口流动在全球范围内的进一步加剧，全球化的移民现象成为当代社会的显著特征，由此带来了种族认同、种族融合、种族冲突等诸多问题。一些学者采用了网络分析方法，试图从私人网络构成的角度探讨种族认同问题。在《私人网络与种族认同：对于西班牙移民的研究》（*Personal Networks and Ethnic Identifications: The Case of Migrants in Spain*）一文中，作者试图探讨私人网络是否影响到了西班牙移民的种族认同。① 通过分析 2004 年至 2006 年西班牙移民者的个人网络，作者指出：移民者的自身特征及其所在网络的特性都会影响到他/她的种族认同。在对这 294 名移民者进行问卷调查和结构式访谈的过程中，研究者从五个方面对其个人网络进行了测量，每一方面都试图从不同角度探析移民者是如何建构其种族认同的。研究发现，那些私人关系主要在移民前的国家，而与当地西班牙人接触并不紧密的受访者往往种族意识较为强烈，具有排外性的民族认同（ethnically-exclusive identifications），而那些私人网络是较为明显地嵌入西班牙社会的，即私人网络成员主要由西班牙人或在西班牙居住的人构成时，受访者的种族意识则较为模糊，种族认同感较高。与此相对应的是，在《高中学生个人网络中的种族疆界：对佛兰德及荷兰的研究》（*Ethnic Boundaries in High School Students' Networks in Flanders and the Netherlands*）一文中，作者 Chris Baerveldt 等人同样将网络分析方法应用于种族问题

① Lubbers Miranda J, José Luis Molina, et al. Personal Networks and Ethnic Identifications: The Case of Migrants in Spain. *International Sociology*, 2007, 22 (6): 721-742.

的研究当中。① 该研究在 34 个佛兰德中学和 19 个荷兰中学展开，结果发现：本地学生大多在自己种族内结交朋友，外地学生则更倾向于结交其他种族的朋友。同时，这一研究还有另一个发现，即这种种族边界现象在荷兰比在佛兰德更加严重。研究者暂不能确定这是由于方法论上的问题还是因为两地确有某种差异。

此外，还有学者从共同意识的角度研究移民问题。在《移民与通勤中的多重共同体意识：时间、空间和关系间的相互影响》（*Multiple Senses of Community in Migration and Commuting*: *The Interplay between Time*, *Space and Relations*）一文中，作者 Isidro Maya-Jariego与 Neil Armitage 试图探讨影响移民者共同意识的诸因素。② 该研究认为，现代通信方式加强了空间之间的联系，使行动者可以同时参与多个社区活动。这里的“参与”并不要求行动者必须在活动现场。通过对 200 个移民者和 208 个通勤的大学学生进行调查，该研究得出结论：移民者在西班牙居住时间的长短是影响其形成不同共同体意识的关键因素。这些共同体包括他们与其本国邻里所形成的社区，与其西班牙邻里所形成的社区，以及他们在西班牙的本国同胞社区。同时，通勤者对其居住城市的共同体意识与下列因素呈正相关：他们每天在其居住城市停留的平均时间，他们个人网络的平均密度等。

当前，全球化是现代社会的一个重要特征，几乎每一个国家都深受其影响。全球化意味着全球性资本的扩张、跨国公司的发展以及市场经济模式和民主观念的传播，同时也促使地域社会从传统向现代的转型。国与国之间的联系日益紧密，地域社会的各个方面也随之时刻受到世界变迁的影响。相比其他社会学科，社会学在对局部地域的社会现象研究方面无疑可以因其突破空间和时间限制的学

---

① Chris Baerveldt, Bonne Zijlstra, Muriel de Wolf, et al. Ethnic Boundaries in High School Students' Networks in Flanders and the Netherlands. *International sociology*, 2007, 22 (6): 701-720.

② Isidro Maya-Jariego, Neil Armitage. Multiple Senses of Community in Migration and Commuting: The Interplay between Time, Space and Relations. *International Sociology*, 2007, 22 (6): 743-766.

科“想象力”而在其中扮演重要角色，上述一些研究为这方面提供了良好的基础。

二、东方社会研究

东方社会和东方文化目前已成为国际社会学的一个热门话题。越来越多的学者开始突破传统社会学仅以西方社会为研究对象的思路，转而在东方社会中探寻学术灵感。有的学者开始反思西方学术中心主义，主张从对话性、文化多元论等角度去诠释东方文化；有的学者则关注东亚、东南亚地区的经济发展，试图通过对东方社会企业组织、社会网络等方面的研究，比较不同于西方发达资本主义的“东方模式”，甚至在公民健康状况、社会信任、权力、政治态度等研究领域，学者们也开始重视并注意收集来自东方社会的数据。这不仅为现代社会学的发展注入了新的活力，同时也为东方社会的文化崛起和经济发展提供了一种社会学的诠释。概而言之，对东方社会的研究热潮主要体现在文化、经济以及社会等方面。

1. 对于东方文化的研究

尽管早已有人主张多元文化和文化相对主义，学术界目前依然存在着西方中心主义以及对东方社会的偏见，有些学者“毫无疑问地将西方历史视作独一无二的发展轨迹”。在《一种批判性的误解：人文科学眼中的伊斯兰世界与对话》（*A critical Misunderstanding*：*Islam and Dialogue in the Human Sciences*）一文中，作者 Ali Hassan Zaidi 指出了西方学术界对于伊斯兰世界研究存在的种种误解，并主张采用一种重新建构的对话式理论框架来理解伊斯兰世界与现代性之间的关系。① 作者认为，从启蒙运动开始，西方世界对于伊斯兰宗教及文化的解读就一直存在着很大的局限性，一方面，是西方研究者往往具有很强的意识形态性，他们或是持有西方中心

① Ali Hassan Zaidi. A critical Misunderstanding：Islam and Dialogue in the Human Sciences. *International Sociology*，2007，22（4）：411-434.

主义的观点，将伊斯兰世界看做是一种落后的象征，或是沿用分析西方世界的方法来看待伊斯兰文化与宗教，而忽略了很多关键的因素；另一方面，西方社会科学又往往持反实质主义（anti-essentialism）的观点，阻碍了一些学者发展对话性的理论框架去理解伊斯兰教和现代性，导致相关的研究逐渐减少。一些后现代的社会理论，如新马克思主义、后结构主义、后殖民主义等都具有上述理论上的缺陷，从而无法真正理解伊斯兰世界与现代性之间的关系。基于上述问题，作者提出应该在社会科学研究中融入对话式的理解以及跨宗教式的对话模式。这种对话式的理论框架是一种主体间的“视野的合并”，它通过不同宗教间的对话方式，更加重视对伊斯兰文化的诉求。对话式的理论框架要致力于消除研究中的意识形态问题，将西方文化与其他文化放在平等的地位，全面认识不同文明间的差异，正视不同文化间的冲突，使社会理论能够起到解释与沟通的功能，从而能够客观地认识伊斯兰世界。尽管这种理论框架不能说没有自己的问题——例如如何克服原教旨主义的宗教观点和后期原教旨主义的世俗观点之间的巨大差异——但它却为研究者如何更为客观有效地进行比较社会学以及跨文化社会学研究提供了一种很好的方法论基础。

社会科学领域的这种西方中心主义不仅体现于对东方文化缺乏对话性的理解，而且体现在对非西方社会理论的偏见上。在《对于穆斯林社会的历史社会学研究》（*The historical Sociology of Muslim Societies*: *Khaldunian Applications*）一文中，作者 Syed Farid Alatas 通过采取非欧洲中心主义（non-Eurocentric）的视角介绍与探讨了 Ibn Khaldoun ——这位在穆斯林学术界具有崇高地位而又长期被西方社会学界所忽视的突尼斯学者针对穆斯林社会的历史社会学理论及其理论的现实价值。① 作者认为，Ibn Khaldoun 可以被看做是现代社会学的先驱甚至是创立者，其很多理论视角，如国家的兴起与

---

① Syed Farid Alatas. The historical Sociology of Muslim Societies: Khaldunian Applications. *International Sociology*, 2007, 22 (3): 267-288.

衰落对于社会发展的影响、社会组织的形式、社会群体的团结问题、皇权与宗教政治改革问题都具有超前性。但是，在以欧洲中心为导向的西方社会学研究中，他的思想只是被当做一种历史性的解读，或将其当做一种资料来源，而很少有人将其当做一种理论视角去分析。实际上，该理论在分析现代国家体制等方面具有很大的应用性。

此外，随着东西方文明的碰撞，东方文化的异质性和神秘性不仅引起了学者们的研究热情，同时也对西方民众产生了越来越大的吸引力，世界文化在交流过程中开始由西方文明对东方文明的统治转型为东方文化向西方文化渗透的逆向趋势。在《展望东方：一项针对西方文化觉醒的经验调查》（*Looking East*：*An Exploratory Analysis of Western Disenchantment*）一文中，作者 Timothy Phillips 与 Haydn Aaron 以对澳大利亚的居民所进行的访谈为例，分析了东方的宗教思想对于西方民众的影响程度，并探讨这种东方宗教精神的卷入对于传统西方中心式的价值观念所带来的触动。① 东方的宗教思想，诸如儒家思想、佛教思想以及派生出的冥思、瑜伽等已经为广大西方民众所接受，事实上东方宗教就一直是西方社会学的研究领域，但是在当代社会学界，关于西方社会制度下东方宗教思想的影响的研究却受到了忽视，有待进一步挖掘。在本项研究中，作者对澳大利亚某藏传佛教中心的会员进行了调查，结果相对于普通的澳大利亚人，这些参与东方宗教实践的公民往往对于传统西方价值观的自我认同度较低。这项研究表明，东方的一些宗教理念已经深刻嵌入到了部分西方人的价值观念中，西方人对东方宗教的体验也可视作对西方文化的一种觉醒，东方宗教给始终生活在西方文化中的现代西方人提供了另一种生活方式。而宗教冥想和宗教体验也有助于他们把自己视作“他者”，并从“西方存在方式中‘逃离’出来”。同时，东方宗教思想的流行又产生了另一种影响，即形成了

① Timothy Phillips, Haydn Aarons. Looking East: An Exploratory Analysis of Western Disenchantment. *International Sociology*, 2007, 22 (3): 325-342.

一大批生活在西方社会中，却不具有西方文化认同的亚文化群体，这一群体的形成也成为当代西方社会学界需要研究的又一个重要的社会现象。

2. 对于东方经济、政治等层面的研究

对于西方社会来说，东方社会的特殊性不仅仅体现在文化层面，也同样表现在经济、政治等诸多层面。与工业革命以来典型的西方发展模式不同，东方社会的诸多国家在现代化进程中采取了独特的经济、政治发展道路，也产生了不同的结果。对于东方经济与政治层面的分析不仅是全面了解东方社会的基础，也是丰富当前国际经济社会学与政治社会学相关理论的重要渠道。

在经济层面，以东亚“四小龙”为代表的一些东亚国家或地区在第二次世界大战后的几十年中经济得到了飞速的发展，形成了独特的“东亚模式”，探寻“东亚模式”成功背后的原因是学术界的热门话题。在《社会因素、转型成本与工业组织：韩国与台湾的比较》（*Social Factors, Transaction Costs and Industrial Organization: A Comparison between South Korea and Taiwan*）一文中，作者Yang Tzu-Han探讨了中国台湾和韩国这两个“东亚模式”的典型代表在工业组织结构上的差异，并分析产生这种差异的社会原因。① 作者指出，中国台湾与韩国都是在第二次世界大战后成功实现由农业社会到工业社会转型的新兴经济体，它们拥有极为相似的历史背景与文化根基，但是两者在工业组织结构上却走向了截然相反的道路。在韩国，工业组织主要为那些具有超大经济规模，与政府有着千丝万缕联系的巨型财阀所有；而中国台湾的工业组织大多数是中小型企业，大型国有企业仅占很小的工业比重。同时在工业生产中，韩国往往仅由少数几个企业来参与到工业流程中，而在中国台湾则往往有很多企业参与。借助嵌入理论与交易成本理论，作者认为韩国与中国台湾在工业组织结构上的差异源于社会因素的影

① Yang Tzu-Han. Social Factors, Transaction Costs and Industrial Organization: A Comparison between South Korea and Taiwan. *International Sociology*, 2007, 22 (4): 435-462.

响，正是因为韩国与中国台湾在社会网络、社会规范等社会环境上存在着不同，使得两者均选择适合于自身的组织结构以降低交易成本，实现交易效率的最大化。在中国台湾，工商业界往往十分强调社会网络的作用，企业家往往通过既有的社会网络与他人建立关系，形成信任，促成合作，因此众多企业能够通过庞大的社会网络形成一个有效的商业网络，从而降低成本。而在韩国，被社会所广泛认同的是忠诚、服从以及对上级的崇敬，在企业中下属员工很少反对上层领导，这使得在韩国建立下属多家机构的巨型公司比依靠多家平等企业的商业网络交易成本更低。同时，中国台湾文化十分鼓励创业，创业者所面临的市场门槛较低；而在韩国，创业者要面临巨型公司的巨大压力，从而举步维艰。正是基于上述原因，从而形成了中国台湾与韩国在企业组织结构上的不同。这项研究不仅对嵌入理论与交易成本理论进行了整合与创新，同时也是对经济社会学的新发展。

在政治方面，尽管西方的民主制度与民主理念正在日益影响着政治转型中的诸多亚洲国家，但是这种政治的舶来品是否能够与东方的传统政治文化相融合，又在多大程度上为亚洲民众所接受是当代政治社会学所探讨的议题。在《政治态度在中东的变化：以科威特为例》（*Changed Political Attitudes in the Middle East: The Case of Kuwait*）一文中，作者 Katherine Meyer 等人试图分析科威特民众在海湾战争后对于民主及其相关问题态度的转变。① 作者指出，9·11 事件以来所引发的关于“文明冲突”的思考以及第三次民主化浪潮，尤其使得中东地区公众的政治态度成为一个重要的话题，自海湾战争后的 20 世纪 90 年代以来，中东国家科威特在政治、社会等领域进行了广泛的改革，成为中东地区民主进程的典型代表，这种改革必然会影响到民主意识在当地民众中的普及，冲击传统阿拉伯世界中妇女在政治生活中的弱势地位，同时改变民众对于宗

① Katherine Meyer, Helen Rizzo, Yousef Ali. Changed Political Attitudes in the Middle East: The case of Kuwait. *International Sociology*, 2007, 22 (3): 289-324.

教、传统与现代性的价值观念。该研究基于由 1994 年至 1998 年对 1500 名科威特公民的问卷调查，研究发现，20 世纪 90 年代以来科威特的民主氛围正在逐渐发展，民众的民主意识与民主参与程度都在增强，但是民主的发展并没有造成民众对于西方制度的盲从，多数民众都认为科威特的发展应遵循本国的传统与特点，探寻与西方模式不同的发展道路。同时，民主化的推进也没有与科威特民众传统的伊斯兰宗教理念产生明显的冲突，阿拉伯世界的传统价值观也没有因现代性的影响而受到削弱。此外，妇女在科威特政治地位并没有得到明显的提升。这项研究表明，像科威特这样的后发型国家，民主化进程的推进并没有造成其被西方政治模式所同化，西方的民主理念与东方的价值观念产生了广泛的博弈与相互融合。历史表明，这种民主化在科威特推行所产生的情形并不是个案，它反映了一种独特的东方政治发展模式，在亚洲的很多国家都体现了这一点。

纵观整个社会学发展史，自孔德创立社会学以来，无论是马克思、韦伯等初步奠定学科体系的关键时期，还是帕森斯以及随之而来的反帕森斯时期，社会学都是在研究西方社会转型和社会危机的过程中逐步成长和发展起来的。同其他社会科学一样，自文艺复兴以来的这种传统思路，不可避免地使社会学带上了西方中心主义的色彩，使得社会学研究不仅存在对东方文化和东方社会的忽视，而且也使得其回避文化之间的对话，不能从主体的角度去理解和诠释非西方文化。这种对其他文化的忽视和偏见无疑将阻碍社会学的进一步发展，也只有对这种带有西方中心主义色彩的思维方式进行反省，社会学才能取得新的突破。庆幸的是，学界已经开始注意到这一点。以上综述不难说明：目前关于东方社会及文化的研究已成为国际社会学发展的一个趋势，越来越多的学者们开始关注东方文化以及该文化背景下的政治、经济等各种社会现象。这对反思西方文化，理解东方文化，并且促进不同文化间的交流和对话无疑具有深远意义。同时这一“东方化”的学术趋势，也有可能给社会学带来“新的春天”。

三、环境社会学研究

环境社会学研究在社会学界的兴起与发展既是源于全球工业化与城市化所带来的各种严峻的环境问题对现代社会所带来的挑战，又是对逐渐崛起的公民环保意识以及愈发壮大的环保运动的回应。在当今环境社会学研究看来，环境问题不仅仅是技术或者法律问题，更是一种嵌入到特定社会情境中的社会问题。近几年来，环境社会学的研究主要针对如下领域：对公民环保态度以及环保行为的研究、对于环保运动的研究、对于现代科技风险评估的研究、对于环境保护政策的研究等。

在《东方的困境与西方的繁荣：一项针对印度某地区环境担忧现象的经验测量》（*Oriental Disadvantage versus Occidental Exuberance*：*Appraising Environmental Concern in India*：*A Case Study in a Local Context*）一文中，印度加尔各答大学的 Deba Prashad Chatterjee 探讨了在决定环境担忧（environmental concern）的各种因素中，不同社会人口学变量之间的互动所发挥的作用。① 这项调查的地点是在印度西部孟加拉的一个叫 Tribeni 的小地区，数据是通过对该地区的 375 名居民进行入户调查而得。之所以选择这一地区，其原因在于针对西方发达国家“环境担忧”现象的研究自 20 世纪 70 年代至今已经十分成熟了，但是针对与西方处于完全不同经济、社会、文化背景的东方地区相关问题的探究却十分有限，事实上随着近几十年来印度经济的快速发展，人们对于现代工业所造成环境污染的问题的担忧及其所开展的环保运动正日益普遍。作者既是希望通过对印度 Tribeni 地区居民的环境担忧现象进行定量化的测量，同时也是为寻找解决之道。首先，在将印度人经历与西方人经历做出区分的基础上，试图在印度这个大环境中理解环境担忧；其后，试图

① Deba Prashad Chatterjee. Oriental Disadvantage versus Occidental Exuberance：Appraising Environmental Concern in India：A Case Study in a Local Context. *International Sociology*，2008，23（1）：5-33.

在当地框架中探索性地将环境担忧与若干变量——年龄、社会阶层、教育、收入、居住地——等联系起来；最后，在前面基础上，将研究结果与针对西方世界的相关数据进行对比，以此对影响环境担忧的社会因素问题做出更为深入的发现。

在研究中，作者探讨了测量“环境担忧”现象的指标选取问题。在以往针对西方世界的研究中，学者主要采用NEP量表法对“环境担忧”这一概念进行测量。但作者认为这一方法在印度并不适用，主要原因包括：（1）统治信仰系统的差别。西方认为科学技术可以征服自然并解决一切环境问题，而东方坚持与自然和平共处的传统信仰。（2）与西方人相比，相对的经济劣势造成印度人对自然更加依赖。（3）贫穷会造成如对旧物品的再利用等环境友好行为的出现。（4）与西方相比，印度更推崇节俭的价值观。（5）在印度，社团而不是个人成为最小的社会单位，这促使对自然资源的共享更容易深入人心。（6）印度人生活的多样性使得研究必须因地区而异。（7）印度社会发展水平低于西方。（8）NEP量表中一些主要的概念（如环境、污染、自然平衡等）是针对城市国家的，像印度这样的乡村国家并不适用。基于上述理由，作者采取了与以往研究不同的方法，通过环保意识量表（environmental awareness scale）与环保责任量表（environment commitment scale）对印度当地居民环境担忧程度进行测量，每个量表都包含11项态度问题。该研究在测量方法上的创新对于如何在东方文化圈中更好地理解和研究“环境担忧”这一概念具有重要的借鉴意义。这项研究的主要目的是检验年龄、社会等级、教育程度、居住地、收入等社会人口变量与受访者环境担忧程度的相关性关系。研究者对数据进行分析后发现：（1）年龄对环境担忧无显著性影响；（2）社会等级对环境担忧有显著性影响，并被教育和收入两相似变量所加强，在该研究中，很明显地社会等级高的人与环境担忧有更积极的联系，但这点仍值得商榷；（3）教育与环境担忧意识的相关性强于对环境担忧的承诺，即教育对环境担忧意识的影响强于对环境担忧行为的影响；（4）居住地对环境担忧有显著性影响，城市居民比乡村居民有更强烈的环境担忧，并且在意识方面比在行为方面表现得更明显；（5）收入对环境担忧有显著性影响，收入高者与环境担忧有更高程度的联系；（6）环境担忧的意识与行为之间也有高度相关性。

该研究的结论指出，在印度社会中，对于环境的担忧从某种意义上来说还仅仅是一种精英意识。往往是那些教育程度较高、拥有更高的社会地位、收入富裕、居住在城市中的居民才会表现出较强的环境担忧意识以及对环境质量的追求，而那些下层民众大多处于最低层次的环境条件之中，他们既没有条件支付保护环境的费用，也没有意识去“奢侈”地追求所谓的环境质量。这一研究结论在其他针对印度社会的相关研究，如 Dunlop 教授在 1993 年根据 Health of Planet（HOP）调查得出的结论相仿。事实上，尽管对于环境保护的宣传在印度正在逐渐兴盛，但是由于这个发展中的国家在经济社会上的固有缺陷（如贫穷、阶层分化等）阻碍了环保意识在大众中的传播，而这恰恰是在未来制定旨在提升民众环境担忧意识时需要突出研究的领域。这项研究的两个创新之处在于：其一，通过总结以往西方研究测量“环境担忧”现象的经验，探讨了如何运用针对于东方社会的测量指标；其二，通过分析各社会人口因素与居民环境担忧程度相关性，得出了在印度这样的欠发达地区中，社会分层机制对于民众的环境意识具有重要的影响。该研究的这些结论一方面还有待于通过其他相关调查进行充实，另一方面也需要将其作用于其他与印度相似的发展中国家中进行检验。但无疑，对于同样正经历着现代化与工业化进程，同样面临着贫困人口众多与贫富分化现象加剧的问题，同样面临着巨大环境压力又正在致力于加大环保工作的中国来说，这项研究无疑具有突出的现实意义。

与前文作者将对居民环境担忧与环境参与意识的研究纳入到非西方的经济社会文化框架中不同，在《环境运动的参与：对于欧盟的分析》（*Participation in the Environmental Movement: Analysis of the European Union*）一文中，作者 Patrick F. Gillham 则试图探讨哪些因素影响欧盟成员国居民参与到环境运动的意愿。① 作者指出，以往的研究往往倾向于将环境运动看成是广义的社会运动的一部分，将其与其他类型的社会运动等同，事实上在西方国家中，环境运动在现代社会运动中表现最为频繁，也成为公民参与的主要渠道。环境运动在参与目标、参与能力、参与途径、参与者的构成等多方面都与其他形式的社会运动有本质的不同。

同时在该文中，作者试图将宏观与微观视角同时纳入到对问题的分析当中。从微观视角上来看，人们参与环境运动的意愿可能会受到年龄、教育程度、信仰、工作性质等个人因素的影响；而从宏观视角上来看，个人的环境运动参与意愿又会受到其所处的国家及社会结构的影响，如一些学者曾探讨过国家的经济发展程度或人口密度对于其环境运动开展情况的影响（Garner and Zald，1987；Jenkins，1998；McCarthy and Zald，1987）。基于上述两种视角，作者在研究中试图验证居民个人的价值观、年龄、家庭负担、所处国家的经济发展程度与人口密度这五项因素对于其参与环境运动意愿的影响。

该研究的数据来源于 1986 年对欧洲共同体 12 个成员国的 11831 名居民所进行的访谈，通过对数据的分析，研究得出以下结论：（1）相对于持物质主义价值观的人（materialists）来说，持后物质主义价值观的人（postmaterialists）更有可能参与到环境运动当中；（2）教育程度的提高和高收入对环境运动的参与有促进作用，但年龄和性别对环境运动参与的影响不明显；（3）家中有 8 岁以下或 8 岁至 15 岁的孩子并不能阻碍个人参与环境运动，并且在家中充当领导角色者参与环境运动的比不充当领导角色者多 16.8%；（4）认知的调动对参与环境运动有很强的作用，政治活跃也促进环境运动的参与，自我定位对参与环境运动也有一定的影响，即认为自己开明者与中立者相比，开明者会更多地参与到环境

① Patrick F. Gillham. Participation in the Environmental Movement: Analysis of the European Union. *International Sociology*, 2008, 23 (1): 67-93.

运动中，但认为自己开明者与认为自己保守者相比，自我定位的影响此时变得不明显；（5）国家对参与环境运动的影响也非常明显，不同国家国民参与环境运动的可能性存在很大差异；（6）经济发展水平低的国家参与环境运动程度也低，与其他宏观变量相比，人口密度的影响最大，人口密度越大，参与环境运动的可能性越大。

基于上述结论，作者做出了如下层次的探讨：其一，年龄对参与环境运动影响不显著的原因是对环境问题的担忧扩展到几代人；其二，家庭责任也没有限制环境运动的参与是因为现代人拥有“强制管理技能”，能合理地安排各种事情；其三，开明者与保守者之间差别不大是因为环境运动广泛反映了人们对工业化带来的影响普遍感到不安；其四，参与到环境运动中的个体很难被区分为政治左派和右派，他们通常受过良好的教育，是一家之主，有唯心主义价值观。另外，高水平环境运动常出现在经济实力强、社会稳定的国家。讽刺的是，那些在工业化过程中受益最大并且伴随着经济增长的国家往往成为工业化最热心的批评家。

当前，环境问题已经成为全球所面临的重要社会问题，如何消除环境污染、加强环境保护已成为各个学科都在研究的跨学科话题。从社会学的视角来看，环境问题的解决不仅需要科技的进步、司法的界定以及政治的管理，更需要动员各类社会组织与广大公民，共同投入到环境保护之中。上面两篇涉及环境社会学的论文尽管在研究角度上有所不同，但都是在探讨“环境保护中的公民参与”这一议题。同时，两篇论文都采取了宏观与微观相结合的视角，不仅分析了影响公民环保参与的个人因素，也探讨了对不同的经济、社会、政治及文化结构的影响。这些创新不仅是对环境社会领域研究的扩宽，同时也对于如何在当前全球严峻的环境形势下制定环境保护政策与动员环境保护力量具有积极的现实意义。

四、性别社会学研究

自从20世纪六七十年代第一批女性主义的观点在欧美学术界兴起开始，追求性别平等的性别社会学研究逐渐从边缘走向主流，成为当代社会学研究中重要的一环。这一方面是归功于一大批学者在性别方面所做出的卓有成效的工作，另一方面则是由于正在全球兴起的女性主义运动的推波助澜。当前，性别研究正在形成独立的理论范式、科学的研究方法、多元化的研究取向，它也与经济问题、种族问题、教育问题、家庭问题等各类研究相互融合，并创造出了日益丰硕的理论成果。

1. 女性主义社会学理论研究

自20世纪60年代以来一大批女性主义社会学家逐渐涌现并开始对传统的社会学学术界提出强有力的挑战开始，几十年来女性主义理论已经摆脱了松散的形态，成为一种独立的社会学理论范式，其理论视角、方法论基础、学术立场均是对传统社会学理论的颠覆与创新。在一些研究中，学者对于女性主义在近几年发展的状态、成果、前景及问题进行了详细的回顾与评述。

在《交互分析：一项女性主义对于社会学的贡献》（*Intersectional Analysis: A Contribution of Feminism to Sociology*）一文中，作者Ann Dennis介绍了交互分析（intersectional analysis）这一女性主义所使用的独特的理论视角。① 交互分析理论认为产生女性受压迫状况的原因是多元的，它会受到诸多社会变量的影响，同时这些社会变量又是相互影响的，女性主义研究就是要在分析性别议题时将这些多重的社会变量均纳入其中，形成交互分析。作者指出，交互分析的产生伴随着女性主义理论的发展。在女性主义兴起之初，女性主义社会学家主要站在向传统社会学挑战的控诉者地位，缺乏成熟的理论框架与理论阵地，没有形成一种主流的理论流派。而在20世纪80年代，随着女性主义的日益机构化与成熟化，一些女性主义社会学家开始尝试更为复杂的性别研究，一些学者将性别问题与种族问题、阶层问题、年龄问题开始结合起来分析，认为这些变量存在着相互关联的关系，在这一阶段产生了一系列有关于此的研

① Ann Dennis. Intersectional Analysis: A Contribution of Feminism to Sociology. *International Sociology*, 2008, 23 (5): 677-694.

究，并产生了丰硕的成果，这也标志着交互分析理论的产生。而自20世纪90年代至今，随着女性主义的发展，交互理论有了更进一步的发展，学者们在分析时更为注重与社会情境相结合，不再限于构建普世理论，而是基于特定的时间与地点建立更为精细的理论。在交互理论运用方法上也日益娴熟，产生了一大批具有很强理论价值的研究成果，在社会学主流期刊上占据着越来越稳固的地位。当前，交互理论已经在美、英、加拿大等国广泛地流行，同时也正在日益为法、德等国的女性主义学术界所熟知。交互理论作为一种女性主义的研究视角，在当前已经跨越了纯粹的性别问题，在对种族、移民、社会不平等等重要问题的研究中具有越来越强的解释力。

另外，在《女性主义的死胡同》（*Dead End Feminism*）一文中，作者 Elisaveth Badinter 看到的不仅仅是女性主义理论的长足发展，而是旨在对20世纪90年代女性主义某些错误的观点进行批判。① 作者认为自20世纪90年代以来，女性主义往往将男性与女性的关系等同于施暴者与受害者的关系，女性被看做是缺乏保护的和无辜的，而男性则被看做是暴力的与专制的，这种偏激的观点使得女性主义无论在哲学层面还是在政治层面都面临着许多难以解决的问题，并正在逐渐失去年轻一代人的兴趣，如果继续这样，女性主义将走向一条死胡同。在书中，作者指出了当今女性主义一系列错误的观点，如死板地将男女关系看做是对抗性的关系；在针对女性暴力问题的分析上错误地使用数据；将女性的暴力问题简单地看做是对男性暴力的回应；总是将女性看做是男性的受害者，以及总是将女性看得与男性不一样。作者认为当代女性主义这种受害者情结将会阻碍女性获得更多的机会与公平，使得女性主义理论走向死胡同。而要解决上述问题，女性主义理论必须具有更为宽广的视野，摆脱女性的受害者假设，将男性与女性放在同等的地位进行

① Elisaveth Badinter. *Dead End Feminism*. Cambridge, UK and Malden, MA: Polity Press, 2006.

研究。

2. 性别与经济

男性与女性在经济方面的不平等一直是产生性别公平问题的核心原因，尽管在进入现代社会以来随着脑力劳动代替体力劳动，女性的经济地位有了很大的提高，但是在劳动雇佣、劳动收入、发展机会等方面仍然存在着各种显性或隐性的性别歧视。而在发展中国家，这种性别不平等现象更为严重，因此，在经济领域中的性别平等与性别差异问题也成为众多学者关注的议题。

在《社会资本与女性企业家精神》（*Social Capital in Female Entrepreneurship*）一文中，作者 Nalan Yetim 试图通过对土耳其女性企业家的定量调查，探讨女性企业家的精神特质，并分析女性的企业家精神与其获取社会资本能力的关系。① 作者指出，以往对于企业家精神的研究往往大多局限于男性领域，将企业家精神等同于男性企业家的行为与性格特征。事实上，男性企业家与女性企业家在人格特质及所处的社会文化背景上存在着很大的差异，女性企业家在创业及营业过程中都面临着很多的挑战与特殊性，因此，有必要对女性企业家精神及其相关概念进行重新定义与研究。通过对概念的操作化，作者构建出一套测量女性企业家精神的指标体系，整个体系共有 16 个指标，内容涵盖女性企业家的个性、社会文化背景、性别特征、教育程度、专业素养、工作经验、年龄、推力因素（企业家在创业时主要是受内在因素如获取社会认可、获取自信心等推动）、拉力因素（企业家在创业时主要受外在因素如生活窘迫、承担家族压力等拉动）与移民状况等。研究指出，在影响女性企业家精神的诸多因素中，移民因素的影响最为显著，移民过来的女性企业家比当地的女性企业家更倾向于利用建立起来的社会网络或信任关系来获取商业利益，她们往往具有较强的沟通力；而本地女企业家则拥有更强的个性，也就是说她们具有较高的人格特

① Nalan Yetim. Social Capital in Female Entrepreneurship. *International Sociology*, 2008, 23 (6): 864-886.

质。此外，该研究还检验了女性企业家精神与其获取社会资本能力的关系，其结论是衡量女性企业家精神中的诸多变量能够有效解释女性企业家的社会资本水平。一个中等年纪的、由外地移民过来的、拥有丰富工作经验的，尤其是因推力而非拉力因素下海的女性企业家往往具有较高水平的社会资本。该研究最大的创新意义在于其对女性企业家精神这一概念进行了重新定义与操作化，构建出一套能够有效解释研究对象的指标体系，同时，文章还将女性企业家精神与女性社会资本之间的内在联系进行了分析。这些研究成果可以在其他西方或者东方文化背景的国家进行验证，同样还可以用这套方法去衡量男性的企业家精神。

而在《女性在非传统职业领域中的赋权：多哥妇女的经验研究》（*Non-traditional Occupations, Empowerment and Women: A Case Study of Togolese Women*）一文中，作者 Ayele Lea Adubra 通过理论研究与经验研究分析多哥女性在男性占据主导的职业领域的赋权状况，指出了在发展中国家男性与女性在劳动力市场中的不平等。① 研究发现，尽管多哥女性能够很容易获得上岗所需的技能，但她们在非传统职业领域的工作仍然面临着很多困难，这主要表现在政府缺乏足够的支持手段，政府对于女性就业的疏忽导致了女性的权益在由男性起支配地位的非传统职业领域很容易受到侵害。该文指出，维护女性在非传统职业领域的权益不仅有利于为家庭带来更多的收入也有利于提升多哥的经济发展水平。因此，政府的政策应该更多地关注如何为非传统职业领域中的女性赋权，帮助她们发展。该文的观点对于那些女权主义者、妇女团体以及研究性别问题的学者都具有一定的研究价值。

3. 性别与家庭

随着女性地位的提升及女权运动的发展，以往男主外、女主内的家庭关系在很多国家都有了很大的改善，男性与女性在家庭关系

---

① Ayele Lea Adubra. *Non-traditional Occupations, Empowerment and Women: A Case Study of Togolese Women.* New York and London: Routledge, 2005.

中正在趋向日益的平等。这种性别关系的转变也对现代家庭结构、家庭收入、家庭关系以及家庭教育等因素产生了重要的影响。将性别因素纳入对于现代家庭的研究当中无疑是十分必要的。

随着性别关系的日趋平等，双收入夫妇家庭成为现代家庭结构中的普遍形式，女性参加工作，为女性提供了独立的经济，提高了女性的社会地位，使得女性有更大的再发展的空间。在《双收入夫妇的出现：对荷兰的一个纵向研究》（*The Emergence of Dual-Earner Couples: A Longitudinal Study of the Netherlands*）一文中，作者 Wouter van Gils 与 Gerbert Kraaykamp 通过纵向研究发现，荷兰的双收入夫妇正在不断涌现，而且双收入夫妇数量的增加与群体、时代、教育等因素密切相关。① 研究发现，群体和时代的影响对全职夫妇的增长趋势有重要影响，年轻群体的家庭比年纪大群体的家庭更有可能夫妻二人都在外工作，例如，相对于在 1977 年的夫妇们，2002 年的夫妇们更喜欢从事全职工作。同时，那些都在工作的夫妇往往教育水平都比较高，双收入夫妇家庭的平均教育程度要明显高于仅有丈夫工作的传统家庭。此外，双收入夫妇模式也对传统家庭产生了巨大的冲击，由于工作时间的增多，生儿育女对于家庭的负担在双收入夫妇中显得较为明显，因此他们在目前大多还没有养育孩子或是准备成为“丁克”家庭。但另一方面，双收入夫妇的增多也明显地表明妇女地位的提高，她们在家庭中开始具有越来越多的经济职能，也预示着传统家庭中的性别不平等关系的解体。

性别关系的改变同样对于家庭教育产生了深远的影响。根据传统的性别角色理论，家长对于他们儿子的学习以及社会经济成就比对于女儿更为关心，因为男性一般被要求以后能够养家糊口，而女性则被认为找到一个美满的婚姻以及会持家务就够了，因此可以得出男生的学习成绩比女生的学习成绩的影响要大的传统推论，而随着男女经济及社会地位的日趋平等，这种推论是否有效则值得进一

① Wouter van Gils, Gerbert Kraaykamp. The Emergence of Dual-Earner Couples: A Longitudinal Study of the Netherlands. *International Sociology*, 2008, 23 (3): 345-366.

步分析。在《性别差异与社会经济背景：基于今年来的跨国研究数据》（*Gender Differences in the Effects of Socioeconomic Background: Recent Cross-national Evidence*）一文中，作者 Gary N. Marks 就试图分析社会经济背景对学生学习成绩的作用机制是否会在男生和女生中产生差异。① 同时研究还根据“同性别社会联结模型”的理论分析学生的学习成绩是否更多地受到与他（她）相同性别的家长的社会经济背景影响。该研究数据来源于世界经济合作与发展组织在 2000 年对全球范围内学生进行评估的项目数据，被调查者来源于 32 个国家的 6000 所学校，共计 17200 人。分析结果得出，在几乎所有的国家中，家庭的社会经济水平对子女学习成绩的作用机制并没有因子女的性别差异而产生不同，唯一的例外是比利时。此外，父亲的教育程度会更明显地影响他儿子的学习成绩的假设仅仅在三个国家成立，而母亲的教育程度会更明显地影响她女儿的学习成绩的假设则没有得到任何国家数据的验证。通过这项研究可以得出，由传统性别角色理论与“同性别社会联结模型”推论出的家庭的社会经济背景对子女的学习成绩的作用效果存在性别差异的假设仅仅得到了少数国家数据的验证，而在绝大多数国家上述假设是失效的。这项研究结论在客观上反映出性别在经济地位、社会期望上的日趋平等已经明显影响到了家庭教育模式，男性或女性在家庭教育方面所受到的重视正在日趋相同。当然，上述结论还需要在包括中国在内的其他国家予以验证。

正如研究性别社会学的著名英国学者 Sylvia Walby 在 2008 年接受《国际社会学》访谈时所指出的那样，随着时代的发展男女的性别关系的确产生了深刻的变化，当今社会在性别公平上取得了一定的进步，性别关系研究已经获得了越来越多的学术空间，但女性在就业、教育、公共政策决策、伦理等很多方面仍然面临着不公平

---

① Gary N. Marks. Gender Differences in the Effects of Socioeconomic Background: Recent Cross-national Evidence. *International Sociology*, 2008, 23 (6): 845-864.

的对待。① 实现性别平等是实现真正意义上社会公平的前提条件，对于整个社会的发展来说是至关重要，而社会学研究在这其中无疑发挥着特殊而又重要的作用。当前，国际性别社会学研究正在日益地科学化、多元化与实用化，这不仅可以对在全球愈演愈烈的女性运动提供更多的理论指导，同时也对于从20世纪八九十年代才起步的中国性别与妇女研究提供了更好的借鉴素材。

五、关于转型社会学的研究

20世纪末，在东欧等前社会主义国家所发生的政治经济剧变引发了空前的市场转型、政治转型与社会转型，同时也使得“转型社会学”成为当代发展社会学研究中一个新兴而又重要的研究分支。作为一种与资本主义在价值、制度及运作逻辑上都截然不同的文明，前社会主义国家在转型与改革浪潮中发生了历史性的变迁，正在受到越来越多学者的关注。对于转型国家及转型理论的研究，一方面是对涉及政治社会学、发展社会学等诸多议题的发展与创新，通过对转型进程的研究，一些刚刚涌现出的成果，如对非正式制度的研究，对制度嵌入其中的社会因素的研究以及对社会不平等的研究正在日益成为学术主流，这对原有的理论模式构成有力的挑战。另一方面，这些研究又有助于更好地认识那些正在经历剧烈转型中的社会，对于如何应对转型过程中所产生的种种社会问题具有积极的借鉴意义。在2007年至2008年的《国际社会学》中，许多文章均是持转型理论视角，以转型中的东欧市场为研究对象，探讨了诸如非正式雇佣市场、教育与劳动力市场、市场转型中的收入不平等、情感道德嵌入下的职业化等重要而又具有创新性的议题，体现了近年转型社会学的最新成果。

现代劳动力市场一直存在着正式雇佣市场与非正式雇佣市场之分。在以往对非正式雇佣的研究中，主流社会学往往倾向于将其看

① Kalekin-Fishman Devorah. Words from Writers: An Interview with Sylvia Walby. *International Sociology*, 2008, 23 (5): 695-700.

做为前资本主义体系的残留，是正式经济的衍生品，也是正式雇佣市场的一种补充。但是，这些理论在分析由计划经济转向市场经济的转型国家时却面临着很大的局限性，像东欧或中国都存在着庞大的非正式雇佣市场，对当地经济产生着举足轻重的影响。在《反思非正式雇佣特征：对乌克兰的一些研究》（*Retheorizing the Nature of Informal Employment*：*Some Lessons from Ukraine*）一文中，作者Colin C. Williams 与 John Round 试图通过对乌克兰非正式雇佣的经验调查，以对传统的理论进行检验。① 作者认为，非正式雇佣可以被定义为：因为下述各类型的理由被故意隐藏于公共权威之外的所有合法生产活动——为了避免收入、价值增值或其他税收的支出；为了避免社会安全支出；为了满足某些合法的要求如最低的工资、最长的工作时间、安全或健康标准等。通过对乌克兰非正式雇佣的调查，作者发现不同的理论对不同的非正式雇佣类型是适用的。但是，尽管变化的理论能够适用不同类型的非正式工作，但是没有一个理论能够完全抓住非正式雇佣的反向性质（diverse nature）。通过对乌克兰的非正式雇佣性质的研究和对非正式雇佣理论的评价，作者提出那种能够解释所有国家的非正式雇佣市场的普适的理论是不可能有的。尽管通过观察非正式雇佣的类型能够提供证据来支持传统的非正式雇佣理论的某些观点，但是没有一个理论能从整体上描述非正式雇佣。非正式雇佣是否总是与正式雇佣分开或紧密联系在一起，并且它是否总是属于一种完全积极或消极的贡献还存在争议。通过这篇文章，作者希望能引起对非正式雇佣性质的反思以及找到更多的途径来制定能适用更多类型的公共政策。

职业教育与普通教育的综合化是当今世界教育发展的一种趋势。世界上主要的发达国家均采取各项措施，努力使两者能够相互促进发展。发达国家均建有既独立又与普通教育相结合的职业教育系统，但是对于处在转型期的前社会主义国家来说，职业教育系统

① Colin C. Williams，John Round. Retheorizing the Nature of Informal Employment：Some Lessons from Ukraine. *International Sociology*，2008，23（3）：367-388.

是否完善则有待验证。在《专业性教育证书在爱沙尼亚和斯洛文尼亚的劳动市场中扮演的角色》（*The Role of Vocational Specificity of Educational Credentials for Labour Market Entry in Estonia and Slovenia*）一文中，作者 Irena Kogan 与 Marge Unt 通过研究发现，在教育体系中越专业化，则求职者向未来的雇佣者发出的信号就越明确。除此之外，研究还发现，在斯洛文尼亚，拥有职业教育证书的毕业者更快也更容易找到第一份稳定的工作。而在爱沙尼亚则有更多的人没有完成任何的职业培训就离开了教育体系，所以毕业者要花更长的时间找到一份稳定的工作。

前社会主义国家在由再分配经济向市场经济的转型过程中往往伴随着社会财富向精英阶层的集聚、收入差距的不断扩大以及民众相对剥夺感的增加等问题，这种社会不平等加剧的现象在俄罗斯、东欧等国家均有鲜明的体现，也吸引了社会学研究的目光。在《爱沙尼亚不同群体对收入差别的评价》一文中，作者 Ellu Sarr 探讨的问题是在针对收入不平等这一问题的态度上，人们出生年份的不同是否与他们的态度存在着相关性，处在同一年龄阶层的人是否会具有相近的态度，而不同年龄阶层的人是否在态度上存在着显著性差异。① 为了解答这一议题，文章比较了五个拥有不同社会化经历的出生群体，研究分析是建立在来自 1991 年至 1996 年国际社会公平项目和 2004 年完成的爱沙尼亚社会公平研究所提供的数据上的。研究指出，人们所属的年龄阶层的确影响其对待收入不平等的态度，而且随着时间的推移，这种影响程度还在提升。不同年龄阶层在对待收入不平等的态度上也存在着很大的差异，这很大程度上是因为不同的年龄阶层在市场转型过程中所获取的利益以及接受市场经济观念存在着很大的不同。那些出生于 1929 年至 1945 年的老年阶层对当前的收入不平等存在着很大的不满，这是因为他们往往是市场转型的失败者与受害者。而那些出生于 1962—1971 年的中

① Ellu Sarr. Different Cohorts and Evaluation of income Differences in Estonia. *International Sociology*, 2008, 23 (3): 417-445.

青年群体很多是转型中的受益者，因而他们对于收入不平等的态度则较为缓和。同样对不平等持积极态度的是1981年后出生的青年群体，他们的态度选择则可能是因为他们更容易接受市场经济的价值观念。而对于中年群体来说，他们的态度则较为复杂，这也反映出他们在市场转型中所获得的利益存在着很大的差异。这项研究再次证明发生在前社会主义国家的市场转型绝不是一个平均化的过程，那些在转型中受益的年龄阶层与受损的年龄阶层在对不平等的态度上存在着很大的差异。该项研究为转型社会中的不平等问题研究提供了新的思路，其相关结论也有待于以后的研究予以验证。

此外，在《前苏联时期的吉尔吉斯斯坦的道德情感和职业化：对职业化实践和伦理的理解》（*Moral Sentiments and Professionalism in Post-Soviet Kyrgyzstan*：*Understanding Professional Practices and Ethics*）一文中，作者 Balihar Sanghera 与 Aibek lliasov 将重点放在前苏联时期的吉尔吉斯斯坦的职业化实践的社会化和伦理方面，并且提供了三个关于前苏联时期的职业化的初步研究：道德一致，社会控制和道德情感。① 对前苏联时期的职业化研究着重于五个职业化的群体：讲师、医生、律师、记者和警察。前三个群体被认为是得到了正式的知识训练，并且对他们的工作有自主决定的权利。尽管记者并没有得到同样水平的正式训练，但他们同样影响了一个更广泛的对职业化的理解。通过对吉尔吉斯斯坦的职业化的研究，作者发现道德情感对前苏联职业化提供了一个更好的解释。为了更好地展现其伦理性，职业化需要更加注意积极和消极情感的混合。文章还探讨了社会关系和制度如何影响吉尔吉斯斯坦的职业化。前苏联的控制、势弱的职业化阻止和经济不平等的遗留导致了一种挫败感、恐惧、苦恼和欺骗。在文章的最后，在讨论了社会结构和职业化代理之间的关系的同时，文章进一步证实了情感、承诺和自反性的重

① Balihar Sanghera, Aibek lliasov. Moral Sentiments and Professionalism in Post-Soviet Kyrgyzstan: Understanding Professional Practices and Ethics. *International Sociology*, 2008, 23 (3): 447-467.

要性了。

上述研究均是延续了转型社会学研究的一贯思路，抓住了东欧社会转型这个大的背景，通过对处于不同时期的群体的对比研究，反映出社会改革的影响。上述研究对于同样处于转型期的中国来说具有特殊的意义，当前中国同样存在着规模庞大的具有非正式雇佣特征的农民工群体，同样需要解决职业教育体系的优化，同样面临着正在日益加剧的社会不平等问题，也同样需要对各种新兴职业进行更为全面的分析。《国际社会学》所选取的这一系列转型社会学研究能够帮助我国的相关研究者确立更为全面的理论视角。

六、政治社会学研究

2007—2008 年，很多学者从不同视角对政治社会学的相关领域进行了探讨与研究。这些研究大多涉及时下热门的政治问题，如霸权主义问题、恐怖主义问题、人权问题、公民社会问题等，在分析政治热点的基础上，这些研究又致力于解释政治社会学领域的一些经典命题，如政治模式与社会背景的关系问题、政治环境影响下的个人选择问题、国家与社会的相互关系问题等。因此，这些研究既具有现实意义，又具有理论价值，其中一些研究结论还对当前中国在政治与社会领域的和谐发展具有借鉴意义。

1. 对于政治模式形成及其影响的研究

政治模式的形成一直是一个复杂的政治学与社会学问题。某一特定的政治模式会受到经济、历史、文化、社会等诸多因素影响。同时，在全球化的时代中，某些具有特殊影响力的国家在政治模式上的演变也会对世界产生重要的影响。

在各种政治模式中，当前美国的霸权主义模式无疑对于世界的影响最为显著。在《帝国浪潮——从 1787 年至 2003 年美国霸权主义和帝国主义行动分析》（*Waves of Empire— US Hegemony and Impe-*

rialistic Activity from the Shores of Tripoli to Iraq, 1787-2003）一文中，① 作者 Julian Go 通过对 200 多年来美国霸权主义发展各阶段的帝国主义活动进行纵向研究，探讨了美国全球霸权主义地位的演变与其帝国主义行动方式的变化之间的关系。事实上，自 2003 年伊拉克战争以来，对于美利坚帝国的研究就出现了很多不同的观点，一派学者认为近年来美国全球干涉行为的增多是与其世界霸主地位身份相符的必然现象，其对于维护世界的安定有序具有积极意义（Marx Boot, 2002）；另一派学者则持批判主义的观点，认为布什政府近期对中东地区的干涉恰恰是美国政治、经济霸权地位衰落的象征（Harvey, 2003; Mann, 2003; Wallerstein, 2002a, 2003b）。该文则是对上述理论观点进行论证，在文中，作者列举了 1787 年至 2003 年以来美国所采取的 256 项帝国主义行动，这些行动包括宣战、对领土的吞并、对别国的暂时性占领、全球武装力量的部署。同时，作者又将美国的历史按其在全球格局中所处地位的不同划分为三个时期，即前霸权主义时期（1787—1945）、霸权主义成熟时期（1945—1980）、霸权主义衰落时期（1981—2003）。通过将美国的帝国主义行动融入其所处的不同历史阶段中进行分析，该论文得出以下结论：其一，美国历史上的帝国主义行动具有明显的周期性，在某些时段内，美国会出现帝国主义行动在广度及频率上大幅提升的浪潮，这些时段包括 1810—1825 年、1840—1870 年、1898—1926 年、1981—2003 年。而在某些时段内，如 1926—1980 年，美国的帝国主义行动则处于低潮期。其二，美国的帝国主义行动在历史上的周期性变化是与其霸权主义地位的演变具有某种内在联系的，表现为当美国的霸权主义地位较为稳固时，其所采取的帝国主义行为往往较少，而在美国的霸权主义地位没有形成或正在衰落的阶段，其往往会采取较多的帝国主义行动。例如在 1907—1940 年的前霸权主义阶段，美国共采取了 46 次帝国主义行动，在

① Julian Go. Waves of Empire: US Hegemony and Imperialistic Activity from the Shores of Tripoli to Iraq, 1787-2003. *International Sociology*, 2007, 22 (1): 5-40.

1946—1980 年的霸权主义成熟阶段，美国所采取的帝国主义行动则减少为 25 次，而在 1981—2003 年的霸权主义衰落时期，美国所采取的帝国主义行动则增加到了 46 次。呈现出两头大、中间小的格局。其三，美帝国主义行动与其霸权主义地位的关系不仅体现在频次上，还体现在程度上。文章通过数据得出，与在霸权主义不稳固时期倾向于采取帝国主义行动相比，美国在霸权主义稳固的时期更多地是采取一些非正式帝国主义行动（informal imperialism），如意识形态宣传、构建全球政治支持网络、财力支持等。在所采取的帝国主义行动方式上，在不同时期也会产生不同。在前霸权主义以及霸权主义衰落阶段，美国大多数帝国主义行动采取的是侵略性扩张的形式（expansionist-aggressive），如战争、军事占领等，而在霸权主义成熟阶段，美国大多数帝国主义行动则采取管制（policing）的形式，如保护他国公民、人道主义援助、军事援助等。

而在《全球化：秘密议程》（*Globalization: The Hidden Agenda*）一文中，作者 Dennis Smith 则重新审视了美国的霸权主义政策及其所主导的全球化模式的弊端。① 作者认为，美国当前的政治模式走在了错误的方向上，这种模式是由权力、利益与威信所驱动，这使得统治者获得了最大的满足，而对于那些处于底层的被统治国家来说，则意味着缺乏权力、缺乏安全感与被疏远，同时导致了那些被统治国家的精英或中产阶级产生了屈辱感，而这种屈辱感恰恰是当代各种暴力或恐怖事件，如 9·11 事件发生的原因所在。作者认为，未来的全球化进程应该抛弃以新保守主义与新自由主义为特征的美国模式，而应转向更为注重社会权力与民主的欧盟模式，用民主的方式形成新的国际秩序以减少暴力与恐怖主义。

2. 关于社会治理问题的研究

关于国家社会治理模式的研究一直是学界所关注的话题，它反映了政府与社会力量在社会治理与社会控制中各自承担了何种角

① Dennis Smith. *Globalization: The Hidden Agenda*. Cambridge: Polity Press, 2006.

色，起到了何种效果。对于社会治理模式的研究也涉及公共政策、公民社会、人权问题等诸多领域。

探讨政府与志愿者在现代福利社会中所处的角色及其相互关系一直是公民社会理论所探讨的话题。以往对志愿者组织的论述要么仅仅将其看做是政府的利益维护者，要么持静态的眼光而忽略了志愿者组织在文化与政治结构的影响下在不同历史阶段所产生的变化，又或是局限于对发达国家，而忽视了对发展中国家志愿者组织的研究。在《福利管理中的社会建构：一项关于韩国“政府—志愿者”关系的社会学论述》（The Social Construction of Welfare Control：A Sociological Review on State-Voluntary Sector Links in Koera）一文中，① 韩国社会学家 Taekyoon Ki 以韩国的福利系统为研究对象，认为在韩国历史上政府—志愿者之间关系的此消彼长实质上反映出韩国社会治理模式的演变。在作者看来，以往一些理论，如“福利组合”理论、“政府失败/市场失败”理论要么不符合韩国社会的实际，要么未能揭示出在福利系统中“政府—志愿者”关系的实质。要想解决这些问题，需要引入“社会治理”这一概念。社会治理具有四种模式，即合法性模式、动员模式、合作模式及容纳模式，这四种模式所形成的框架对于展示在不同历史时段政府与志愿者双方之间的力量变化具有重要意义，如下图所示。

		个人力量	
		低	高
国家力量	低	合法化型的社会治理方式	合作型的社会治理方式
	高	动员型的社会治理方式	容纳型的社会治理方式

基于上述分析，作者将韩国在第二次世界大战后的社会福利发

① Taekyoon Kim. The Social Construction of Welfare Control：A Sociological Review on State-Voluntary Sector Links in Koera. *International Sociology*，2008，23（6）：819-845.

展史按照社会控制模式的不同以及政府与志愿者关系的对比划分为四个阶段，对每一阶段的分析都按照历史背景——志愿者的活动——政府的反应这一思路来进行。在作者看来，对韩国40多年来政府与志愿者关系的描述与分析具有重要意义。政府与志愿者双方力量博弈的此消彼长反映了在不同历史时期社会控制模式由合法性到动员到合作再到容纳的转变过程，而社会控制模式的转变过程可以被用来重新描述韩国福利系统的变化历史。事实上，该文最大的意义在于将韩国这样一个经历过社会转型的东方国家作为研究对象，其在文中提到的在历史进程中国家与社会之间的利益博弈，政府面对民间组织时决策由消极到积极的转化，以及社会治理模式的进步，都对转型期的中国有着重要的借鉴意义。而作者也同样认为该文的研究结论可以作用到其他发展中国家，可成为分析这些国家政府与社会在福利领域关系的工具。

此外，在《国际人权法律与合法性的统治：压迫性国家与人权条例》（*International Human Rights Law and the Politics of Legitimation*：*Repressive State and Human Rights Treaties*）一文中，① 作者 Emilie M. Hafner-Burton 等人探讨了在非民主国家对于人权条例的执行情况。研究通过对数据的分析，指出为什么具有消极人权记录的国家与具有积极人权纪录的国家趋向于发布和认可相似数量的人权条约。研究指出，国家与社会的关系在很大程度上影响政府对于人权条款的态度，那些政府和社会之间联系特别弱的镇压政府有很大可能同意人权条款，而当公民有自治的力量，能摆脱决策和执行的限制时，极度镇压政府的统治者更有可能对国际人权政权做出坚定而众多的法律承诺；中等镇压政府的统治者更有可能在国家立法机构、政党、利益群体或军队的限制和强迫范围内做出承诺。

---

① Emilie M. Hafner-Burto, John W. Meyer. International Human Rights Law and the Politics of Legitimation: Repressive State and Human Rights Treaties. *International Sociology*, 2008, 23 (1): 115-141.

小 结

本文通过对《国际社会学》杂志中内容进行分析，回顾了近年来国际社会学研究基本的理论观点、重要的研究视角及创新的研究方法。事实上，通过对《国际社会学》杂志中论文的综合，还可以挖掘出当代社会学研究中的几个根本的趋势：一是国际社会学研究中的全球化趋势。这不仅表现在诸多社会学研究都将正在日益深入的全球化进程作为研究对象，同时也表现为国际社会学的研究领域已不局限于欧美等发达国家，而是采取了全球化的视角，对不同地域、不同背景、不同文化的各国展开广泛的比较研究。当前，跨国家、跨文化、跨种族的分析方法已经成为一种主要的社会学研究方法。二是国际社会学研究中的多元化趋势。在本文所总结的研究中，既有理论性研究，又有经验性调查；既有定量化分析，又有定型化探讨；既有西方学者的观点，又有非西方学者的研究。学者们的理论视角突破了传统的西方中心主义思路，开始重新审视不同地域、不同背景、不同文化的社会的差异，并将这种差异作为研究的重点，当代社会学研究的多元化恰恰反映了社会学这一学科融合性与包容性的精髓。三是国际社会学研究中的现实化趋势。除一些纯理论研究外，当今社会学研究大多以现代社会的热点现实问题作为研究对象，这之中，有对国际化进程的趋势及影响的分析，有对现代劳动力市场等经济发展问题的分析，有对在近几十年来新兴的环保运动与公民运动、女性主义运动等问题的分析，有对转型社会与发展中国家发展的政策分析，这些研究，不仅有助于社会学学科的理论发展，同时也能够为决策者的政策制定提供坚实的基础，为社会问题的解决提供更多的帮助。

而对于中国社会学来说，国际社会学的前沿成果无疑具有重要的借鉴意义。通过对经济全球化、政治全球化、文化全球化的分析，有助于更好地厘清中国在全球化中的机遇与挑战；通过对日韩等东亚国家以及对东欧等转型国家的研究，有助于全面分析并解决与之具有相似背景的转型中的我国所面临的各种问题；通过对环境保护、社会治理、性别平等等现实问题的探讨，有助于我国在环境社会学、政治社会学、性别社会学等方面的进一步发展。在吸收国际前沿理论观点的同时，中国社会学同时应该借鉴当代国际社会学国际化、多元化、现实化的研究理念，用更为宽广的心态融入到全球社会学的发展中。

参考文献

[1] AYELE LEA ADUBRA. *Non-traditional Occupations, Empowerment and Women: A Case Study of Togolese Women.* New York and London: Routledge, 2005.

[2] SYED FARID ALATAS. The Historical Sociology of Muslim Societies: Khaldunian Applications. *International Sociology*, 2007, 22 (3): 267-288.

[3] ALLIEVI STEFANO. Western Europe and its Islam. *International Sociology*, 2007, 22 (2): 197-199.

[4] AMSLER SARAH. *The Politics of Knowledge in Central Asia: Science between Marx and the Market.* Abingdon and New York: Routledge, 2007.

[5] ANTIKAINEN ARI. Finnish Scademic Publishing in Sociology: A Critical Review. *International Sociology*, 2008, 23 (5): 647-649.

[6] APPELBAUM PICHARD P, WILLIAM I. ROBINSION. *Critical Globalization Studies.* New York and London: Routledge, 2005.

[7] AMELIA ARSENAULT, MANUEL CASTELLS. Switching Power: Rupert Murdoch and the Global Business of Media Politics. *International Sociology*, 2008, 23 (4): 488-513.

[8] ASPINALL PETER J. Approaches to Developing an Improved Cross-National Understanding of Concepts and Terms Relating to Ethnicity and Race. *International Sociology*, 2007, 22 (1): 41-70.

[9] ELISAVETH BADINTER. *Dead End Feminism.* Cambridge: Polity Press, 2006.

[10] BAERT PATRICK. Contextualizing Max Weber. *International Sociology*, 2007, 22 (2): 119-128.

[11] CHRIS BAERVELDT, BONNE ZIJLSTRA, MURIEL DE WOLF, et al. Ethnic Boundaries in High School Students' Networks in Flanders and the Netherlands. *International Sociology*, 2007, 22 (6): 701-720.

[12] BARRERA DAVIDE, VINCENT BUSKEN. Imitation and Learning under Uncertainty: A Vignette Experiment. *International Sociology*, 2007, 22 (3): 367-396.

[13] BECKFIELD JASON, GEORGE RITZER. The Globalization of Nothing. *International Sociology*, 2008, 22 (2): 169-171.

[14] BELL VIKKI. *Culture and Performance: The Challenges of Ethics, Politics and Feminist Theory*. Oxford and New York: Berg, 2007.

[15] BLOKKER PAUL. Gerard Delanty and Chris Rumford, Rethinking Europe: Social Theory and the Implications of Europeanization. *International Sociology*, 2007, 22 (2): 194-196.

[16] BOHMAN PAUL R, M. KOHRMAN. Bodies of Difference: Experiences of Disability and Institutional Advocacy in the Making of Modern China. *International Sociology*, 2007, 22 (2): 243-246.

[17] JOHN BOLI, MICHAEL A. ElIIOTT. Façade Diversity: The Individualization of Cultural Difference. *International Sociology*, 2008, 23 (4): 540-560.

[18] BRAUN ROBERT, RENS VLIEGENTHART. The Contentious Fans: The Impact of Repression, Media Coverage Grievances and Aggressive Play on Supporters Violence. *International Sociology*, 2008, 23 (6): 769-819.

[19] BROEDERS DENNIS. The New Digital Borders of Europe: EU Databases and the Surveillance of Irregular Migrants. *International Sociology*, 2007, 22 (1): 71-92.

[20] CHAIME MARCUELLO-SERVÓS, SOKRATIS M. KONIORDOS. Networks, Trust and Social Capital: Theoretical and Empirical Investigations

from Europe. *International Sociology*,2007,22 (2):200-202.

[21]CHAN ANGELIQUE,SANTOSH JATRANA. Gender Differences in Health among Older Singaporeans. *International Sociology*,2007, 22(4):463-491.

[22] DEBA PRASHAD CHATTERJEE. Oriental Disadvantage versus Occidental Exuberance:Appraising Environmental Concern in India:A Case Study in a Local Context. *International Sociology*, 2008,23(1):5-33.

[23]CHETRIT JOSEPH, FATIMA SADIQI. Women, Gender and Language in Morocco. *International Sociology*, 2007, 22 (2): 185-188.

[24] CLARK PAUL. *Reinventing China*: *A Generation and its Film.* Hong Kong:The Chinese University Press,2005.

[25]DAHIWALE S M. Tribal Communities and Social Change. *International Sociology*,2007,22(5):581-583.

[26]DAN BERKOWITZ. The Politics of Terrorism. *International Sociology*,2007, 22(5):584-587.

[27]GERARD DELANTY,BAOGANG HE. Cosmopolitan Perspectives on European and Asian Transnationalism. *International Sociology*,2008,23 (3):323-344.

[28] DOBSON STEPHEN D,PETERSSON E. STEINSKOG. Actualities of Aura:Twelve Studies of Walter Benjamin. *International Sociology*,2007,22 (2):238-242.

[29] DRORI G S, et al. *Globalization and Organization*: *World Society and Organizational Change.* Oxford: Oxford University Press, 2006.

[30] DUDRAH, et al. *Sociology Goes to the Movies.* New Delhi: Sage, 2006.

[31] FIALKOVA LARISA, MARIA N. YELENEVSKAYA. *Ex-Soviets in Israel*: *From Personal Narratives to a Group Portrait.* Detroit, MI: Wayne State University Press,2007.

[32] GAL-EZER MIRI. Documentary Representation of Workers in Israel: A Neoliberal Discourse or Hope for Labor. *International Sociology*, 2007, 22(2): 25-259.

[33] GERHARD SCHUTTE. Looking to the Future: Crossing Disciplinary Borders in South Africa. *International Sociology*, 2007, 22 (5): 564-567.

[34] PATRICK F. GILLHAM. Participation in the Environmental Movement: Analysis of the European Union. *International Sociology*, 2008, 23 (1): 67-93.

[35] WOUTER VAN GILS, GERBERT KRAAYKAMP. The Emergence of Dual-Earner Couples: A Longitudinal Study of the Netherlands. *International Sociology*, 2008, 23 (3): 345-366.

[36] GLOTZ PETER, STEFAN BERTSCHI, CHRIS LOCKE. *Thumb Culture: The Meaning of Mobile Phones for Society.* Bielefeld: Transcript Verlag, 2005.

[37] JULIAN GO. Waves of Empire: US Hegemony and Imperialistic Activity from the Shores of Tripoli to Iraq, 1787-2003. *International Sociology*, 2007, 22 (1): 5-40.

[38] ALI HASSAN ZAIDI. A Critical Misunderstanding: Islam and Dialogue in the Human Sciences. *International Sociology*, 2007, 22 (4): 411-434.

[39] HEATHER HOFMEISTER, ANDRÉ PASCAL BREITENSTEIN. Contemporary Process of Transnationalization and Globalization. *International Sociology*, 2008, 22 (4): 480-487.

[40] INCKLE KAY. *Writing on the Body? Thinking Through Gendered Embodiment and Marked Flesh.* Newcastle: Cambridge Scholars Publishing, 2007.

[41] JOSEPH K A. Implementing the Social Model of Disability: Theory and Research. *International Sociology*, 2007, 22(2): 247-250.

[42] KEN JUBBER. Sociology in South Arica: A Brief Historical Review of Research and Publishing. *International Sociology*, 2007, 22

(5):527-546.

[43] TAEKYOON KIM. The Social Construction of Welfare Control: A Sociological Review on State-Voluntary Sector Links in Koera. *International Sociology*, 2008, 23 (6):819-845.

[44] KOENIG MATTHIAS. Institutional Change in the World Polity: International Human Rights and the Construction of Collective Identities. *International Sociology*, 2008, 23 (1):95-113.

[45] KOGAN IRENA, MARGE UNT. The Role of Vocational Specificity of Educational Credentials for Labour Market Entry in Estonia and Slovenia. *International Sociology*, 2008, 23 (3):389-416.

[46] KRBEC DENISA, ALAN A. LEW, C. MICHAEL HILL, et al. A Companion to Tourism. *International Sociology*, 2007, 22 (2): 181-184.

[47] KULKARN VANI S. I, MARIA JOÀO BARATA, NICOLAS GUILHOT. The Democracy Makers: Human Rigts and the Politics of Global Order Reviewed. *International Sociology*, 2007, 22 (2): 220-225.

[48] LIZARDO OMAR. Cities, War and Terrorism: Towards an Urban Geopolitics. *International Sociology*, 2007, 22 (5):590-594.

[49] LOW KELVIN E. Y. Empire of the Senses: The Sensual Culture Reader. *International Sociology*, 2007, 22 (2):231-234.

[50] LUBBERS MIRANDA J, JOSÉ LUIS MOLINA, CHRISTOPHER MCCARTY. Personal Networks and Ethnic Identifications: The Case of Migrants in Spain. *International Sociology*, 2007, 22 (6): 721-742.

[51] LYON DAVID, ANTHONY BUTLER. Contemporary South Africa. *International Sociology*, 2007, 22(2):189-190.

[52] GARY N. MARKS. Gender Differences in the Effects of Socioeconomic Background: Recent Cross-national Evidence. *International Sociology*, 2008, 23 (6):845-864.

[53] ISIDRO MAYA-JARIEGO, NEIL ARMITAGE. Multiple Senses of

Community in Migration and Commuting: The Interplay between Time, Space and Relations. *International Sociology*, 2007, 22 (6): 743-766.

[54] MEY GÜNTER, KATJA MRUCK. Qualitative Research in Germany: A Short Cartography. *International Sociology*, 2007, 22 (2): 138-154.

[55] KATHERINE MEYER, HELEN RIZZO, YOUSEF ALI. Changed Political Attitudes in the Middle East: The Case of Kuwait. *International Sociology*, 2007, 22 (3): 289-324.

[56] MICHEL DIRK. Israeli Democracy at the Crossroads. *International Sociology*, 2007, 22 (2): 226-230.

[57] MICHEL WIEVIORKA. Root Causes of Suicide Terrorism: The Globalization of Martrydom. *International Sociology*, 2007, 22 (5): 587-589.

[58] MELINDA MILLS, HANS-PETER BLOSSFELD, SANDRA BUCHHOLZ, et al. Converging Divergences: An International Comparison of the Impact of Globalization on Industrial Relations and Employment Careers. *International Sociology*, 2008, 23 (4): 562-595.

[59] PALACKAL ANTONY. The Family in India: Structure and Practice. *International Sociology*, 2007, 22 (5): 575-578.

[60] TIMOTHY PHILLIPS, HAYDN AARONS. Looking East: An Exploratory Analysis of Western Disenchantment. *International Sociology*, 2007, 22 (3): 325-342.

[61] PIZARRO NARCISO. Structural Identity and Equivalence of Individuals in Social Networks: Beyond Duality. *International Sociology*, 2007, 22 (6): 767-792.

[62] RAAB MARCEL, MICHAEL RULAND, BENNO SCHÖNBERGER, et al. Global Index: A Sociological Approach to Globalization Measurement. *International Sociology*, 2008, 23 (4): 596-631.

[63] RÜA AINHOA, et al. Networks and Identifications: A Relational

Approach to Social Identities. *International Sociology*, 2007, 22 (6): 683-700.

[64] MATTHEW R. SANDERSON, JEFFREY KENTOR. Foreign Direct Investment and International Migration: A Cross-National Analysis of Less-Developed. *International Sociology*, 2008, 23 (4): 514-539.

[65] BALIHAR SANGHERA, AIBEK LLIASOV. Moral Sentiments and Professionalism in Post-Soviet Kyrgyzstan: Understanding Professional Practices and Ethics. *International Sociology*, 2008, 23 (3): 447-467.

[66] SANTAMARÍA, GERARDO DEL CERRO. The Network Society: A Cross-cultural Perspective. *International Sociology*, 2007, 22 (2): 213-216.

[67] ELLU SARR. Different Cohorts and Evaluation of income Differences in Estonia. *International Sociology*, 2008, 23 (3): 417-445.

[68] DENNIS SMITH. *Globalization: The Hidden Agenda*. Cambridge: Polity Press, 2006.

[69] SRIVASTAVA PRACHI, GEOFFREY WALFORD. *Private Schooling in Less Economically Developed Countries: Asian and African Perspectives*. Oxford: Oxford Symposium Books, 2007.

[70] SÜNKER HEINZ. Foundations of Critical Theory: On the History of the Frankfurt School. *International Sociology*, 2007, 22 (2): 129-137.

[71] SUTTON PHILIP W, FRANK WIJEN, KEES ZOETEMAN, et al. A Handbook of Globalisation and Environmental Policy: National Government Interventions in a Global Arena. *International Sociology*, 2007, 22 (2): 178-180.

[72] SZUKALSKI PIOTR. Families in Eastern Europe. *International Sociology*, 2007, 22(5): 578-581.

[73] THAKUR MANISH K, et al. Crisis and Contention in Indian Socie-

ty. *International Sociology* ,2007,22(2):172-174.

[74] TILLMAR MALIN, LARS LINDKVIST. Cooperation Against All Odds: Finding Reasons for Trust where Formal Institutional Fail. *International Sociology*,2007,22 (3):343-366.

[75] WEENINK DON. Cosmopolitan and Established Resources of Power in the Education Arena. *International Sociology*,2007,22 (4): 492-515.

[76] COLIN C. WILLIAMS, JOHN ROUND. Retheorizing the Nature of Informal Employment: Some Lessons from Ukraine. *International Sociology*,2008,23 (3):367-388.

[77] WILLIAMS JEAN. *A Beautiful Game: International Perspectives on Women's Football*. Oxford and New York: Berg,2007.

[78] YANG TZU-HAN. Social Factors, Transaction Costs and Industrial Organization: A Comparison between South Korea and Taiwan. *International Sociology*,2007,22 (4):435-462.

[79] YEGANEH CYRUS, K. SPELLMAN. Religion and Nation: Iranian Local and Transnational Networks in Britain. *International Sociology*,2007,22 (2):209-212.

[80] NALAN YETIM. Social Capital in Female Entrepreneurship. *International Sociology*,2008,23 (6):864-886.

数字出版研究综述（2008—2009）*

方　卿　徐丽芳**

（武汉大学信息管理学院，武汉，430072）

出版业正处于新旧媒体共存的过渡时期，这几乎已经成为出版业界和学界的共识，尽管大家对于具体所处发展阶段的看法可能因人而异。过去两年相关的英文专著基本上反映了这一点。Miha Kovac（2008）的新著《别在意网络，图书来了》看起来似乎是针对Jeff Gomez（2008）《印刷术死了：数字时代的图书》一书的辩驳之作，实际上两位作者的真实态度并不像书名所显示的那样对立。Gomez强调从图书到“比特”不可逆转的迁移，不过他也认为尽管印刷媒介持续减少，仍将在现代信息社会中占据一席之地，而且他还指出了数字时代出版商继续存在的五个理由。Kovac辩驳了Gomez的说法，认为文明与印刷媒体之间的纽带并非仅仅出于人们的怀旧情感，图书的必要性在于其在几个世纪的演进中形成的与印刷文件内容的稳定性相关联的复杂的“传播结构”（communications structure），只要数字出版一日没有真正地承继图书的社会文化特征，就一日不可能取后者而代之。但是Kovac显然也并没有完全忽

* 本项研究得到了武汉大学“海外人文社会科学研究前沿追踪计划”和2009年度国家社会科学基金项目“开放获取学术资源分布与集成研究”（09CTQ024）的资助。

** 方卿，武汉大学信息管理学院、武汉大学出版发行研究所教授。徐丽芳，武汉大学信息管理学院教授。本报告在撰写过程中，丰静、程旭、吴睿、蒋艳和邹莉等硕士研究生参与了文献收集和整理工作。

视数字技术的特性、优势及其在世纪之交断断续续的演进和发展。相较之下 Joost Kist（2009）的做法更为务实，他在 2009 出版的新书《21 世纪出版商新思维：浮现中的模式和演进中的战略》中指出：在数字电视、移动电话、互联网/个人电脑日益聚合的背景下，“不同的信息偏爱不同的媒介”，“不同的媒介偏爱不同的内容”；①其中出版机构所要做的是在充分理解出版商与消费者、作者与读者互动这一数字时代的中心范式导致出版商业模式、发行渠道和用户功能变迁的前提下，寻找适合自己的出版模式和战略。

出版学领域最具影响力的英文期刊的载文情况也反映了印刷出版与数字出版并存但出版整体向数字化方向迁移的过渡时期特征。2008 年，五种期刊刊载的研究数字出版的论文比例在 3.3% ~60% 之间，平均比例是 25.48%；2009 年则在 10% ~66.67% 间，平均比例为 52.17%（见表 1）。不过，期刊论文和国际会议论文②所反映的研究者关于数字出版的研究兴趣则更加广泛。近两年来，开放存取与数字学术出版问题仍是人们关注的热点，具体研究贯穿数字出版模式、用户和电子书（学术专著）等多个议题。随着谷歌数字图书馆计划引起的世界范围内的广泛讨论，亚马逊 Kindle 等新一代电子书阅读器取得的初步的商业成功，以及哈珀·柯林斯、蓝登书屋和企鹅出版社等传统大众出版业巨头开始投身数字化出版行列，电子书成为继前期数字期刊和仓储之后另一个引起广泛关注的数字出版门类。与此同时，与电子书相连的数字版权交易和实操问题也进入了研究者的视野。关于数字出版模式的研究则仍然偏重学术出版，但是澳大利亚学者持续地表现出对于数字大众出版模式的

---

① Joost Kist. *New Thinking for 21st-century Publishers: Emerging Patterns and Evolving Stratagems*. Oxford：Chandos，2009：31-32.

② 电子出版国际会议（ElPub）是持续时间最长、最专业的数字出版国际会议。第 12 届（2008 年）和第 13 届（2009 年）会议的主题为“开放学术：创作、社区和可持续性”和“电子出版再思考：交流范式与技术的创新”，分别收录论文 47 篇和 43 篇（包括短论文、海报论文等）。其他一些 IEEE 的会议也往往收录数字出版技术方面的论文。

关心；另外，教育学领域一直关注着与远程/网络教育紧密相连的数字教材与教辅出版问题。至于数字出版的用户和行为研究，其作为国家政策、机构战略和新（数字）产品开发的先导长期以来都不乏大规模的、深入的调查研究，近两年情况亦然。

表1　出版学期刊①刊登的数字出版研究论文统计

期刊	2008年			2009年②		
	论文总数	数字出版相关论文	比例	论文总数	数字出版相关论文	比例
Publishing Research Quarterly	34	8	23.53%	13	3	23.08%
Logos: Journal of the World Book Communi	34	3	8.82%	10	1	10.00%
Learned Publishing	30	18	60%	23	13	56.52%
Journal of Scholarly Publishing	30	1	3.3%	22	4	18.2%
Journal of Electronic Publishing	29	10	34.48%	6	4	66.67%
总计/平均	157	40	25.48%	115	60	52.17%

① *Publishing Research Quarterly*、*Logos: Journal of the World Book Communit*、*Learned Publishing* 和 *Journal of Scholarly Publishing* 为季刊；*Journal of Electronic Publishing* 为纯电子期刊，每年出版三期。

② 由于CALIS数据库收录资源的滞后性，*Journal of Scholarly Publishing* 和 *Learned Publishing* 统计为2009年前三期；*Publishing Research Quarterly* 为前两期；*Logos: Journal of the World Book Communit* 和 *Journal of Electronic Publishing* 为前一期。

总体而言，近两年来关于数字出版的研究文献仍处于增长过程之中，而且广泛地分布于出版学以外的图书情报学、经济学、管理学、计算机科学、教育学和科学社会学等各个学科领域。此外，许多其他学科出于本学科科学交流的考量而导致了对数字出版持续的关注与研究。由于借鉴了其他学科领域的理论和方法，数字出版的相关研究成果无论从精度、深度和广度上都有进步。当然，这种研究文献高度分散的情况也带来了文献保存和利用上的难题。作为研究者来说，要全面把握和了解数字出版的相关文献颇为困难，从而阻碍了研究工作的进展，而且与此同时重复研究将导致资源、时间和精力的浪费。因此，本文的目的之一就是试图通过大量的文献研读为读者勾勒出数字出版及其研究的最近发展图景，以供相关实践和理论工作者参考。具体综述如下：

一、开放存取与数字学术出版

学术出版作为数字化发展最快的领域，加上其与影响日益扩大的开放存取运动的密切联系，导致其多年以来一直是研究者密切关注的热点问题，并产生了众多有价值的相关研究成果。

1. 进展与影响

2008 年全世界范围内的开放存取运动无论从深度和广度来看都有更大的发展。1 月，美国国家卫生研究院（NIH）颁布政策强制要求对所资助的研究产生的期刊论文实施公共存取，三个月后正式生效。该政策要求所有 NIH 资助的研究人员必须将其经过同行评议的论文在正式发表以后 12 个月内将最终稿的电子版存入开放存取仓储公共医学中心（PMC）中。NIH 过去两年的科研预算都达到大约 290 亿美元的规模（超过全球 124 个国家的 GDP 值），其所资助的研究每年产生 80000 篇以上经过同行评议的论文。

因此，这一政策对于开放存取运动的实质性支持作用及其对世界范围内科研资助机构的示范效应都是十分可取的。与此同时，欧洲研究院（ERC）成为首家要求强制实施开放存取的欧盟级别的研究资助机构，而且其要求更为严格：只允许六个月的禁制期（embargo），并将适用范围从同行评议论文扩展到数据（data）层面。在这些大型科研资助机构的带动下，世界范围内的许多高等院校、科研机构或其下属单位开始强制执行开放存取政策。

相应地，研究人员也持续不断地关注开放存取的最新进展。Peter Suber 作为较早的倡议者自 2003 年以来每年均撰写关于当年开放存取进展和影响的综述文章，近几年还在《电子出版期刊》（*The Journal of Electronic Publishing*）上发表。根据 Suber（2008）的判断，2008 年开放存取期刊和开放存取仓储比以往任何一年都更加快速地增长。其中开放存取期刊指南（DOAJ）录得当年新增 812 种开放存取期刊，比前一年增长 27%；科学共同体（Scientific Commons）录得开放存取仓储数量增加 8%，总计达 963 个；OAIster 录得的数量增加了 14%，达 1051 个；开放存取仓储名录（ROAR）录得的数量增加了 28%，达 1229 个；开放存取仓储指南（OpenDOAR）录得的数量增加了 28%，达到 1296 个。从开放存取仓储收录的资源来看，根据 OAIster 的数据，当年仓储资源增长 4886516 条，涨幅达 34%；或者根据 Scientific Commons 的数据，增长 7532473 条，与上年相比增长幅度为 45%。① 除此之外，开放存取仓储的类型与所涉机构有扩大之势，如一些国家和州县等政府机构开始建设仓储，BiomedExperts、Epsilen 和 Twidox 等许多网络服务机构开始提供仓储服务，各种项目也开始建设项目层面的仓储（Project-specific OA repositories），而且仓储建设逐渐扩展到人文社会科学领域，等等。此外，开放存取仓储的工具也层出不穷。

在评估开放存取运动影响的研究中，Philip M. Davis（2009）运用媒体框架理论（media framing）对 2003—2008 年世界主流报纸社论和读者来信的分析颇值一观。尽管迄今为止开放存取的种种争论、实践和相关研究主要集中在图书馆界、出版界和学术界，但

① Heather Morriso. Dramatic Growth of Open Access: Open Data Edition. [2009-07-28]. http://spreadsheets.google.com/ccc? key=pqCs8wrw32HHNKIMXUTgbSA&hl=en.

随着其影响的日渐深入与扩大，逐渐波及一般纳税人，因此了解大众媒体如何架构关于开放存取的议题是十分必要而且有益的。Davis 的研究发现开放存取的支持者常围绕“透明度”和“公共受托责任”（transparency and public accountability）来架构其论点，即纳税人的钱资助了科学研究，因此公众有权获取研究成果；而公开性和透明度是必要前提。这样的框架简明、有力，并与当下社会推崇开放、民主政府的核心价值理念相呼应。此外，支持者们还成功地构建了制造社会运动所必需的集体行动框架（collective action frames），其中包含三个基本要素，即指出不公平现象（injustice）、号召大家行动（agency）和区分对方身份（identity）。① 具体来说就是首先强调对造成某种不公平的行为人（此处主要指出版商）我们应具有道德义愤；然后指出如果大家一起行动就可以解决问题；最后，根据某些利益和价值观方面明显的差异区分出敌我双方，即倡导开放共享的“我们”和唯利是图的“他们”（出版商）。相比较之下，以出版商为主的开放存取运动的反对者未能建立起自己的核心框架，其针对支持者框架构建的辩解诉诸出版物质量和出版行为的可持续性，立论主旨过于细小并且缺乏简明的叙事结构。其唯一较为有力的反框架（counterframing）叙事是“政府干预”的说法，即将强制政策和法令视作“政府无理地干涉私营出版业”。② 显然，此种诉求很容易在推崇自由市场的美国社会获得响应。因此，其与 NIH 制定较为温和的规定（12 个月的禁制期）以及 2008 年 9 月美国众议院议员否定开放存取强制政策的提案都不无因果联系。由此可见，在当前形势下历史悠久而近几年似乎声名狼藉的 STM 出版商除了调整自己确实存在的行为偏差之外，注意媒体议题的架构也是十分必要的。毕竟争鸣和社会运动的目的并不

---

① William A. Gamson, Andre Modigliani. Media Discourse and Public Opinion on Nuclear Power: A Constructionist Approach. *American Journal of Sociology*, 1989, 95 (1): 1-37.

② Rick Weiss. Open Access to Research Funded by U. S.. *The Washington Post*, 2007-11-01 (A2).

必然是要消灭某一方，透彻地思考出版质量和可持续发展等问题对于开放存取运动的进一步发展也只会带来正面影响。

在似乎不可逆转的开放存取潮流之下，许多出版商对开放存取实施了更为宽松的政策，甚至允许作者存档正式出版的PDF版论文。① 许多重要的出版商在积累了一定的相关经验以后，已经能够以更加理性的态度来看待开放存取出版。Claire Bird（2008）撰文较为全面地回顾了牛津大学出版社的开放存取出版实验之旅。自2004年以来该社采用开放存取出版模式的《核酸研究》（*NAR*）收到的投稿量和作者满意度都维持稳定，大部分作者都乐于支付开放存取出版费用，因此新模式下运行的期刊能够做到财务平衡。尽管2005年*NAR*的收入曾有短暂下滑，但是2007年又开始增加。另外，该社出版的200多种期刊中有70种左右实行了选择性开放存取模式（Oxford Open），即允许作者自行选择是否缴付论文处理费以便其文章立即实行开放存取。在实践过程中，出版社逐渐意识到作者付费的开放存取出版模式并不是对所有学科都适用的。在该社实行选择性开放存取出版的期刊中，一些分子生物学和计量生物学领域的期刊，作者付费论文的比率高达17%～25%；而那些研究者较少得到资助的学科，如数学等基础科学领域付费论文的比率只有5%，人文社会科学领域为2%。② 也许可以由此推论，未来会根据不同学科和期刊的特点而出现开放存取、订阅存取、延后的免费存取及其组合并存的局面。然而，迄今为止出版社对于开放存取出版模式对订阅、期刊使用和论文引用率等的全面影响还不十分清楚。

对学术资源的了解是利用的基础，随着开放存取出版的蓬勃发展，准确地把握其现状，或者更加确切地说量化地把握现状是十分必要的。尤其像全球每年开放存取期刊和论文产量那样的重要参

① Joseph J. Esposito. Open Access 2.0: Access to Scholarly Publications Moves to a New Phase. *The Journal of Electronic Publishing*, 2008, 11 (2).

② Claire Bird. Oxford Journals' Adventures in Open Access. *Learned Publishing*, 2008, 21 (3): 200-208.

数，对于计算开放存取文章、期刊和期刊系统的总成本、定价、收入以及评估开放存取出版的可持续发展状况都是十分必要的。一般来说局部数字比较容易获得，比如 DOAJ 和高线出版社（HighWire）等都提供在该机构网站上能够获取的开放存取期刊和论文统计数字。但是，一则开放存取论文并不限于在期刊上发表，所谓绿色开放存取即作者存档的论文也是其中重要的组成部分；再则，DOAJ 和 HighWire 尽管是综合性的规模庞大的开放存取期刊门户，但即使就开放存取期刊全文而言，也未必能够搜罗完备。这就需要研究者设计一些精巧的计量方法来进行测算。

芬兰学者 Bo-Christer Björk（2008）等人在这方面所做的工作是卓有成效的。他们选取美国科学信息研究所（ISI）和乌利希（Ulrich's）期刊指南的数据库作为主要的样本来源，通过直接计数和抽样调查得出 2006 年全球出版了 23750 种左右经过同行评议的期刊，其中包含约 1346000 篇论文。而此次调查研究更加重要的任务是计算全球在某个特定年份经过同行评议的开放存取论文的产量。Björk 分三路调查来获得最终的数字，即 2006 年金色开放存取期刊论文（无禁制期），有禁制期的开放存取期刊论文以及作者自行存档论文的数量。

对于金色开放存取期刊论文，Björk 仍以 Ulrich's 数据库为主并参考 DOAJ 数据计算出 2006 年大约有 1735 种活跃的（即继续出版没有停刊）、经过同行评审的开放存取期刊，刊载 61313 篇文章，占当年出版论文的 4.6%。考虑到期刊及论文数量逐年增长以及开放存取运动日渐普及的现实该数字有所增大，这与早年间 Regazzzi（2004）利用相似的抽样方法对 DOAJ 所列期刊进行研究所得的数据具有某种程度的一致性。Regazzzi 数据表明，2003 年和 2004 年全球分别出版了 25380 篇和 24526 篇经过同行评议的开放存取论文，大约占当年全部 STM 论文的 2%。这与汤姆逊公司的调查研究结果也基本吻合，其测算 2003 年 SCI 数据库中的开放存取论文为 22095 篇，约占该库全部论文 747060 篇的 3.0%。对于延迟开放存取和混合型开放存取期刊，Björk 通过测算 HighWire 网站中立即开放存取的期刊和经过一段禁制期才实施开放存取的期刊数之比，将延后开放存取的论文数量分离出来，得出当年大约有8.1%的论文提供滞后的开放存取。平行出版或者说绿色开放存取论文的数量更加难以估计。Björk从Ulrich's符合要求的期刊中成比例地抽出列入ISI数据库和不列入该库的文章，分别为前者200篇，后者100篇，然后利用谷歌搜索引擎系统地搜寻其存入仓储的情况，得出当年大约有11.3%的论文进行了绿色开放存取。综上，Björk认为2006年全球经过同行评议的论文中实施开放存取的约占19.4%。

Björk对于样本的选择基本上是科学和合理的，如其以ISI和Ulrich's期刊为样本库来测算当年同行评议论文总量，以Ulrich's数据为主并参酌DOAJ来获取金色开放存取论文数量等，反映了他对学术期刊出版情况和开放存取资源分布情况的熟稔。尽管其以HighWire论文构成比模拟全球论文构成比的做法可能会导致较大的计算误差，但也是考虑了当前数据可获得性的前提下具有可操作性和一定合理成分的解决方案。另外，研究者对于数据的处理也比较小心，如其对开放存取期刊论文进行抽样计数时，将PLoS等四家出版机构的期刊单独计数，原因是它们都利用作者缴费方式来维持经营，因此造成所出版的某些特定品种的期刊如*PLoS One*等载文量非常大，远高于平均数。总体而言，尽管局部结论还有可以商榷之处，如其根据抽样调查的结果认为没有一篇论文既在金色开放存取期刊的出版商网站发表，又在某一开放存取仓储中存档，但是Björk等人的研究结果仍然较为可信。

实际上，在数字出版的许多相关领域都十分需要这种量化研究。如果不同的学者和研究机构都能够把此类研究方法、过程和结果以论文和研究报告的形式发表，以便于其他研究者验算、修正和参考，而且能够以年度为单位持续进行此类研究，这对于摸清数字出版和数字学术资源的家底无疑是十分必要和有益的。国外间或有此类耗时费力的研究，相比较之下，国内同类研究更显缺乏。

2. 绿色开放存取与金色开放存取

此前一般将开放存取期刊和开放存取仓储视为两条独立的、彼此平行的轨道，没有什么交集。作为实现开放存取的金色和绿色之路，两者各有优劣，一直以来也都各有自己坚定的支持与拥护者以及相对独立的研究（Prosser，2005；Smith，2008；Oppenheim，2008）。但是Stephen Pinfield（2008）指出，近来开放存取期刊和开放存取仓储已经表现出持续互动、共同构成统一的开放存取学术交流系统的潜力。文章提出了三种可能的互动模式：

模式一，仓储到期刊。一般来说，该模式是围绕传统期刊出版过程而产生的。其中作者写作的目的就是在同行评议期刊上发表论文。仓储一般在两个时点上涉入此一过程，即在同行评议发生前的预印本阶段（preprint or "submitted manuscript under review"），或者在同行评议完成后的后印本阶段（postprint or "accepted manuscript"）。① 许多学科领域都存在这样的模式，比如高能物理领域。这种模式之所以可行，原因在于其中期刊的使用和仓储的使用是互补的。一些研究者调查了高能物理学期刊与 arXiv、ADS 的情况后发现，论文一旦发表，其利用途径就开始从仓储转向期刊。② 因此，该模式中的期刊与仓储被认为是一种建设性的共存关系（productive coexistence）。③

模式二，期刊到仓储。该模式也以传统期刊出版过程为基础，主要区别在于其中的期刊必须是开放存取期刊或者混合型期刊，而仓储涉入的时点发生在期刊出版之后。作者或出版商将记录版本（version of record）存档以后，仓储的作用就凸显出来了，即仓储出于长期保存和重复利用的考虑，会对论文进行格式转变、内容重构和标记（tagging）等一系列后期处理。例如英国公共卫生中心（UKPMC）就将存档论文自动转换为 XML 格式。④ 在这一模式中，期刊和仓储都负责对内容进行某种形式和程度的加工。实际上，其

---

① 对于该模式而言，第一阶段并不是必要的组成部分，而且通常只在预印本文化十分普及的学科领域才会出现；至于第二个时点，也可以发生在论文和期刊正式出版之前。

② E. A. Henneken. E-prints and Journal Articles in Astronomy: a Productive Co-existence. *Learned Publishing*, 2007, 20 (1): 16-22.

③ S. Pinfield. Can Open Access Repositories and Peer-reviewed Journals Coexist. *Serials*, 2007, 20 (3): 163-71.

④ R. Terry. Funding the Way to Open Access. *PloS Biology*, 2005, 3 (3): 97. [2009-07-28]. http://dx.doi.org/10.1371/journal.pbio.0030097.

中的期刊出版者还可以将仓储作为出版场所，直接从自己的网站链入仓储，这就已经接近于模式三了。不过目前出于内容控制权等方面的考虑，此种拓展模式还停留在理论探讨层面。

模式三，仓储到套刊（overlay journal）。关于套刊，Ginsparg早在1996年就提出了相关的概念和构想，此后陆续有一些研究（John Smith，1999；Arthur Smith，2000）。在该模式中作者撰写论文并不是为了在期刊上发表。论文完成后，作者将其存入开放存取仓储。作者可以直接将论文提交相应的套刊，也可以由套刊主动将论文确定为候选稿件。一旦论文被接受，作者可能要根据评议人的意见进行修改，而套刊也可能对论文进行一些编辑加工和处理。一旦仓储中出现了最后版本的论文（由作者或期刊存入），期刊就开始在自己的网站与仓储间创建链接。这种模式在实践中最不成熟，但是也有一些试验性的项目在积极进行尝试，如伦敦大学学院的“套刊档案仓储界面”（RIOJA）等。①

以上三种模式有一些显著特点：（1）与传统科学交流系统几乎以期刊为唯一中心不同，仓储也在其中扮演重要角色；（2）期刊，也包括套刊在内蜕变为集结内容的品牌，其主要功能体现为质量控制；（3）论文和期刊不再是一一对应关系，比如一篇论文可以收入多种套刊当中，而且在不同传播阶段可以在不同场所获取。

从现实层面看，金色开放存取和绿色开放存取之路互相补充、渗透，共同提高科学交流效率的远景仍然是可期的。但是，目前这些模式的广泛应用仍然面临一些需要解决的问题，如开放存取仓储的基础设施建设、出版物概念的变化、版本管理、质量保障、资金来源和商业模式、内容保存、政策架构以及学术界各种力量角色的变化，等等。

二、电　子　书

在学术期刊逐渐完成数字化转型之际，电子书似乎成了出版数

① http：//www.ucl.ac.uk/ls/rioja/.

字化进程中的下一站。随着亚马逊和索尼的电子书阅读器初步取得商业上的成功，电子书再次成为出版实践和研究领域关注的焦点。其中搜索引擎巨头谷歌在电子书领域的作为引起了研究人员广泛的关注（Lackie，2008；Grimmelmann，2009）。尽管对于谷歌大规模数字化图书的做法同时存在着激烈的赞扬和反对之声，但是不可否认其激发了广大民众对于电子书的浓厚兴趣，并且孵育了开放图书馆（Open Library）等其他一系列图书数字化项目。① 过去一年多来有许多研究文献涉及地区、国家和机构层面的电子书开发问题，比如，如今欧洲已经有10个国家的18个图书馆可以提供由欧盟资助的电子书按需服务了。还有，鉴于英国的高等教育机构“非常渴望”建立电子书馆藏，联合信息系统委员会（Joint Information Systems Committee，JISC）启动了为期两年的“国家电子书观测项目”（National E-Books Observatory Project），致力于为全英国修读以职业为主导的研究生课程（taught course）的学生免费提供电子书。② 而布鲁塞尔大学图书馆及其出版项目则开始联合提供最近绝版的图书的在线存取服务（Vandooren et al.，2008）。

近来在众多关于电子书的研究当中，有两篇论文在方法论的意义上值得一提，即Magda Vassiliou（2008）等人的《“电子书”概念处理》，以及Robert Polding（2008）等人的《电子书模式的可持续性评估》。

自20世纪70年代Michael Hart开创“谷登堡计划”以来，随着电子书出版实践和相关研究的发展，关于电子书的定义有过多种表述（Hughes，2003；Armstrong et al.，2002；Landoni，2003）。这些定义多围绕媒介、内容/文件格式、设备和传播四个方面展开。但众所周知的是，关于这些定义人们并没有达成广泛而一致的共识，迄今为止在相关文献中“电子书”这一术语仍然有些含混和

① http：//openlibrary. org/.

② Caren Milloy. E-books：Setting up the National Observatory Project. [2009-08-09]. http：//www. cilip. org. uk/publications/updatemagazine/archive/archive2007/november/Milloy%20Nov%2007. htm.

不明确。① Gold Leaf 曾经指出“对‘电子书’这一术语缺乏充分的界定是混乱局面产生的根源，并由此阻碍了电子书的进一步发展”。② 鉴于基本术语的明确定义对相关实践和研究的重要意义，Vassiliou 试图运用内容分析（content analysis）这一语言学研究技巧来对电子书这一术语做出“客观、系统和量化的描述”。③ 其调查研究过程的具体步骤是首先通过穷竭式的文献搜索得到并保存 37 个关于电子书的定义，清点其中使用的关键术语，确定这些关键术语并分成六类子概念，即数字/电子（digital/electronic）、内容（content）、图书模拟物（book analogy）、存取/传播（accessibility/delivery）、技术（technologies）和使用特点（use features）；初步计算电子书定义所使用的子概念和关键术语出现的次数；由合作研究者校验获得的数字的准确性和分类的恰当性，特别关注子概念的确定和陈述方式；对关键术语列表和分类进行修订；根据新的列表重新计数并得到相关表格，其中包含子概念、关键术语的出处以及使用频率，在此基础之上得出包含两个部分的定义：①电子书是包含文本和其他内容的数字对象，它是整合图书可以在电子环境中呈现出来的特点而成的；②典型的电子书有一些通用的特点如搜索和交叉引用功能、超文本链接、书签、注释、高亮显示、多媒体对象和互动工具等。这两部分组成的定义既考虑了电子书持久稳定的性质，也抓住了电子书因不断变化的技术驱动而导致的动态特性。

Polding 等人的研究和以上探讨不无关系，或者更确切地说证实了以上研究的价值，其面临的研究任务是将纸质版本的图书《泰晤士报优秀大学指南》（*The Times Good University Guide*,

---

① L. Bennett. *E-books: The Options: A Manual for Publishers*. London: The Publishers Association, 2006.

② Gold Leaf. *Promoting the Uptake of E-books in Higher and Further Education*. *JISC e-Books Working Group, London*. [2009-07-28]. http:// www.jisc.ac.uk/uploaded_documents/PromotingeBooksReportB.pdf.

③ B. Berelson. *Content Analysis in Communication Research*. New York, NY: Free Press, 1952.

GUG）① 改造为可根据用户需求定制的、灵活的万维网应用系统，同时还要不影响纸版图书的销售。研究工作的起点是寻找一个电子书的概念模型来实施这种转换，但研究者发现当前的文献较多地关注电子书的应用方面，而较少探讨其概念模型和架构等问题，而且既有的关于电子书的定义和概念也大多缺乏内在的一致性和连贯性，反而是早年 Martin（1990）提出的“信封模型”（envelopes）、“层级结构”（hierarchies）和“网络结构”（network structure）等概念模型迄今仍然或隐或显地被广泛应用着。最后，研究者采用了 Mattison（2002）关于电子书的常识性定义，并将 Martin 的“网络结构”模型作为开发工作的理论指导。其中电子书被视为与专著一类的纸质书相似，但是以电子形式创建和发行的出版物。研究方法采用设计研究方法（design research approach），具体来说就是明确研究问题，通过大量的文献调研理解所研究的问题并提出建议，然后运用原型法完成设计过程。实际上，最终完成的 GUG 网站已经不是一般传统意义上的电子书了。它不直接反映纸版 *GUG* 的结构和内容，功能也更为强大。② 但是仍然可以看出，项目所使用的设计研究过程是根植于网络结构模型的，而且仍然保留了电子书的许多优势。

可以预见，随着电子书实践的日益推进，图书这一被人们认为“最有文化的媒介”③ 的数字化问题必将引起持续的关注与研究。

三、数字出版模式

由于数字出版模式最终必然涉及获取收入以取得利润或者至少维持经营（Rappa，2001；Betz，2002）这一核心问题，因此几乎

① *GUG* 原为一本英国大学排行榜的图书。

② 这至少由两方面的因素决定：一是数字技术所提供的可能性；二是不影响纸质图书销售的设计要求。

③ Miha Kovac. *Never Mind the Web*, *Here Comes the Book*. Oxford：Chandos Publishing，2008：17.

从数字出版诞生之日起就有各种有关模式的讨论。随着开放存取运动的不断深入，就开放存取出版和付费存取出版（Toll Access）两大出版模式孰优孰劣的争论更是从来就没有停止过。

JISC（2009）新出炉的研究报告试图系统地评估在英国，三种可选择的学术出版模式即订阅出版模式（subscription publishing）、开放存取出版模式（open access publishing）和自存档出版模式（self-archiving）的成本效益情况，以辨别其优劣。JISC 的调查研究工作分为两个阶段：首先，以 Bo-Christer Björk 的科学交流生命周期模型和 Houghton（2006）等人的"影响框架"模型为基础，辅以大量的文献调研来识别三种学术出版模式的成本和收益；然后，利用矩阵方法得出统一的成本模型和收益模型来对成本和收益进行量化处理。研究结果表明：2007 年英国学术出版系统投入的成本是 54 亿英镑。就直接成本来看，开放存取出版每篇论文的成本（1524 英镑/篇）要比付费存取出版（2337 英镑/篇）少 813 英镑，而提供套刊服务（1260 英镑/篇，含系统费）的自存档则低 1077 英镑；就系统成本而言，如果采用开放存取出版模式，英国每年可以节省系统成本 2.15 亿英镑；自存档则据推测可以节省 2.6 亿英镑。研究者认为节省的成本足以支撑开放存取期刊和自存档出版活动，更遑论扩大存取范围后将给研发活动（R&D）带来的回报。因此，在现有预算框架下英国可以选择转向开放存取出版，尽管转换期的收益可能较低，但从更长远的时期来看，开放存取和自存档出版模式可以产生更多的净效益并能够实现可持续发展。

Paola Dubini（2009）等人则主要从可持续发展的角度来评价不同的数字学术期刊出版模式。他们认为不同模式的可持续性分析必须考虑导致双边市场产生的网络外部性和信息不对称性，创新模式要取得成功必须要在读者市场和作者市场同时达到"临界量"（critical mass）。研究者选择了科学、医学、社会科学和人文科学四个领域的 12 种经过同行评议的期刊，每个领域包含不同出版模式的期刊，即开放存取期刊、从付费存取期刊转变而来的开放存取期刊、混合期刊（根据作者付费情况来提供开放存取服务的付费存取期刊）以及纯粹的传统的付费存取期刊并从中各选一种。根据读者存取情况、作者显示度和研究者获益情况将这些期刊的属性和特点进行分类，同时还考虑期刊的收费机制。研究结果表明，开放存取期刊在四个学科领域的表现都是最好的，因其充分地利用了数字技术提供的可能性，因此可以提供更快捷的存取服务而且成本效益更高。许多付费存取期刊也迅速迎头赶上，提供一定的开放存取服务，而且由于历史悠久，仍然保有先发优势，并且声誉更好。总的来说，不同模式的存在对学术界和研究人员有利，他们可以获得更好的服务，评议过程更加透明，高质量的研究成果更有可能被更加广泛的读者获取，等等。而且，在现阶段，不同的学科领域也许的确需要不同的数字出版模式来满足不同的需要。

与 JISC 的研究相比，Julian H. Fisher（2008）对于期刊出版成本的估计是很低的。他估计每年出版 50 篇文章的开放存取期刊总成本为 4000 美元（80 美元/篇）；出版 100 篇论文的期刊总成本为 7000 美元（70 美元/篇）；出版 250 篇论文的期刊总成本为 17000 美元（68 美元/篇）。据此推算，他得出了跟上述研究者类似的结论，即开放存取期刊在经济上是可行的，是可以持续发展的。具体来说，Fisher 认为通过合作的方式并采用新兴的工具和方法来出版论文，就可能极大地降低成本。他指出 SE/OJS 平台上的期刊就是这方面的成功例子。① SE/OJS 在新创期刊或者转变为开放存取期刊的第一年免费参与它们内容获取、编辑和评议等方面的业务活动，并为其开辟网络广告和赞助等收入来源。他认为商业出版机构和大部分开放存取期刊成本高的原因在于它们仍然使用陈旧的技术，因此无法采用这些可以降低成本的更新的出版模式，当然这中间也有怀疑和主观上的抗拒。不过根据我们的看法，Fisher 的成本中完全不包含编辑和评议人的报酬，因此，至少在可见的未来，大规模的数字学术出版无法适用这种模式，而 SE 模式也注定只能在一定范围内发挥效力。

---

① Scholarly Exchange home page. [2009-08-07]. http://www.scholarlyexchange.org.

尽管开放存取出版模式得到了多方面肯定，但是研究者也注意到由于可能的高风险，既有的期刊和出版商并没有强烈的动机去改变现有的商业模式。为此，Bo-Christer Björk（2009）等人提议了两种出版商改变运营模式的愿景：一为骤变，即传统商业出版机构在短时间内转变成完全的开放存取出版机构。这种方式尽管早就有人提议并且获得了一些研究人员的响应（Hane 2003；Suber 2007），但是除了高能物理领域外很少有出版商愿意采纳，因此他们更倾向于推荐的第二种渐变方式，即通过传统“大宗交易”授权方式和作者付费方式，在文章层面提供开放存取服务。还有一些研究者更是直截了当地指出当前商业出版仍然有其价值。Irene Perciali（2008）等人介绍了伯克利电子出版社（bepress）出版的39种纯电子期刊所采用的商业模式，这种模式有三条基本原则，即：改进而非破坏传统期刊；允许非订阅用户以客人身份阅读文章；向图书馆收取合理的、可以持续的订阅价格。做到这些，即使在全世界日益向开放存取过渡的过程当中，提供创新性服务以及合理价格的专业科技出版机构仍然可以占有一席之地并获得稳定发展。Xuemei Tian（2009）等人则认为，数字化的确影响了图书出版模式，当前澳大利亚图书出版业往往采取传统和创新混合的模式，但是，无论在图书的制作还是发行环节，出版商仍然居于中心地位并提供很高的附加值，其地位绝非普通的“合作者”（partner）可比。参照Timmers对商业模式的定义，① 同时利用个案研究方法，Tian将当前数字环境中澳大利亚的图书出版模式分解为五个子模式，即内容授权模式、完全服务模式、继承模式、多渠道发行模式和档案模式。

此外，还有研究者讨论了其他类型的机构的数字发展情况（Diane Harley，2008），但是总的来看，世界范围内对于数字学术出版领域以外的其他领域的数字出版商业模式的关注还是远远不

① Timmers认为商业模式是产品、服务和信息流的统一架构，其中包含参与者及其角色，其所获得的潜在收益以及收入来源等。参见：P. Timmers. Business Models for Electronic Markets. *CommerceNet*, 1998, 8（2）: 3-8.

够的。

四、语义出版和基于 XML 的出版流程再造

随着技术的飞速发展，数字出版从最初将传统出版物简单数字化的阶段发展到了语义出版阶段。近两年来，一些居于领先地位的出版商和利益相关者在语义出版方面进行了有益的尝试并积累了一些经验。同时，语义出版也引起了许多研究者的兴趣。

Web3.0 是数字出版发展所面临的最新阶段。Sudeshna Das（2009）认为简单地说 Web3.0 就是增强了语义功能的 Web2.0，对于数字出版而言意味着“社区+语义”，即通过社区用户分享语义，网络成为数据、信息和知识交换的媒介。在这一思路的指导下，他们利用 Web3.0 技术，即社交网站技术、语义网络技术和文本挖掘技术设计了模块化的小型软件“科学合作框架”（Science Collaboration Framework，SCF）。学术界可以用它来出版复杂的科技论文，成员可以登录各个研究兴趣小组并参加讨论。使用该软件的第一家网站 StemBook① 于 2008 年 9 月开始运行，主要出版经过同行评议的有关干细胞生物学的开放存取论文。自发布以来，该应用软件的使用者队伍持续扩大，而且那些以 SCF 平台为基础建立的网站之间，以及与其他语义网上的站点之间可以实现互相操作。在这一新范式之下，不同学科之间的人为障碍显著减少，可以采用更加灵活和动态的方式交流信息。

David Shotton（2009）也指出语义出版能够极大地提高科学交流效率，许多出版机构都渴望彻底地实施语义出版，但是当前有必要采用稳妥的渐进的方法来推进这一新型出版方式。Shotton 认为语义出版能够提高论文被自动发现的几率，促成有语义联系的相关论文间的链接，保证以可激活的方式存取论文内部数据，或者促进不同论文间数据的整合。具体来说，增强语义的措施包括采用超链

① ［2009-08-07］. http://www.stembook.org.

接、文本术语的语义标记并建立其与相关信息的链接、互动图表、可以重新排序的参考文献以及两种新措施，即基于上下文的引用以及标签树。在分析了在线期刊出版的优劣以后，Shotton 还探讨总结了当前语义出版的可行性和实施原则。

W. McCarty（2003）曾经指出："学术出版是各种互相高度依赖的要素所组成的系统的一部分。其中任何一个要素的改变……都会在系统层面产生反应。因此，如果注重实效，就必须处理好整个系统。"① 语义出版给出版活动的承担者如作者、编辑和出版商带来了不同的挑战，同时也必将深刻地改变出版的工作流程。Pablo F. Fernicola（2009）探讨了在论文写作阶段引入语义信息和元数据的必要性和可能性，他指出基于 XML 的字处理文件格式可以提高出版物的互操作性，并在从投稿、评议、出版和存档的全过程中以文件形式保存内容语义和元数据。因此最近几年很多字处理软件都发布了可以直接产生 XML 原生文件格式（native file format）的版本。其中 Fernicola 重点探讨了目前正在接受学术界和科技出版界评估的 Word 2007 论文创作插件（article authoring add-in）及其测试版。该插件能够保证在创作阶段就添加语义信息和元数据，此外，它还能够在出版和存档过程中提供字处理文件与美国国家医学图书馆（NLM）定义的 XML 格式文件之间的双向全保真的文件转换。Stefan Gradmann 等人（2008）则重点探讨了人文社会科学领域（SSH）从数字出版向 XML 出版转型的趋势，以及在此过程中"文本"等基本术语含义的改变与出版流程的改造。

迄今为止，大部分出版商采用的都是出版后期（post-production）XML 工作流程，即将 InDesign、Word 或 PDF 文件导出/转换为 XML 文件。不过这种解决方法是局部的、过渡性的，尤其从成本效益的角度来看并不可取。目前有不少可以改变工作流程的软硬件工具，但是随之而来的转变组织结构和更新工作流程方面的挑战

① ［2009-08-07］. http://lists.village.virginia.edu/lists_archive/Humanist/v17/0336.html.

很容易使许多出版社却步，尽管这一步是出版商们必须跨越的。为此，Mike Shatzkin（2008）和他的合作伙伴开展了名为“从 XML 开始：原因与方法”的项目（Start with XML：Why and How），他们采用商业案例、访谈等方法来探讨相关关键问题并寻找解决方案。基于对出版行业的了解，Shatzkin 指出为了以一种成本效益最高的方式抓住浮现中的收入机会，图书出版商必须采用一种从一开始就基于 XML 的工作流程。也就是说，出版内容应该从尽可能早的时候就以结构化的 XML 文件的形式存在，其中包含关于文件结构、内容本身、权利信息以及所有组成成分的元数据。

对于出版商而言，XML 工作流程具有高效、独立、灵活、多样性、连贯性和便携性等特点，它意味着内容一旦创建，就有可能全部或部分地在不同的平台上出版。如全球领先的大众出版商 Simon & Schuster 就建立了基于 XML 的出版系统，能够为出版合同及与版权的使用、销售或内容发行有关的各种工具提供“粒状数据”（granular data）。《出版商周刊》等行业期刊对此有广泛的报道，比如对在该领域拥有专门技术优势的印度公司，① 以及美国本土成功的商业案例②等在最近一两年都有持续跟踪报道。它也逐渐引起了越来越多出版商和研究人员的注意。

五、数字版权

版权问题一直是数字出版进程中广受关注的热点问题，其中版权保护仍是研究焦点，每年都涌现出许多相关研究。值得注意的是，随着数字出版开始小规模盈利，过去一年多关于数字版权交易和授权的原则、规则和实操等问题开始进入研究者视野。

1. 数字版权保护

有效的版权保护是数字出版的基础，它包括：良好的版权立

---

① Teri Tan. Champions of the XML Workflow. *Publishers Weekly*, 2009, 256 (13): 1.

② Teri Tan. Gaining Converts. *Publishers Weekly*, 2009, 256 (3): 25.

法；有效的识别和技术保护措施；安全的网络；快捷的强制执行措施。但是一般而言，在数字出版范畴内谈论版权保护，研究者最关心的主要还是两点，即版权立法和技术保护（Koskinen-Olsson，2008；Nawotka，2008；Christman，2009）。

虽然在数字环境中更加强调作品的技术保护，但是好的版权立法乃是技术保护的基础和前提。"世界知识产权组织互联网条约"（WIPO Internet Treaties）为解决数字时代的版权问题提供了坚实的基础，到2007年11月这些条约已经得到64个国家的批准。条约规定了网络环境中利益相关者的权利与义务，并对现有的一些权利进行了更新，包括：向公众传播权和向公众提供权；采取技术保护措施（TPMs）的义务；发布权利管理信息（RMI）的义务。后两条是传统版权保护法规所没有的，权利所有人可以有选择地实施。但是一旦其发布了权利管理信息或者采用了TPMs措施，对于它们的篡改、去除和破坏行为就是违法的。因此如果没有TPMs和RMI，数字环境中的版权作品很难得到适当的权利保护。

TPMs是控制内容存取和使用的技术，包括限制存取技术、加密技术和版本保护技术等。识别系统是TPMs的重要基础，其主要作用是确认作品是什么，但是它并不直接保护作品免予未取得授权的使用。识别系统主要有两大类，第一类是标志符（identifiers），主要是一些数字和其他符号。印刷时代的出版物标志大家都很熟悉，比如国际标准书号（ISBN）、国际标准刊号（ISSN）等。针对数字作品，许多机构开发了不同的标志符号，如数字对象标志符（DOI）①、国际标准音像号（International Standard Audiovisual Number，ISAN）②、文本作品标志号（International Standard Text Code，ISTC）③以及针对行为主体（自然人和法人）的姓名标志符国际

① [2009-08-07]. http://www.doi.org.

② [2009-08-07]. http://www.isan.org/portal/page?_pageid=164,40165&_dad=portal&_schema=PORTAL.

③ [2009-08-07]. http://www.istcinfo.com/agency.asp.

标准（International Standard Name Identifier，ISNI）① 等。第二类是数字签名和标记，如水印和指纹等。

权利描述语言（RELs）是数字权利管理技术的组成部分。这是一种基于 XML 的语言，一般是机器可读的，描述与数字内容使用与发行相关的权利。它可以是权利所有人的简单声明，也可以是组成电子交易系统（有时被称为可信任的系统）的十分复杂的要素组合。最近的例子如世界报纸协会、世界出版商协会和欧洲出版商协会联合发布的在世界范围内促进存取的内容自动存取协议（the Automated Content Access Protocol，ACAP）等。②

从数字出版的角度来看，权利保护将是很长时期内必须面临的严峻挑战，就如许多研究者一直强调的那样，尽管版权所有人有权控制数字作品的复制与传播，必要的例外与限制也仍然是需要的，以便平衡数字版权权利人和公众的利益。

2. 版权交易

有一种激进的看法认为出版业其实是一个依靠管理和交易版权及各种附属权利来维持经营的。在出版物日渐失去实物形态的数字时代，这种说法似乎更加容易被人接受了。从数字出版商的角度来看，数字出版物的版权交易包括两方面的内容：一方面是获取数字版权；另一方面是通过数字版权获得收益。最近这一领域的研究对两方面都有涉及。

Franziska Hildebrandt（2008）建议要获得数字版权，首先要区分两种形式的权利，一是电子权（electronic rights），即制作作品的电子书版本的权利。这里所说的电子书版本是数字电子形式的作品，是完整的、逐字逐句转换的、没有增强功能也未曾改变内容及其呈现形式，更没有增加声音、图像和其他材料，换句话说，其文本和插图与印刷版本中出现的完全一样。二是多媒体出版权（multimedia publishing rights），包括全面的多媒体权，或者将经过选择的材料用于更大型多媒体作品（如 CD-ROM 产品）的权利。在这

① ［2009-08-07］. http：//www. isni. org/.

② ［2009-08-07］. http：//www. the-acap. org.

个过程中往往会添加诸如声音、图像等元素。该权利与多媒体互动产品有关。

Hildebrandt 认为对于大多数出版商而言，电子书是一种图书发行的替代性渠道，而不是一种转授权行为（sublicensing）。因此出版商倾向于将电子权括入书卷权利（volume rights）① 当中，并且主张出版合同中的版税已经包含有取得电子权而付出的报酬。一般来说，出版商在获取全球翻译权的合同中，务必要保证同时获得电子权。至于多媒体出版权，目前一些出版商更愿意将其视为附属权利中的第二连载权（second serial rights）。与戏剧改编权等不同的是，出版商和权利所有人的收入分成比例尚未确定下来。至于具体的版税计算，既可以以除去增值税的零售价格为基数，也可以以净销售收入为基数。

此外，数字出版还常常带来一些印刷时代未曾碰到的版权问题，对此，人们往往会比照传统的做法来寻找解决方案。例如，数字技术使得以章节为单位出售数字出版物内容成为可能，但是同时它也带来了相关的版权问题。为此，Nawotka（2008）提出可以用连载权（serialization rights）的思路来尝试解决这个问题。

在印刷时代，知识产品的物理版本一次性地销售给用户或中介机构（如图书馆），但是在数字时代，对于在线知识产品的存取往往通过授权而不是买断销售的方式来加以控制。授权是一种非常灵活的工具，可以提供多种存取方式和途径。授权协议主要明确向用户授予何种权利，其义务又有哪些。授权协议可以是某个权利人单独使用的，也可以是行业通用的。Beetz（2008）阐述了出版商如何在 B2C 或者 B2B 市场上销售数字内容，或者更加确切地说进行数字版权的授权交易。他指出在此过程中应该设计好交易方式，而且在数字版权交易的谈判中也有许多问题值得注意。

但是在这方面，更加系统和清晰的梳理是由 Koskinen-Olsson

① 书卷权利即以书卷形式出版作品，包括纸皮本、精装本、俱乐部版本或教材版等；也包括在单期杂志中以再版方式完整地出版作品，或完整地或者部分地以文选形式出版。通常由作者或作者代理人与出版商谈判而成。

(2008) 做出的。她认为数字权利的授权模式将因为发生的市场不同而不同，主要有以下几种：(1) 无技术保护的授权。一般认为知识数字产品和娱乐数字产品有很大差异，由于前者主要由机构用户（大学、图书馆等）购买，因此是一个 B2B 市场。它常用的模式是站点授权（site license）。图书馆常常组织本地的、国家级的乃至国际的联盟来获取授权。这是一种基于信任的授权模式，比如，一旦向大学授权，该机构中的所有用户都可以使用。(2) 基于数字权利管理系统的授权。这种模式在消费市场较为常见，通常包含识别系统和一些 TPMs。通过它，权利管理人可以控制谁可以看内容、在哪些地域看、看多久以及以何种方式看。它可以是完全的交易系统，也可以不涉及任何报酬，比如数字图书馆的借阅系统。(3) 知识共享授权模式（creative commons licensing)。如果权利所有人并不打算依靠授权获得收入，那么知识共享授权就是很好的选择。许多开放存取出版物都采用这种授权方式。(4) 集体授权模式。在数字出版物涉及大量权利人时，比如大规模的数字化项目，往往必须启用集体授权模式。复制权组织（RROs）与许多出版商、作者和其他权利所有人合作不断地开发许多新型授权模式。如澳大利亚的版权代理有限公司（CAL）为高校开发的课程包服务，CAL 网站上的授权系统与出版商服务器的内容相连，用户可以开发他们自己的课程包，学生也可以通过口令存取在线内容。

还有一些数字版权相关问题也引起了研究者的注意（Picker, 2009；Hirtle, 2008)，比如数字出版背景下的孤儿作品，对于这些问题的研究还有待进一步深入。

六、用户与行为研究

从数字出版最初的发展阶段开始，用户与行为都是常规的研究项目。出版领域实践工作者与理论研究者、图书情报界、科学社会学领域的研究人员，乃至整个学术界都非常积极地从事这方面的调查研究，并且积累了大量的研究成果。一般来说，数字出版哪个子领域发展越快，相应地该领域的用户研究往往也就越发达。一直以来大量存在的关于数字学术出版物用户的调查研究就印证了这一点。

近两年来关于高等教育机构的用户使用电子书尤其是电子教材的研究仍然不少，其中，英国 JISC 发起的“国家电子书观测项目”（National E-Books Observatory Project）可能是迄今为止最大、最详细的电子书使用情况调查项目（Estelle，2009）。限于经费制约，项目组通过层层筛选从 136 种中标的电子教材中挑出 36 种进行调查，教材涵盖商学（5 种）、媒体研究（7 种）、工程学（14 种）和医学（10 种）四个学科，其中前三个学科的教材可以通过 MyiLibrary 平台获取，医学教材则由 Books@ Ovid 提供。从 2007—2008 学年度的第一个学期开始，全英国的高等教育机构都可以申请免费使用这些教材。结果有 127 家机构签订了 MyiLibrary 的使用合约，80 家签了 Books@ Ovid 的使用合约。2008 年 1 月到 2009 年夏天，曾经帮助设计观测项目的伦敦大学学院的研究小组 CIBER① 进行了深度的调研分析，其目的有两个：一是收集电子书用户行为的定性和定量数据；二是衡量电子书免费使用对于出版商印刷版本图书销售以及图书馆流通情况的影响。2008 年 1 月和 2009 年 1 月，CIBER 又进行了两次基准调查（benchmarking surveys），目的是摸清当前用户关于电子书的意识、感觉和态度。两次调查总共回收 4.8 万份问卷。此外，项目组还针对 8 所大学的学生、教员和图书馆员进行了用户焦点小组访谈。研究发现，免费电子教材的确能够促进用户使用，学生更多地是浏览而非阅读免费电子教材。还有，免费电子教材对于出版商印刷教材的销售量并没有什么影响，因为用户以不同的方式使用它们。② 2008 年 CIBER 资助的另一项对伦敦大学学院师生使用电子书情况的调查同样显示：用户对于电子书

---

① Centre for Information Behaviour and the Evaluation of Research，信息行为与评价研究中心。

② 更多结论参见：Findings from the First User Survey. JISC Collections，April 2008. [2009-08-07]. http://www.jiscebooksproject.org/wp-content/e-books-project-first-user-survey-a4-final-version.pdf.

的兴趣很大，但是具体的使用情况往往因用户的年龄、性别、具体身份和所在学科而有较大差异（Lewis，2008）。对中国香港中文大学12名学生为期两年半的深度调查则重点揭示了从用户的角度来看，当前的电子书存在有哪些不足之处（Lam，2009）。调查显示至少在中国香港中文大学，电子书还不是学生经常使用的工具。被调查者认为目前的电子书软件尽管较易使用，但其中涉及的一些技术和程序因素如下载、格式转换和身份认证等仍然会给使用者带来负担和消极影响；另外电子书品种不够丰富、借阅期过短以及电子书硬件不足等都将制约电子书的应用。①

除了对用户行为的研究之外，也有一些研究对数字出版另一端的机构和行为人，即出版者和作者进行了调查分析。Charalampos Z. Patrikakis（2008）等人以欧盟的Bio@ gro项目为例，利用回归模型对合作参与多语言数字内容出版的各群体（包括收集资料的群体、评议群体和用户等）的行为变化和结果进行了评估。与此同时，也评价了“反馈”这一改变社会行为的刺激因素。最后，研究者提出了一系列通过社会行为刺激机制来提高合作出版效率的建议：对于好的做法要有适当的反馈机制予以揭示；如果发现某些群体出现效率下降的情况，应该给予一定的反馈或利用跨群体讨论等方式启动新的工作周期；努力消除出版过程中的例行公事效应；防止因为赶进度或者因为革新工作方法而导致工作的质量标准下降。

无疑，对于数字出版这一新型出版范式，关于用户和行为的研究对于提升数字出版实践水平是十分有益的。此前尽管不乏对数字出版个案的研究，或者对数字出版用户的量化调查，但是深入到数字出版行为的实施者即人的层面去探讨效率问题和改进措施的研究还不多见，今后很有必要加强。

① Paul Lam. Usability and Usefulness of eBooks on PPCs：How Students' Opinions Vary Over Time. In Hello！Where are you in the Landscape of Educational Technology? Proceedings Ascilite Melbourne 2008. ［2009-08-07］. http：//www.ascilite.org.au/conferences/melbourne08/procs/lam.pdf.

参考文献

[1] ANNETTE BEETZ. Selling Digital Rights as a General Publisher: Text and Images. *Publishing Research Quarterly*, 2008, 24(2):129-132.

[2] BETZ F. Strategic Business Models. *Engineering Management Journal*, 2002, 14(1):21-27.

[3] BO-CHRISTER BJöRK, TURID HEDLUND. Two Scenarios for How Scholarly Publishers Could Change Their Business Model to Open Access. *The Journal of Electronic Publishing*, 2009, 12(1).

[4] BO-CHRISTER BJöRK. A Model of Scientific Communication as a Global Distributed Information System. *Information Research*, 2007, 12(2).

[5] C. F. TAYLOR, et al. Promoting Coherent Minimum Reporting Guidelines for Biological and Biomedical Investigations: the MIBBI project. *Nature Biotechnology*, 2008, 26(8):889-896.

[6] CAROL ANNE MEYER. Reference Accuracy: Best Practices for Making the Links. *The Journal of Electronic Publishing*, 2008, 11(2).

[7] CHARALAMPOS Z PATRIKAKIS, et al. Evaluating Behavioral Change in Multigroup Collaboration for Content Publishing Over the Web. *Social Science Computer Review*, 2009, 27(1):59-75.

[8] CHARLES OPPENHEIM. Electronic Scholarly Publishing and Open Access. *Journal of Information Science*, 2008, 34 (4):577-590.

[9] CHRISTINE L. BORGMAN. *Scholarship in the Digital Age: Information, Infrastructure, and the Internet.* Cambridge, MA: MIT Press, 2007.

[10] CLAIRE BIRD. Oxford Journals' Adventures in Open Access. *Learned Publishing*, 2008, 21(3), 200-208.

[11] D SHOTTON, et al. Adventures in Semantic Publishing: Exemplar

Semantic Enhancements of a Research Article. *PLoS Computer Biology*, 2009, 15(4).

[12] DAN PENNY. Publishing Technologies: What does the Future Hold. *Learned Publishing*, 2008, 21(1):39-47(9).

[13] DANIELA IVKOVI. The Electronic Book: Evolution or Revolution. *Bilgi Dünyas*, 2008, 9(1):1-19.

[14] DAVID SHOTTON. Semantic Publishing: the Coming Revolution in Scientific Journal Publishing. *Learned Publishing*, 2009, 22(2): 85-94.

[15] DONALD WATERS. Open Access Publishing and the Emerging Infrastructure for 21st-Century Scholarship. *The Journal of Electronic Publishing*, 2008, 11(1).

[16] E. A. HENNEKEN. E-prints and Journal Articles in Astronomy: a Productive Co-existence. *Learned Publishing*, 2007, 20:16-22.

[17] Ed Christman. Synch or Swim. *Billboard*, 2009, 121(3):16.

[18] Edward Nawotka. Our Digital Future. *Publishing Research Quarterly*, 2008, 24(2):124-128.

[19] Françoise Vandooren, Cécile Gass. Giving New Life to Out-of-print Books. *Learned Publishing*, 2008, 21(3):187-192.

[20] Franziska Hildebrandt. Contracts and Common Standards for Digital License Deals. *Publishing Research Quarterly*, 2008, 24(2):133-138.

[21] Günter Mühlberger, Silvia Gstrein. eBooks on Demand (EOD): a European digitization service. *IFLA Journal*, 2009.

[22] Herve'Fischer. *Digital Shock: Confronting the New Reality; translated from French by Rhonda Mullins*. Montreal, Kingston, London and Ithaca: McGill-Queen's University Press, 2006:280.

[23] J. A. EVANS. Electronic Publishing and the Narrowing of Science and Scholarship. *Science*, 2008, 321(5887):395-399.

[24] JAMES GRIMMELMANN. The Google Book Search Settlement: Ends, Means, and the Future of Books. [2009-07-28]. http://

works. bepress. com/cgi/viewcontent. cgi? article = 1024&context = james_grimmelmann.

[25] JEFF GOMEZ. *Print is Dead: Books in Our Digital Age.* NewYork and Hampshire: Macmillan, 2008.

[26] JINGFENG XIA. *Scholarly Communication in China, HongKong, Japan, Korea and Taiwan.* Oxford: Chandos Publishing, 2008.

[27] JOHN HOUGHTON. et al. *Economic Implications of Alternative Scholarly Publishing Models: Exploring the Costs and Benefits—A report to the Joint Information Systems Committee (JISC).* [2009-07-28]. http://www. jisc. ac. uk/media/documents/publications/rpteconomicoapublishing. pdf.

[28] JOHN HOUGHTON. Exploring the Costs and Benefits of Alternative Publishing Models. [2009-07-28]. http://conferences. aepic. it/index. php/elpub/elpub2009/paper/viewPDFInterstitial/74/32.

[29] JOHN WILLINSKY. Toward the Design of an Open Monograph Press. *The Journal of Electronic Publishing*2009, 12(1)[2009-07-28]. http://dx. doi. org/10. 3998/3336451. 0012. 103.

[30] JOOST KIST. *New Thinking for 21st-century Publishers: Emerging Patterns and Evolving Stratagems.* Oxford: Chandos, 2009.

[31] JOSEPH J. ESPOSITO. Open Access 2. 0: Access to Scholarly Publications Moves to a New Phase. *The Journal of Electronic Publishing*, 2008, 11(2)[2009-07-28]. http://dx. doi. org/10. 3998/3336451. 0011. 203.

[32] JULIAN H. FISHER. Scholarly Publishing Re-invented: Real Costs and Real Freedoms. *The Journal of Electronic Publishing*, 2008, 11(2).

[33] KATHLIN SMITH. Institutional Repositories and E-Journal Archiving: What Are We Learning. *The Journal of Electronic Publishing*, 2008, 11(1).

[34] KATHLIN SMITH. Institutional Repositories and E-Journal Archiving: What Are We Learning. *The Journal of Electronic Publishing*,

2008, 11(1).

[35] M. SERINGHAUS, M. GERSTEIN. Manually Structured Digital Abstracts: A Scaffold for Automatic Text Mining. *FEBS Letters*, 2008, 582:1170.

[36] MIHA KOVAC. *Never Mind the Web, Here Comes the Book*. Oxford: Chandos Publishing, 2008.

[37] MIKE SHATZKIN. The StartwithXML Project: Understand the Point and Path to a Digital Workflow. *Publishing Research Quarterly*, 2008, 24(4):251-254.

[38] PABLO F. FERNICOLA. Incorporating Semantics and Metadata as Part of the Article Authoring Process. [2009-07-28]. http://conferences. aepic. it/index. php/elpub/elpub2009/paper/viewPDFInterstitial/152/63.

[39] PAOLA DUBINI, ELENA GIGLIA. Economic Sustainability During Transition: The Case of Scholarly Publishing. [2009-07-28]. http://conferences. aepic. it/index. php/elpub/elpub2009/paper/viewPDFInterstitial/124/53.

[40] PETER B. HIRTLE. Copyright Renewal, Copyright Restoration, and the Difficulty of Determining Copyright Status. *D-Lib Magazine*, 2008, 14(7/8).

[41] PETER SUBER. Flipping a journal to open access. *SPARC Open Access Newsletter*. [2009-07-28]. http://www. earlham. edu/~peters/fos/newsletter/10-02-07. htm.

[42] PETER SUBER. Open Access in 2008. *The Journal of Electronic Publishing*, 2008, 12(1) [2009-07-28]. http://dx. doi. org/10. 3998/3336451. 0012. 104.

[43] PHIL POCHODA. Scholarly Publication at the Digital Tipping Point. *The Journal of Electronic Publishing*, 2008, 11(2).

[44] PHILIP M DAVIS. How the Media Frames "Open Access". *The Journal of Electronic Publishing*, 2009, 12(1).

[45] R. B. REIS, et al. Impact of Environment and Social Gradient on

Leptospira Infection in Urban Slums. *PLoS Neglected Tropical Diseases*,2008, 2(4):e228.

[46]ROBERT J. LACKIE. From Google Print to Google Book Search: The Controversial Initiative and Its Impact on Other Remarkable Digitization Projects. *The Reference Librarian*, 2008, 49(1):35-53.

[47]STEPHEN PINFIELD. Journals and Repositories: an Evolving Relationship. *Learned Publishing*, 2009, 22(3):165-175.

[48]SUZANNE LEWIS. E-Book Discovery and Use Behaviour is Complex. *Evidence Based Library and Information Practice*, 2008, 3(2).

[49]TARJA KOSKINEN-OLSSON. Access to Knowledge in the Digital Era. *Learned Publishing*, 2008,21(2):93-102.

[50]TIAN XUEMEI, BILL MARTIN. Business Models in Digital Book Publishing: Some Insights from Australia. *Publishing Research Quarterly*, 2009, 25(2):73-88.

[51]WILHELM OTT. Digital Publishing:Tools and Products. *Poiesis & Praxis*, 2008, 5(2):81-112.

半结构化文本检索研究综述*

——以 XML 检索为切入点

刘 丹 陆 伟**

（北京大学信息管理系，北京，100871

武汉大学信息资源研究中心，武汉，430072）

一、概 述

互联网、数字图书馆上存在着海量的信息，包括文本、图片、语音、音频、视频等，其中文本信息仍然是目前主要的存在形式。一般来说，文本信息按照其结构化的程度可以分为三类，即结构化、非结构化和半结构化文本。

半结构化信息介于结构化和非结构化信息之间，它有严格的结构，但不如数据库模式严格。XML 就是一种半结构化信息表示的典型方式，其类似 HTML，在文本上定义了严格结构的标记语言，但不同的是 XML 中的标签用来表示所存储内容的语义信息而不是显示信息。一个正确定义的 XML 文档有固定的结构，明确地定义了文档的不同语义部分。充分利用这些信息可以为 XML 文本提供

---

* 本研究得到了武汉大学“海外人文社会科学研究前沿追踪计划”项目的资助。

** 刘丹，北京大学信息管理系在读博士生，研究方向：文本处理，机器翻译，已发表论文6 篇。陆伟，博士，武汉大学信息管理学院教授，博士生导师，近年先后主持和参编著作 5 部，发表论文 50 余篇，其中 SSCI 和 SCI 索引论文 5 篇，EI/ISTP 索引论文 11 篇，主持国家和省部级项目 6 项。研究方向为信息检索、Web 智能挖掘、知识管理。

强大而又灵活的检索和访问方式。

半结构化信息的检索方法最初于20世纪80年代后期提出。在20世纪90年代末，由于XML在1998年成为W3C推荐标准，因此人们越来越关注半结构化文本的检索。2002年INEX（Initiative for Evaluation of Xml Retrieval）测评会议的成立首次为XML信息检索的研究提供了统一的平台。INEX会议是类似TREC会议的专门为XML检索不同方法提供统一测评的检索测评活动[1]，也是目前为止最全面最深入地研究XML检索的活动。表1列出了自2002年开始INEX主要参赛者情况。

表1　**INEX各年度主要参赛者情况**

参赛机构	2002	2003	2004	2005	2006	2007	2008	2009
IBM Haifa Labs	√	√	√	√	√			
Microsoft ResearchCambridge				√	√	√	√	√
University of Amsterdam	√	√	√	√	√	√	√	√
Queensland University of Technology	√	√	√	√	√	√	√	√
CWI and University of Twente	√	√	√	√	√	√	√	√
Max Planck Institute for Informatics		√	√	√	√	√	√	√
University of Otago		√	√	√	√	√	√	√
Queen Mary, University of London	√	√	√	√	√	√	√	√
University of Duisburg-Essen	√	√	√	√	√	√	√	√
University of Waterloo			√	√	√	√	√	√
Universite Paris 6				√	√	√	√	√
RMIT University	√	√	√	√	√	√	√	√
Stanford University						√	√	√
Carnegie Mellon University	√	√	√	√	√	√		
University of California, Berkeley	√	√	√	√	√	√	√	√
Wuhan University				√	√	√	√	
Renmin University						√	√	√
Dalian University of Technology						√		

从表中可以看出，INEX 的研究主要力量集中在高校，参赛活跃度高的高校集中在欧洲、美国和澳洲。著名研究者如德国杜伊斯堡大学的 Norbert Fuhr、英国伦敦大学玛丽女王学院的 Mounia Lalmas、新西兰奥塔哥大学的 Andrew Trotman，他们也是 INEX 2002 年至 2007 年会议的组织者，澳大利亚昆士兰理工大学的 Shlomo Geva 和荷兰阿姆斯特丹大学的 Jaap Kamps 则与 Andrew Trotman 一起成为 INEX 2008 年和 2009 年会议的主要发起者。这些人同时也是其他检索重要国际会议如 SIGIR XML 的组织者，他们一直活跃在 XML 检索研究的最前线。企业性质的研究机构主要有 IBM Haifa 实验室和微软剑桥实验室，其中 IBM Haifa 实验室一直致力于使用向量空间模型和它们的 JuraXML 检索系统；微软剑桥实验室则是因为其成员同时也是高校教授而有所参与。

国内参与 XML 检索研究的机构相对较少，武汉大学信息资源研究中心的陆伟自 2005 年起连续四年参加了 INEX；2007 年中国人民大学信息学院和数据工程与知识工程教育部重点实验室的王秋月、李求实和王珊等人开始参加 INEX，并一直坚持到现在；大连理工大学的韩冰等人则仅参加了 2007 年的 INEX，此后便不再参与。

从信息检索的整个流程来看，XML 检索主要研究的几个方面包括：XML 检索目标与用户需求、XML 查询语言、XML 元素与内容的存储与索引、XML 检索排序方法、XML 结果呈现方式、XML 检索评价。其中，XML 检索目标与用户需求以及 XML 结果呈现方式是基于用户研究的；XML 查询语言、XML 元素与内容的存储与索引、XML 检索排序方法、XML 检索评价是从检索系统角度来研究 XML 检索的。本文主要从系统角度来介绍 XML 检索，因此，下文将对 XML 查询语言、XML 索引、XML 检索排序方法以及 XML 检索评价四个方面的研究情况进行评述，并对 XML 检索研究的一些热点领域进行介绍，最后就需要继续深入研究的问题进行简要说明。

二、XML 查询语言

对 XML 文档进行检索（查询）请求的描述有两种方式[2]：一是数据库角度的 XML 查询方式（XML Query[3]）；二是信息检索角度的 XML 查询方式（XML IR）。信息检索角度的 XML 查询又包括三小类：扩展了数据库角度 XML 查询方式的 XML 查询；直接将关键词查询延伸至 XML 查询；以及直接使用 XML 片段来描述查询请求。其中，第一种查询方式主要用于支持 XML 的数据库查询，第二种方式中的第三小类查询方式使用得很少。本文是从信息检索的角度探讨 XML 检索，因此文中谈到的 XML 检索指的是第二大类的第一小类和第二小类的检索方式。

在 XML 检索中，文档内部各层次的 XML 元素理论上都是可检索的单元，检索系统对于用户查询的返回结果一般都是文档中具体的 XML 元素。这种聚焦式的检索有助于对含有大量长文档的信息库和包含多检索主题文档的查询，呈现在用户面前的将是文档中最相关的内容。例如，一本书利用 XML 将段落、章节标记出来之后，可以在检索时返回与用户查询主题最相关的段落或章节，而不是单纯的整本书。在 XML 检索中，用户被引导到文档中最相关的部分，从而能够更容易地定位相关内容。这正是 XML 检索与非结构化文本的检索相比的最大优点，即 XML 检索可以实现元素级的检索。

在 XML 检索中，考虑到 XML 文档的结构信息，可以利用文档逻辑结构来检索出更符合检索请求的文档元素。这种文档逻辑结构通过合适的方式可以放到检索语言中，使用户可以直接对文档结构加以利用。XML 检索查询语言按照是否加入结构限制分为 CO（content-only）和 CAS（content and structure）两大类检索语言。

CO 检索语言一直以来是传统信息中的标准检索语言，在用户不知道或不关心 XML 文档逻辑结构的环境下可以使用这种检索语言。尽管只能从内容上进行检索限定，XML 检索系统仍然能够检索出合适的 XML 层级元素。CO 检索语言的例子有：XRANK[4]，XKSEARCH[5]，以及 NEXI 的 CO 查询[6]。

CAS检索语言使用户可以从内容和结构上对检索请求进行限定。结构限定既可以指定在特定元素中查找（例如：检索结果必须包含关于某个主题的section），也可以指定返回结果的类型（例如：检索结果应该是section）。从目前来看，CAS检索语言可以分为三类[7]：（1）基于标签的查询语言，其允许用户为关键词指定标签名从而限定返回元素的类型，如XSEarch[8]；（2）基于路径的查询语言，该类型语言往往是基于XPath定义的，典型的如：XIRQL[9]、XXL[10]、FlexPath[11]以及NEXI的CAS查询[6]等；（3）基于从句的查询语言，该类型语言使用层叠的从句来表达检索条件，类似于SQL语言，如XQuery[12]、XQuery Full-Text[13]等，其中XQuery是最具代表性的，XQuery Full-Text则是在XQuery的基础上加入了谓词（例如近似查询和相关排序）扩展。

三、XML索引

信息检索中经典的索引方法存储了词项统计信息以在检索过程中衡量一个词在文本中的重要性，进而区分相关内容和不相关内容，XML索引也需要存储类似的信息，只是需要对每一个元素的相应信息都进行存储。

在XML索引中，目前主要有如下三种策略，即忽略结构和元素层级信息，将XML文档当成扁平文档进行索引；针对每个元素进行单独的索引；利用XML树的结构信息来对元素间关系进行索引。下面分别对这三种类型的索引策略进行介绍。

1. *扁平文档索引*

扁平文档索引把XML文档看成是线性的字符序列，完全不考虑XML文档的结构信息，结构标签信息也被当做了索引词。这种索引可以直接用现有的文本索引工具进行索引，很方便。这一方法主要适用于目前文本检索实践，特别是Web搜索引擎中。

2. *元素索引*

元素索引考虑了XML文档的结构信息，把元素当成传统意义上的一个文档来用现有的文本索引工具进行索引。可以对每一种元素建立一个单独的索引，检索时并行在每个索引上检索然后归并检索结果[14]。由于 XML 的元素大小有很大差别，长度太小的元素往往不会是符合要求的检索结果，因此可以在索引之前选择长度大于某一制定阈值的元素来索引[15]，或者根据检索元素被用户指定的频率大小为依据挑选频率大的来索引[15,16]。由于 XML 文档的嵌套结构，元素之间具有大量的重复，而且所有文本信息均存在于叶子节点中，因此可以仅仅对叶子节点进行索引，非叶子节点的各种信息可以通过其叶子节点进行计算[17]，元素之间的关系在后续检索过程中进行处理。这种方法是折中方法，既可以利用现有文本索引工具的成熟性，也可以得到 XML 文档的结构信息。

3. XML 文档特有的索引

XML 文档特有的索引考虑了结构信息，并且设计了针对 XML 的索引结构。以下提到的 XML 索引指的就是 XML 文档特有的索引。Luk 等[18]根据索引中包含的结构信息把 XML 索引分为半结构索引和结构索引。

（1）半结构索引

半结构索引是指除了内容索引外，还索引了部分的结构信息，用于不是所有的结构信息都有必要索引的情况。半结构索引的实现方式有三种：基于域的索引（field-based indexing），它是最简单的半结构索引方法，其将一篇 XML 文档表示成一个域集合，如作者域、标题域等，域信息通过对 XML 文档的解析抽取获得；基于段落的索引（segment-based indexing），其将结构化文本分为几个不重叠的区域然后索引；基于 XML 树的索引（tree-based indexing），其把文档看成是一棵 K 叉树，为每一个节点赋以一个独一无二的 ID 值，通过比较 ID 值可以得到节点之间的父子、兄弟关系，进而索引这些节点。

（2）结构索引

结构索引是指除了内容索引外，还索引了完整的结构信息。结构索引可以使检索结果非常精确，主要包括如下三种：

①信息检索/数据库索引（IR/DB indexing）

信息检索/数据库索引就是使用关系数据库进行索引，可以将

XML 文档中抽取的信息，一般是元素，存入数据库，这样可以利用数据库方便地进行查询处理。

利用关系数据库实现 XML 结构的索引一般是根据 XML 文档的树结构特点设计数据库表项，将 XML 元素看成是 XML 树的节点或是边，然后将这些节点或边的信息存储到关系数据库中[19,20]。一般来说，针对节点或边建立的表结构一般包含以下几项内容：元素标识，位置信息，元素内容。

其中，元素标识即为元素名称，位置信息根据对元素位置信息的不同记录方式而有所不同，而元素位置信息的记录方式直接影响到结构化检索的实现方式。一般来说，元素位置信息的存储主要有两种方式，一是用序号对形式（pre，post）来记录[21]，pre 表示节点的上一节点编号（或边的起始节点编号），post 表示节点的下一个节点编号（或边的终止节点编号），为方便检索，经常还加入元素所在层信息（level）；二是对元素的信息进行编码，用码值来表示元素的位置信息，例如 Dewey 编码及其变种就广泛使用于各种支持 XML 的商业数据库之中。利用关系数据库实现 XML 的结构化检索主要是为了利用关系数据库已有的精确检索功能，在检索时，将 XML 查询请求转换成同等的 SQL 语句来执行数据库查询。

还有一种方法是结合信息检索系统和关系数据库，方法是把关系数据库的每一个记录当成是信息检索系统的一篇文档，对这些记录进行索引。这样不仅可以利用数据库方便的优点，而且信息检索系统可以计算检索结果的相关度。

②基于路径的索引（path-based indexing）

基于路径的索引保持了两类索引，内容信息和结构信息。结构信息存储的是元素的路径信息。路径信息可以通过元素名称及其位置信息来表示，也可以直接通过元素的 XPath 路径表达式来表示[22]。

索引信息以文件形式存储。同数据库存储 XML 结构化索引一样，一般也存储以下几项内容：元素标识，位置信息，元素内容。其中，位置信息一般采用（start，end，level）来表示。

③基于位置的索引（position-based indexing）

基于位置的索引也称为空间索引，索引标签是起始坐标或终止坐标。这里的坐标信息是基于某种图形结构表示的 XML 文本的起始位置，如图 1 所示，从左边框所标志的区域可以记录每个元素的起始坐标，从右边的框所标志的区域可以记录每个元素的结束坐标。从记录元素的空间位置信息可以得到元素间的关系，比如 title 和 author 起始横坐标值相同，那么它们是兄弟节点。这样进行检索时元素的结构信息就可以解释为它们的空间位置信息。

图 1　XML 文本结构

四、XML 检索排序方法

XML 检索旨在提供尽可能精确的信息给用户，因此，检索结果可以是任意粒度的元素，只要它在内容上与查询是相关的。所以，XML 检索与非结构化文本信息检索的最大不同点是：XML 检索不仅仅要对元素根据其与查询的相关度进行打分，而且要决定合适的返回元素大小。因此，XML 检索在对结果进行排序时至少要有两步：（1）计算元素得分；（2）选择合适大小元素返回。如果检索是 CAS 类型，那么在进行得分计算时还需要考虑结构限制，这时就还需要有结果限制处理这一步。下面对这三步主要需要解决的问题及现有的解决方法分别进行介绍。

1. 元素得分的计算

在 XML 检索中，词频等统计数字不再是文档级别的，而是元素级别的，因此在计算元素得分时如何对元素级别的统计信息进行建模是一个主要的问题。很多用于无结构文本的检索模型通过适当的改进都能应用于XML检索之中，例如：向量空间模型，BM25，统计语言模型等。同时也有很多针对XML检索设计的排序方法。迄今为止，还没有公认的XML检索模型。下面介绍一些有代表性的计算元素得分的方法。

（1）向量空间模型

Mass和Mandelbrod[14,23,24]在XML检索中对向量空间模型进行了扩展。文档D和查询Q之间的相关性定义为查询向量和文档向量之间的cos值，如公式（1）所示：

$$Sim(Q,\ D) = \frac{\sum_{t_i \in Q \cap D} w_Q(ti) \cdot w_D(ti)}{||Q|| \cdot ||D||} \tag{1}$$

其中：

$$w_{x \in \{Q,\ D\}}(t) = \log\left(TF_x(t) \cdot \log\left(\frac{N}{DF(t)}\right)\right) \tag{2}$$

其中N是数据集中文档总数；词频TF_D（t）是关键词t在文档D中的出现频率；文档频率DF（t）是包含关键词t的文档总数。

为了检索XML元素而不是整篇文档，需要对N、词频以及文档频率进行重新定义。N定义为数据集中元素总数；词频$TF_C(t)$是关键词t在元素C中的出现频率；元素频率$CF(t)$是包含关键词t的元素总数。由于XML的元素是嵌套式的，因此在实际计算时，只有词频使用元素词频$TF_C(t)$，N和$DF(t)$依旧使用文档级统计结果。

（2）BM25

Lu等[25,26]在XML检索中对BM25概率模型进行了扩展。针对文档级的检索，定义了BM25F模型，该模型在计算词频时对XML文档中不同的域进行了加权，模型具体计算公式见上文[25,27]。针对元素级的检索，定义了BM25E模型，该模型将元素当做XML文档，同样也对元素进行加权，模型具体计算公式见上文[25,28]。

（3）统计语言模型

Sigurbjörnsson 等[29,30,15]在 XML 检索中对统计语言模型进行了扩展。他们使用多项语言模型，配以 Jelinek-Mercer 平滑方法，每一个元素都有一个语言模型。元素的语言模型建模如公式（3）所示：

$$p(e \mid q) \propto p(e) \cdot p(q \mid e) \tag{3}$$

假定查询 q 中各个关键词（t_1，$t_2 \cdots t_k$）相互独立，公式（3）可以化为：

$$p(e \mid q) \propto p(e) \cdot \prod_{i=1}^{k} p(t_i \mid e) \tag{4}$$

为防止出现数据稀疏问题，对元素的语言模型用另外两个语言模型进行了线性插值，一个是元素所在文档的语言模型，一个是数据集的语言模型。这时，$P(t_i|e)$可以表示为：

$$P(t_i \mid e) = \lambda_e \cdot p_{mle}(t_i \mid e) + \lambda_d \cdot p_{mle}(t_i \mid d) + (1 - \lambda_e - \lambda_d) p_{mle}(t_i) \tag{5}$$

其中，P_{mle}（$\cdot \mid e$）是对元素 e 的建模，P_{mle}（$\cdot \mid d$）是对文档 d 的建模，P_{mle}（$\cdot$）是对数据集的建模。λ_e和 λ_d是插值参数，即平滑参数。三种对象的建模均采用最大似然估计来计算。

此外，$P(e)$可以表示为：

$$P(e) = \frac{|e|}{\sum_e |e|} \tag{6}$$

其中，$|e|$ 是指元素 e 的大小。

另外，Ogilvie 和 Callan[31,32,33]也在 XML 检索中对统计语言模型进行了扩展。他们使用一种树结构形式的有生殖能力的语言模型来计算元素得分[31]。树中每一个节点对应了一个语言模型，其中，叶子节点的语言模型是通过该节点的内容来建模的，非叶子节点则通过对其子元素的模型使用线性插值的方法来建模。最后形成的建模树中，每一个节点有一个语言模型，每一条边有一个权值，该权值在线性插值过程中给出。后来，他们将建模过程进一步规则化为层次统计语言模型[33]。

除了从信息检索基本模型进行扩展外，还可以针对 XML 检索设计其独特的得分计算方法，下面介绍一些典型的方法。

(1) 段落检索

Huang 等[34]将段落检索（Passage Retrieval）思想应用于 XML 元素检索中：首先使用固定大小窗格将 XML 文档分割成一个个有重复的或无重复的片段，一个片段只要含有一个检索词就认为是相关片段。得到这些片段的起始位移和终止位移之后，定义它们的公共祖先（common element ancestor）为含有这些片段的最小元素，然后通过这些片段的得分来计算元素得分。片段得分则采用传统信息检索中的检索模型来计算。

(2) 基于阅读收益和阅读努力的方法

Shimizu 和 Yoshikawa[35]提出了一种基于阅读收益（benefit）和阅读努力（reading effort）的 XML 检索排序方法。首先假定一个元素的阅读收益大于或者等于它所有子元素的阅读收益之和；一个元素的阅读努力小于或者等于它所有子元素的阅读努力之和。检索结果按照获得收益的效率来排序，即：*benefit / reading effort*。

元素 e 的阅读收益定义为：

$$e.benefit = \frac{n}{|q|} \cdot \sum_{t \in q} tf \cdot ief \tag{7}$$

$$ief = \ln \frac{N+1}{ef} \tag{8}$$

其中，tf 是查询 q 检索词的词频；ief 是逆元素频率；n 是元素 e 和查询 q 共同包含的检索词个数；$|q|$ 是查询 q 包含的检索词个数；N 是数据集中元素的个数；ef 是数据集中包含检索词 t 的元素个数。

元素的阅读努力与元素的大小有关，与查询 q 无关。因此，Shimizu 和 Yoshikawa 将阅读努力定义为元素大小的简单函数。

(3) 得分传递方法

Geva[36~39]定义了一种得分传递方法，先对叶子节点计算得分，非叶子节点对其子元素的得分进行叠加而得。

Geva[36]定义的叶子节点的相关度计算公式是：

$$L = K^{n-1} \sum_{i=1}^{n} \frac{t_i}{f_i} \tag{9}$$

其中，n 是叶子节点中所包含的不同检索关键词个数；K 是参数；t_i是第 i 个检索关键词在叶子节点中的频率；f_i是第 i 个检索关键词在数据集中的频率。

非叶子节点的相关度计算公式定义为：

$$R = D(n) \sum_{i=1}^{n} L_i \tag{10}$$

其中，n 是该节点的子元素个数；如果 n 为 1，那么 $D(n)$ 取值为 0.49，否则取值 0.99；L_i就是第 i 个子元素。

2. 选择合适元素返回

由于 XML 文档是嵌套式的结构，检索出的元素可以是任意层次结构的，因此如果子元素符合检索要求则父元素也符合检索要求，有时父元素信息全面，子元素只是片面地含有部分信息；有时子元素中的冗余信息较少，父元素反倒含有更多的不相关信息。所以，在计算了元素得分并按照得分高低进行排列之后，需要对元素进行去重处理，对相互嵌套的检索结果选择合适的元素大小返回。目前主要有以下几种方法：

（1）选择得分最高的元素

最简单的方法就是直接选择得分最高的元素返回[17,37]。这种方法把元素之间看成是相互独立的，没有考虑不同元素之间的关系。

（2）考虑元素间关系进行选择

根据元素间关系来进行重复元素去除的方法主要有以下几种：①Shimizu 和 Yoshikawa[35] 将重复元素定义为两种：包含（contain，包含一个得分更高的子元素）和被包含（contained，被包含于一个得分更高的父元素）。如果是包含的，那么去掉已经检索出来的被包含的子元素；如果是被包含的，那么直接忽略该条结果。②Clarke [40]则对包含了或者包含于得分更高元素中的元素进行了得分调整。③Mass 等[24]和 Lu 等[28]考虑了同一篇文章中所选出元素的分布情况以及元素得分情况。④综合多种因素，不仅仅是得分大小。Mihajlovic 等[41]定义了一种效用函数，根据元素中相关内容的比例、元素得分及其长度来度量元素的有用性大小。对元素

E，其效用函数定义为：

$$U(E) = \left(1 - \frac{\sum_{i \in nrch(E)} size(i)}{size(E)}\right) \cdot p(E) \cdot size(E) \qquad (11)$$

其中，$p(E)$是由检索模型计算得到的元素相关性得分；$nrch(E)$ 是元素 E 中不相关子元素集合。

3. 结构限制的处理

用户对结构限制的指定分为两种：一是为限制检索，即对目标元素结构进行限制；二是为减少查询的元素范围，对待检元素结构进行限制。这两种限制都存在模糊解释和严格解释两种。因此，对结构限制的解释按照对待检索元素的模糊/严格解释和目标元素的模糊/严格解释两部分共存在四种不同的解释方式[42]，后来 Trotman 和 Lalmas[43]通过对 INEX 2005 的各种不同解释方式进行相关度分析得出了对待检元素的结构限制与检索效果好坏没有关系的结论，因此后续几年仅对于目标元素进行不同方式的解释。以下介绍对目标元素进行模糊解释的几种方法。

（1）全部忽略

最简单的方法就是直接忽略掉结构限制。

（2）构建等价标签集

为了对结构限制进行模糊的处理，最直接的方法就是构建等价标签集。如 Mass 和 Mandelbrod[24]事先挑选出大小合适的元素并对每种元素进行单独的索引。检索时，并行在所有索引上进行。通过与等价标签列表进行比较实现了结构限制的模糊解释。Mihajlovic 等[41]则使用 INEX 往届的人工相关性评测结果来自动构建等价标签集。

（3）利用结构限制

Theobald 等[44]和 Geva[37]利用结构限制来进行得分计算。他们先计算元素的内容相关性得分，然后根据元素与结构限制的匹配程度来增加得分。这种方法可以看做是间接的模糊处理。

（4）放松路径限制

当使用数据库实现 XML 检索时[41,44]，可以通过放松查询路径限制来达到模糊处理结构限制的目的。

五、XML 检索评价

利用上文介绍的各种方法进行 XML 检索研究或者开发的系统大都在 INEX 中进行评测。可以说，INEX 会议评价方法的发展体现了 XML 检索评价的研究发展，因此下面将介绍 INEX 会议中所使用的评价方法。对检索排序方法进行评价，需要有标准结果集来做对比。INEX 通过每年子任务完成之后的人工相关性评测（Relevance Assessment）过程来获得标准结果集。

INEX XML 检索评价中对检索结果与用户查询关系的相关性衡量，从两个维度进行了定义：

Exhausitivity：也叫 topical relevance，即主题相关性，定义元素对检索主题要求的满足度；

Specificity：也叫 component coverage，即主题专指度，元素中与检索主题相关的内容的多少。

Exhausitivity 是信息检索中的标准指标，Specificity 则是元素内相关部分和不相关部分大小的比例。Exhausitivity 一般规定有四个等级：0：irrelevant；1：marginally relevant；2：fairly relevant；3：highly relevant。Specificity 的四个等级定义为：N：no coverage；L：too large；S：too small；E：exact coverage。

INEX 2005 及以前几届会议定义了量化函数来综合 Exhausitivity 和 Specificity 的得分，如下：

$$Q(rel,cov)=\begin{cases}1.00 & \text{if} \quad (rel,cov) = 3E \\ 0.75 & \text{if} \quad (rel,cov) \in \{2E,3L\} \\ 0.50 & \text{if} \quad (rel,cov) \in \{1E,2L,2S\} \\ 0.25 & \text{if} \quad (rel,cov) \in \{1S,1L\} \\ 0.00 & \text{if} \quad (rel,cov) = 0N\end{cases} \tag{12}$$

Oglive 和 Lalmas[45] 通过调查 INEX 2005 的评测结果发现使用 Exhausitivity 与不使用时的检索效果类似，因此自 2006 年起，INEX

放弃了 Exhausitivity 这一维度。

INEX 2005 针对 Focused 任务设计了 XCG（eXtended Cumulated Gain）评测方法[46]；2006 年，多种新的评测方法被引进[47]，包括：HiXEval、BEPD 和 EPRUM 等。

XML 的不同检索任务有不同的检索要求，因此也需要制定不同的评价指标，例如对需要找到最佳阅读入口点（best entry point）的 XML 检索任务，进行评价时需要考虑最佳入口点和正确结果之间的距离大小。INEX 2005、INEX2006 提出了一些新的评价方法，并且对往届的评价方法进行了很多改进，这两年的评价方法最为丰富[46,47]。INEX 2007 和 INEX 2008 对过去两年的一些比较复杂的方法进行了适当简化，并逐步趋于成熟[48,49]。下面以 2007 年的 INEX 为例，介绍 Ad-hoc 各项子任务所采用的评价方法[50]。

（1）focused task

假定：Pr 是排序为 r 的 XML 元素片段；$rsize(Pr)$ 是 Pr 中包含的高亮部分的字符数；$Size(Pr)$ 是 Pr 中包含的总字符数；$Trel$ 是文档集中高亮部分的总字符数，表示所有相关文档的相关片段的大小 $Size$。

在排序为 r 的地方的查准率：

$$P[r] = \frac{\sum_{i=1}^{r} rsize(p_i)}{\sum_{i=1}^{r} size(p_i)} \tag{13}$$

即：为了达到更高的查准率，系统应该返回尽可能少的不相关片段。

在排序为 r 的地方的查全率：

$$R[r] = \frac{1}{Trel} \cdot \sum_{i=1}^{r} rsize(p_i) \tag{14}$$

即：为了达到更高的查全率，系统应该返回尽可能多的相关片段。

定义 $rel(Pr)$ 为一个系数，如果片段 p 包含有高亮片段，则取值 1；如果不包含则取值为 0，R 则为 1500，因为官方设定的返回结果数为 1500 个。则检索结果的平均查准率（average precision）定义为：

$$AP=\frac{\sum_{r=1}^{|R|} rel(p_r)\cdot P[r]}{\sum_{r=1}^{|R|} rel(p_r)}\cdot\frac{\sum_{r=1}^{|R|} rsize(p_r)}{Trel}=\frac{\sum_{r=1}^{|R|} rel(p_r)\cdot P[r]}{\sum_{r=1}^{|R|} rel(p_r)}\cdot R[|R|] \tag{15}$$

其计算方法是：首先在每一个 recall 的地方计算查准率 precision，如果某一个 recall 的地方没有相关部分，则 precision 为 0。

(2) relevant in context task

该方法假设：用户认为每一个相关文档都是同等重要的。

则单篇文章的得分计算公式是：

$$P(d)=\frac{\sum_{p\in p_d} rsize(p)}{\sum_{p\in p_d} size(p)} \tag{16}$$

P 是文档 d 的部分。

定义 $Trel(d)$ 为文档 d 中的高亮区域的大小，则 $recall$ 为：

$$R(d)=\frac{\sum_{p\in p_d} rsize(p)}{Trel(d)} \tag{17}$$

定义文档的 F 值为：

$$F(d)=\frac{2\cdot P(d)\cdot R(d)}{P(d)+R(d)} \tag{18}$$

文档最终得分是：

$$S(d)=F(d) \tag{19}$$

(3) best entry point (BEP) task

单篇文章的得分是距离 d（字符距离）的线性函数。

假定 S (x, b) 计算的是系统返回的 BEP 和真实的 BEP 之间的距离，值为 1 时表示两者相吻合，最小值为 0。$d(x,b)$ 表示它们之间的字符距离，L 是文档长度，A 是调和参数，A 越大，长度的影响就会越小，则单篇文档的得分计算方法是：

$$s(x, b)=\frac{A\cdot L}{A\cdot L+d(x, b)} \tag{20}$$

另一种计算方法是：

$$s(x,b)=\begin{cases}\dfrac{n-d(x,b)}{n} & \text{if } 0\leqslant d(x,b)\leqslant n\\ 0 & \text{otherwise}\end{cases}\tag{21}$$

其中 $n=1000$ 表示在屏幕上文档的可见部分的字符数。文档得分公式为：

$$S(d)=s(x,b)\tag{22}$$

六、XML 检索研究热点领域

INEX 会议是 XML 检索界最著名的测评会议。从 INEX 每年的任务设置可以明显地看出 XML 检索不断的发展方向和研究的热点问题。表 2 列出了近六年 INEX 开设的所有任务。从表 2 可以看出 Relevance Feedback，Natural Query Language，Multimedia 等任务已经没有了，这些领域或是已经研究成熟，或是已经不再吸引研究者，或是转移到了更合适的地方，例如 Multimedia 于 2008 年转移到了专门的图像检索国际会议之中。

表 2　　近六年（2004—2009）INEX 任务开设情况

研究子任务	2004	2005	2006	2007	2008	2009
Ad-hoc	√	√	√	√	√	√
Relevance Feedback	√	√	√			
Heterogeneous Collection	√	√	√	√		
Natural Query Language	√	√	√			
Interactive（iTrack）	√	√	√		√	√
Document Mining（XML Mining）		√	√	√	√	√
Multimedia		√	√	√		
User-case Studies			√			
XML Entity Ranking			√	√	√	√
Link the Wiki				√	√	√
Book Search				√	√	√
Efficiency					√	√
Question Answering（QA）					√	√

其中，Ad-hoc 检索是自 2002 年起的一项最主要的任务，该任务是对图书馆检索的一种模拟，主要研究静态文档集的检索。Ad-hoc 每年的任务要求都在不断变化，2008 年的 Ad-hoc 检索包括关键词检索和结构化检索，其中，结构化检索的具体任务经历了一系列的变革：从最初的严格结构限制（SCAS：Strict CAS）[51]，到 2003 年引入了模糊解释（VCAS：Vague CAS）[52]，2005 年又将对结构限制的解释分解为对待检索元素的模糊/严格解释和目标元素的模糊/严格解释两部分，包括 VVCAS、VSCAS、SSCAS 和 SVCAS 四大类[53]，后来 Trotman 和 Lalmas[43] 通过对 INEX 2005 的各种不同解释方式进行相关度分析得出了对待检元素的结构限制与检索效果好坏没有关系的结论，因此后续几年仅对于目标元素进行不同方式的解释。Ad-hoc 检索对关键词检索和结构化检索又分别开设了多项子任务，2007 年的三项子任务最具代表性，它们是：Focused、Relevant in Context 和 Best in Context。这三项子任务体现了不同的 XML 检索策略，Focused 任务的检索结果以 XML 片段显示；Relevant in Context 任务的检索结果是对 XML 片段依据文档进行分组显示；Best in Context 则试图定位文档的最佳入口点（片段）。2007 年以前，Ad-hoc 检索子任务都是根据检索用户的需求而设置的；2008 年则注重探索元素检索和跨元素检索的各自有效性，因而设立了 Element Retrieval 和 Passage Retrieval 两个子任务，对元素的定义不再仅仅是物理显示的元素，而是包含了内容上相关的片段。

Efficiency 和 Question Answering 任务是 2008 年新增的两项任务，Efficiency 任务主要考察 XML 检索系统的检索速度，问答检索则一直是信息检索领域的热点研究内容，INEX 引入这一检索任务是想考察半结构化的 XML 能对问答检索起什么样的作用。

Interactive 任务自 2004 年开始开设，该任务旨在考察用户和 XML 检索系统的交互情况。XML-Mining 任务自 2005 年开始开设，主要考察机器学习技术在半结构化的 XML 数据集中的应用情况。

Entity Ranking 任务自 2006 年开始开设，该任务是参照 TREC

会议的专家检索任务[29]而设置的，其检索结果不再是文档和文档片段，而是实体。

Link the Wiki 和 Book Search 两项任务自 2007 年开始开设，其中，Link the Wiki 任务是针对维基百科的实际需求而设置的任务，主要是自动为维基百科词条添加链接的技术。Book Search 任务则是考虑到图书信息检索可以看做 XML 检索（或者更通俗地说，结构化的文本检索）很自然的一个应用领域，而且可以使得用户直接获得相关的图书章节信息。

七、结　语

本文所探讨的 XML 检索是指对以文本为中心的 XML 文档进行的检索。文章从 XML 查询语言、XML 索引、XML 检索排序方法、XML 检索评价以及 XML 检索研究热点领域共五个方面对 XML 检索进行了介绍。应该说，经过近十年来的探索，XML 检索有了很大的进展，然而，仍有很多需要继续深入研究的问题。如在查询语言方面，如何结合用户，考虑用户对数据集结构的了解程度，设计出尽量方便使用的查询界面；在索引方面，目前主要是针对不同检索策略设计对应的索引方法，如有新检索方法产生则需对现有索引策略进行相应的调整；在检索排序方法方面，至今尚无公认的检索模型，XML 检索涉及的点比较多，如何将这些点纳入到建模过程中是亟待解决的关键问题之一。此外，在结构限制方面，INEX 外的一些学者研究了一些其他表达形式更为丰富的查询语言[11]，并对其结构限制的处理方法进行了深入的探讨，如何将这些表达丰富的检索查询与 INEX 结合也值得深入研究；而在 XML 检索评价方面，针对每年 INEX 的不同任务，组织者都在对评价方法进行不断的改进，而 XML 检索研究热点则随着 XML 检索研究的不断深入及其在现实中的广泛应用，以及新的信息检索方法的引入而不断产生出新的研究问题。

参考文献

[1] Mounia Lalmas, Andrew Trotman. XML retrieval. Encyclopedia of Database Systems, 2009.

[2] Christopher D Mannning, Prabhakar Raghavan, Hinrich Schutze. Introduction to information retrieval. [2009-09-11]. http://www-csli.stanford.edu/~hinrich/information-retrieval-book.html.

[3] W3Schools. W3schools Online Web Tutorials. [2009-09-11]. http://www.w3schools.com/.

[4] Lin Guo, Feng Shao, Chavdar Botev, et al. XRANK: Ranked keyword search over XML documents. In SIGMOD, 2003. ACM New York, NY, USA.

[5] Yu Xu, Yannis Papakonstantinou. Efficient keyword search for smallest LCAs in XML databases. In SIGMOD, 2005. ACM New York, NY, USA.

[6] Andrew Trotman, Börkur Sigurbjörnsson. Narrowed Extended XPath I (NEXI) [A]. In: Proceedings of the 3rd Initiative on the Evaluation of XML Retrieval (INEX) Workshop [C], 2005: 16-40.

[7] Amer-Yahia S, M. Lalmas. XML search: languages, INEX and scoring. ACM SIGMOD Record, 2006, 35(4).

[8] Cohen S, et al. XSEarch: A semantic search engine for XML. In VLDB, 2003.

[9] Fuhr N K, Gro johann. XIRQL: A query language for information retrieval in XML documents. in SIGIR, 2001. ACM New York, NY, USA.

[10] Theobald A G. Weikum. The index-based XXL search engine for querying XML data with relevance ranking. in EDBT, 2002, Springer.

[11] Amer-Yahia S, L. Lakshmana, S. Pandit. FleXPath: flexible structure and full-text querying for XML. in SIGMOD, 2004. ACM

New York, NY, USA.

[12] W3C. XQuery 1.0: An XML Query Language. http://www. w3. org/TR/xquery/.

[13] W3C. XQuery and XPath Full Text 1. 0. http://www. w3. org/TR/xpath-full-text-10/.

[14] Yosi Mass, Matan Mandelbrod. Retrieving the most relevant XML Components. INEX 2003.

[15] B. Sigurbjörnsson, J. Kamps. de Rijke The Effect of Structured Queries and Selective Indexing on XML Re-trieval. INEX 2005.

[16] Jingjing Liu, Hongfei Lin, Bing Han. Study on Reranking XML Retrieval Elements Based on Combining Strategy and Topics Categorization. INEX 2007.

[17] K. Sauvagnat, L. Hlaoua, M. Boughanem. XFIRM at INEX 2005: ad-hoc and relevance feedback tracks. INEX 2005.

[18] Robert Luk, H. Leong, TS. Dillon, et al. A Survey in Indexing and Searching XML Documents[J]. *Journal of the American Society for Information Science and Technology*, 2002, 53(6): 415-437.

[19] 孔令波,唐世渭,杨冬青,等. XML 数据索引技术[J]. 软件学报, 2005,16(12).

[20] Gang Gou, Rada Chirkova. *Efficiently Querying Large XML Data Repositories: A Survey* [J]. IEEE Transactions on Knowledge and Data Engineering, 2007, 19(10): 1381-1403.

[21] Djoerd Hiemstra. A database approach to content-based XML retrieval. INEX 2002.

[22] Shlomo Geva. GPX-Gardens Point XML Information Retrieval at INEX 2004. INEX 2004.

[23] Yosi Mass, Matan Mandelbrod. Retrieving the most relevant XML Components. INEX 2003.

[24] Yosi Mass, Matan Mandelbrod. Component Ranking and Automatic Query Refinement for XML Retrieval. INEX 2004.

[25] Yosi Mass, Matan Mandelbrod. Using the INEX Environment as a

Test Bed for Various User Models for XML Retrieval. INEX 2005.

[26] Wei Lu, Stephen Robertson, Andrew MacFarlane. Field-Weighted XML Retrieval Based on BM25. INEX 2005.

[27] Wei Lu, Stephen Robertson, Andrew MacFarlane. CISR at INEX 2006. INEX 2006.

[28] 陆伟, Robertson S. 基于域加权词频法的XML文档级检索实现与评价[J]. 中国图书馆学报,2006,32(6):57-60.

[29] 陆伟. 元素级XML检索模型构建的关键问题与解决方案研究[J]. 中国图书馆学报,2007(6).

[30] Börkur Sigurbjörnsson, Jaap Kamps, Maarten de Rijke. An Element-based Approach to XML Retrieval. INEX 2003.

[31] Börkur Sigurbjörnsson, Jaap Kamps, Maarten de Rijke. Mixture Models, Overlap, and Structural Hints in XML Element Retrieval. INEX 2004.

[32] Paul Ogilvie, Jamie Callan. Language Models and Structured Document Retrieval. INEX 2002.

[33] Paul Ogilvie, Jamie Callan. Using Language Models for Flat Text Queries in XML Retrieval. INEX 2003.

[34] Paul Ogilvie, Jamie Callan. Hierarchical Language Models for XML Component Retrieval. INEX 2004.

[35] Weihua Huang, Andrew Trotman, Richard A. O'Keefe. Element retrieval using a passage retrieval approach. In: Proceedings of the 11th Australasian Document Computing Symposium (ADCS), 2006.

[36] Toshiyuki Shimizu, Masatoshi Yoshikawa. A ranking scheme for XML information retrieval based on benefit and reading effort. in ICADL,2007.

[37] Shlomo Geva. GPX-Gardens Point XML Information Retrieval at INEX 2004. INEX 2004.

[38] Shlomo Geva. GPX-Gardens Point XML IR at INEX 2005. INEX 2005.

[39] Shlomo Geva. GPX-Gardens Point XML IR at INEX 2006. INEX 2006.

[40] Shlomo Geva. GPX: Ad-Hoc Queries and Automated Link Discovery in the Wikipedia. INEX 2007.

[41] Charles L. A. Clarke. Controlling Overlap in Content-Oriented XML Retrieval. SIGIR 2005.

[42] Vojkan Mihajlovic, Georgina Ramlrea, et al. TIJAH Scratches INEX 2005: Vague Element Selection, Image Search, Overlap, and Rel-evance Feedback. INEX 2005.

[43] Saadia Malik, Gabriella Kazai, et al. Overview of INEX 2005. Fourth Initiative on the Evaluation of XML Retrieval (INEX), 2006.

[44] Andrew Trotman, Mounia Lalmas. The interpretation of CAS. INEX 2005:58-71.

[45] Martin Theobald, Ralf Schenkel, Gerhard Weikum. TopX & XXL at INEX 2005. INEX 2005.

[46] Paul Oglive, Mounia Lalmas. Investigating the Exhausitivity Dimension in Content-Oriented XML Element Retrieval Evaluation.

[47] Gabriella Kazai, Mounia Lalmas. INEX 2005 Evaluation Measures. INEX 2005.

[48] Mounia Lalmas, Gabriella Kazai, Jaap Kamps, et al. INEX 2006 Evaluation Measures. INEX 2006.

[49] Jaap Kamps, Jovan Pehcevski, Gabriella Kazai, et al. INEX 2007 Evaluation Measures. INEX 2007.

[50] Jaap Kamps, Shlomo Geva, Andrew Trotman, et al. Overview of the INEX 2008 Ad Hoc Track. INEX 2008 pre-proceedings.

[51] INEX 2008. http://www. inex. otago. ac. nz/.

[52] Nobert Govert, Gabriella Kazai. Overview of the INitiative for the Evaluation of XML retrieval (INEX) 2002. INEX 2003 Workshop Proceedings, 2003.

[53] Nobert Fuhr, Saadia Malik, Mounia Lalmas. Overview of the INiti-

ative for the Evaluation of XML retrieval (INEX) 2003. INEX 2003 Workshop Proceedings, 2004.

欧美自然与文化遗产保护法前沿问题追踪*

郭玉军　马明飞　唐海清　余　诚　胡秀娟**

（武汉大学国际法研究所，武汉，430072）

在经济利益的驱动下，破坏自然与文化遗产的事例在世界各地屡屡发生，给许多历史悠久的国家带来重大损失。国际社会对于自然与文化遗产保护的问题相当关注和重视，自 20 世纪 40 年代起就开始制定专门的国际公约和文件，自然与文化遗产保护的国际法律框架正在形成与发展中。其中欧美国家在自然与文化遗产法律保护以及研究方面具有不少值得借鉴的经验和重要的研究成果，主要集中在武装冲突法下的文化财产保护，非法出口的文化财产的返还，自然遗产的法律保护，水下文化遗产的法律保护，非物质文化遗产的法律保护等方面。近来，国际上从保护文化多样性角度研究文化遗产保护的成果亦逐渐增多。囿于篇幅，本文主要从自然遗产保护、水下文化遗产保护、非物质文化遗产保护、武装冲突中文化财产保护等方面，对欧美文化遗产保护法的前沿问题进行阐述与分析，以期对我国的文化遗产保护立法、实践及理论研究有所裨益。

---

* 本项目得到了武汉大学“海外人文社会科学研究前沿追踪计划”项目的资助，特此感谢。

** 郭玉军，武汉大学国际法研究所教授、武汉大学艺术法研究中心主任；马明飞，武汉大学国际法研究所博士研究生；唐海清，武汉大学国际法研究所博士研究生，贵阳学院讲师；余诚，武汉大学国际法研究所博士研究生，西南民族大学法学院教师；胡秀娟，武汉理工大学法学院讲师。

一、自然遗产保护法前沿问题

（一）自然遗产保护立法的新发展

无论是在发达国家还是在发展中国家，均无一例外地采用立法的方式来保护自然遗产和文化遗产。一直以来，各国在立法方式上采用分别的立法模式，即通过制定专门的文化遗产保护法和自然遗产保护法来分别保护二者。然而，近年来欧美学者在研究中发现，各国自然遗产与文化遗产的立法方式出现了整合化的趋势，即制定统一的法律来综合保护文化遗产与自然遗产。①

学者们在研究中发现，之所以会出现立法整合化的趋势，主要基于以下原因：首先，无论是文化多样性的保护还是生物多样性的保护，都依赖于社会系统和生态系统；其次，许多文化遗产本身就存在于自然遗产保护区当中，而许多自然遗产本身也传达着文化信息，具有一定的历史文化价值；② 最后，联合国教科文组织在对世界遗产进行分类时，除了文化遗产与自然遗产外，还有一类是文化与自然遗产，这类遗产既包含文化遗产属性，也包含自然遗产属性。③

目前，在世界范围内，无论是发达国家还是发展中国家，在自然遗产与文化遗产的立法方式上，都明显地出现了整合化的趋势。2006年，美国议会创造了一个全新的“国家遗产区域”（National Heritage Areas）系统，美国议会将该系统定义为：“一个文化、自然、历史遗迹构成的地理区域……政府、经营者、居民联合保护该

---

① Cinnamon Carlarne. Putting the “And” Back in the Culture-Nature Debate: Integrated Cultural and Natural Heritage Protection. *UCLA Journal of Environmental Law & Policy*, 2007 (25): 1-3.

② James D. Brown. The Integration of Man and the Biosphere. *National Heritage*, 2002 (14): 16.

③ UNESCO. *World Heritage*, *World Heritage List*. [2009-07-08]. http://whc.unesco.org/pg.cfm? CID=31&l=EN.

区域的文化和自然资源，并从中受益。"① 对国家遗产区域的管理，美国议会提出了整体管理的模式，并通过立法加以确认。以哈德逊河流域国家遗产区为例（Hudson River Valley National Heritage Area），美国议会将哈得逊河流域国家遗产区列为"国家遗产区域"，并通过了该区域的保护法案。法案强调对该区域的文化遗产和自然遗产实施整体管理，联邦政府、州政府、当地政府和居民联合起来保护文化遗产与自然遗产的完整性。② 在加拿大，文化遗产与自然遗产整合的法律保护方式最明显地体现在"加拿大河流遗产系统"（Canada Heritage Rivers System）中，这一系统的宗旨在于保护列于该系统中的河流对于加拿大人民的文化价值和生态价值。③

学者们认为这种自然遗产与文化遗产整合化的立法模式，有助于决策者来平衡社会需求和生态需求，并能够协调国家、当地政府及居民的利益，确定各自在保护文化遗产和自然遗产方面的权利和责任。④

同时，学者们进一步指出，这一整合化的模式也面临着许多挑战。首先，尽管人们早就意识到了文化遗产与自然遗产之间的联系，但一直以来，文化遗产保护与环境保护是两个相互独立的部分；其次，许多文化遗产与自然遗产都附着于土地之上，而这些土地很多为私人所有，这就导致了土地私人所有权与保护的冲突；⑤

---

① 9th Congress, Bill to Establish Criteria for and to Create a National Heritage Areas System in the United States, 2006.

② Judith Widz. the Forestry Commission and Dartmoor National Park Authority. *Land Use Issues*, 2004 (7): 126.

③ Canadian Heritage Rivers System. *About Us*. [2009-07-08]. http://www.chrs.ca/About_e.htm.

④ Cinnamon Carlarne. Putting the "And" Back in the Culture-Nature Debate: Integrated Cultural and Natural Heritage Protection. *UCLA Journal of Environmental Law & Policy*, 2007 (25): 22.

⑤ Almo Farina. The Cultural Landscape as a Model for the Integration of Ecology and Economics. *Bioscience*, 2000 (8): 20.

最后，即使这些文化遗产与自然遗产存在于公有土地之上，保护文化遗产和自然遗产与保护当地居民的生活权利之间也同样会存在冲突。

（二）自然遗产保护与国际投资

一直以来，自然遗产保护与国际投资法的研究似乎并没有什么直接的联系，然而近年来欧美学者开始关注国际投资法与自然遗产保护的关系问题。欧美学者关注的焦点主要集中在两个方面：首先，投资协议是否要遵守各国保护自然遗产的国家义务？其次，如果投资协定的条款与东道国保护自然遗产的政策相冲突，仲裁或其他争端解决方式是否是最佳的解决手段？①

欧美学者主要采用案例分析的方法来研究这一问题。学者们通过案例，首先揭示了一国保护自然遗产的政策与国际投资协定相冲突的可能性，例如外国投资者在东道国的矿产开发、天然气开发等，都有可能对所在区域的自然遗产造成破坏。在美国、加拿大，因外国投资者的投资活动与当地自然遗产保护政策相冲突而引起的仲裁案件，近年来屡见不鲜。

以Glaim Gold一案为例，学者在该案中分析了国际投资协定破坏当地保护自然遗产政策的可能性。Glaim Gold是加拿大的一家黄金开采公司，该公司与美国加利福尼亚州政府签署了国际投资协定，在该州从事黄金开采。Glaim Gold公司的一个开采工程位于加利福尼亚沙漠保护区内，该区由于独特的地质地貌而被政府列为自然遗产。在2001年，加利福尼亚州政府认为Glaim Gold公司的开采行为存在破坏沙漠保护区的可能性，于是要求Glaim Gold公司停止开采行为。Glaim Gold公司随后向北美自由贸易区组织（NAFTA）提交了仲裁请求，要求加利福尼亚州政府赔偿其损失。该案也是NAFTA处理的第一个因为国际投资行为与州政府的自然遗产保护法律相冲突而发生的仲裁案件。

---

① Grower Charles, Eckhard Hellbeck. The Implications of National and International Environmental Obligations for Foreign Investments Protection Standards, Including Valuation: A Report From the Front Lines. *The International Bureau of Permanent Court of Arbitration, the Hague*: *Kluwer Law International*, 2005 (8): 32-35.

由于投资者与东道国往往选择国际仲裁机构解决争端，而自然遗产保护又与东道国的公共利益密切相关，如何避免因与东道国自然遗产保护政策相冲突而产生的国际投资争端？学者们在研究中发现，在泛太平洋战略经济伙伴关系协定（Trans-Pacific Strategic Economic Partnership Agreement）中存在这样一例外条款，① 即要求无论货物贸易还是服务贸易都必须遵守保护特定区域的历史、人文价值这一义务。学者们据此进一步主张，应仿照该例外条款，在国际投资协定中引入“文化例外条款”（Cultural Exception），明确规定投资者必须遵守保护东道国自然遗产的义务。这一例外条款，一方面可以明确规定外国投资者作为或不作为的内容；另一方面，可以更加充分保护文化遗产。值得注意的是，在最近的 United Parcel Service 一案中，投资双方在投资协定中订立了文化例外条款。②

（三）生物多样性问题

自然遗产保护区内含丰富的动植物物种，如何保护自然遗产保护区的生物多样性问题，也是近年来欧美学者研究的又一热点问题。《生物多样性公约》是目前最重要的保护生物多样性的国际法律文件，近年来联合国、国际自然保护联盟等国际组织专门召开会议对该公约存在的问题进行讨论，一些学者也对这一问题发表看法和见解。

目前，相关国际组织及学者对于自然遗产保护区内的生物多样性问题的研究，主要集中在以下几个方面：

1. 自然遗产保护区内外来物种入侵问题

外来物种入侵已经成为一个全球性的问题，被认为是世界范围内对生物多样性的最大威胁之一，特别是在自然遗产保护区内含有丰富的动植物物种资源，一旦外来物种成功入侵就会导致本土物种被排挤，从而丧失动植物物种的多样性。国际自然保护联盟在

---

① The text of the Agreement is available at http: //www. mfat. govt. nz/downloads/trade-agreement/transpacific/main-agreement. pdf.

② *United Parcel Service of Arnerica v. Government of Canada*, Award on the Merits, May 24, 2007.

2002年制定了《防止外来入侵物种导致生物多样性丧失的指南》。而美国、澳大利亚、丹麦、芬兰、冰岛、挪威和瑞典等国家先后制定了外来物种防治的法律法规，建立了防治和控制外来物种的管理制度和技术体系。①

2. 自然遗产保护区内植物新品种的保护问题

近年来，自然遗产保护区内也有大量新物种的产生，如何保护这些新的植物物种也是欧美学者关注的焦点之一，其中被学者们讨论最多的是美国的双轨制保护模式。② 学者们认为这一模式的优点是对植物新品种保护得比较全面，而且比较严格，其缺陷是法律体系上比较复杂。③ 同时学者们认为用知识产权来保护植物新品种也是一种可行的方式。

（四）经营权问题

近年来旅游开发与自然遗产保护的冲突使自然遗产的管理体制的变革成为欧美学者研究的又一个热点问题，一方面，传统自然遗产管理体制所采取的特许经营、承包租赁等经营权方式，使得自然遗产保护区的经营者为获得经济利益，盲目地对自然遗产保护区进行过度开发。尤其是在旅游开发方面，一些自然遗产保护区的旅客数量已远远超过了该景区的承载量。同时旅游开发必须扩宽道路、搭建缆车、建立宾馆等，这些过度开发行为对自然遗产造成了严重的破坏。另一方面，作为自然遗产经营权出让方的政府，为了搞政绩工程，也导致了对自然遗产的过度开发。

针对传统经营模式的弊端，近年来欧美学者开始研究一种新的管理模式——社区管理。研究最多的是美国，其次为英国和德国。在2007年召开的国际自然保护联盟大会上，也将社区管理作为一

---

① Holdwith Adinth, http://www.e-biosphere09.org/assets/files/thirdannouncementweb.com.

② 双轨制保护模式是指采用专利法和专门法两者并存的方式，针对不同植物品种的种植方式，由专利局或农业局分别领导。

③ Anitha Ramanna. American Plant Variety And Legislation. *Agriculture Science Review*, 2007 (23): 67-68.

个主题进行专门讨论。社区管理模式试图在政府与经营者之间，寻求第三方利益主体的介入，从而约束政府与经营者的过度开发行为。于是欧美学者开始构建了自然遗产保护区所在居民共同参与的社区经营模式，而在这一模式当中，最重要的就是社区居民与政府、经营者之间的利益分配问题。Martin Cihar 与 Jinriska Stankova 将社区居民作为利益相关者之一，① 与政府、经营者等其他利益相关者进行了比较，分析了不同利益相关者的利害关系，得出结论认为：社区居民是介于政府与经营者之者的利益相关者，可以起到监督的作用。Ryan L. Marone 认为，② 社区居民参与管理模式是建立在社区参与以及获得直接利益基础之上，即如果欲使社区居民愿意为实现共同保护目标而努力，则必须让他们获得实际利益。在成本与收入分配方面，William M. Adams 与 Mark Infiel 讨论了不同利益主体对自然遗产旅游项目收入的争夺，③ 提倡将旅游收入的一小部分分配给当地小区居民，以满足他们的期望和要求。

社区经营模式的产生使得自然遗产的管理在决策的制定、利益的分配、责任的承担等方面都发生了变化，这一模式也对增加就业，解决与土著居民的和解等问题提供了新的方法和思路。

（五）土著居民问题

在美国，很多自然遗产保护区位于土著居民的生活区，当地政府为了建立自然遗产保护区，而使得大量的土著居民迁徙，这一方面造成了政府与土著居民的冲突，另一方面，土著文化随着迁徙而逐渐消失，而这些土著文化同样是宝贵的文化遗产。

---

① Martin Cihar, Jinriska Stankova. Attitudes of Stakeholders Towards the Podyji/ThayaRiver Basin National Park in the Czech Republic. *Journal of Environmental Management*, 2006 (81): 273-285.

② Ryan L. Marone. Conservation of Argali Ovis Ammon in Western Mongolia and the Altai-Sayan. *Biological Conservation*, 2005 (2): 231-241.

③ William M Adams, Mark Infiel. Who is on the Gorilla s Payrol? Claims on Tourist Revenue From a Ugandan National Park. *World Development*, 2003 (31): 177-190.

近年来，国际组织开始越来越关注自然遗产保护中的土著居民问题，有关该问题的讨论内容主要集中在以下几个方面：①

1. 对土著居民权利的保护

确保现有和将来的自然遗产保护区能够尊重土著居民的权利；停止对与自然遗产保护区有关的土著居民进行非官方性重新安置，或将他们驱逐出保护区；确保建立自然遗产保护区时首先得到土著居民的许可，同时土著居民应充分参与对社会、经济和环境影响的评估；认可土著居民指定的自然遗产保护区的价值和重要性，并允许土著居民参与到保护区的管理工作中。

2. 对土著居民文化的保护

建立并执行相关法律和政策，保护土著居民的知识产权，包括传统知识、创新体系、文化及生物资源等，特别是对土著居民的语言、生活习惯、歌舞、文字等加以保护，对所有侵犯生态系统的活动予以处罚。

3. 对土著居民自然资源的保护

制定、认可并保证实施有关土著居民祖传土地和水域所有权的法律和政策；制定并执行用于解决因建立自然遗产保护区所引起的不平等的多种机制，确保归还未经土著居民许可建立保护区而占领的土著居民的土地、领土和资源，并对此进行及时而公平的补偿；积极鼓励土著居民自行确定和管理保护地，同时支持他们的保护行动，以保护领土和资源不受外来威胁，免遭开采；致力于在保护地内外消除贫穷问题。

（六）自然遗产保护与水利工程建设问题

近年来，世界范围内兴建的大型水坝给自然遗产的保护带来了巨大的挑战。由于许多水坝处于自然遗产保护区附近，水坝的建设一方面导致了周围环境的破坏；另一方面，也会导致周围生态环境

① See http://www.iucn.org/about/work/global_programme/monitoring_evaluation/.

的改变，土耳其政府最近兴建的 GAP 水利工程就是典型的一例。① GAP 大坝的建立满足了该地区的用电需要，并为土耳其政府带来了巨大的经济利益，但是最近的研究显示，该大坝对下游自然保护区的动植物生存带来了威胁。②

一直以来水利建设与环境保护就是一对相互矛盾的课题，近年来欧美学者在研究这一问题时，以生态经济学为研究视角，提倡构建一种自然遗产保护与经济建设双赢的模式。③ 学者们首先批判了传统的保守主义与激进主义，保守主义认为应当绝对地保护自然遗产的完整性和原始性，禁止任何的经济开发行为；而激进主义则相反，认为应当最大限度地对自然遗产进行开发，并从中获得利益。学者们认为，涉及自然遗产保护的水利建设，应建立事前的评估机制，对水利建设可能造成的影响进行评估，将可能造成的不良影响与可能带来的经济利益进行权衡，对于可能对自然遗产造成不可挽回损失的水利工程应予以禁止。④

还有学者认为，由于自然遗产具有巨大的历史价值和文化价值，属于人的文化权，是人权的一部分。因此当某水利工程可能对自然遗产构成威胁时，出于对人权的保护，相关国际组织可以进行干涉。

---

① Tony Juniper. If Britain and Other Countries Support an Environmentally Destructive Dam Project in Turkey: What are We then to Make Our "Ethical Foreign Policy". *ECOLOGIST*, 2006 (52): 87.

② Bronne Suzanne. Dams and Development: A New Framework for Decision-Making. *The Report of the World Commission on Dams, An Overview*, 2006 (11): 130.

③ Lee Godden. The Emergence of Ecologically Sustainable Development in Environmental Law as a Form of Natural Law. *Australasian Law Teachers'Association Conference*, 2006 (7): 102.

④ Mehmet Komurcu. Cultural Heritage Endangered by Large Dams and Its Protection under International Law. *Wisconsin International Law Journal*, 2002 (3): 135.

二、欧美水下文化遗产保护法前沿问题

本部分关于欧美水下文化遗产保护法前沿问题的研究，主要关注自2006年以来的若干前沿问题，包括欧美国内立法与政策的新发展及若干理论前沿问题。

(一) 欧美国内立法及政策新发展

1. 美国

对于《保护水下文化遗产公约》（以下简称2001年公约）的某些规定，如有关国家船只、沿海国管辖权的规定，美国现今仍持反对态度，其更倾向于采取通过小型多边协定、区域协定、双边协定及专门立法来保护水下文化遗产。①

2007年，美国国会通过了《皇家邮轮泰坦尼克号海洋纪念碑保护法》（R. M. S. Titanic Maritime Memorial Preservation Act of 2007，以下简称泰坦尼克保护法）② 作为对1986年《皇家邮轮泰坦尼克海洋纪念碑法》的修改，自通过之日起生效。泰坦尼克保护法在《皇家邮轮泰坦尼克海洋纪念碑法》共8个条文的基础上修改并扩展到21个条文，后者各条名称依序为简称、事实认定及目的、定义、赞赏、国际方针、国际协定、国会关于从事将来活动的意见及域外主权的放弃，前者除保留并修改了简称、事实认定及目的、定义、赞赏及域外主权的放弃外，新增了范围与适用、禁律、批准、法律责任、民事执行、刑事执法、扣押与没收、资金安排、国际合作、使用捐款的协议与机构、监管机构、条例、与其他法律的关系、诉讼时效、核准支出及生效日期。

该法贯彻了前述美国将以国内立法特别保护某些水下文化遗产的态度，对泰坦尼克号的保护可谓相当地全面，既禁止对泰坦尼克

① See Statement of Robert C. Blumberg. *Regarding the U. S. Views on the UNESCO Convention on the Protection of Underwater Cultural Heritage.* Available at http: //www. state. gov/documents/organization/16676. pdf.

② Available at http: //www. gc. noaa. gov/documents/titanicbill. pdf.

号遗址的干扰、移动或损毁，禁止进入船体，也禁止出售、购买、交换、进口、出口或试图出售、购买、交换、进口、出口不构成聚集物的泰坦尼克号财产。为预防对遗址的破坏，甚至该法适用的船只在有关水域的停留都须经批准。违犯该法规定的人将承担民事、刑事责任，而且有关交通工具及财产都将被没收。同时，为执行该法，执行机关享有扣押、没收乃至逮捕的广泛权力。在合作方面，除了国内部门的合作，也包括国际合作。上述规定，包括了对危害泰坦尼克号遗址及其财产行为的事前预防、事中监管与合作及事后制裁，以及在保护方面的资金支持、人员配备等，可谓相当全面。同时，该法试图与有关国际法、国内立法乃至既有判例相协调，并禁止打捞物法的适用。这种协调的结果，一是使得泰坦尼克号公司的捞救权得以保留，虽然任何人都不能于该法生效后取得捞救权，但泰坦尼克号公司的捞救权不得不说仍构成对泰坦尼克号的威胁，尽管存在有权机关的监管，毕竟，捞救公司更关注的是经济利益，而不是存于泰坦尼克号中的文化、历史与考古利益；二是在《关于皇家邮轮泰坦尼克号沉船的协定》的成员国美国、英国、法国和加拿大都不是2001年公约成员国的情况下，此举并不能在国际层面更好地保护泰坦尼克号，因泰坦尼克号位于公海，他国仍可对其进行捞救和打捞。没有规定就地保护泰坦尼克号，应该是该法的一个缺陷。

2. 欧洲国家

现今，对于2001年公约，意大利和波兰正准备批准；丹麦正考虑批准；爱尔兰和瑞典开始准备批准；法国对公约第7条第3款的规定仍存在不同意见，但不排除批准；荷兰暂时不想批准，但可能采取相应步骤以在将来批准和实施公约；① 英国虽然支持公约的一般原则及所附规章，但在公约投票通过阶段投了弃权票。尽管

---

① 参见2008年7月9日联合国教科文组织北欧成员国保护水下文化遗产公约分区会议最终报告。[2009-07-15]. Available at http: //www. unesco. org/filead-min/MULTIMEDIA/HQ/CLT/UNDERWATER/pdf/Events_ archive/Final% 20report% 20London. pdf.

2005年由英国海洋考古政策联合委员会组织的伯灵顿议会研讨会，对英国政府反对公约的理由进行了批驳，并于2006年发布了《伯灵顿议会宣言》① 吁请英国政府重估其关于公约的立场，但英国政府拒绝了该宣言，并确认其立场不变。② 因语言及资料所限，以下主要阐述英国的新近立法及政策。

2007年，英国文化传媒体育部（Department for Cultural Media Sport）发布了《21世纪的遗产保护》（Heritage Protection for the 21st Century）白皮书，③ 其建议文化传媒体育部会同威尔士、苏格兰和北爱尔兰的部长，依国家制度制定改良的、高效的海洋遗产制度；建议通过拓宽能被保护的海洋历史资源的范围，将有关指定的决定建立在“特别的”考古或历史性质上，公布指定的新选择标准而使有关指定的决定更易理解，采用更简单清晰的指定记录，采用对海洋历史资源的临时保护，考虑新的灵活的允许机制，来确立保护海洋历史资源的更全面的制度、更清楚的体制、更灵活的内容。

2008年4月1日，英国国防大臣发布了《1986年保护军事遗存法（指定船只及被控遗址）2008年指令》，④ 并撤销了2006年指令。该指令指定46艘船只为军事遗存法保护的“船只”，12个区域为“被控遗址”。该指令已于2008年5月1日生效。

值得关注的是，2008年4月，英国国会发布了《遗产保护法

---

① Available at http://www.jnapc.org.uk/Burlington%20House%20Declaration%20-%20%2028%20October%202005.pdf.

② See David Blackman. *Why Ratify? The Advantage for States in Ratifying the UNESCO 2001 Convention.* Working Meeting on the UNESCO 2001Convention on the Protection of the Underwater Cultural Heritage (London, 9, July, 2008). Available at http://www.unesco.org/fileadmin/MULTIMEDIA/HQ/CLT/UNDERWATER/pdf/Events_archive/David%20Blackman%20intervention.pdf.

③ Available at http://www.official-documents.gov.uk/document/cm70/7057/7057.pdf.

④ Available at http://www.opsi.gov.uk/si/si2008/uksi_20080950_en_1.

案草案》(Draft Heritage Protection Bill),① 建议对保护历史环境的现有法律进行全面的修改。该法案的制定是为改革和统一英格兰和威尔士的陆地和海洋遗产保护体制，如生效，将取代可适用于水下文化保护的《古迹与考古区域法》中关于英格兰和威尔士的规定以及《保护沉船法》中关于历史沉船遗址的有关规定。

法案依序包含遗产注册、行为控制及注册遗产构筑物保护、注册的其他效力、海洋遗产许可证、历史环境记录及一般规定六个部分共计231条及附录，其中明确涉及水下文化遗产的章节有第1部分的第4章“海洋遗产资源”及第4部分“海洋遗产许可证”。

我们认为，该法案有关水下文化遗产规定的核心在于，拓宽了英国海洋资源的范围，将部分或全部位于高水位线下的可依该法案注册的构筑物纳入海洋资源；海洋遗产遗址的指定以其具有“特别的”建筑、历史、考古或艺术性质为基础，而判断海洋遗址是否是“特别的”标准必须由注册机构公布——这使得遗址的指定标准透明化；遗址被纳入注册表前必须与有关代表（包括个人、机构、组织等）进行磋商，否则国务大臣不得指示注册机构将遗址纳入注册表；无意注册证明书可以与陆地遗产资源同样的方式和在同一基础上取得，适用于陆地，尽管这使得某些水下文化遗产可能因所有人无意注册而不能得到保护，但在一定程度上表明了英国将水下文化遗产与陆地文化遗产同等看待并保护的意图；针对海洋遗产遗址的活动，包括干预、损毁、潜水、捞救等，可通过发放许可证予以控制，未经许可实施相关的活动将构成犯罪。

结合《21世纪的遗产保护》中有关海洋历史资源保护的建议，我们可以看出《遗产保护法案草案》中的有关规定正是意欲实现上述建议。令人遗憾的是，该法案未对2001年公约的内容予以考虑，公约的某些原则及规定均未体现在法案中，如就地保护水下文化遗产作为首选，不得以交易或投机为目的对水下文化遗产进行商业开发，禁止捞救法和打捞物法的适用等。

---

① Available at http://www. culture. gov. uk/images/publications/DraftHeritageProtectionBill. pdf.

（二）若干理论前沿问题

1. 捞救历史沉船的法经济学分析

为对捞救历史沉船进行法经济学分析，有学者建立了分析捞救历史沉船的经济模型，其中使用了若干符号，分别代表沉船将被定位的可能性、搜寻费用、沉船的社会价值、沉船的市场价值以及定位后的捞救费用。通过该模型对社会最佳捞救、海事法下捞救激励进行了分析，结果显示海事法对于定位及捞救历史沉船提供了不充分的激励；海洋法公约并没有禁止海事法，因此为捞救历史沉船的资金激励留下了空间；2001 年公约由于原则上禁止对水下文化遗产进行商业性开发，禁止海事法的适用，只有在严格符合公约的规定的情况下才允许海事法的适用，这将严重侵蚀对私人捞救者搜寻国际水域中历史沉船的激励。综合上述分析，该学者认为，传统的海事法虽然为捞救者提供了一些资金激励去定位及捞救沉船，但对于捞救历史沉船没有提供有效的激励，这为政府获取历史沉船所有权及构建有效的奖励方案提供了空间。在此情况下，捞救最好是由政府组织进行。2001 年公约减少或消除了对捞救者定位沉船的激励，阻止对历史沉船负责任的捞救，有可能使历史沉船继续腐坏并使有关问题恶化。①

2. 水下文化遗产与国际投资法

有学者建议采取不同的理论框架以协调国际法下文化遗产保护中的私人利益与公共利益。该学者认为，为了更好地保护和保存水下文化遗产，国际法需要被重释和重构，在现有保护水下文化遗产的国际法律框架下，有必要引进国际投资法，并且文化遗产的保护必须被看做经济、社会以及文化发展的一个关键因素。② 首先，其对水下文化遗产进行了界定并对有关的国际法律框架进行分析后，

---

① See Paul Hallwood, Thomas J. Miceli, Murky Waters. The Law and Economics of Salvaging Historic Shipwrecks. *Journal of Legal Studies*, 2006 (35): 285.

② See Valentina Sara Vadi. Investing in Culture: Underwater Cultural Heritage and International Investment Law. *Vanderbilt Journal of Transnational Law*, 2009 (42): 853.

认为有关国际法并不足以保护水下文化遗产。其次，其对捞救是否能被视为投资的一种形式进行了分析。其认为，《关于解决国家和其他国家国民之间投资争端的公约》旨在保护有利于投资和发展的环境，捞救协议只要有利于东道国文化和经济的发展，就能被视为投资的一种形式。如果东道国和外国捞救者间的合同被视为投资，捞救者的权利将得到公约保护，捞救者与当事国的纠纷也将能予以解决。但这种事后方式，因难以保证制度的一致性，而不足以保护水下文化遗产，可以考虑事前的方式或法律方法，如国家间的关于捞救的投资协议，来保护水下文化遗产。在现有保护水下文化遗产的国际法律框架下，有必要引进国际投资法。最后，其认为，纯粹的排除商业捞救作业以保护水下文化遗产的方法以及传统的捞救方式都不利于水下文化遗产的保护。从经济角度看，文化遗产的保护具有产生遗产工业、发展旅游业和相关行业的潜力，通过捞救者与国家间的协议，两者在一定期间内合作管理水下文化遗产，双方都将最终获利，公共利益与私人利益也将得到协调。

3. 国际水域中古代沉船的所有权

国际水域中古代沉船的所有权问题，是个既复杂又颇有争议的问题，因牵涉到多方，包括原所有人，第一打捞者，沉没时的沉船国，与之有文化、历史或考古方面联系的国家等，还牵涉考古学界及公众的利益。因其位于各国管辖权范围之外，其所有权问题无法通过各国国内立法来解决，而有赖于各国通过国际协定或公约来最终解决。然而，现有相关国际条约，包括《海洋法公约》、《国际救助公约》等，均没有最终解决古代沉船的所有权问题。

有学者以奥德赛海洋勘探公司案为研究背景，审视并讨论海事法，在参考了现有的有关古代沉船所有权的成文法以及有关文化财产的争论后，其提出了修改《海洋法公约》的政策建议以平衡各方的利益。①

① See David Curfman. Thar Be Treasure Here: Rights to Ancient Shipwrecks in International Waters—A New Policy Regime. *Washington University Law Review*, 2008, 86: 181.

其认为，现有法律构架没有给予所有潜在利益方以地位，为了更好地满足所有当事方，国际社会应该改革当前的法律框架以解决对国际水域中沉船的所有权请求。奥德赛海洋勘探公司案的结果将很大程度依赖于法院是否决定适用捞救法或打捞物法，法院的判决将影响奥德赛海洋勘探公司是否能取得所有权。但是，捞救法和打捞物法不能同时适用，两者的区别主要在于对所有权的处置，捞救者不能取得沉船所有权，而打捞者对被弃沉船可以取得所有权。然而，由于沉船被弃的标准模糊，使得适用捞救法还是打捞物法难以预料。《海洋法公约》规定其不影响可辨认的物主的权利、打捞法或其他海事法规则，这使得海事法仍可适用于国际水域中的被弃沉船。就文化财产而言，文化国际主义更多强调国家保护文化遗产的能力而非强调其与物品的联系，文化民族主义看重文化财产来源国的请求。《海洋法公约》有关保护文化财产的规定是文化国际主义及文化民族主义的混杂，既规定区域中的文化财产应为全人类利益而保护并处置，又规定特别顾及来源国，或文化上的发源国，或历史和考古上的来源国的优先权利，而未明确国际水域古代沉船的所有权。因国家对国际水域不能宣称主权，针对公海上沉船的国际协定的可适用性也值得怀疑。因此，《海洋法公约》难以对之进行保护。

为解决沉船所有权问题，该学者建议联合国修改《海洋法公约》并加入以下规定：位于国际水域的所有沉船的所有权请求的时效；明确描述文化财产来源国、文化上的发源国以及历史和考古上的来源国间的优先权顺序的返还文化财产的方法。其建议，所有权时效为100年，100年后所有沉船（包括国家船只）在法律上视为被弃；《海洋法公约》规定国家有权从打捞者处获得文化财产，打捞者将获得捞救奖金，遵守考古技术的打捞者将获得更多奖金；国际海底机构应为文化财产来源国、文化上的发源国以及历史和考古上的来源国提供双边或多边的平台，以决定所有权的归属，但作为财产返还的交换，取得所有权的国家应保证可进入沉船，而且，国际科学界应有权研究从国际水域沉船中捞出的任何财产。该学者认为，上述建议可以满足并平衡所有相关利益方的利益，可以促进公海上古代沉船的发现和捞回，刺激海底技术的进一步发展，确保科学使用考古物品，保护历史价值及增进文化财产，并最终解决有关国际水域古代沉船的所有权问题。

三、非物质文化遗产保护法前沿问题

非物质文化遗产的研究起步较晚。进入21世纪以来，国际上才开始比较系统地研究非物质文化遗产的法律保护问题。近几年来，《保护非物质文化遗产公约》、非物质文化遗产知识产权保护、非物质文化遗产人权保护等前沿问题引起了学者特别是欧美学者越来越多的关注。如 Janet Blake，Erink Slattery，Loudes Arizpe，Norike Aikawa，Wend B. Wendland，Jessica Myers Moran，Cathryn A. Berryman，Toshiyuki Kono，Julia Cornett，Nasserali Azimi，Christian Wichard，Brooks W. Daly，Antonio Arantes，Katja S. Ziegler 等学者对非物质文化遗产法律保护的前沿问题进行了比较深入的研究。

（一）《保护非物质文化遗产公约》研究

学者们从宏观和微观两个层面对《保护非物质文化遗产公约》进行了全面、深入的研究。

1. 宏观层面的研究

Janet Blake 于2006年出版的《2003年〈保护非物质文化遗产公约〉评析》① 一书，从宏观层面对《保护非物质文化遗产公约》进行了全面解读。主要内容包括：（1）《保护非物质文化遗产公约》起草过程。主要讨论保护非物质文化遗产的基本方法、原则和保护机制。（2）国际组织和国际文件对于非物质文化遗产的保护。除教科文组织，世界知识产权组织、联合国环境计划署、世界粮农组织等其他国际组织也在保护非物质文化遗产方面做出了重要

---

① Janet Blake. *Commentary on the 2003 UNESCO Convention on the Safeguarding of the Intangibe Cultural Heritage*. London: Institute of Art and Law, 2006.

贡献。《保护民间创作建议书》、《教科文组织世界文化多样性宣言》、《伊斯坦布尔宣言》都是保护非物质文化遗产的重要国际文件，并且与《保护非物质文化遗产公约》相辅相成。(3)《保护非物质文化遗产公约》与1972年《世界遗产公约》的关系。Janet Blake认为，这两个公约一脉相承。《保护非物质文化遗产公约》是在《世界遗产公约》的基础上制定，并采用了《世界遗产公约》的一些重要保护措施和机制。这些措施和机制有：缔约国的保护义务、国际合作原则、设立世界遗产基金、建立政府间的公约委员会、设立名录制度等。

2. 微观层面的研究

Janet Blake以及Erink Slattery均从微观方面对于《保护非物质文化遗产公约》进行了研究。(1) Janet Blake对公约条文逐条进行解释和研究。《2003年〈保护非物质文化遗产公约〉评析》也从微观方面解释了公约条文。在该书中，Janet Blake主要采用文义解释、系统解释、目的解释、历史解释等方法对公约的每一条文进行解释和研究。这几种方法或单独采用，或综合运用。如对公约第12条进行解释时，Janet Blake运用系统解释方法，分析指出第12条的“清单”制度是公约第11条“缔约国作用”的必要措施。然后，运用目的解释方法分析了公约起草时第1次政府间工作会议强调的缔约国“清单”制度对于非物质文化遗产国际名录制度的重要意义。① (2) Erink Slattery对于公约重点问题的研究。Erink Slattery在2007年发表的《保护美国非物质文化遗产——对于2003年公约作为克服知识产权保护障碍手段的评价》② 一文中，重点研究了公约的两大问题：清单制度和广泛保护方法。Erink Slattery认

① Janet Blake. *Commentary on the 2003 UNESCO Convention on the Safeguarding of the Intangibe Cultural Heritage*. London：Institute of Art and Law，2006：115.

② Erink. Slattery，*Perserving the United States' Intangible Cultural Heritage：An Evaluation of the 2003 UNESCO Convention for the Safeguarding of the Intangible Cultural Hertage as a Means to Overcome the Problems Posed by Intellectual Property Law*. [2009-06-21]. http：/www. /heinonline. org/home/culture. pdf.

为：①关于清单制度，非物质文化遗产清单的制度有诸多优越性，已经为教科文组织和一些国家在保护文化遗产中所成功地采用。②关于广泛保护方法，公约所采用的广泛保护方法具有两层含义：一是指公约规定了法律、政策、管理、教育等多方面的保护手段；二是指公约允许缔约国采用适合本国特点的保护方法。

（二）非物质文化遗产知识产权保护研究

非物质文化遗产知识产权保护是非物质文化遗产私法保护模式的重要内容。近些年来，非物质文化遗产知识产权保护研究在欧美学界引起了较多的关注。Wend B. Wendland，Jessica Myers Moran，Cathryn A. Berryman 等学者对于非物质文化遗产知识产权保护的如下主要内容进行了比较系统的研究：

1. 非物质文化遗产知识产权保护的可行性和现状

Jessica Myers Moran 在 2008 年发表的《土著民族非物质文化遗产在后殖民世界的法律保护手段》一文中认为，知识产权对于非物质文化遗产的保护是可行的。著作权可以保护传统知识和传统文化表达在当代的适用。证明商标和集体商标可以保护作为非物质文化遗产重要载体的传统商品和服务的声誉、显著特征。专利权可以保护某些为非物质文化遗产做出独创贡献的传承人的利益。① 关于非物质文化遗产知识产权保护的现状，Wend B. Wendland 在 2006 年发表的《知识产权与传统知识和文化表达的保护》一文中认为，一些国家在非物质文化遗产的知识产权保护方面提供了有益的实践经验。如在澳大利亚，证明商标已经被国家土著艺术保护协会所登记。

2. 非物质文化遗产知识产权保护的障碍

然而，由于非物质文化遗产本身的复杂性以及知识产权的局限性，知识产权在保护非物质文化遗产方面也面临不少障碍。Wend B. Wendland 认为，这些障碍主要有：

① Jessica Myers Moran. Legal Means for Protecting the Intangible Cultural Heritage of Indigenous People in a Post-colonial World. *The Holy Cross Joural of Law and Public Policy*, 2008 (12): 77-80.

（1）非物质文化遗产具有“活态性”。历史上，非物质文化遗产不断被创造和发展，因此往往很难确定它们的准确来源，这就为满足知识产权保护的“独创性”要求带来了困惑。

（2）非物质文化遗产具有“移动性”。非物质文化遗产往往并不“扎根”于特定的国家或区域，它们总是被不断迁移的人们所带走。因此，非物质文化遗产不总是限定的社区的产物。在此情况下，知识产权保护中的权利主体的确定就会面临困境。①

（3）非物质文化遗产具有“永久性”。非物质文化遗产是经过世代相传的，在社会发展进程中产生的，其创作过程具有长期性与持续性的特点。而知识产权中的财产权是有期限的。因此，知识产权保护不能满足非物质文化遗产的永久保护要求。

3. 克服非物质文化遗产知识产权保护障碍的对策

为克服非物质文化遗产知识产权保护的障碍，Cathryn A. Berryman，Erink Slattery，Jessica Myers Moran 等学者均主张采用知识产权保护与其他法律保护手段相结合的方式保护非物质文化遗产。其中，Cathryn A. Berryman 的主张具有代表性，他在《努力推进非物质文化遗产的更普遍的保护》② 一文中认为，与知识产权保护相结合的其他的法律保护手段主要有：

（1）精神权利保护。精神权利是指保护作者人格利益的权利，它通常包括发表权、撤销权和保护作品完整权。精神权利作为独立的权利，不可转让并且无保护期限限制，适合非物质文化遗产不可转让、永久保护的特性。虽然精神权利属于著作权的范畴，但是不少国家在著作权法中并不承认精神权利，致使这些国家在运用知识产权保护非物质文化遗产时面临困难。

（2）反不正当竞争保护。精神权利也可以通过反不正当竞争

---

① Wend B. Wendland. *Intellectual Property and the Protection of Traditional Knowledge and Cultural Expression*. New York：Cambridge University Press，2006：335-336.

② *Cathryn A. Berryman*，*Toward More Universal Protection of Intangible Cultural Proterty*. [2009-05-11]. http：/www. /heinonline. org/intellectual/property. pdf.

法加以保护。一些国家的法庭已做出判决，认定作者的作品未经许可被修改、重新编排的行为违反了反不正当竞争法。然而，反不正当竞争法对于精神权利的保护局限于商业交易中的传统“商品和服务”。

（3）公共领域保护。知识产权保护期限过后，非物质文化遗产进入公共领域而不再受到知识产权的保护。鉴于非物质文化遗产具有永久保护性，一些国家已对公共领域的非物质文化遗产实施法律保护，以阻止对于文学艺术作品的歪曲使用。同时也有一些国家立法规定了“公共资源收费”制度，对于使用公共领域的作品收取一定费用，这些费用用于资助作者或文化交流机构。

（三）非物质文化遗产人权保护研究

近几年来，欧美学者逐渐关注非物质文化遗产人权保护问题。Toshiyuki Kono、Julia Cornett、Eireann Brooks、Janet Blake 和 Katja S. Ziegler 等学者对于非物质文化遗产人权保护进行了比较深入的研究，研究的主要内容有：

1. 非物质文化遗产人权保护的必要性

Toshiyuki Kono 和 Julia Cornett 在 2007 年发表的《论 2003 年公约及其适应人权的需要》一文中指出，非物质文化遗产人权保护是国际法律文件的基本要求。①《保护非物质文化遗产公约》在前言中开宗明义地宣布，公约“参照现有的国际人权文件，尤其是 1948 年的《世界人权宣言》以及 1966 年的《经济、社会及文化权利国际公约》和《公民权利和政治权利国际公约》”，这说明非物质文化遗产的国际保护必须符合国际人权文件保障人权的基本精神。同时，Eireann Brooks、Janet Blake、Nasserali 等学者认为，非物质文化遗产人权保护也是非物质文化遗产保护实践的需要。一方面，有些非物质文化遗产本身就体现基本人权，如本地语言属于非

① Toshiyuki Kono，Julia Cornett. *An Analysis of the 2003 Convention and the Requirement of Compatibility with Human Rights*. London：Institute of Art and Law Ltd，2007：144.

物质文化遗产，禁止使用本地语言就是剥夺基本人权。① 另一方面，有些非物质文化遗产与人权之间存在潜在的冲突，有些根植于文化实践中的非物质文化遗产甚至违反和损害了基本人权，② 如一些国家或地区的女性割礼、强制婚姻、繁重服饰等风俗就违反了妇女的基本人权。对于这些违反和损害基本人权的非物质文化遗产必须禁止传承。

2. 非物质文化遗产的国际人权保护机制

Toshiyuki Kono 和 Julia Cornett 均认为，在《保护非物质文化遗产公约》的框架内外，已经初步形成了非物质文化遗产的国际人权保护机制。框架内外的机制相互联系，共同促进非物质文化遗产的国际人权保护。

（1）《保护非物质文化遗产公约》框架内的保护机制。包括：①缔约国国内的人权审查。缔约国对于列入国家保护名录之前或之后的本国的非物质文化遗产均有权进行人权审查，如果被审查的非物质文化遗产违反国际人权法，则不列入名录，或从列入名录中取消，并予以纠正。②政府间保护非物质文化遗产委员会的国际人权审查。委员会有权对缔约国申请列入世界非物质文化遗产代表作名录或者要求提供援助的非物质文化遗产进行人权审查。③

（2）《保护非物质文化遗产公约》框架外的保护机制。包括：①1966 年“国际人权两公约”监督实施机构的保护机制。《经济、社会及文化权利国际公约》、《公民权利和政治权利国际公约》的监督实施机构分别是经济、社会、文化权利委员会，人权委员会。两监督实施机构有权对公约成员国向其提交的执行公约报告进行人

① Eireann Brooks. Cultural Imperialism VS. Cultural Protectionism: Hollywood's Response to UNESCO Efforts to Promote Cultural Divisity. *Jounal of International Business and Law*, 2006: 9.

② Janet Blake, Nasserali. *Woman and Gender in Intangible Heritage*. London: Institute of Art and Law Ltd, 2007: 176.

③ Ana Filipa Vrdoljiak. *Minorities, Cultural Rights and the Protection of Intangible Cultural Heritage*. [2009-06-01]. http://works.bepress.com/ana_filipa_vrdoljak/11, pdf.

权审查。②联合国教科文组织的保护机制。主要通过教科文组织附属的公约与建议委员会进行人权审查。①

3. 非物质文化遗产国际人权保护面临的困境及解决途径

学者们认为，非物质文化遗产国际人权保护面临不少困境，亟待加以解决。

（1）非物质文化遗产国际人权保护面临的困境。主要有：①文化权利与其他人权发生冲突时的评判标准难以确立。Katja S. Ziegler认为，其根本原因在于非物质文化遗产人权审查的评判标准存在普遍主义人权观与相对主义文化观之间的严重对立。② ②人权保护机制存在明显缺陷。其一，未能形成确定合理的人权评判标准的机制。其二，未形成对于非物质文化遗产人权保护的动态审查机制。

（2）解决非物质文化遗产国际人权保护困境的途径。①确定科学、合理的人权评判标准。评判标准应该坚持文化多样性原则，遵守基本人权，考虑文化传统和社区利益，合理偏重文化权利。②完善人权保护机制。主要措施包括：建立对话协商机制，鼓励通过协商对话来决定某项非物质文化遗产是否符合国际人权法；采用"对情况作恰度评估"原则，因地制宜地适用国际人权公约；建立动态审查机制，采取事后纠正措施和情势变更措施来保证人权审查的科学性。

四、武装冲突中文化财产保护的前沿问题

（一）武装冲突中文化财产国际法保护的历史回顾

保护武装冲突中的文化财产，是国际法中较为古老的话题。早

---

① Toshiyuki Kono，Julia Cornett. *An Analysis of the 2003 Convention and the Requirement of Compatibility with Human Rights.* The Institute of Art and Law Ltd，2007：167.

② Katja S. Ziegler. *Cultural Heritage and Human Rights.* University of Oxford Faculty of Law Legal Studies Research Paper Series，September 2007.［2009-05-16］. http://www.ssrn.com/link/oxford-legal-stu -dies. html，pdf.

在1899年和1907年两次海牙和平会议达成的系列公约及其所附规章中，就有直接保护文化财产的条款，虽然其并没有直接使用文化财产这一术语。20世纪发生的两次世界大战对文化财产的破坏，以及对被占领土文化财产的掠夺，使得国际社会于1954年通过了第一个专门保护武装冲突中文化财产的国际性公约——《关于发生武装冲突时保护文化财产的公约》（以下简称为1954年海牙公约），同时通过的还包括该公约的议定书（简称为1954年海牙公约第1议定书）和实施条例。1954年海牙公约及其议定书的通过，使得以前较为分散的保护武装冲突中文化财产的规则更为集中，而公约及其议定书对冲突各方在冲突中各种可能损及文化财产行为的限制，强化了对武装冲突中文化财产的保护。因此，公约及其议定书的通过，对武装冲突中文化财产的保护无疑具有里程碑式的意义。

自20世纪70年代以来，国际社会对1954年海牙公约的兴趣逐渐降低。与此同时，国际社会发生的武装冲突对文化财产造成持续破坏，特别是20世纪80年代持续达8年之久的两伊战争。而20世纪90年代发生的前南斯拉夫武装冲突打着“种族清洗”的旗号，对其境内的文化财产造成了毁灭性的损害，特别是对杜布罗夫尼克老城和Mostar桥的损害引起了世界的关注，因为前者早在1975年就被授予世界文化遗产的称号，而后者的历史可以追溯至16世纪，且在1979年也被授予世界文化遗产的称号。在此背景下，对武装冲突中文化财产的保护重新引起了世人的关注，人们开始反思1954年海牙公约，并于1999年通过了《关于发生武装冲突时保护文化财产公约第二议定书》（以下简称为1999年第2议定书）。1999年第2议定书是对1954年海牙公约的补充和发展，于2004年生效。自此，1954年海牙公约及其两个议定书组成了最重要的保护武装冲突中文化财产的国际公约。除此之外，其他一些国际人道法条约，特别是1949年日内瓦公约及其议定书中也有一些零散的条款保护武装冲突中的文化财产。教科文组织通过的一些决议和宣言也对武装冲突中文化财产的保护起到一定的保护作用，虽然其并没有法律约束力。① 而习惯国际法中也有一些规则涉及武装冲突中文化财产的保护。

（二）武装冲突中文化财产保护的新发展

近些年来，随着 2001 年阿富汗塔利班摧毁巴米扬大佛事件，以及 2003 年伊拉克国家博物馆被掠事件的发生，国际讨论武装冲突中文化财产保护的论著日渐增多。一些重要的国家也积极加入 1954 年海牙公约及其议定书或者为加入作积极准备。而根据 1999 年第 2 议定书而成立的专门保护武装冲突中文化财产的机构——武装冲突中文化财产保护委员会也发挥着越来越重要的作用。

1. 新论著的出现

（1）Roger O'Keefe 撰写的《武装冲突中文化财产的保护》

2006 年，剑桥出版社出版了由 Roger O'Keefe 撰写的名为《武装冲突中文化财产的保护》的论著。该书是 O'Keefe 在其博士论文的基础上撰写而成的，在前人的基础上有了较大的发展。在此之前，与此类似的论著主要有两本：1996 年由联合国教科文组织出版、Jiri Toman 撰写的同样是名为《武装冲突中文化财产的保护》的论著②以及 2004 年由英国艺术和法律研究所出版的 Kevin Chamberlain 撰写的《战争与文化遗产》一书。这三本书具有一些共同特点，主要内容都是评析 1954 年海牙公约及其议定书。其次，三本书体例上有些相似，都是首先回顾武装冲突中文化财产国际保护的历史，然后再论述相关保护武装冲突中文化财产的条约。

虽然如此，Roger O'Keefe 撰写的这本书仍然有一些自己的特点。首先，该书用了较多的笔墨回顾历史。O'Keefe 用了两个部分来论述武装冲突中文化财产保护的历史。第一部分命名为“从文艺复兴到海牙规则”，将文化财产保护的历史追溯至 16 世纪，并且

---

① 这些宣言和决议有很多，如 2001 年阿富汗塔利班组织销毁巴米扬大佛后，联合国教科文组织通过的《联合国教科文组织关于蓄意破坏文化遗产问题的宣言》。

② See Jiri Toman. *The Protection of Cultural Property in the Event of Armed Conflict*. UNESCO Publishing, 1996.

引用了一些著名国际法学者，如格劳秀斯、沃尔夫等对武装冲突中文化财产保护的精辟言论。然后阐述了法国革命、拿破仑战争和19世纪国际社会对文化财产的保护。最后论述了世界上首次出现的成文的保护武装冲突中文化财产的规则——1899年和1907年的海牙规章。第二部分命名为“1914到1954”，主要论述第一次世界大战到第二次世界大战期间国际社会为保护武装冲突中文化财产所作的努力和尝试。这两个部分共有91页。因此，相对于前两本著作，这本著作对武装冲突中文化财产保护的历史论述最为透彻。其次，这本著作将国际刑法与武装冲突中文化财产的保护结合起来，深入分析了武装冲突中针对文化财产可能构成的犯罪。在论述这一问题时，作者引用了前南斯拉夫国际刑事法庭审判的相关案例，并且将一些判决意见和国际刑事法庭的相关规定进行对比。不仅如此，作者还就武装冲突中针对文化财产的行为可能构成的罪行进行了分析，指出可以构成战争罪、反人类罪，但对其能否构成灭种罪，则持否定态度。最后，这本著作不同于前两本著作，没有将条约的具体条文引用在文章中。前两本著作在分析1954年海牙公约及其议定书和相关的国际文件时，其模式是首先列明具体条文，然后就该条文的制定背景以及对条文的具体理解进行分析。Jiri Toman的论著还着重讨论了某个条文在实践中的具体运用。O'Keefe的这本著作没有采用前两者的模式，虽然也主要就条约进行论述，但是在文章中没有将具体条文专门列入，也没有将其分析与条约一一对应。这种论述的优点是更体系化，而缺点也较为明显，除非是对照条约的具体条文，否则读者对其论述不太了解。

（2）Lawrence Rothfield 编辑的《处于包围中的文物》①

该书的副标题是“伊拉克战争之后的文化遗产保护”。从这一标题可以看出，这本书主要论述2003年美英入侵伊拉克之后，伊拉克的文化财产保护问题。2003年美英入侵伊拉克期间，伊拉克

---

① See Lawrence Rothfield. *Antiquities under Siege—Cultural Heritage Protection after the Iraq War*. Altamira Press, 2008.

国家博物馆被掠事件引起了广泛的关注，各大新闻媒体连篇累牍地报道这一事件。而因权力真空的出现，使得伊拉克一些偏远地区的考古遗址被非法盗掘的现象极为突出。针对这些情况，许多学者撰文探讨这一问题。由 Lawrence Rothfield 编辑的这本书就是这种背景下的产物。该书出版于 2008 年，主要内容分为两个部分，第一部分标题为“伊拉克事件和掠夺的背景”，共收集了 6 篇文章，对伊拉克国家博物馆被掠事件作了介绍。第二部分标题为“在将来阻止武装战斗之后的掠夺”，这部分是本书的重点，共收集了 22 篇文章，共分为 7 个主题。第一个主题名为“针对国际法——立法机构应当采取的措施”，收集了 2 篇文章，主要论述各国如何执行国际法以及美国对 1954 年海牙公约及其议定书的态度。第二个主题是“超越国际法——立法机构和军事指挥官应采取的措施”，收集了 2 篇文章，主要论述美国的立法机构已经通过的一些法律是否适用于伊拉克的文化财产保护和立法机构针对伊拉克文化财产保护所作的一些立法努力。第三个主题是“军事和民事战争计划者应采取的措施”，收集了 3 篇文章。这一主题主要阐明在发动武装冲突之前，应当在军队、武器装备等方面进行准备，从而应对在武装冲突中保护文化财产的需求，但是，在伊拉克战争中，这一准备事项并没有得到很好的实施。第四个主题是“战后重建计划应当采取的措施”，收集了 3 篇文章，主要阐明伊拉克战争之后，如何重建，特别是采取哪些措施对文化财产进行重建。第五个主题是“政府和政府间机构应采取的措施”，收集了 3 篇文章，主要阐明政府和一些外国机构和国际组织在战斗结束之后应当采取的保护文化财产的措施。第六个主题是“文化机构应当采取的措施”，收集了 2 篇文章，主要阐明文化机构，如一国的文化部、博物馆管理人员等应采取的保护文化财产的措施。最后一个主题名为“文化遗产保护的非政府机构应当采取的措施”，收集了 1 篇文章，主要论述美国的非政府文化遗产保护组织在武装战斗结束之后，应当采取的阻止掠夺的措施。从这本书的编排体例来看，在简单介绍伊拉克国家博物馆被掠事件之后，从不同的侧面，层层推进围绕该问题进行阐述，是一本针对该事件的较为全面的论文集。

2. 1954年海牙公约成员国加入情况

近年来，一些重要国家加入1954年海牙公约及其议定书或者正为加入公约进行积极准备。

(1) 美国成为1954年海牙公约的成员国

美国是世界上头号军事强国，但一直以来，美国都没有加入1954年海牙公约及其议定书。从历史来看，美国在1954年海牙公约制定之初，对其还是怀有浓厚兴趣，积极参与了公约的制定，并在公约出台后不久，迅速签署了该公约。但冷战时期，美国军方反对加入这一公约，其理由是该公约会阻止美国使用其核武器，因为核武器会使得某一地区文化财产的损害不可避免。苏联解体之后，美国军方撤回了其反对意见。1999年，时任总统克林顿提请参议院批准1954年海牙公约及其议定书，但后来此事又不了了之。2003年美英入侵伊拉克期间，位于巴格达的伊拉克国家博物馆被掠引起了国际舆论的广泛关注，伊拉克的一些考古遗址被掠的事件震惊世人。在此背景下，同样是军事强国的英国决定加入1954年海牙公约及其两个议定书，并为此做出了积极准备，① 颁布了《文化财产法案草案》（武装冲突）。此后，美国也加快步伐加入1954年海牙公约。2007年2月，美国国会将1954年海牙公约及其第1议定书作为优先对象，提请对外关系委员会考虑。而按照美国的规定，如果对外关系委员会建议批准公约，经过参议院2/3多数同意，美国就可以成为公约成员国。又经过了两年多的努力，2009年3月13日，美国向教科文组织交存了批准书，成为了1954年海牙公约的第123个成员国。②

美国加入1954年海牙公约具有重要意义。在此之前，虽然美国军事政策和军事行动也与1954年海牙公约的规定相一致。而且，

---

① Patty Gerstenblith. *The 1954 Hague Convention on the Protection of Cultural Property in the Event of Armed Conflict*: *Its Background and Prospects for Ratification in the United States*. Altamira Press, 2008: 85.

② 参见联合国教科文组织网站：http://erc. unesco. org/cp/convention. asp?KO=13637&language=E.

在很大程度上，1954 年海牙公约是参照第二次世界大战期间美国的实践。美国也多次承认 1954 年海牙公约的基本规定已经成为国际规则。但是，这一切都具有一定程度的模糊性，美国正式成为 1954 年海牙公约的成员国澄清了这种模糊性，扩大了 1954 年海牙公约的适用性。

（2）英国为加入 1954 年海牙公约及其两个议定书积极作准备

英国也是世界上的军事强国，但一直以来，英国也不是 1954 年海牙公约及其议定书的成员国，英国没有加入公约的原因与美国有所区别。英国认为，1954 年海牙公约的用语太过笼统，不能给文化财产以充分保护。而随着 1999 年第 2 议定书对公约相关规定的阐释，2004 年 5 月，在 1954 年海牙公约签署 50 周年大会上，英国决定加入 1954 年海牙公约及其两个议定书。① 2005 年 9 月，英国文化部（DCMS）就加入 1954 年海牙公约及其议定书征求意见。2008 年 1 月，英国文化部草拟出了《文化财产法案草案》（武装冲突）。② 该法案共分六部分：第一部分是对一些关键术语的界定；第二部分规定第 2 议定书的“严重违反”；第三部分规定文化标记；第四部分规定从被占领土出口文化财产的问题；第五部分规定为保护而移动文化财产；第六部分规定一般问题。虽然这份草案还没有成为正式的具有约束力的法律，但从其相关内容来看，1954 年海牙公约及其两个议定书所规定的各项义务在其中都有详细的规定。即使相对于其他缔约国，这也体现了英国对公约及其议定书的认真执行态度。

3. 武装冲突中文化财产保护委员会的成立及其活动

武装冲突中文化财产保护委员会是根据 1999 年第 2 议定书设立的常设性的专门保护武装冲突中文化财产的机构。在此之前，此类机构并不存在。1954 年海牙公约规定了以保护国为主的执行机制，③ 这种执行机制是制定者们深思熟虑的结果，但是，这种执行

① See http://www.culture.gov.uk/reference_library/consultations/1183.aspx.

② See http://www.culture.gov.uk/reference_library/publications/3573.aspx.

③ 参见 1954 年海牙公约实施条例的第 1 条至第 9 条。

机制只是在发生武装冲突时才会启用。公约也规定了联合国教科文组织的作用，但联合国教科文组织只处于协助地位。① 因此，缺乏常设性的专门保护武装冲突中文化财产的机构是1954年海牙公约运行不良的原因之一。1999年第2议定书吸取了1954年海牙公约的教训，成立了武装冲突中文化财产保护委员会。根据第2议定书的规定，该委员会的主要职责是制定执行1999年第2议定书的指导原则，决定与重点保护相关的事项，审议缔约国提交的报告和各种国际援助申请，以及“基金”的使用等。② 迄今为止，委员会已经举行了3次会议。③

（三）评析

近年来，人们对文化遗产日益重视，国际社会也一直致力于武装冲突中文化遗产的保护问题。欧美学者对武装冲突中文化遗产的法律保护这一课题的研究长盛不衰，其研究主要以1954年海牙公约及其两个议定书为中心。一些突发问题，如伊拉克国家博物馆被掠事件，也包括时间稍稍久一些的发生在前南斯拉夫境内的对文化财产的破坏事件，也是学者们研究的热点。国际组织，特别是联合国教科文组织也在积极推动对武装冲突中文化遗产的保护。最近，联合国教科文组织还通过了《新的教科文组织关于巴比伦考古遗址损害评估报告》。④ 这份报告是对美英联军在2003年至2004年间，利用巴比伦考古遗址作为军事基地，从而给该遗址造成的损害进行评估。而专职武装冲突中文化财产保护的机构——武装冲突中文化财产保护委员会也积极推动国际社会对文化财产的保护。各国也采取积极措施推进武装冲突中文化财产的保护，自2006年起，

① 参见海牙公约第23条。

② 参见1999年第2议定书第27条。

③ See http：//portal. unesco. org/culture/en/ev. php-URL_ ID = 37217&URL_ DO = DO_ TOPIC&URL_ SECTION = 201. html.

④ New UNESCO Report Consolidates and Updates Damage Assessment of Babylon Archaeological Site, http://portal. unesco. org/en/ev. php-URL_ID = 46073&URL_ DO = DO_TOPIC&URL_SECTION = 201. html.

已经有9个国家成为1954年海牙公约的新成员国，包括美国；8个国家成为1954年海牙公约第1议定书的新成员国；1999年第2议定书于2004年3月9日生效，现今已经有54个成员国，2006年后新加入的有17个成员国。这些都说明，武装冲突中文化财产的国际法保护，仍然是国际社会关心的重要课题。而随着近期一些武装冲突以及地区性紧张局势的出现，可以预想，如何保护好武装冲突中的文化财产，这仍将是国际社会面临的重要课题。

总之，随着国际社会对自然与文化遗产的普遍关注，各国日益重视文化遗产的国际和国内立法保护。欧美等发达国家已经建立了比较健全的自然与文化遗产保护的国内法律体系，努力使国内法律与国际法律相衔接、统一。很多发展中国家也在根据自然与文化遗产保护的国际法精神，不断完善本国相关的国内法律体系。中国作为具有丰富自然与文化遗产的国家，应该在借鉴国外优秀立法成果与经验的基础上，不断健全和完善我国的相关法律制度，使我国的自然与文化遗产保护更加切实有效。

欧美 WTO 研究动态

——关注中国在全球贸易治理与 WTO 改革中的新角色*

余敏友** 刘 衡***

一、引 言

冷战结束以来，随着交通通信技术的迅猛发展，全球化给世界经济发展装上了新的加速器，也引发了一系列问题：能源短缺、生态退化、气候变化、疾病蔓延、金融海啸、民主缺陷、治理危机。2008 年美国次贷危机导致的金融危机迅速向全世界扩散，引发了 1930 年代以来全球最严重的经济衰退。受经济危机影响，2009 年成为国际贸易危机年，2010 年 2 月 24 日 WTO 总干事拉米在布鲁塞尔表示，2009 年世界贸易下滑 12%，是 1945 年以来最糟糕的记录。① 保护主义重返世界舞台，改变了近 30 年来的贸易自由化趋势。为应对金融危机和经济衰退，二十国集团（G20）相继在华盛顿、伦敦和匹兹堡召开金融峰会，商讨解决方案，G20 集团承诺减

* 本文获得教育部人文社会科学重点研究基地重大项目“WTO 协议在我国实施的重大法律问题研究”（01JAZJD820003）和武汉大学“海外人文社会科学研究前沿追踪计划”项目的资助。

** 余敏友，教育部国家人文社会科学研究重点基地武汉大学国际法研究所副所长、教授，武汉大学 WTO 学院院长。

*** 刘衡，武汉大学国际法研究所博士研究生。

① http://www.wto.org/english/news_e/sppl_e/sppl148_e.htm.

少保护主义和贸易壁垒。WTO 监测显示，虽然与危机有关的严重的保护主义趋势很大程度上受到了抑制，多边贸易规则、国际合作和市场导向的全球化阻止了国际社会轻率地回到 1930 年代时期的保护主义时代，但是却出现了新型的保护主义——“悄悄的保护主义”（creeping protectionism）或“灵巧的保护主义”（smart protectionism）。对 WTO 而言，这种倒退，加上多哈回合谈判的乏力，无疑是雪上加霜，悲观者已经开始为即将到来的多哈谈判的死亡唱挽歌，而乐观者认为全球金融危机为世界领导人重新设计和振兴包括 WTO 在内的能够迎接 21 世纪挑战的国际经济组织提供了独一无二的良机。

如何驾驭全球化和应对全球性挑战？自 20 世纪 90 年代中期全球治理理论产生以来，全球治理理论从国际政治话语开始迅速扩散到全球关系的各个方面。全球经济治理、全球卫生治理、全球环境治理等概念相继出现。国际贸易领域也出现了全球贸易治理的概念。在一些学者看来，WTO 既是全球化的载体，也是全球治理的代理人。全球贸易治理的核心就在于 WTO。WTO 既是一个多边贸易体制的框架，也是一套全球贸易治理的规范集合体，更是全球贸易治理的主体——唯一合法的全球贸易治理政府间国际组织。完善全球经济治理意味着要改革 WTO 全球贸易治理，而 WTO 全球贸易治理改革又需要重点研究改革的动力、目标、内容和具体方案以及前景，还需要探讨中国在 WTO 全球贸易治理中的地位及其演变以及政策走向。

二、全球贸易治理——演变、成就与挑战

（一）全球贸易治理的演变——从 GATT 到 WTO

1. GATT 全球贸易治理

关税与贸易总协定（GATT）不是一个正式的国际组织，它只是作为第二次世界大战后国际经济治理结构三大支柱之一的国际贸易组织（ITO）流产后临时适用的一项国际协定，幸运的是它在 20 世纪 50 年代为治理国际贸易创立贸易合作组织（OTC）的努力失

败后得以继续适用。GATT 致力于“通过互惠互利的安排，实质性削减关税和其他贸易壁垒，消除国际贸易中的歧视待遇”。它的临时适用标志着全球贸易治理航船的启航。1947 年到 1995 年，GATT 通过八轮多边贸易回合谈判，在国际贸易治理方面取得了巨大的成就。从肯尼迪回合开始，多边贸易谈判的重心转移到削减非关税贸易壁垒和规范贸易保护主义措施，缔结了大量具有约束力的国际协定。1994 年乌拉圭回合的结束，是 20 世纪国际经济关系史上的最有影响力的事件之一。四年准备七年半完成的乌拉圭回合是人类历史上最艰难的世界贸易谈判，它对国际贸易关系的发展作了十分积极的贡献：保证了有利于所有国家的市场开放扩大，确立了一个得到加强的多边贸易纪律框架，促进了贸易政策实施的透明，有利于国际竞争与国内改革，为贸易自由化提供了一个更加完善的场所，为多边同意的规则与纪律的严格遵守提供了更有效的监督与保证，提升了贸易政策在全球经济决策协调一致性中的地位与作用。①

关税与贸易总协定不仅提高了贸易自由化的水平，而且为全球贸易治理提供了一个更为坚实而持久的组织基础与法律框架——1995 年 1 月 1 日成立的世界贸易组织（WTO）及其多边贸易体系。关贸总协定在全球贸易治理发展史上具有重要历史地位，它是人类为建立世界多边贸易体系而进行的第一次大规模的、旷日持久的成功试验。关贸总协定证明，通过法律与政治相结合的方式，人类不仅可以切实可行地协调与管制各国政府的贸易政策行为，而且必将能够实现国际贸易关系中规则取向的国际贸易政策对实力取向的国家贸易政策的胜利。关贸总协定不仅为世界贸易组织奠定了物质基础，而且为世界贸易组织留下了精神财富。关贸总协定实践所蕴藏的管理国际贸易关系的哲学与文化、精神与传统，特别是其中的务实主义与灵活性，不仅不会因关贸总协定的终止而消失，而且会成为世界贸易组织的一种重要力量源泉。更重要的是，世界贸易组织

① 世界贸易组织秘书处．多边贸易谈判乌拉圭回合结果法律文本．法律出版社，2000：386-387.

在关贸总协定基础上进一步扩大了国际贸易领域的法治精神，大大促进了世贸组织成员之间和平稳定的贸易关系的维持。①

诚然，应该指出的是，GATT时期，贸易自由化的成功只限于那些主要工业国家有战略利益的领域，而对那些农业出口国和新独立的发展中国家而言，它们拥有利益的领域贸易壁垒依然存在。随着WTO的成立，这种发达成员和发展中成员的不平衡、工业和农业之间的不平衡演变成了WTO与生俱来的缺陷，因而成为WTO全球贸易治理（尤其是多哈回合谈判）的主要矛盾之一。

2. WTO全球贸易治理

WTO的成立启动了全球贸易治理的新航程，开创了全球贸易治理的新时代，代表了20世纪40年代以来多边主义的最大进步，是国际社会为提升相互依存能力而承担实质义务与法律责任的有力证明，是所有国家（不管发展水平如何）迈向全球贸易体系的重大一步。它标志着人类历史上第一个以普遍公认的原则与规则为基础的经济共存与合作制度建立起来了。

WTO位居全球化舞台的中央，甚至不少人将WTO视为全球化的同义词。② 根据全球治理理论，WTO不仅是全球化的载体，而且也是全球治理的代理人。WTO总干事拉米（Pascal Lamy）甚至宣称，WTO是驾驭全球化并能为全球治理制度建设作贡献的一个实验室。③ 全球贸易治理的核心是WTO，WTO既是一个多边贸易体制的框架，也是一套全球贸易治理的规范体系，更是全球贸易治理的主体，是唯一合法从事全球贸易治理的政府间国际组织。

WTO在乌拉圭回合结束后不久，就促成世贸成员达成了金融服务协定、基础电信协定和信息技术产品协定。2001年11月在卡塔尔多哈举行的世贸组织第四次部长级会议启动了世贸组织的多哈

---

① http://www.wto.org/english/news_e/spsp_e/spsp38_e.htm.

② Pascal Lamy. *The WTO's Contribution to Global Governance*. United Nations University Press，2008：39.

③ Pascal Lamy. *The WTO's Contribution to Global Governance*. United Nations University Press，2008：55.

发展议程谈判，这不仅是世贸组织成立以来发起的第一轮多边贸易谈判，而且也是一个广泛而雄心勃勃的贸易谈判新回合，还是全球贸易治理的新起点。因为全球贸易治理的主要目标仍然是贸易自由化，多边贸易回合谈判就是实现这一目标的首要方式。

多哈发展议程工作计划的范围广泛而平衡，包括进一步推动贸易自由化和制定新规则，以及承诺协助发展中国家成员提升整体能力。具体来说，多哈发展议程包括：（1）就农业产品、服务贸易、非农业产品的市场准入，以及若干与环境有关的贸易问题，立即进行谈判；（2）开展旨在阐明和完善现行世贸组织规则的谈判，包括有关反倾销、补贴和区域贸易协定的规则等；（3）如 WTO 成员就谈判达成共识，则开展贸易便利化、政府采购工作的透明度、贸易与竞争、贸易与投资等议题①的谈判；（4）就电子商务、发展中国家成员的债务问题和引进更多技术的需要，以及多个与贸易有关的知识产权问题，进行研究和阐释；（5）就给予发展中国家成员特殊和差别待遇进行协商，包括提供技术协助和提升整体能力，以及商讨发展中国家成员在执行世贸组织协议上关注的事宜。

2001 年，全球经济处于下滑之中，因此，多哈回合的启动本身就是一种成功，它意味着维持改革进程和贸易自由化政策，确保多边贸易体制能够全力推动经济复苏和增长，特别是发展，而且多哈回合是联合国千年发展目标的重要组成部分，它与粮食安全、气候变化和建立有关发展的全球伙伴框架有着紧密联系。②

诚然，WTO 首轮多边贸易谈判回合启动的艰难也预示了进程的异常曲折。根据部长级会议宣言，多哈回合应在三年时间内，不晚于 2005 年 1 月 1 日结束。但 2003 年 3 月，谈判模式未能如期建立。欧盟和美国支持在坎昆会议上先建立一个过渡框架，作为建立最终谈判模式的基础。“回头来看，在谈判的这个阶段建立过渡框

---

① 这些议题一般统称为“新加坡议题”（“Singapore Issues”）。

② Guillermo Valles Galmés. Governing Trade for an Evolving Global Agenda: A Practitioner's Perspective on Governance Challenges. *Geneva Lecture on Global Economic Governance*, 2009（3）.

架的决定偏离了建立全面模式的目标，成为谈判的重要转折点。”坎昆会议致力于解决农业谈判的模式框架和“新加坡议题”，但不同集团的利益分歧无法弥合，只在棉花问题上取得些许进展。

2003年的坎昆会议虽然没有取得预期成果，被很多人（主要来自发达世界）看成是全球贸易治理的失败。但在许多成员（尤其是不发达国家成员）看来，坎昆会议是多边贸易体制不断走向成熟的重要一步。在坎昆会议上，包括印度、巴西和中国在内主要由发展中成员组成的20国集团（G20）和以发展中成员为主力的90国集团（G90）联手阻击了发达成员提出的不符合广大发展中成员利益和多哈回合发展主题的议题。这标志着全球贸易治理中新的贸易政治——集团贸易政治的诞生。完全由发达成员主导WTO决策和议程设定以及多边贸易谈判进程和结果的时代一去不复返了。以议题为联结纽带，通过与利益相近或相同的成员结成联盟，这为弱小贫穷发展中成员获得更大更多的发言权和争取利益创造了更多的空间。毫无疑问，由发展中成员组成的联盟现在是一种管理多边贸易谈判和达成共识、提高决策过程中的透明度和包容性的重要方式，① 它为通过不断加强参与决策，提高贸易利益和保留政策空间，争取为贫穷成员获得平等而更多的发展利益，提供了一种可持续发展的制度。

坎昆会议后，多哈回合谈判仍然纠缠于谈判模式和“新加坡议题”，最终在2004年8月1日通过了“七月套案”（July Package）决定。根据该决定，棉花议题达成一致，非农产品市场准入的模式框架获得通过，除贸易便利化之外的其他三项“新加坡议题”被剔除出工作议程。多哈回合谈判终于迈出了艰难的第一步。除此之外，在密集的会议与紧张的磋商中，整个进展乏善可陈，以至于时任总干事在2005年7月的贸易谈判委员会会议上只能为多哈谈判描绘一副暗淡的前景，“我很遗憾，事情的消极面仍然多于

① Debra P. Stager. The Future of the WTO: The Case for Institutional Reform. *Journal of International Economic Law*, 2009, 12 (4): 813.

积极面”。在悲观的气氛中，各方对 2005 年 12 月召开的香港部长级会议期望并不高，该次会议取得成果也一般，主要包括一致同意在协议正式实施后五年内取消农产品补贴，2006 年取消对棉花的出口补贴以及向最不发达成员 97% 的产品提供免关税和免配额的市场准入。会议为谈判重新设定了目标：2006 年 4 月 30 日建立全面模式，2006 年 7 月 31 日确定承诺减让表草案。

随后在新的时间表下，谈判取得了一些进展，但需要做的工作更多。总干事拉米集中在农业的市场准入与国内支持以及非农产品市场准入这三个主要问题上与六个核心谈判方（美国、欧盟、巴西、印度、日本和澳大利亚）进行了密集的沟通，但收效甚微。2006 年 7 月，拉米向贸易谈判委员会报告说：“在市场准入与国内支持问题上分歧太大，仍然没法弥合……面对此种持续的僵局，我认为这个阶段我唯一能建议的行动就是整体上中止谈判，以便各方认真反思，这种反思非常必要。”

谈判努力在 2007 年初期重启，重启的直接成果是 7 月形成了模式文本草案。在此基础上，经过进一步的密集磋商，农业和非农市场准入谈判主席又接连在 2008 年 2 月、5 月和 7 月提交了经过修订的文本草案，剩下的主要工作是确定最终谈判模式。在 2008 年 7 月 21 日至 30 日的“核心圈”会议中，总干事拉米召集核心七方进行了密集的磋商，并多次召开由大约 40 个成员参加的“绿屋会议”。在此期间，贸易谈判委员会定期召开的非正式会议保证每个成员都能参与。虽然被认为是挽救多哈回合的最后机会，但会议在每个阶段都似乎令人沮丧。7 月 25 日，拉米提供了一个有关主要问题的妥协案，但无法解决一个核心问题——特殊保障机制（SSM）。

评论家们很快发布了多哈回合的“讣告”，但大多数成员在深表失望的同时，仍表达了继续努力的强烈意愿。美国贸易代表也表达了谈判继续的可能性。总干事拉米随即开始了对主要成员国的密集的穿梭访问，以寻求更多的政治动力。此时，全球金融危机爆发，各国领导人在 2008 年 11 月召开的 20 国集团华盛顿金融峰会上，呼吁早日结束多哈回合谈判，以恢复对全球经济体制的信心。

12月，反映了过去几个月所取得的真正进展的新的文本草案公布。该草案“获得了广泛认同，也使我们向最终目标进一步靠近”。根据拉米估计，谈判至此已完成了80%的目标，但是拉米仍然不得不承认，依然没有发现促使建立最终谈判模式的政治动力出现。

2009年大部分时间纠结于技术问题，响亮的政治口号没有转化为实实在在的果实。11月30日，WTO总干事拉米在第七次部长级会议开幕致词中希望能在2010年结束多哈回合谈判，与会部长们也表达了加快并在2010年完成谈判的政治愿望。2010年3月9日，美国贸易代表对在2010年达成多哈回合协定表示怀疑。3月26日拉米向谈判委员会报告：“尽管我们因不能更接近我们的目标而肯定有挫折感，但是我还没有发现任何失败情绪。WTO希望每一个成员尽职尽责缩小分歧，现在开始努力把所有谈判成果汇总为一个综合性协议。”① 2010年能否完成多哈回合谈判，仍有待于观察。

多哈回合表明WTO全球贸易治理之路曲折漫长，但多哈回合只是WTO全球贸易治理的一个方面，尽管是很重要的一个方面。其实，作为最年轻的全球治理核心组织，WTO在全球贸易治理其他方面的成就，还是可圈可点的。

（二）WTO全球贸易治理的成就

1. 贸易自由化

推进贸易自由化是WTO的基本使命与核心目标。在这方面，WTO在GATT基础上继续前行：（1）关税的持续降低，对补贴等非关税贸易壁垒进行了有效约束。除了继续规范边境措施外，WTO第一次把触角延伸到了成员的国内规章，如专利、金融服务、补贴和农业的国内支持措施等。（2）调整范围的增加。如前所述，WTO在乌拉圭回合的基础上，继续通过谈判推进自由化进程，达成了数量不多但意义不小的协定或议定书。（3）WTO成员的持续

① http://www.wto.org/english/news_e/news10_e/tnc_dg_stat_26mar10_e.htm.

增加。WTO成立以来，加入的成员有25个，使WTO成员达到了153个。还有20多个正行走在成为正式成员的路上，最终成员将突破170个。作为一个独立于联合国系统的国际贸易组织，成员的普遍性是WTO推崇的自由贸易获得广泛接受的最佳诠释，尤其是2001年，拥有世界上20%的人口和近10%市场份额的中国的加入，成为当年WTO最有影响的事件。（4）贸易政策审议机制。WTO通过贸易政策审议机制，所有成员定期对有关成员的宏观经济环境和贸易政策与实践进行监督，确保各成员贸易政策与实践符合WTO的要求和推进自由贸易的发展。在全球金融危机和经济衰退中，WTO创造性地运用这一机制，要求各成员报告相关贸易措施，定期汇总并公布这些措施，这大大遏制了各成员贸易保护主义的冲动和措施的出台。（5）贸易自由化观念深入人心，自由贸易获得公众的广泛支持，人们对自由贸易的认可达到史无前例的程度。金融危机中，虽然部分发达成员对贸易保护主义还存有些许迷恋，但占世界人口绝大多数的发展中成员的老百姓已经对贸易保护主义深恶痛绝。深入人心的自由贸易观念，是继续推进多边贸易体制发展和贸易自由化的精神力量。

2. 贸易与发展

发展问题在多边贸易体制中集中体现为发达成员和发展中成员之间的矛盾，而这一矛盾随着乌拉圭回合的结束已经纳入WTO各项协定之中，成为WTO体制的固有问题，这也是多哈回合命名为发展议程的原因之一。WTO继续在贸易与发展问题上取得新的进展，表现在：（1）设立贸易与发展委员会。贸易与发展委员会是WTO最初成立的四大委员会之一。（2）发展中成员的地位、话语权持续得到增强。与GATT时期不同，现在的WTO，无论是美国还是欧盟或者四国或六国甚至七国集团都没有绝对的发言权。如前所述，坎昆会议发展中成员力量的整体增强已成为发达成员不得不接受的事实。集团谈判政治的出现正是这种变化的反映。（3）技术援助和培训是WTO六大基本任务之一，贯穿于WTO各协定和WTO的日常工作之中。（4）即便在被认为只是打着发展旗号而真正关注欧美农业问题的多哈回合中，欧美讨论农业问题需要披着发展的外衣本身就说明发展问题在WTO全球贸易治理中的重要性和敏感性。（5）对不发达成员的特别关注。香港部长级会议决议要求贸易与发展委员会每年就向不发达成员提供的双免待遇的实施情况进行年度审议，并向总理事会报告建议采取适当的行动。（6）作为联合国千年发展目标的组成部分，WTO为世界经济发展，尤其是减贫做出了卓越的贡献。WTO在促进国际贸易自由化方面十分有效，它与良好的经济政策结合在一起，使数以百万计的人走出了贫困。

3. 国际贸易法治

WTO不只是一个简单的组织框架，而是代表了由一整套得到广泛认可和接受的规则来调整世界贸易和各国政府贸易行为的史无前例的国际贸易法治。这种国际贸易法治的触角，已经越过各国边境，深入到了成员的国内规章中，而且随着世界经济贸易的发展而不断扩展。15年的实践证明，首先，由WTO各适用协定组成的法律文本总体上得到了较好的遵守。即使在1997—1998年亚洲金融危机期间，关税约束仍得到维持，成功避免了国际金融体系动荡给世界贸易体系带来实质性的负面影响。其次，WTO规则事实上规范了各成员的行为，并让社会公众参与贸易体系。甚至在目前世界金融海啸或经济危机中，严重的贸易保护主义也受到了遏制，从而避免贸易战的出现，这就是WTO规则的规范作用。最后，WTO争端解决机制的巨大成功。一方面，WTO为确保各适用协定的遵守和成员的贸易行为规范提供了强有力的威慑，保证了WTO法的执行力；另一方面，在全球治理中产生了无法估量的外溢作用，在全球贸易治理中使用法律程序解决争端（司法化）的趋势可能是当今贸易世界最显著的革命。WTO之所以能够成功，其他国际组织包括联合国之所以在关键时刻常受挫，就是因为WTO拥有具有强烈法治情怀的争端解决机制。争端解决机制使WTO成为拥有强有力的司法工具以确保其规则得到遵守的独一无二的国际组织。WTO内大国影响力的有限（与联合国安理会相比）和不断提升的发展中成员的影响（与布雷顿森林体系相比），证明大国是可控的。

4. 与其他国际组织协调合作

在全球治理中，WTO 只是一个主管全球贸易治理的政府间国际组织。全球治理要求治理主体的多元化和治理机制的多样化，各治理主体和治理机制只有加强协调与合作，才能有效应对全球挑战。国际合作是保证国际关系和国际法律秩序和平演进的唯一途径，也是确保 WTO 合法性和贸易规则有效性的关键。① WTO 协定第 5 条“与其他组织的关系”对 WTO 与其他政府间国际组织（第 1 款）和非政府组织（第 2 款）的关系做出了适当的制度安排，WTO 协定还附加了“关于 WTO 和 IMF 关系的宣言”。根据 WTO 协定规定，WTO 与 IMF 和世界银行等政府间国际组织签订了正式的关系协定，分工合作，各司其职。在实践中，WTO 和其他政府间组织，包括联合国（UN）、世界卫生组织（WHO）、国际劳工组织（ILO）、联合国贸易与发展会议（UNCTAD）、联合国环境规划署（UNEP）和经济合作与发展组织（OECD）等，共同组织或相互参加活动，共同应对全球挑战。WTO 总干事广泛而频繁地参与与全球事务有关的各种正式与非正式的会议、论坛和研讨会。在与非政府组织和公众的联系方面，除 WTO 协定做了制度安排外，1996 年总理事会通过了关于 WTO 秘书处与非政府组织关系性质与范围的指南，WTO 采取了一系列有效措施提高透明度和公众的参与度。WTO 每年在日内瓦组织一次专门面对非政府组织和公众的 WTO 公共论坛，非政府组织可以通过提交《法庭之友简报》（*curiae amicus* briefs）以及报名参加公开听证会参与和影响 WTO 的争端解决活动。WTO 总干事经常与非政府组织、国会议员、工会和商业组织就感兴趣的问题进行对话、讨论和交流。

5. 全球治理理论的实验室

在全球治理理论中，正当程序、公正、参与和透明度等行政法原则被 WTO 纳入其协定，并为这些原则在全球层面的发展做出了

---

① Pascal Lamy. The Place of the WTO and Its Law in the International Legal Order. *European Journal of International Law*, 2006, 17 (5): 982.

贡献。正当程序与公正原则就体现在《关于争端解决规则与程序的谅解》（DSU）的许多条款之中。WTO 通过争端解决机制实施和解释这些法律规定，促进了行政法原则的发展。一些 WTO 协定还对成员施加了正当程序的要求，从而对其国内法律制度产生影响，如 WTO 协定要求成员必须以一种“统一、公平和合理的方式”实施与 WTO 有关的国内法律措施。虽然 WTO 决策结构被认为不符合民主的决策程序，但 WTO 通过其规范功能对全球治理所作的实质性贡献和这些贡献对民主和正义的影响本身就是对全球治理民主层面的一种重要贡献。①

在部分西方学者看来，自 1948 年以来，多边贸易体制不仅经受了巨大的挑战，而且在促进贸易自由化和实现贸易法治方面取得了相当大的成就。因此，WTO 是全球贸易治理成就的最重要体现。

（三）WTO 全球贸易治理面临的挑战

WTO 全球贸易治理被认为面临五大挑战：（1）在 OECD 主要国家中支持市场开放的人数明显减少，这种现象在发展中国家和新兴工业国家也已经出现。贸易被人们当做解决危机中出现的失业、收入减少和差距拉大等问题中的一个问题，而不是解决方案的一部分。（2）全球经济平衡转变过程的停滞。例如，在多哈回合中包括中国和印度在内的发展中成员的领导作用没有得到发挥，小型经济体和贫穷成员的境遇依然糟糕。（3）在 WTO 正深入走向 21 世纪的过程中，WTO 的议程是目标不清、缺乏共识，尤其是 WTO 只应专注于贸易和与贸易有关的议题，还是应该在全球经济一体化的大背景中变成有关全球经济治理规范的大本营，如何定位一直困扰着 WTO。（4）对 WTO 内部治理公平和正义的需求，尤其是决策程序自 WTO 成立以来就广受批评，影响 WTO 的有效性、公平性和合法性。（5）不断蔓延的区域贸易优惠协定对多边贸易协定的冲击。在 WTO 总干事看来，除了这五大挑战外，当前贸易体制还面临下列新挑战：（1）如何适应贸易与气候变化之间的关系。（2）

① http://scholarship.law.georgetown.edu/fwps-papers/117.

如何在一个食品和自然资源国际市场供求关系已出现根本变动的世界中加强合作。(3) 在区域贸易安排和多边贸易体制中寻求更大的一致性。(4) 解决存在的大量隐蔽而棘手的非关税贸易壁垒。①

综合归纳近些年来国内外有关 WTO 全球贸易治理的各种文献，虽然各种挑战不全是因为经济危机而生，但无疑在经济危机中得到放大，变得更为严峻，改革的要求更为迫切。我们认为，WTO 全球贸易治理，当前主要面临下列挑战：

1. 体制性挑战

这主要包括多边贸易体制权力基础变化的挑战和 WTO 内在的组织和制度挑战。

(1) 多边贸易体制权力基础变化的挑战

GATT 的产生和 WTO 的建立，都是在发达成员，尤其是美国或者说“大西洋共识”(the atlantic consensus) 主导下的产物，主要体现了美国和欧洲的政治经济利益和治理观，而且美国还成功地将它的自由主义贸易政策与法律内嵌于以规则为基础的多边贸易体制中。因此发达成员和发展中成员的不对称，或者说不平等是多边贸易体制的固有矛盾。这种不平等源于双方的政治经济实力的不平等，并集中表现为下列五种不平等：第一，权利义务的不平等；第二，制订和实施贸易法律与政策能力的不平等；第三，享受多边贸易体制优势能力和资源的不平等；第四，对 WTO 协定理解和实施能力的不平等；第五，运用 WTO 争端解决机制法律能力的不平等。这些不平等正是多边贸易体制的贫困陷阱 (poor trap) 和知识陷阱 (knowledge trap) 的体现。21 世纪以来，形势发生了深刻变化，在 WTO 内部，美国虽然仍然占据优势地位，WTO 也仍然需要它发挥领导作用，但它已经没有了绝对的支配权，甚至美国和欧盟、日本、加拿大组成的四国集团也无法像以前一样左右 WTO 的决策和日程设定。印度、巴西和中国等新兴大国以及坎昆会议上出现的集团谈判政治，正在改变多边贸易体制内在的力量对比。

---

① http://www.wto.org/english/news_e/sppl_e/sppl132_e.htm.

（2）WTO 内在的组织和制度挑战

WTO 面临的长期而持续的制度性问题是：WTO 的目的、宗旨和目标到底是什么？协商一致决策、一揽子承诺是不是最合适的方式？是否应该包含其他多元模式？WTO 是否能够或者应该更好地规范自由贸易协定（FTAs）的扩散？而 WTO 内在的组织和制度挑战主要集中于三个方面：协商一致的决策程序、一揽子接受承诺和争端解决机制。

协商一致的决策程序是国际上多边体制的一个典型特征，WTO 也不例外，并且在 WTO 协定中有明确规定。在 WTO 成员已经超过 150 个的情况下，该决策程序被认为不能正常运转，例如 1995 年以来部长级会议和总理事会通过的决议很少，多哈回合进展缓慢。① 也有学者认为，WTO 的最大的制度性挑战不在于协商一致规则或者 WTO 协定中规定的其他决策方式，也不是规则制订议案在通过的最后阶段导致的拖延和迟滞，而是在规则制订的早期和中期缺乏一个正式的机制，缺少一个类似国际货币基金组织或世界银行执行董事会那样的管理或执行机构。②

一揽子接受方式在乌拉圭回合首次引入多边贸易谈判，毫无疑问，至少在两个重要方面取得了成功。首先，它将所有成员完全带入同一个多边规则体系，从根本上解决了东京回合谈判达成一系列诸边协定导致系统碎片化的问题。其次，它是一种将未来议程捆绑在一起的方式，但是它也被认为是多哈回合迟迟难以结束的症结所在。因为，主要谈判方并非在所有议题上都能达成一致，对核心议题（农业问题）的争执不休拖累了整个谈判进程，因此有必要对此种谈判模式进行调整。

如前所述，正是因为有了争端解决机制，WTO 才能得到如此

① Peter Van den Bossche, Iveta Alexovičová. Effective Global Economic Governance by the World Trade Organization. *Journal of International Economic Law*, 1995, 7 (3): 671.

② Debra P. Stager. The Future of the WTO: The Case for Institutional Reform. *Journal of International Economic Law*, 2009, 12 (4): 803-833.

多的关注和信任，产生了很多事实上大大超越 WTO 职权范围的期望，甚至一度使 WTO 处于全球化与反全球化的漩涡中心，但是这并不表示 WTO 争端解决机制就是完美无缺的。1994 年在马拉喀什通过的《关于实施与审议〈关于争端解决规则与程序的谅解〉的决定》提请部长级会议在 WTO 协定生效四年后，对 DSU 进行全面审议，这说明各成员担心争端解决机制的未来运行。总体上，人们对争端解决机制的抱怨主要集中在四个方面：首先，DSU 的效能不高。比如争端解决时间，尤其是专家组阶段的时间太长，救济也不够有效，这使得小型经济体成员对通过 WTO 解决争端没多大兴趣。其次，信息不足。主要体现在发展中成员在获得有用信息和分析贸易数据上的明显不足。再次，发展中成员参与争端解决的法律能力问题：第一，WTO 争端解决不断增加的复杂性（举证责任和相互同意的解决程序尤其突出）给发展中成员带来更多挑战，甚至危险；第二，发展中成员在涉及 WTO 事务时缺乏必要的商界和政府之间沟通的制度框架；第三，经济危机时期，在补贴、一揽子刺激措施和农业等这些 WTO 缺乏澄清的领域中，发达成员有能力和资源进行操控，而且这些措施的效果需要一定的时间才能显现，发展中成员非常有可能受到因此产生的贸易扭曲的不当影响，风险很高。

当然，还有一些其他涉及 WTO 组织和制度方面的挑战，如总干事和秘书处的作用，WTO 在技术援助和能力建设领域的运行和结构问题等。

2. 多哈发展议程的挑战

多哈回合是有助于驾驭全球化和改进全球经济治理运行模式的谈判，以便确保 WTO 成员从更加开放的贸易中获益和怎样组织、决定与实施全球规则。①

---

① Pascal Lamy. Europe and the Future of Global Economic Governance. *Journal of Common Market Studies*, 2004, 42 (1): 10.

如前所述，多哈回合谈判是 WTO 主持的首轮多边贸易谈判，以发展为重点，又名多哈发展议程。现在看来，所谓发展议程，似乎有名无实。多哈回合谈判进展为什么如此艰难？有人认为大部分发展中成员在乌拉圭回合谈判中曾被发达成员威逼利诱，接受了对发达成员有利的 GATS 和 TRIPS，对新回合谈判的法律后果无法做出准确预计，因而尚不能完全信任多边贸易体制。WTO 当前的主要任务应是将乌拉圭回合谈判的成果转化为实际行动，而不是记录更多有名无实的纸上承诺。也有人认为发达成员（如美国、欧盟），一方面，已难以单独控制谈判的议程和进程，因而兴趣转移，热衷通过双边或区域方式解决问题；另一方面，多哈回合谈判与它们的重点关切相去甚远，出现“利益赤字”，没有意愿推动谈判。无论如何，有一点是确定的，那就是 WTO 主持的首轮多边贸易谈判已大大突破当初设计的时间表，九年多了仍然看不到达成最终协议的希望。

在全球经济衰退和贸易下滑的背景下，锁定多哈回合中已取得的成果，迅速解决剩下的议题并尽快结束谈判，成为 WTO 当前面临的主要任务。需要解决的议题，除了高度优先的农业和非农市场准入（NAMA）外，美国在倾销计算中采用的“归零法”在实践中所引起的广泛争议和对渔业部门的补贴措施也亟须加强。因此，《反倾销协定》与《补贴与反补贴措施》的修改也是多哈回合还需要解决的问题。① 目前，处于全球经济危机和尚未完成的多哈回合之中的全球贸易治理已降到谷底。结束多哈回合和继续推进 WTO 议程固然不能从根本上解决全球经济衰退，但是至少有助于扭转经济的继续下滑，更为重要的是为全球经济的复苏提供重要的心理支撑。

---

① Bryan Mercurio. Reflections on the World Trade Organization and the Prospects for Its Future. *Melbourne Journal of International Law*, 2009, 10: 5-8.

3. 危机管理议程的挑战

全球金融危机和经济衰退要求作为全球治理核心组织之一的WTO加强工作，立即采取行动应对危机。对WTO来说，当前面临的最大挑战就是在金融危机形势下如何发挥作用。WTO需要与不断增加的保护主义作斗争，并加强多边贸易体制急需的组织工作。与多哈发展议程相比，危机管理议程有三大区别：（1）与多哈回合是一项特别授权不同，它涉及源于WTO协定的有关宪法性授权的WTO合法性问题。（2）它较少涉及WTO的规范性或立法性功能，而更多关注WTO的行政性或执行功能。（3）它要求总干事在职权范围内，在秘书处的支持下更积极主动地开展工作。

尽管在金融危机的早期，大部分WTO成员都能在本国的保护主义压力下保持克制，但随着危机的蔓延，已经有证据显示很多成员已采用贸易限制或贸易扭曲措施来保护本国的商业利益和工作岗位。这些贸易保护政策和措施包括：提高一些产品（钢铁、玩具、服装、皮鞋、食物和饮料）的关税，给予出口补贴，提高增值税和支持国内汽车制造商等。① 在全球经济仍然脆弱和世界贸易前所未有地下滑之时，明确而坚定地发出保护主义不是解决方案的信号将尤为重要。② 2010年3月8日，WTO、经济合作与发展组织（OECD）以及联合国贸易与发展会议联合发布了有关二十国集团（G20）成员贸易与投资措施的第二次研究报告。在这份报告中，三家机构再次向二十国集团的成员国领导人呼吁：应继续抵制贸易保护主义，否则全球经济复苏"前景黯淡"。

4. 全球治理的挑战

WTO在全球治理中只是一个年轻的国际组织。全球治理对WTO的挑战，不仅表现为贸易保护主义对贸易自由化的消极影响和优惠贸易协定（包括双边和区域贸易协定）对多边贸易体制和

① http://www.bepress.com/bap/vol11/iss3/art5.

② http://www.wto.org/english/news_e/news09_e/tpr_13jul09_e.htm.

多边贸易谈判的侵蚀，而且表现为 WTO 在全球治理中的角色定位与合法性危机（legitimacy crisis），还表现为对 WTO 体制提出了更高更长远的改革要求。①

（1）优惠贸易协定对多边贸易体制的侵蚀

在乌拉圭回合谈判中，进行优惠贸易协定的谈判与缔结工作曾经是欧美发达成员转移谈判矛盾和向谈判对手施加压力的筹码。无论优惠贸易协定所产生的贸易创造效应和贸易转移效应如何，它对 WTO 全球贸易治理两大侵蚀影响是客观存在的：第一，它违背多边贸易体制赖以存在的非歧视原则。第二，它使大量的有限财力和人力谈判资源从多边贸易谈判中撤离，阻挠或干扰多边贸易谈判。自 2006 年 7 月多哈回合第一次宣布中止以来，区域主义和双边主义蔓延。仅 2009 年，WTO 成员就签订了 25 份优惠贸易协定，使得此类双边或区域协定达到 186 个。②

（2）WTO 在全球治理中的定位

关于 WTO 在全球治理中的角色定位，贸易自由化者③认为 WTO 无疑运行良好，无需进行体制改革，也不必把其他更广泛的议题拉进 WTO。对此持异议者则认为，WTO 不仅可以适应它目前所面对的非传统贸易议题，而且具有适应这些议题在未来发展的组织制度方面的灵活性，无论喜欢与否，WTO 将会持续处理与非传统贸易有关的议题。④ WTO 作为一个不仅对全球贸易而且对全球经济负责的国际组织，未来应享有更广泛的授权。因此，WTO 不仅要进行必要的组织改革，还应讨论其他诸如人权、环境、气候变

---

① 在规范意义上，当一个机构的实践满足一系列预先公开且得到维护的标准时，它就具有合法性。在社会学意义上，合法性是一个事实。当一个机构被相关受众接受且值得遵守时，它就具有合法性。如果相关受众相信某种规范理论，这时在规范意义上和社会学意义上的合法性就趋向同一。

② http://www.wto.org/english/tratop_e/region_e/region_e.htm.

③ For example, Robert Wolfe, Richard Blackhurst, Petros Mavroidis, Robert Laurence, Allan Skyes and so on.

④ Gary P. Sampson. *The WTO and Global Governance: Future Directions*. United Nations University Press, 2008: 14-15.

化等与全球治理有关的议题。

发展中成员批评 WTO 跑得太远。它们声称，WTO 强迫所有成员接受所谓的《与贸易有关的知识产权协定》和《与贸易有关的投资措施协定》，这已经偏离了其承担的基本贸易使命；强迫一些成员接受与它们利益无关的义务，侵犯了它们的主权，也超过了它们的履行能力。发达成员抨击 WTO 步子太小，认为 WTO 是服务全球经济的公共产品，因此它的服务和收益也应在更大范围内提供与分享。甚至有人认为，鉴于 WTO 争端解决机制的成功与完善，以及公众对该机制的信任，争端解决机构应该受理区域贸易协定或其他自由贸易协定所产生的争端。

（3）WTO 在全球治理中的合法性问题

关于 WTO 在全球治理中的合法性问题，根据全球治理理论，全球治理意味着国际组织需要和新的行为体（主要是商界和公民社会）进行对话与合作，并建立更开放的决策程序，但在触及 WTO 和公民社会和大众的关系时，WTO 的治理模式的局限性就十分明显——透明度不足和民主性缺乏。① WTO 层面的民主问题在较大意义上被视为参与度不高，因而酿成 WTO 的合法性危机。透明度不足要求 WTO 提高体制的透明度：（1）改进个人和成员向贸易政策审议机构提交报告的工作；（2）进一步加强对多边贸易体制有重要影响的国际贸易环境的监控；（3）改善提交给各委员会和理事会的各种措施的通知、再通知和分析工作；（4）持续监控

---

① 2003 年 6 月，欧洲大学研究院举行年会专题讨论“世界贸易体制面临的合法性与有效性挑战——WTO 的民主治理和竞争文化”。议题主要有：（1）WTO 决策中的议会参与和 WTO 中的民主控制如何才能更有效？（2）WTO 需要全球政治吗？透明度、公开辩论和非政府组织在 WTO 中的参与作用。（3）WTO 的贸易非歧视条件的目标：消费者福利、生产商福利和公民总体福利在 WTO 规则中足够平衡吗？（4）为促进 WTO 成员的非歧视竞争、竞争法和竞争制度，需要附加的 WTO 竞争规则吗？（5）需要关于外国投资者市场准入和国民待遇的附加的 WTO 投资规则吗？（6）为行使其授权，如何提高 WTO 政府间和行政机构的能力？（7）WTO 争端解决机制能处理竞争和投资争端吗？（8）需要重建 WTO 和联合国专门机构之间的合作结构以利用它们的补助功能吗？

全球危机对贸易金融的影响。

WTO 被认为站在十字路口，如果 WTO 仍旧只专注于贸易，那它现在所获得的最有效和最可信赖的国际组织的地位将不可持续。WTO 仅仅将一些非贸易议题作为需要规范的潜在贸易壁垒加以处理也是不够的，如不进行改革，WTO 的合法性就将继续面临挑战，它的贸易偏好就将继续受到批评。如果 WTO 不能解决面临的新问题和不断完善以获得具有效能、公平和合法性，它将有被边缘化的风险。因为在贸易自由化观念深入人心的 21 世纪，非贸易价值而非贸易保护主义，已成为反对自由贸易的强大动力。

（4）全球治理提高了对 WTO 改革的期望值

WTO 被认为远远不能担负与全球治理相关的更大责任。它的透明度—监控—监测机制作用有限，需要进一步改进。① 即使结束多哈回合谈判也改变不了对 WTO 进行改革的需求。第一，在世界经济缓慢增长和新兴保护主义的压力下，规则的重要性提高了，加强这些规则变得更加紧迫。第二，在国际社会重要领域，如粮食安全、后金融危机时代的国际金融管控和气候变化的贸易方面等，在 WTO 中尚不见踪影。第三，WTO 在贸易改革中已经被单边、双边和区域自由化进程边缘化了。自 WTO 成立以来，在货物贸易领域，多边谈判没有带来任何新的比较重要的自由化。因此，WTO 必须回答如下问题：如何帮助成员进行自发的贸易改革？如何在决策过程中减少对协商一致方式的依赖？如何利用区域贸易协定的冲力推动多边自由化？为此 WTO 必须进行改革：（1）必须走出它的“光荣孤立”（splendid isolation）状态，寻找舞台以转向更积极参与的实际自由化。（2）长期目标是建立有效管控区域贸易协定的规则，而建设性地参与区域贸易自由化进程是实现这个目标的前提。

必须加强 WTO 在全球治理中的地位。WTO 的未来取决于四大核心要素：（1）各成员政府必须对有可能改变 WTO 作为一个贸易组织角色的不断变动的规则保持强烈戒心。（2）应对非贸易议题的实用方法是不断创造性地运用新的和现有的各种机制。（3）国

① Pascal Lamy. *The WTO's Contribution to Global Governance*. United Nations University Press，2008：51.

际机构在处理重叠议题上有更大的一致性。（4）成员政府必须保留为实现国内目标而实施相应国内政策的权利。无论如何，在最基本层面，必须保证 WTO 是一个建立在非歧视基础上的贸易组织和协商一致决策的政府间组织。①

诚然，当务之急是尽快完成多哈回合谈判。多哈回合谈判成功结束是重振世界经济和提振国际社会对多边贸易体系信心的“良药”，是多边贸易体制不断完善、国际市场不断开放、激励全球经济增长的主要途径和动力，也是应对贸易保护主义的一张“保单”。早日结束多哈回合谈判，一方面可以从制度层面更加有效地制约贸易保护主义，重塑更加合理的国际经济秩序，为今后 20 年甚至更长时间的国际贸易发展创造稳定安全的环境；另一方面可以进一步降低关税，扩大各国的市场开放水平。多哈谈判成功将使全球关税水平在现有基础上下降 50%，每年至少会为世界经济创造 1500 亿美元的收益，并为世界经济走出金融危机的阴影提供信心。②

三、改革 WTO 全球贸易治理的设想与方案——评论

21 世纪以来，由于 WTO 在发展过程中遇到一些困难和阻力，以及反全球化和去全球化运动的兴起，如何改革 WTO 全球贸易治理更是成为各界讨论的重点。这些设想和方案，有些来自 WTO 外部的学者和专家，也有些出自 WTO 成员和内部机构；有针对 WTO 的外部挑战的，也有关于 WTO 的内部治理的。③ 或着眼总体框架，

① Gary P. Sampson. *The WTO and Global Governance*: *Future Directions*. United Nations University Press, 2008: 14-36.

② 易小准．全球金融危机背景下中国贸易政策主张//中国世界贸易组织研究会．中国世界贸易组织年鉴（2009）．中国商务出版社，2009：5.

③ 2005 年荷兰马斯特里赫特大学举行名为“寻求有效的全球经济治理：以 WTO 为例”的国际研讨会。该会召集了学界、WTO 工作人员、外交官、政府贸易官员、商业界代表和非政府组织代表共同讨论旨在为 WTO 的体制改革研究确定一个全面日程。会议议题包括：WTO 共识决策的完善与替代方式，WTO 决策过程中的透明度，民主正当性和公民社会的参与，WTO 机构的次级立法和 WTO 秘书处作用的扩展。

或着眼具体技术规则；或着眼当前困境，或着眼长远调整；或着眼理论分析，或着眼实践操作；或着眼政治经济分析，或着眼法律效果。

2001 年 2 月前三位 GATT/WTO 总干事邓克尔、萨瑟兰和鲁杰罗在世界经济论坛上联合提出了八条建议：第一，谋求商界支持多边贸易体系；第二，倾听批评但要坚持原则；第三，承认世贸组织体制的局限性；第四，创造一个公众信任的环境；第五，给争端解决环境降温；第六，满足发展中国家的愿望与关注；第七，处理其他人类发展的挑战；第八，发起新的贸易回合。

在世贸组织十周年之际，2005 年 1 月 17 日世界贸易组织秘书处发布了一份由八位名人①共同撰写的《世贸组织的未来——应对新千年的制度挑战》（*The Future of the WTO—Addressing institutional challenges in the new millennium*）的报告（下称《萨瑟兰报告》）。②针对优惠贸易对国际贸易环境的影响，世贸组织的决策程序，市民社会在世贸组织活动中的作用等制度性问题，该报告指出，第一，全球化进程与世贸组织的作用被广泛误解，多数人既不了解世贸组织的长处也不了解它的局限性。如果发展中国家无法从世贸组织获益，世贸组织在道义上的感召力就会大打折扣。第二，优惠贸易协定泛滥，不仅侵蚀了多边贸易体制，而且非常危险，是反击侵蚀非歧视原则的行为的时候了！第三，国家因加入世贸组织而成为世贸组织成员所得大于所失，国内政策空间收缩所失与多边合作及法治产生的所得之间的平衡是积极而继续发展的。第四，加强全球经济决策的协调一致，需要更好的全球治理。第五，加强与市民社会对话，世贸组织成员应在境内建立与市民社会的密切联系与沟通机制，世贸组织应该确立一套处理与各种非政府组织关系的明确清晰的指导方针。第六，加强世贸组织争端解决机制，使它更成功有效。第七，改进决策程序及其他安排，推动多边贸易谈判：（1）

① 其中包括前 GATT 总干事萨瑟兰，著名经济学家巴格瓦蒂，巴西前外长拉佛尔，法学家约翰·杰克逊等。

② http://www.wto.org/english/thewto_e/10anniv_e/future_wto_e.htm.

改进协商一致的决策方式，区别对待程序性议题与实质性议题，不得阻挠纯程序性议题，对于实质性议题，任何成员如反对一项获得广泛支持的措施，必须事先书面说明该措施涉及其“重大国家利益”。(2) 建立执行新协定的资金保障安排，以协助最不发达国家成员履行新义务。第八，在组织制度上进行调整，以保证政治上强而有效的决策过程：(1) 今后每五年举行一次世贸组织成员首脑峰会，每年举行一次部长级会议，总干事每半年向部长们书面提交一份贸易政策发展报告；(2) 由30个世贸组织核心成员（部分常设、部分轮换）组成“高官磋商机构”，并由总干事主持，每季度或半年召开一次会议，讨论世贸组织的方向性问题；(3) 为促进透明与包容性，总干事应探讨在限制性会议上与有关团体加强协调和增进团体代表性的潜力。第九，加强总干事与秘书处作用：(1) 总干事人选的先决条件应该是专业技能与适当经历。建议放弃世贸组织成员只推荐本国人为候选人或只有获得本国政府支持的人才能被提名的做法，避免发达国家人士与发展中国家人士轮流坐庄的倾向。在秘书处各级别，特别是高层，充实最适合的人士。(2) 通过任命一位相当于副总干事的首席执行官（CEO）来加强秘书处的管理工作。(3) 确认秘书处的地位，鼓励秘书处更多的智力产出与政策分析。(4) 适当增加预算。

据统计，有关如何加强多边贸易体制，改革 WTO 和改进全球贸易治理的方案和提议几乎涉及 WTO 运行的所有方面：(1) WTO 的管理和内部行政事务；(2) WTO 的战略方向、政策协商和问题解决；(3) 谈判职能；(4) 争端解决职能；(5) 监管、评估和评价职能；(6) 外延功能；(7) 能力建设职能和贸易援助；(8) 国际协调与合作职能；(9) 研究功能。涉及的核心议题有：秘书处的作用和责任，总干事的作用和选任，内部管理，秘书处资源和预算过程，内部透明度，秘书处与利益相关方的关系，部长级会议，有关政治领导以及专家和利益相关方论坛的附加机制，决策程序，WTO 的授权、范围和原则的作用，谈判程序，主席在谈判中的作用，加入程序，WTO 委员会的日常工作，对谈判和协定的评估，议员和利益相关方在谈判中的参与，发展中成员利用争端解决机制并从中受益的能力，调解和其他选择性争端解决程序，争端解决的透明度和公众参与，专家组和上诉机构的角色，与其他国际法渊源、国际法庭和国际组织的关系，贸易审议机制，通知，WTO日常委员会的监督工作，监督、评估和评价的附加机制，贸易援助和能力建设的管理，贸易援助、能力建设、技术援助和培训的内容，贸易援助和能力建设的监督，改善发展中成员在WTO中的代表性，透明度、公众参与和获得信息，优惠贸易协定、区域贸易协定和双边贸易协定的管理，WTO与其他国际组织的关系等。下面选取若干典型的设想和方案进行述评。

（一）决策程序（decision-making）

对于WTO的协商一致决策困局，杰克逊（John H. Jackson）开出了“临界质量”（critical mass）的药方。“临界质量”主要包括两个因素：压倒多数的成员比例和压倒多数的贸易比例，比如各自的90%。① 柯迪尔（Thomas Cottier）等提供的方案是加权表决制。在协商一致无法达成的情况下，作为辅助手段，根据各成员对WTO的贡献、GDP、市场开放程度、人口数量等几个因素确定加权表决公式，进行投票表决。弗鲍尔（Gary Hufbauer）主张完全采用加权表决制，否则多边贸易谈判就不可能成功，让占世界贸易份额不到10%的成员阻挠决策的通过是非常危险的。② 华威委员会认真考虑了加权表决制的各个因素，认为这不是一种合适的决策方式，而支持“临界质量”模式，③ 允许具有相近利益和想法的成员在达到一定标准的情况下就特定议题先行谈判并达成一致。这种方式在乌拉圭回合以前在多边贸易谈判中经常使用，结果喜忧参半。鉴于多哈回合目前的僵局，此种提议可能会对未来的多边贸易谈判

① See John H. Jackson. The WTO “Constitution” and Proposed Reforms: Seven “Mantras” Revisited. *Journal of International Economic Law*, 2001, 4 (1): 74-75.

② Gary Hufbauer. Inconsistency between Diagnosis and Treatment. *Journal of International Economic Law*, 2005, 8 (2): 291.

③ Report of the First Warwick Commission. *The Multilateral Trade Regime: Why Way Forward.* University of Warwick Press, 2007: 29-32.

有一定的吸引力。

与上述观点相反，WTO 现任总干事拉米认为协商一致决策模式正是 WTO 体制优势或者说特殊性的一个重要体现。与工业化国家控制了大部分席位的其他国际经济组织不同，协商一致决策成功地让发展中成员更有效地参与 WTO 谈判。现在发展中成员已经成为谈判进程的真正“驱动力”，这种状况真实地反映了目前 WTO 体制内力量对比的变化。至于因协商一致产生的所谓“效率低下”问题，拉米认为这是值得的，决策程序的目标是保证每个成员都有机会在制定国际贸易规则中有同样的发言权，而协商一致是现在实现这个目标的最可行方式。

（二）争端解决机制

针对争端解决机制面临的四大挑战，一些学者也分别开出了药方。首先，关于 DSU 的效能不高问题，建议鼓励争端解决的“温和”方式，如调解、斡旋和仲裁，这样可以促使争端的更快解决，结果也会更合理。其次，关于信息不足问题，（1）应加强 WTO 秘书处在监督政府措施和通知方面的作用。在这方面一个更独立、分析性和质疑性的秘书处有助于取得进展。（2）如果可能，建立一个对外的独立机构专门从事监督和分析工作。再次，关于能力问题的法律能力方面，（1）一些发展中成员可以利用 WTO 法律咨询中心（ACWL）作为其加强能力建设的一个途径。（2）技术援助捐助国也应提供法律能力建设服务。（3）发挥非政府组织在加强发展中成员法律能力方面的作用。贸易与可持续发展中心已经通过组织会议和区域对话的方式在这方面做出了重要而实质的贡献。最后，关于争端解决机制的救济不够有效的问题，华威委员会建议败诉的成员应对受损成员提供现金补偿。这似乎有一石二鸟的作用：既可解决现行贸易制裁实践背离 WTO 贸易便利化目标的问题，又能破解小型经济体成员无力采取报复措施的难题。当然，委员会认识到现金补偿实际上难以操作。

（三）WTO 的组织结构改革

针对 WTO 的组织结构问题，柯迪尔建议设计一个双层结构组织来专门处理各类问题。（1）咨询委员会。该委员会旨在集中各方智力处理在各首都或者驻日内瓦使团中的有关国际治理的制度性问题。根据所处理的问题不同，委员会的组成包括一些核心团体，并与不同的成员和工作组共同工作。该委员会应设计一个与国内议会和非政府行为体互动的机制。委员会应享有广泛的授权，并向WTO总干事报告。总干事有权决定是否将其提议进一步提交给总理事会和部长级会议。委员会还可以根据WTO各委员会和谈判集团的请求提供意见和建议。委员会应向各成员开放。(2) 常设法律事务委员会。该委员会专门处理体制性法律问题。委员会和上诉机构共同承担所有结构性、水平性和程序性事务。它还负责不同条约草案文本之间的一致性。委员会应有权讨论各成员和咨询委员会提出的所有议案。该机构是纯官方性质，并全面参与WTO的正常决策过程。委员会应向总理事会报告工作。①

针对WTO缺乏管理或执行机构的问题，解决方案比较简单，就是参照国际货币基金组织或世界银行，根据“良治”(good governance) 原则，在WTO内建立一个正式的、由部分成员组成的管理委员会或执行机构。良治原则应考虑有效性、效能、责任和代表性四个核心要素。其中责任包含两个层面：组织的管理机构和人员在执行职务时对组织成员负责，组织在其授权范围内对外部世界负责。该管理委员会应被授予咨询、执行和监管职能。它对总理事会负责，并由总干事提供指导。总理事会可以请求管理委员会考虑特定的议题并拟定解决方案。委员会可以向总干事、秘书处和成员寻求建议。同时，委员会也可以自主决定就有关国际经济和贸易问题向总理事会提出意见或提供建议。总理事会可以赋予委员会它认为合适的其他职责。委员会对权限内的事项享有决策权。总干事和秘书处是任何一个国际组织有效运行且具有效能的中心环节，因此，要同时加强总干事和秘书处的职能，如有权向总理事会和管理委员会提出议案，在谈判和决策过程中，应允许秘书处在进行研究和提

---

① See Thomas Cottier. Preparing for Structural Reform in the WTO. *Journal of International Economic Law*, 2007, 10 (3): 505-507.

出议案方面发挥更积极的作用，应适当扩大总干事的权限。①

（四）非政府组织的参与和 WTO 的良治

WTO 应考虑建立一套授信系统和向观察员开放其会议，作为提高透明度的第一步。② WTO 应在不同层面开放：（1）非政府组织可以作为观察员参加部长级会议。（2）在非决策性研讨会上，非政府组织可以表达它们的关切和考虑因素，并和 WTO 及代表团成员进行辩论。（3）通过秘书处在非政府组织和 WTO 之间建立密切的信息沟通渠道。

为建立或保持公众对世界贸易体制的信心，有必要促进 WTO 的良治。良治是保证 WTO 集体决策的有效性和合法性的核心。为实现 WTO 的良治，应在 WTO 建立确定的行政规则和程序：行政法。这一 WTO 行政法应包含五组共 14 个核心因素：（1）民主合法性因素：代表性和责任；（2）专业合法性因素：理性、效能、有效性和中立性；（3）秩序合法性因素：澄清和稳定；（4）系统合法性因素：权力共享、法律性和公正；（5）程序合法性因素：协商、透明度、参与和正当程序。③ 另有学者建议：（1）认真对待"协商性民主"（deliberative democracy）；（2）确立程序公正原则；（3）允许非政府组织更深入地参与，并通过 WTO 友好性的能力建设提高发展中成员政府决策的能力，通过发展中政府决策能力的提高创立自下而上的服务于 21 世纪的"新多边主义"。

（五）多哈发展议程

有些学者提出在目前陷入僵局的情况下，重启乌拉圭回合谈判曾经成功运作的由中等实力成员（澳大利亚、加拿大、匈牙利、新西兰、韩国和瑞士等）组成的日内瓦和平宾馆集团（the de la

---

① See Debra P. Stager. The Future of the WTO: The Case for Institutional Reform. *Journal of International Economic Law*, 2009, 12 (4): 820-831.

② See Debra P. Stager. The Future of the WTO: The Case for Institutional Reform. *Journal of International Economic Law*, 2009, 12 (4): 820-831.

③ See Daniel C. Esty. Good Governance at the World Trade Organization: Building a Foundation of Administrative Law. *Journal of International Economic Law*, 2007, 10 (3): 509-527.

Paix Group）主导谈判议程的方式。有些学者就谈判的实体内容提出设想，认为多哈回合谈判明显的错误之一就是把农业问题放在谈判的中心。如果重新设计多哈回合，必须把农业放到次要的位置。有些学者认为由于欧美发达成员在多哈回合中的“利益赤字”，造成了谈判的“领导赤字”，在这种情况下，新兴发展中大国，如印度、巴西，尤其是中国要勇敢地站出来，承担领导责任，给多哈回合以新的驱动力。①

针对WTO各成员间不断增加的利益多样性，有学者提出根本改变目前的谈判模式，通过在WTO核心协定之外附加“俱乐部协定”（clubs）② 的方式来解决。所有成员都可以参与“俱乐部”的规则谈判，但不是所有成员都必须加入。“俱乐部协定”在处理争端时仍然援用DSU。该方式还可以帮助成员避免承担与其最佳利益无关的义务，从而增强WTO的内部合法性。③

（六）WTO的管辖范围与未来角色

自WTO成立以来，扩大其管辖范围，将一些与贸易有关的议题纳入WTO体系，就成为一个争论不休的问题。对此，有学者提出一个似乎是两全其美的方法：在WTO内部建立自治的、议题导向的部门。每个部门处理一个单独的领域，如贸易、环境、人权等。这些部门在它们各自领域内组织谈判，达成协议，并纳入WTO义务体系。为照顾不同领域的利益，定期召开“超级回合”（mega-round）联席会议，以平衡贸易利益和其他利益。通过联席会议达成的协定也应成为WTO义务的一部分。这样既可以利用现

---

① Suparna Karmakar. Rescuing the Doha Development Round：Role of India and China in Multilateral Trade Governance. *Taiwanese Journal of WTO Studies*，2009（8）：79.

② “俱乐部协定”与现有体制内诸边协定相类似，但不一样。在谈判参与、谈判启动、非成员的待遇、争端解决、报复、能力建设和义务的拘束力等方面有明显区别。

③ Robert Z. Lawrence. Rulemaking Amidst Growing Diversity：a Club-of-Clubs Approach to WTO Reform and New Issue Selection. *International Economic Law*，2006，9（4）：823-835.

有的组织框架和谈判资源，又避免现有的贸易偏好缺陷，而且可以尽量降低对现有 WTO 贸易职能的干扰。最终目标是要通过在平衡 WTO 现有利益成功的基础上将 WTO 改造成 WEO（World Economic Organization）。

与上述主张相比，华威委员会比较谨慎，其承认在国际合作的协调体系中，WTO 的授权到底应止于何处，确实很难回答。委员会重提了“新加坡议题”，没有谈及有关汇率是否或如何置于 WTO 规则框架的问题。还有些学者提出相对极端的体制性改革方案：如果 WTO 想成为一个真正的国际组织和全球治理的有效工具，它应该从成员那里获得更大的独立性，而不是现在的“成员驱动”型。WTO 是一个动态演进的实体，它自身必须具备对新的挑战和变化做出反应的能力，这样，有关 WTO 管辖范围的扩大问题就自然可迎刃而解。

鲍威林（Joost Pauwelyn）认为，因为贸易政治发生了根本改变，WTO 的角色也应予以相应调整，WTO 应逐步从推进贸易自由的驱动引擎（the driving“engine” that liberalized trade）转变为维持现状的稳定器（a“stabilizer” of the status quo），以防止保护主义的复活或新的保护主义势力抬头。这样，WTO 功能的核心将不再是不断发起新的多边贸易回合谈判，而是争端解决。由于自由化主要通过单边、双边或区域协定进行，WTO 将变成一个“交易所”，在这里，各成员通报、约束并确保它们通过单边和区域行动采取的市场开放措施。多边贸易体制的改革被认为不应只作为在经济危机大背景下第二位的工作，需要尽快改善全球贸易机制中的日程设定、决策和参与，更紧密和更准确地界定贸易与发展的关系，理解多边体制和不断扩张的优惠贸易关系之间不断增加的复杂性，并做出反应。

（七）评论

我们认为，改革 WTO 全球贸易治理，应厘清下列几大关系：

1. 针对性与系统性

有些具体改革设想很有针对性，从这个角度看，是非常合理的。如“临界质量”决策方式或者加权表决制，技术上不难解决。

但是决策制度不只是一个单纯的技术规则，它只是WTO系统组织制度中的一环，而且非常重要。必须考虑这种改革的系统性影响，否则可能因此产生的问题比解决的问题更多。有些问题本来就是系统性问题的技术性表象而已，因此需要更深入更全面地考虑。

2. 创新性与可行性

有些改革设想，如在WTO内部设立贸易、环境、人权等不同的部门，各部门分别组织谈判，再通过“超级回合”协调彼此问题，它的创新性和启发性都很强，具有一定的规范意义，但可操作性如何呢？仅仅一个多边贸易谈判回合就令WTO陷于进退维谷境地，再同时来几个多边环境谈判、劳工谈判以及它们之间的协调谈判，前景如何大家可想而知。

3. 内部挑战与外部效应

与GATT相比，从全球治理角度看，WTO的最大贡献不是在降低或取消关税和减少非贸易壁垒方面所取得的内部成功，而是它所取得的国际贸易法治成就：第一次运用一整套统一的规则来管理国际贸易和规范政府贸易行为，而且通过准司法化的争端解决方式确保规则的实施和遵守。推进贸易自由化是WTO的基本职责，就应允许其在授权范围内通过其成员接受或认可的方式加以处理。外部合法性的关键重在WTO的溢出效应，应尽量减少对WTO应对内部挑战的干扰甚至指责。

4. WTO作为国际组织的共性与个性

作为一个国际组织，WTO当然具有一般国际组织的共性。WTO的成功主要在于其独特性，受到的挑战也主要源于独特性，因此改革方案更应注重它的个性。同为政府间国际组织，WTO的最大个性在于它的“成员驱动”性质，而不是IMF或者世界银行的“资本驱动”性质。从这个层面讲，WTO才是真正的政府间国际经济组织，IMF和世界银行只是一种“股份金融公司式”的国际组织。所以，协商一致不是WTO的缺陷，而是与其组织特性相适应的决策方式，其他改革方案反而偏离了这种组织特性。

5. 主要矛盾和次要矛盾

WTO面临的挑战很多，根据ICTSD的统计，在财力、人力等资源有限的条件下，同时进行改革无疑是一项“不可能完成的使命”。因此，应有轻重缓急，区分主要矛盾和次要矛盾。比如多哈回合的核心问题是农业问题和发展问题，把这些问题放到次要位置的设想是主次颠倒。WTO 应该而且只能是一个以非歧视原则为基础的贸易组织和采取协商一致决策的“成员驱动”的政府间组织。提出的任何改革 WTO 全球贸易治理的方案和设想，首先应保证加强而不是削弱这一点。只有在优先考虑解决主要矛盾的前提下，才能分出一部分资源考虑一些次要矛盾，如非贸易关注和给予非政府组织在 WTO 的地位等。

四、中国对改革 WTO 全球贸易治理的政策

（一）中国在 WTO 全球贸易治理中的地位及其演变

从 1986 年进行恢复中国 GATT 创始成员资格谈判开始到 2001 年中国加入 WTO，中国共花费了 15 年时间才成为世界多边贸易体系的成员。2001 年加入 WTO 是中国对国际组织和全球治理态度的一个重要分水岭。入世表明中国已经完全接受国际经济组织在世界经济事务中的重要地位，同时也为中国参与全球贸易治理提供了可能性和巨大的国际制度平台。

作为入世的一部分，中国在很多领域做出了重大和勇敢的承诺。作为一名新成员，鉴于参与 WTO 事务的经验、能力和人员都有限，中国忙于埋头履行入世承诺和进行相应的国内贸易体制的调整与改革，比如进口关税从入世时的 15.6% 降至 9.7%，2001 年制订新的反倾销、反补贴条例并于 2004 年进行修订，2004 年修订《对外贸易法》等。作为一名发展中成员，中国的很多入世承诺达到甚至超过了发达成员在 WTO 中所承担的义务水平，如中国承诺不对农业进行补贴等，关税降至非常低的水平，非关税措施也很少。相对而言，中国在 WTO 中一直保持低姿态。中国认真履行了入世承诺，截至 2008 年，虽然受到的歧视性待遇依旧，但中国已全部履行了入世承诺。WTO 总干事拉米给中国履行入世承诺的表现给予 A+的评分。

1. 认真参与多哈回合谈判

多哈回合谈判是中国以正式成员身份在多边贸易体制中参与的首次多边贸易谈判。中国的态度是认真积极的，并自始至终参与了全过程会议，单独或联合提出改革议案或建议。中国更多地作为一名多哈回合发展主题的支持者在发达成员和发展中成员间发挥协调和桥梁作用。坎昆会议上，中国作为20国集团的一员，与印度、巴西等一起成功抵制了发达成员偏离发展轨道、无视广大发展中成员利益的企图。

外界从不同角度来看待中国在WTO的角色与表现，有人认为作为一名2001年加入的新成员，中国在多哈回合最初几年更多作为旁观者出现，因为它仍在全面履行入世承诺。①

鉴于中国经济总量和贸易规模巨大，发展态势乐观，要求中国在全球贸易治理中承担更大责任扮演更重要角色的呼声一直不断。特别在全球经济衰退中，中国似乎是唯一可能成为带领世界走出经济危机的救世主。中美（G2）共治世界成为全球媒体一时热炒的新话题。在这种背景下，中国在WTO中的角色也在悄然发生着变化。2008年7月，中国首次进入WTO谈判的核心圈，与WTO其他六个主要成员共同主导多哈回合谈判的进程。

2. 高调应对国际金融和经济危机

中国在自身进出口贸易不断下滑的形势下，始终秉持开放的理念和自由贸易政策，高举反对保护主义大旗。温家宝总理在2009年达沃斯年会上发表演讲高调反对保护主义。胡锦涛主席在2010年20国集团伦敦峰会上指出，世界各国应共同反对任何形式的保护主义，维护开放自由的贸易投资环境。商务部部长陈德铭在伦敦金融峰会期间，专门举行了以“反对保护主义、共振世界经济”为主题的记者吹风会。中国政府还多次组织贸易投资促进团赴欧洲、美国等地，签下了数百亿美元的订单，这充分表明了中国政府

---

① Suparna Karmakar. Rescuing the Doha Development Round：Role of India and China in Multilateral Trade Governance. *Taiwanese Journal of WTO Studies*, 2009,（8）：84.

以实际行动反对贸易保护主义的鲜明立场。① 在 2010 年全国人大记者招待会上，温家宝总理再次表达了他个人及中国政府坚定支持自由贸易、反对贸易保护主义和推动多哈回合谈判的立场。

妥善应对金融危机和经济衰退的举措，进一步提升了中国在国际上的形象、话语权和地位，增强了中国的软实力。

3. 积极参与 WTO 争端解决活动

积极参与 WTO 争端解决活动是中国参与并影响 WTO 全球贸易治理的另一种重要方式。入世初期，中国一开始还无法像欧美发达成员以及印度、巴西和南非等发展中成员一样自如地参加 WTO 的争端解决活动。但中国抱着认真学习和培养人才的态度，以第三方的身份参与争端解决机制。② 经过 5 年的学习准备，自 2006 年起，特别是在全球经济危机和贸易保护主义再度盛行的背景下，中国一跃成为 WTO 争端解决机制的主要成员，在案记录达到 22 次之多。2009 年更是达到创纪录的 9 起，该年被称为 WTO 争端解决机制的“中国年”。③ 通过 WTO 争端解决机制解决中国同 WTO 其他成员之间的贸易摩擦和冲突，表明了中国维护多边贸易体制的态度，也是中国重视利用多边手段解决贸易摩擦和推进国际贸易法治

① 易小准．全球金融危机背景下中国贸易政策主张//中国世界贸易组织研究会．中国世界贸易组织年鉴（2009）．中国商务出版社，2009：5.

② 迄今为止，入世后，中国以第三方身份参与了 66 个案例的争端解决。

③ 分别为 2007 年我国诉美国铜版纸税案（DS368），2008 年我国诉美国双反措施案（DS379），2009 年我国诉美国禽肉进口措施案（DS392），我国诉欧共体钢铁紧固件反倾销措施案（DS397），我国诉美国轮胎进口措施案（DS399）和 2010 年我国诉欧盟皮鞋反倾销措施案（DS405），2006 年欧共体、美国和加拿大诉我国汽车零部件进口税案（DS339/340/342），2007 年美国和墨西哥诉我国补贴措施案（DS358/359），美国诉我国知识产权案（DS362）以及贸易权和分销服务案（DS363），2008 年欧共体、美国和加拿大指控我国金融信息服务案（DS372/373/378），2009 年美国和墨西哥诉我国补贴、贷款和其他刺激措施案（DS387/388），危地马拉诉我国补贴、贷款和其他刺激措施案（DS390），以及美国、欧共体和墨西哥诉我国原材料出口措施案（DS394/395/398）。其中 2006 年 3 起，2007 年 5 起，2008 年 4 起，2009 年达到创纪录的 9 起。参见 http://www.wto.org/english/tratop_e/dispu_e/dispu_by_country_e.htm.

的体现。

4. 严肃对待贸易政策审议

按规定，中国的经济贸易政策与实践在入世后前8年内每年须接受WTO包括总理事会在内的17个部门的年度审议，并在第10年内做出最终评审。中国并没有因受到歧视性待遇就消极对待，每年都严肃认真准备，把它当做诊断自身经济贸易政策的一种特殊机制，同时也是参与熟悉WTO内部治理程序与运行的难得机会。中国的努力受到了高调评价，欧盟代表表示：如果每个成员都能像中国这样做出如此大的努力，WTO就会成为世界上最受欢迎的国际组织。①

在接受审议的同时，中国还积极参加WTO正常的贸易政策审议。一方面，中国作为一名WTO的成员，可以参加贸易审议机构对其他任何成员的正常审议，就对方经济贸易政策和实践发表自己的看法，提出自己的疑问。另一方面，作为一个贸易大国，2004年进出口贸易总量进入世界第四位后，中国每隔两年接受一次审议，向贸易政策审议机构提交报告，与贸易政策审议机构准备的报告一起，作为接受其他成员评议和审查的基础。继2006年中国接受第一次政策审议后，2008年又顺利通过了第二次审议，中国国内的经济贸易治理政策和实践受到其他成员的广泛好评。

（二）面临的期待：中国在WTO全球贸易治理中的新角色

2007年，在中国入世6周年之际，国务院发展研究中心和贸易与可持续发展中心联合举办了“全球经济与贸易体制研讨会”。与会专家承认，随着中国更紧密地融入世界经济和国际贸易体制，人们的关注焦点已经从入世对中国经济社会的冲击和挑战，转向中国能在WTO中发挥什么样的作用，中国能为推动全球贸易治理和改革做何贡献。当时大多数专家认为，虽然世界的多极化和经济的多元化必将导致贸易决策的多元化，中国、印度和巴西这样的发展中成员能够在WTO中发挥更大的作用，但中国不会挑战美国和欧

① 参见WTO文件：WT/GC/M/77。

盟甚至印度和巴西等在多边贸易体制和多哈回合中的领导地位与作用，也无意在谈判中担当任何一个集团的领导者。作为一个多边贸易体制的积极支持者，至少在多哈回合中，中国更愿意成为发达成员和发展中成员之间的桥梁和纽带。3 年过去了，而且这 3 年世界经济的变化比中国入世后的前 6 年大得多，中国自身的经济和贸易条件也大不一样。中国在 2008 年底已完全履行入世承诺，随着经济影响力的不断提高和全面融入全球贸易体制，中国自身经济增长和发展，需要以更全面的方式确保经济收益和解决未来的可持续发展问题，也需要更紧密更积极地参与 WTO 谈判。①

中国应当在 WTO 全球贸易治理中担当何种角色？发挥什么样的作用？全世界似乎正在期待与观望之中。显然，外界对中国的期望远远不限于仍旧是一个埋头履行义务的新成员，已经出现了要求中国成为领导或者至少是共同领导或者发展中成员的领导的呼声。② 他们认为中国应该在推动停滞的多哈回合中承担更大的责任，中国应该在国际经济组织和国际经济治理中发挥更突出的作用，中国有必要在未来谈判中采取更加积极和主动的立场，例如可以在服务业和农业上进一步开放市场。更有甚者认为，在当前多哈回合陷入停滞和“领导危机”时，整个世界都在等待中国这样的新兴发展中国家为解决目前的僵局承担领导责任，中国应重新调整谈判优先目标，承担全球经济领导权。

中国在 WTO 全球贸易治理中的地位与角色，既与中国的经济和贸易实力有关，也与中国自身对 WTO 全球贸易治理的理解和期望有关，当然也会受到其他成员对中国的看法和期待的影响。全球经济衰退和陷入僵局的多哈回合真的为中国成为全球贸易治理的新

① Suparna Karmakar. Rescuing the Doha Development Round: Role of India and China in Multilateral Trade Governance. *Taiwanese Journal of WTO Studies*, 2009 (8): 81.

② Suparna Karmakar. Rescuing the Doha Development Round: Role of India and China in Multilateral Trade Governance. *Taiwanese Journal of WTO Studies*, 2009 (8): 55-100.

领导者搭好了台阶吗？

（三）中国的抉择——共同领导

自20世纪90年代以来，随着与外部世界联系的急剧增加，经济实力的快速增长，中国对外部世界的态度已经变得更为活跃、开放，中国不仅已经完成了从国际体系的抵制者到接受者再到维护者的成功转型，而且是多边主义的坚定支持者，在WTO、联合国和国际气候政策等方面，在塑造全球治理过程中发挥着重要作用。中国多次表示，在一个复杂而相互依赖的世界里，任何国家或组织都无法独立解决所面对的全球性挑战，反之也无法在全球性问题面前独善其身。多边合作不仅是和平解决冲突的最佳方式，而且将成为迎接全球挑战的唯一有效的方式。① 在此次国际金融和经济危机中，中国不仅出席了所有全球层面的金融峰会，而且就改善国际金融治理和加强全球治理提出了系统完整的政策主张，呈现出国际体系改革者和国际规则制定者的新面貌。面对危机，中国充分运用其国内的体制优势，比其他主要经济体更快速地做出反应。中国的有效应对提高了它作为全球经济拯救者的角色，它所提出的关于改革国际经济秩序的设想也受到了更大关注。中国以有效措施和实际行动，帮助东亚国家走出危机，带领亚洲率先从经济危机中复苏，同时加快了世界经济重心向东方转移的步伐。

然而，中国仍然视自己为一个正在兴起中的大国而不是世界经济体系的领导者。尽管中国拥有重要的经济和政治影响力，但中国仍然存在许多发展中国家共有的难题。中国并不打算颠覆现有体制，而且对于未来的全球治理也没有完整清晰的规划。无论从量还是质来看，中国距离一个世界领导者的地位还有很长的路。从现实出发，与第二次世界大战后形势不同，没有任何一个大国——即使是美国，在经济危机后，有能力单独来维持多边贸易体制的正常运转。处于发展中的中国很显然也没有这个能力，从中国目前的总体

① Pascal Lamy. *The WTO's Contribution to Global Governance*. United Nations University Press，2008：40.

发展战略和自身评估看，也没有这个意愿来承担领导 WTO 全球贸易治理的责任。此外，由于中国国民经济体系完备，工业农业服务业部门齐全，因此，它的经济贸易利益是全方位的，利益权衡会异常复杂。目前它既不愿也无法进入发达成员的行列，与每个发展中成员或每个集团也不只有或总有共同的利益。现实情况注定中国只能以一种建设性的态度，短期以产业利益为导向，中期定位自己在发展中世界，从 WTO 的新成员向共同领导者的角色转变。这种共同领导主要体现在两方面：

第一，与印度、巴西、南非等发展中大国一起，共同带领发展中成员，包括最不发达成员，参与 WTO 事务。逐步改变发达成员和发展中成员这一对多边贸易体制的基本矛盾，寻求全球贸易治理中的力量对比平衡。在多哈回合面临领导危机关头，多哈回合的成功结束，所有成员的妥协以及主要发展中成员发挥的建设性领导作用可能比工业化国家自身发挥的作用更重要。可信而负责的发展中成员的领导将是结束当前多哈回合和未来谈判的关键。①

第二，与包括发达成员在内的其他 WTO 主要成员一起，以适当的方式（如 G7），在现有制度框架下，共同主导 WTO 的议程设定和谈判进程，共同促进 WTO 全球贸易治理在应对全球挑战方面做出新贡献。在一个多极化的世界里，特别是在目前形势下，主要的贸易实体（如美国、欧盟、中国、印度和巴西等）集体维护多边贸易体制并推进多哈回合早日完成，将是一个较为可行而明智的选择。

（四）中国改革 WTO 全球贸易治理的基本立场

WTO 是管理全球贸易的唯一体制性安排，它的约束性为其成员参与并从全球贸易中获益提供了基本保证，这一点在当前危机时期再一次得到了验证。同时，危机应对过程表明 WTO 需要改革，以完善其规则和职能，扩大其对其他重要国际协调机制的影响力，

---

① Suparna Karmakar. Rescuing the Doha Development Round: Role of India and China in Multilateral Trade Governance. *Taiwanese Journal of WTO Studies*, 2009 (8): 76.

确保在管理全球经济中承担更大的责任和发挥更大的作用。它的改革应有助于促进可持续发展；应在推进贸易自由化的同时，在贸易援助和贸易金融方面持续努力，以使发展中成员（特别是最不发达国家成员）能从全球化中获得真正的好处。①

中国将继续与其他 WTO 成员携手共进，积极协调，把政治意愿转化为实际行动，锁定已取得的共识和成果，推动多哈回合早日结束并取得全面、均衡的结果，建立更加公平、开放的多边贸易体制，为危机下的全球经济扮演好“减震器”、“助推器”的角色。②第一，坚决维护迄今取得的谈判成果。第二，不反对通过双边磋商增进相互了解，但必须坚持多边谈判这一原则。第三，坚持遵循先达成农业与非农模式的谈判顺序。第四，坚持谈判进展与谈判质量的统一，力求谈判结果平衡、合理。第五，坚持多哈回合的发展目标，解决发展中成员（特别是最不发达成员）的具体问题。③

不管多哈回合是否能按照最新设想在 2010 年结束，我们都要未雨绸缪，为未来谈判议程做好准备。虽然未来议程的优先排序很大程度上取决于多哈回合“平衡而富有成果”的最终结果，但有可能包括农业、非农市场准入、服务业、贸易便利化，以及暂时被冻结的其他三项“新加坡议题”——贸易与投资、贸易与竞争政策以及政府采购的透明度、非关税措施、有关能源的补贴和市场准入、贸易和环境、气候变化、WTO 规则等。未来谈判议程仍将面临和多哈回合一样在谈判模式和决策程序上的难题，因此都需要提前进行研究并尽可能拿出可行的应对和改革方案。

中国在全球贸易治理中共同领导作用的有效发挥，在很大程度上将依赖于国内经济和贸易治理的成功，加强国内贸易治理和相应的经济改革是根本。中国推行多边主义和参与全球贸易治理的能力

---

① 参见中国商务部部长陈德铭在第七次部长级会议上发言。http://www.wto.org/english/thewto_e/minist_e/min09_e/min09_statements_e.htm.

② 易小准．全球金融危机背景下中国贸易政策主张//中国世界贸易组织研究会．中国世界贸易组织年鉴（2009）．中国商务出版社，2009：5.

③ 参见中国在 2009 年 9 月印度新德里 WTO 小型部长会议上的建议。

还需要加强，加强培养能够在国际组织和国际非政府组织工作的高端人才，培育以非政府组织为主体的公民社会，建立和完善产、商、学和政府沟通协调机制。为了加强 WTO 的透明度、合法性和责任，国际上有学者、机构和部分 WTO 成员建议在 WTO 内设立类似国内或欧盟议会的机制。自 2001 年开始，欧洲议会和各国议会联盟已经多次组织重要的会议专门讨论国际贸易问题和评估 WTO 的工作与活动，尤其是在召开部长级会议的同时它们也会组织相关会议研究相关问题，影响很大。① 我国应该积极有效地参与这些活动，掌握情况，调整政策，以便于在 WTO 中发挥建设性的共同领导作用。

五、结论

WTO，作为冷战后成立的——也是 21 世纪——第一个全球性政府间国际组织，在 GATT 试验与探索的基础上，在推行贸易自由化、协调贸易与发展问题、推进国际贸易法治和加强国际合作等方面，不断取得新成就。全球化加速发展和全球性问题的大量涌现，使作为全球治理核心组织之一的 WTO 面临诸多挑战。多哈发展议程的踯躅不前，暴露了 WTO 的体制性缺陷，掀起了改革 WTO 全球贸易治理的浪潮。金融和经济危机的爆发、国际贸易的下滑和变相保护主义的猖獗，一方面几乎把多哈回合推向绝境，另一方面也为 WTO 走出多哈困局和贸易治理改革注入了新的动力。

经过 30 多年的改革开放，中国已经完成从国际体系的抵制者到参与者再到维护者的成功转型。在全球贸易治理中，作为 2001 年加入 WTO 的新成员，中国是多边贸易体制的坚定支持者、自由贸易的坚决维护者和多哈回合的积极推动者。作为贸易大国，中国

① See Debra P. Stager. The Future of the WTO: The Case for Institutional Reform. *Journal of International Economic Law*, 2009, 12 (4): 824-830.

已踏上了重塑世界贸易规则与实践的征程。① 中国经济贸易实力不断增长，全球经济衰退和 WTO 多哈困局以及中国在危机中积极主动而富有成效的应对，提高了世界对中国在 WTO 全球贸易治理中作用的期望，相关组织要求中国勇敢承担领导责任，带领 WTO 走出多哈迷局，走向一个更民主、更有效、更公正和更平衡的新多边贸易体制。

中国愿意为全球治理和多边贸易体制做出新的更大的贡献，但自身面临的深层挑战和实力局限，要求中国在 WTO 全球贸易治理中，除对内加强国内治理改革和经济建设外，在国际经济贸易活动中，一方面，需要和印度、巴西和南非等发展中大国共同代表广大发展中成员，维护发展中成员的利益，推动 WTO 进行必要的改革，建立公平合理并有助于发展中成员和最不发达成员共享全球化成果的新的全球贸易治理框架；另一方面，和包括发达成员在内的 WTO 主要成员携手共进，完善 WTO 规则，推进贸易自由化，促进可持续发展，扩大 WTO 对其他重要国际事务的影响力，确保 WTO 在全球经济治理中承担更大的责任和发挥更大的作用。

① Hongying Wang，James Rosenau. China and Global Governance. *Asian Perspective*，2009，33（3）：6.

公司管理层股权激励问题的国际研究进展*

余玉苗　李选金**

（武汉大学经济与管理学院，武汉，430072）

现代公司为什么要实行股权激励制度？其理论根据与时代背景如何？股权激励制度是怎样发展并不断创新的？不同激励模式具有何种不同的激励效应？公司实行股权激励制度后又会产生哪些负面问题？这些都是经济学家关注的焦点问题，对这些问题的探讨也构成了现代经济学理论的一个核心内容。近半个世纪以来，围绕这些问题，经济学家进行了大量的理论与实证研究，取得了十分丰富的研究成果。限于篇幅，本文主要对以委托代理理论等为代表的公司管理层股权激励的基础理论，有关公司管理层股权激励效应，公司管理层股权激励所带来的盈余管理问题的实证研究动态进行整理与评述。

一、管理层股权激励的基础理论

自 20 世纪 30 年代起，经济学家们就开始对现代股份公司里因所有权与经营权分离而产生的委托代理问题表现出了极大的关注，

---

* 本研究得到了武汉大学“海外人文社会科学研究前沿追踪计划”项目的资助。

** 余玉苗，武汉大学经济与管理学院会计系教授，博士生导师；李选金，武汉大学经济与管理学院会计系研究生。

提出并发展出了一系列理论并试图从深层次上进行阐释，同时也给出了一些具体的方法（如实行股权激励）以解决或缓解这些问题。在这些理论中，主流且经典的理论有委托代理理论、契约理论和人力资本理论。这些理论为管理层股权激励研究提供了坚实的理论基础。

（一）委托代理理论（the principal-agent theory）

委托代理理论主要是由 Wilson（1969）、Spence 和 Zeckhaysen（1971）、Ross（1973）、Mirrless（1974）、Holmstrom（1979）以及 Grossman 和 Hart（1983）等人在 20 世纪 70 年代提出并发展起来的。标准的委托代理理论建立在以下基本假设上：第一，代理人的行为不易被委托人直接观察到；第二，产出由代理人的努力程度和其他不受代理人控制的随机因素共同决定；第三，代理人具有理性经济人的典型特征，即完全理性、自利、机会主义以及单纯受财富的激励。在上述假设前提下，早期的委托代理理论研究发现，当委托人不能直接观察到代理人的行为，而只能观察到另一些变量（如产出结果），这些变量又是由代理人的行动和其他因素共同决定时，那么在代理人与委托人追求的目标不一致的情况下，代理人会因为追求自身利益的最大化而损害委托人的利益，即出现由信息不对称所导致的道德风险问题。针对代理人的道德风险问题，早期的委托代理理论认为，委托人为了实现期望效用最大化，在与代理人签订的契约中必须满足两个条件：其一，满足代理人的参与约束，即代理人签订契约所获得的收益要大于不签订契约所获得的收益；其二，满足代理人的激励相容约束，即代理人实现自身期望效用最大化的努力行为也能同时实现委托人的期望效用最大化，在这一过程中，代理人必须承受部分风险。

进入 20 世纪 80 年代后，研究者们在基本分析框架未变的情况下，使委托代理理论朝着更趋于符合真实经济条件的方向发展，从而扩大了委托代理理论的解释范围，同时也增强了其解释力度。这些发展方向主要包括：（1）将静态的、单任务、单个委托人和单个代理人的简单委托代理情形扩展为动态的、多任务、多个委托人和多个代理人的复杂委托代理情形；（2）放松甚至修正了早期委托代理模型中关于代理人的一些假定。

1. 动态的、多任务的、多个委托人和多个代理人的委托代理问题研究

Radner (1981) 首次将时间变量引入了委托代理模型并用博弈论的方法证明，如果委托人和代理人保持长期的关系，同一种委托代理情形在两者之间重复出现，那么，外生的不确定性可以大大降低，委托人可以相对准确地从观测到的变量中推断代理人的努力程度，代理人就不可能用偷懒（shirking）的办法来提高自己的收益水平。这就意味着，代理人的历史行为记录具有重要的“信号”作用，同时契约的期限也很重要。

Holmstrom 和 Milgrom (1991) 研究了当委托人同时委托代理人从事多项任务的情况。他们通过模型证明：当一个代理人从事多项工作时，对任何给定工作的激励不仅取决于该工作本身的可观测性，而且还取决于其他工作的可观测性。此时，固定工资合同可能要优于从单任务委托代理模型中得出的结论——根据激励指标的完成情况确定薪酬的合同。

Bernheim 和 Whinston (1985) 提出了一个包含多个委托人和单个代理人的共同代理模型。模型中，所有参与人都是风险中性(risk-neutral) 的，代理人的行为不可预测，且代理人的行为将决定不同委托人所收到的货币收益的概率分布，所有委托人都能观测到最终结果，每个委托人的策略都由一个结果依赖型报酬机制组成。该模型证明了无论在何时，委托人之间的共谋都是最优的，并且将导致有效率的结果。这一研究开创了公共代理的分析框架，随后 Stole (1991) 进一步发展了这一框架。

Bergemann 和 Valimaki (2002) 进一步研究了对称信息条件下的动态共同代理问题。他们将 Bernheim 和 Whinston (1985) 建立的上述静态模型扩展为动态模型，在两期动态博弈中，代理人第一期的行为决定了委托人博弈的行为结果，并影响委托人在第二期的竞争程度。因此，代理人将在第一期排除最有效率的行为，而采取相对无效率却能提高委托人竞争程度的行为，以实现增加自己第二期收益的目的。Bergemann 和 Valimaki 认为，代理人的这种行为将

导致整个博弈过程的无效率。

而 Lazear 和 Rosen（1981）则分析了多个代理人的委托代理情形。他们指出，如果代理人的业绩是相关的，锦标制度①的采用可以剔除其他不确定因素对委托人判断代理人的努力程度的干扰。② Holmstrom（1982b）却指出，在代理人面临的不确定因素并非完全相同的情况下，锦标制度并不能完全排除这种干扰。如果将相对排序和绝对业绩结合起来，委托人可以进一步改进合同的效率。在最终的产出结果取决于所有代理人的合作情况下，此时除了在基本的委托代理模型中所讨论的道德风险问题以外，还存在代理人的"搭便车"问题。Holmstrom 认为，在这种情形下只有激励才能消除代理人的搭便车问题，传统的监督方式并不能有效发挥作用。

2. 放松、修正早期委托代理模型关于代理人的假定后的委托代理问题研究

早期标准的委托代理理论存在一个内在局限性，即建立在代理人完全理性的假设前提上。Luca Rigotti（1998）认为，早期委托代理模型中关于代理人完全理性的这一假定并不符合实际，并第一次将代理人的偏好不完全性加入到委托代理模型中，分析了其对代理人最优激励契约的影响。他指出，由于代理人的有限理性，自身无法确定自己在各种努力程度下的产出水平，从而无法对自己各种努力程度及对应的收入分配形成完整的偏好。Luca Rigotti 在将代理人的偏好不完全性引入传统的委托代理模型后，推导出最优薪酬契约中的薪酬结构应当具有稳健性，以便在代理人无法比较各种努力程度下的收入分配情况时，仍然对代理人具有激励效果。此外，这个稳健的薪酬契约同时对代理人来说应当是简单的，或者说是简明的。Luca Rigotti 认为，在相对宽松的条件下，这种稳健的、简明的薪酬结构表现为一个二元结构（two-wage structure），即基本工资

① 锦标制度是指代理人的收益依赖于他在所有相关代理人中的排名，即收益依赖于相对表现而与他的绝对表现无关。

② Lezear E. P, S. Rosen. Rank-Order Tournaments as Optimum Labor Contracts. *Journal of Political Economy*, 1981, 89: 841-864.

和年终绩效奖金。Luca Rigotti（1998）同时还指出，在代理人具有行为惯性的情况下，即代理人无法确定另一种行为所产生的结果明显优于当前行为所产生的结果时，通常会继续采取当前的行为，那么道德风险问题就无法通过将企业卖给代理人的方式来得到解决，即使代理人是风险中性的（risk-neutral）。根据这一结论，他认为造成企业家和员工现在所处的这种职业角色的原因在于两者对于未来不确定性的认识不一致：在企业家看来，不确定性是蕴含着巨大收益的风险；而员工则将不确定性看成奈特式的未知（Knightian Uncertainty），相对来说并不看重不确定性背后的收益。Luca Rigotti认为，他的这一观点为企业理论提供了一个有意思的视角，然而其不足之处在于未能排除其他因素对企业家和员工们选择各自的职业角色的影响。

Douglas E. Stevense 和 Alex Thevaranjan（2005）创造性地考察了道德因素在委托代理关系中可能发挥的作用。在此之前，学者们普遍认为应当将道德因素排除在委托代理模型之外，以便更纯粹地分析经济问题。① Douglas E. Stevense 和 Alex Thevaranjan 认为，将"工作道德"（work ethics）引入委托代理框架中可以增强委托代理理论内在的合理性和外在的解释力。传统委托代理模型假设代理人是具有以下特征的个人：自利（self-interest）、机会主义（opportunistic）、唯一地受财富和闲暇的激励（motivated solely by wealt & leisure）。② 然而，现实中代理人或多或少都具有道德感（ethical sensitivity）。因此，将道德感引入到委托代理框架中增加了其内在的合理性。Douglas E. Stevense 和 Alex Thevaranjan 以"合理的契约应当得到遵守"作为代理人的道德原则，代理人的道德感则体现为背离初始契约，内心受谴责而导致的效用损失。道德感的强弱程度用 e 表示，$e \in [0, 1]$。其中 $e=0$ 表示代理人背离初始契约而无任何效用的减少；$e=1$ 表示代理人绝不会背离初始契约；$e \in$

① 持此种观点的学者有 Milgrom 和 Roberts（1992）、Mitnick（1992）、Luft（1997）等。

② Luft（1997）对此有过详细的论述。

（0，1）则表示代理人背离初始契约而失去的效用必须用相应的物质效用来补偿，且用以补偿的物质效用大小与 e 正相关。在将 e 引入委托代理模型后，Douglas E. Stevense 和 Alex Thevaranjan 发现，在满足一定的条件下，① 即使代理人的行为无法被委托人直接观测到，最优薪酬契约仍可以是一个稳定工资（flat wage）合同，这在传统的委托代理框架下看来是不可能的。这表明代理人的工作道德可以抑制其机会主义行为，从而达到与随业绩变动的激励薪酬模式相同的激励效果。

（二）现代契约理论（contract theory）

自从 Grossman 和 Hart（1986）发表了《所有权的成本和收益》以来，现代契约理论逐步建立并发展起来。事实上，现代契约理论是在对传统的委托代理理论的批判基础上发展起来的。在委托代理理论中，假定契约订立时当事人事先知道所有可能会出现的情况，因此契约是完全的或完备的。现代契约理论则认为，一方面由于人的有限理性，外在环境的未来不确定性，以及相关变量的第三方不可证实性等原因，契约不可能准确地描述与交易有关的所有未来可能出现的状况，以及每种状况下契约双方的权利和责任。因此，契约总是不完全的，现代契约理论实际上就是一种关于不完全契约的理论。另一方面，与委托代理理论中强调契约双方存在信息不对称不同，现代契约理论并不关注契约双方之间是否存在信息不对称问题，而只要求契约双方与第三方之间的信息是不对称的。Grossman 和 Hart（1986）建立了一个模型来研究纵向一体化问题，他们构想了一个买方（B）和卖方（S）的两阶段模型。双方在第 0 期签订契约，在第 1 期卖方进行专用性投资，这个投资水平因为无法被第三方证实因而第 0 期签订的契约是不完全的。在第 2 期双方观察到了自然状态的出现，在第 3 期，双方在观察到的自然状态下进行有效的交易。Grossman 和 Hart 认为，通过将事后决定权交给卖方，

① Douglas E. Stevense 和 Alex Thevaranjan（2005）认为，“一定的条件”是指委托人要求代理人工作的努力程度不超过代理人在当前的稳定薪酬水平下愿意的努力程度。

即卖方具有决定交易的数量的权力，从而可以占有事后的所有剩余，于是卖方就有动机在最优的水平下投资。然而，签约双方仍然无法达到完全契约的一种最优结果，因为另一方只能得到维持现状的效用水平。由于双方均担心被另一方敲竹杠（hold-up），所以投资只会在低于最优的水平下进行。尽管如此，结果仍然至少是次优的。从这个角度讲，纵向一体化虽然无法消除由于契约的不完全性产生的敲竹杠问题，却可以缓解因此而产生的低效率问题。在这篇文章中契约的不完全性被首次明确提出来了。①

沿着 Grossman 和 Hart（1986）的思路，Hart 和 Moore（1990）分析了一个资产被所有者控制的企业。他们指出，契约的不完全性意味着个人现在行为的未来回报将取决于现在的契约无法控制的市场能力或者讨价还价能力；资产的专用性意味着代理人的市场能力或者讨价还价能力取决于他拥有哪些资产的使用权，因此，代理人对产权的分配是敏感的，高度互补的资产的产权应该统一。Holmstrom 和 Tirole（1991）一般化了 Grossman 和 Hart（1986）构建的模型，在明确引入了所有权同控制权相分离的问题后，他们分析了分权的不同水平如何影响转移价格的确定以及管理层的激励设计。Holmstrom 和 Tirole 证明了通过对管理层实施以股票为基础的薪酬契约可以激励管理层更加努力地工作。②

Segal（1999）将契约环境的复杂性作为新的变量引入了动态的敲竹杠模型中。文中，复杂性被定义为潜在的未来交易机会的数量。Segal 证明了事前契约的事后重谈无法避免。随着潜在的未来交易机会数量的增加，敲竹杠模型由事前的不完全契约变成交易是可以事后签订的不完全契约。敲竹杠导致了交易的低效率，然而为了在以后的交易中榨取更多的事后剩余，交易双方都会伪称当前的交易是有效的，在这一过程中契约所带来的好处会逐渐消失，因而

① Grossman S. J, O. D. Hart. The Costs and Benefits of Ownership: A Theory of Vertical and Lateral Integration. *Journal of Political Economy*, 1986, 94: 691-719.

② Holmstrom B. R, J. Tirole. Transfer Pricing and Organizational Form. *Jouranl of Law, Economics, and Organization*, 1991, 7: 201-228.

签约的价值越来越低。Segal 同时指出，通过激励相容约束的引入可以阻止交易双方伪称交易的有效性。①

Che 和 Sakavics（2004）建立了一个关于讨价还价和投资的动态模型来研究敲竹杠问题。与静态模型中假设交易双方只在事先详细说明的特定时间点上投资一次，投资完成后再进行事后的讨价还价不同，他们认为在实际中，投资和讨价还价的时间是由双方外生地决定的，并且投资和讨价还价往往是交替进行的。他们建立了一个不完全契约的动态模型，允许买卖双方持续投资直到他们就如何分配交易剩余达成协议。Che 和 Sakavics 通过模型分析得出下述结论：其一，在动态的投资模型中，双方通过讨价还价对于交易剩余的重新分配并不意味着投资决策的激励一定是低水平的。只要双方能够从谈判中弥补投资成本，就可以得到双方互利的效果。其二，即使在事先没有签订契约的情况下，通过投资过程中的讨价还价也能解决激励问题。其三，动态的投资过程意味着在某些条件下事前明晰的契约并非一定必要。②

（三）人力资本理论（human capital theory）

1. 人力资本理论的发展过程

现代人力资本理论兴起于 20 世纪 50 年代末 60 年代初，主要研究人力资本生成与发展过程及其对经济发展的影响。理论界通常将经济学家西奥多·W. 舒尔茨于 1960 年在美国经济学年会上发表的题为《人力资本投资》演讲作为现代人力资本理论正式诞生的标志。事实上，人力资本思想可以追溯到亚当·斯密时代。亚当·斯密在《国富论》中指出，个人需要花费成本才能获得技艺和才能，同时这种技艺和才能会补偿所花费的成本并且为个人赚得利润。此后约翰·穆勒、让·萨伊、阿尔弗雷德·马歇尔等经济学家都在自己的著作中或多或少地谈到了人力资本。然而，由于当时

---

① Segal I. Complexity and Renegotiation: A Foundation for Imcomplete Contracts. *Review of Economic Studies*, 1999, 66: 57-82.

② Che Y. K, J. Sakovics. A Dynamic Theory of Hold-up. *Econometrica*, 2004, 72: 1063-1104.

物质资本在促进经济增长的过程中处于更突出的地位，加上拥有突出人力资本的企业经营者通常也是物质资本的提供者——企业的所有者，因此理论界并未充分认识到人力资本的重要性，对人力资本的研究也非常少。到了20世纪50年代末，随着科技的突飞猛进，生产方式也较之前发生了巨大变革，人类已经渐渐进入了知识经济时代，人力资本的重要作用逐步显现出来，现代人力资本理论也随之迅速发展起来。

20世纪60年代初至80年代中期，学者们大都以劳动力要素分析为中心，阐述人力资本的概念、人力资本投资的范围和内容以及人力资本对经济发展的重要作用。舒尔茨（1990）认为，体现在人身上的技能和生产知识存量由于已经成为人的一部分，并且可以带来未来的收入，因而成为人力资本。同时，舒尔茨明确指出人力资本的投资范围包括五个方面，即保健投资（health care）、教育投资（education）、职业培训（vocational training）、人力迁移投资（mobility）和信息投资（investment in information）。在用传统经济分析方法估算劳动和资本对国民收入增长所起的作用时，舒尔茨指出这会产生大量难以用劳动和资本的投入来解释的“残值”。对此，丹尼森（1962）做出了令人信服的解释，他通过精细分解计算，论证出美国1929—1957年间经济增长中有23%的比例要归功于人力资本投资的积累。

20世纪80年代中期以后，学者们将人力资本纳入以技术内生化为特征的经济增长模型中，将对一般的技术进步和人力资源的强调变成了对特殊的知识即生产所需要的“专业化的人力资本”的强调，从而使人力资本的研究更加具体化和数量化，极大地发展了人力资本理论。罗默在1986年发表的《收益递增经济增长模型》一文中强调了知识积累的两个特征：第一，专业知识的积累随着资本积累的增加而增加，这是由于随着资本积累的增加，生产规模的扩大，分工的细化，工人能在实践中学到更多的专业化知识；第二，知识具有“溢出效应”，随着资本积累的增加，生产规模的扩大，知识也在不断地流通，每个企业都从别的企业那里获得了知识方面的好处，从而导致整个社会知识总量的增加。1988年，卢卡斯发表了著名论文《论经济发展的机制》，提出了经济增长模型。卢卡斯在模型中强调劳动者脱离生产，从正规或非正规的学校教育中所积累的人力资本对经济增长的作用。

进入20世纪90年代后，随着西方国家企业之间市场竞争的激烈化，人们对人力资本的关注更是达到前所未有的高度。

2. 人力资本理论的最新研究动态

国际上近期关于人力资本理论的研究主要表现为通过实证研究检验人力资本对企业价值或一国经济资本产出的影响，代表性研究包括 Bassanini 和 Stefano（2001）、Hansson（2004）等。

Bassanini 和 Stefano（2001）利用经合组织（OECD）中21个成员国1971—1998年间的数据实证检验了人力资本投资对于单位资本产出的影响。文中，Bassanini 和 Stefano 用处于工作年龄阶段的人口接受正式教育的平均年数来代替人力资本。结果表明，人力资本的积累对于单位资本产出具有正的显著性影响。更具体地说，处于工作年龄的人口接受正式教育的平均年数每增加一年，单位资本的产出会增加约6个百分点。①

Hansson（2004）利用瑞典1970—1998年间非金融上市公司的样本数据考察了人力资本与企业价值之间的关系。在文中，Hansson 用公司的工资增长率作为替代人力资本密集程度的数量指标。Hansson 通过统计分析发现价值型股票②（value stock）公司往往是劳动密集型企业，而成长型股票（growth stock）公司往往是人力资本密集型企业。Hansson 指出，人力资本租金率与公司的账面价值之间可能存在着长期的关系，而公司市场价值的短期变动则主要是由人力资本租金率的变动引起的。另外，相比于成长型股票公司，价值型股票公司更少地受到人力资本租金率大幅上升的影响，

① Bassanini A, S. Stefano. Does Human Capital Matter for Growth in OECD Countries? A Pooled Mean-Group Approach. *Economics Letters*, 2002, 74 (3): 399-405.

② 价值型股票指市值—账面价值之比较低的股票，而后文的成长型股票则指市值—账面价值之比较高的股票。

这可能是因为价值型股票公司相对较差的经济业绩限制了公司中员工在报酬上讨价还价的能力。①

二、管理层股权激励模式的发展与改革、创新

管理层股权激励制度在现代公司中的实践最早可以追溯到20世纪50年代。当时，美国的辉瑞制药公司给予经理人员和普通员工一定的股份来分享企业的收益，以更有效地激励企业员工，结果取得了巨大成功。经过近60年的发展，管理层股权激励制度已在世界范围内得到了广泛采用，并且创新出了许多具体的模式。

（一）股权激励实践在世界范围内的发展情况

作为世界上最先实践股权激励制度的国家，美国对于管理层股权激励的运用最为成熟和广泛，关于股权激励实践情况的统计数据也最为齐全和丰富，而且美国公司管理层股权激励实践也代表着其他国家管理层薪酬激励的发展方向。因此，本文以美国为例对股权激励实践的发展作简要的阐述。

现代股份公司制度确立以来，公司管理层的薪酬最初表现为固定的工资（salary），后来发展为固定工资加奖金（bonus）模式。20世纪50年代，美国的辉瑞制药公司给予经理人员一定的股票以更有效地激励经理人员，标志着基于股权（equity-based）的薪酬正式成为管理人员薪酬的重要组成部分。自此以后，股权激励在美国管理人员薪酬中的比重越来越大。20世纪90年代以后，股票期权在美国公司中得到了异乎寻常的广泛运用，并逐渐成为管理层各种薪酬内容中最重要的部分。

从股权激励实施的范围来看，根据《福布斯》杂志披露，1994年就有10%的美国上市公司实施了股票期权计划，而到1997年这一比例上升到45%。美国《财富》杂志的调查结果表明，1999

① Hansson B. Human Capital and Stock Returns: Is the Value Premium an Approximation for Return on Human Capital. *Journal of Business Finance & Accounting*, 2004, 31 (3/4): 333-358.

年，有22.1%的上市公司向其雇员赠送了股票期权。而据美国人力资源顾问公司翰威特提供的资料显示，1999年，美国最大的100家公司中有79家对其管理层实施了股票期权奖励。

从管理层所持有的股权（包括以股票期权形式持有）比例来看，根据《美国薪酬协会》杂志提供的数据，1976年全美国公司实行股票期权赠予的公司对管理层赠予的股票数量占公司发行在外股份总量的平均比例不到0.5%，而到2000年这一比例达到了1.5%~2%，高科技领域甚至达到了4.5%~5.5%。《福布斯》杂志披露，从1989年到1997年，美国最大的200家上市公司股票期权的数量占其股票总量的比例从6.9%上升到了13.2%。

从管理层薪酬的构成来看，1965年，美国CEO薪酬中工资占64%，奖金占16%，股权激励薪酬占20%；到1999年，上述比例分别为12%，18%，70%。① 2000年，美国年收入100亿美元以上的公司中，最高经营层股权激励薪酬占总薪酬的比重为65%，而1985年这一比重仅为19%。② 从1980年到2001年，美国CEO薪酬的水平和构成（中值）如图1所示：

如今，基于股权的薪酬已经成为美国管理人员特别是高级管理人员薪酬中最大的构成部分。另外，股权激励呈现出从以高层人员为主逐步推广到普通员工，从高新技术产业推广到传统产业的趋势，这也代表了股权激励实践在世界其他国家的发展趋势。

（二）管理层股权激励的主要模式

从美国辉瑞制药公司最早尝试股权激励开始，经过近几十年的发展，管理层股权激励已在世界范围内得到了广泛采用，并且创新出了许多不同模式。最早出现的股权激励模式为员工持股计划，而如今最流行的模式则毫无疑问是股票期权。管理层收购作为20世纪80年代流行于美国并逐步被其他国家的公司引入的一种模式，也受到了越来越多的关注。此外，股权激励还有限制性股票、虚拟

① 资料来源：Forbes April 3, 2000：Cash not taken here.

② 资料来源：美国人力资源顾问公司翰威特。

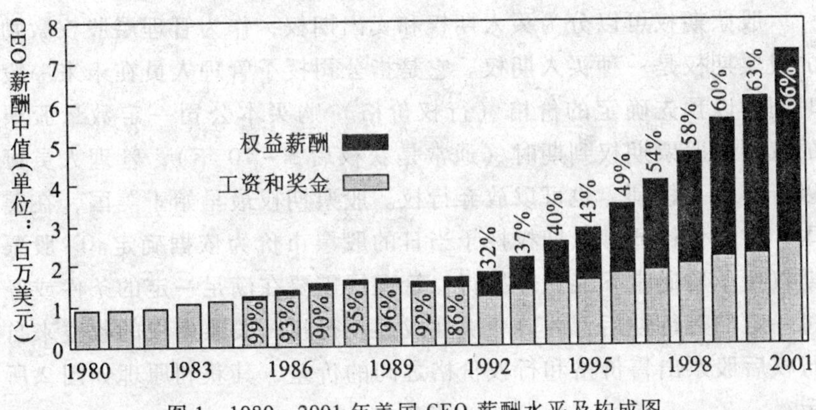

图 1　1980—2001 年美国 CEO 薪酬水平及构成图

资料来源：Hall B. J. Six Challenges in Designing Equity-based Pay. *Journal of Applied Corporate Finance*, 2003, 15 (3): 21-33.

股票、业绩股票、股票增值权，以及延期支付计划等形式。

1. 员工持股计划

员工持股计划是指本公司员工（包括普通员工和管理层）出资认购本公司部分股票，并委托给法人机构——员工持股会托管运作，员工持股会代表员工进入公司董事会，并按所持股份分享公司利润，员工按照各自的持股比例从员工持股会分得利润的一种股权激励方式。员工持股计划最早始于美国，此后逐步在英国、日本、德国、荷兰等国家流行。不同国家的员工持股计划有所差异，以美国为例，员工持股计划在实践中通常分为两类：杠杆化的员工持股计划和非杠杆化的员工持股计划。杠杆化的员工持股计划由于具有减税优势而被更多地采用，典型的杠杆化员工持股计划的具体操作过程是：首先，公司设立专门的员工持股计划基金组织，由该组织负责员工持股计划中股票的购买、管理和运作；然后在公司担保下，员工持股计划基金组织向银行贷款，并用贷款帮助员工购买本公司股票；随后公司每年将一定比例的股票分红在税前划入基金组织的“还款账户”，分期偿还用以购买本公司股票的银行借款，并逐步将股票转入员工账户，最终员工拥有本公司的股票。

2. 股票期权

股票期权可以分为买入期权和卖出期权，作为管理层股权激励的股票期权是一种买入期权。它是指公司授予管理人员在未来一段时间内以预先确定的价格（行权价格）购买本公司一定数量股票的权利。股票期权到期时（通常是获权后 5～10 年），管理人员可以行使这一权利，也可以放弃行权。股票期权最早始于美国，在美国，行权价格通常以期权授予当日的股票市价为依据确定。① 股票期权授予后通常不能立即执行，管理层需要在满足一定的条件或经过一定的等待期后，才能一次性或逐步行权。股票期权的收益来自行权后股票出售价格和行权价格之间的价差，其获利原理如图 2 所示：

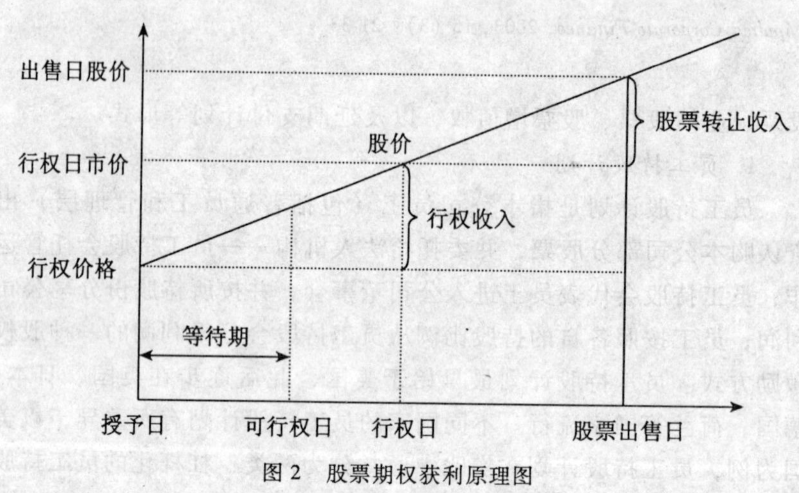

图 2　股票期权获利原理图

3. 管理层收购

管理层收购是指公司管理人员购买本公司股票，进而达到控股所在公司的行为。管理层收购在 20 世纪 80 年代的美国非常流行，

① Matsunaga（1995）和 Murphy（1998）的统计显示，95% 的美国公司在授予股票期权时将授予日的股价作为行权价格。

实践中的做法通常是：首先由公司管理人员出资组建一个法人机构，然后由该法人机构收购公众持有的股票，最终使其转变为管理层控股的公司。由于收购所需的总价款往往大大超过管理人员自身所能提供的资金，因此大部分资金来自债务融资。管理层收购不但要求管理人员具有很强的融资能力，更重要的是管理层要具有强大的经营能力，以保证收购完成后公司每年能够产生足够的利润来偿还巨大的利息费用。与其他长期激励模式相比，管理层收购最大的特点是：管理层在完成收购后往往成为公司的控股股东，最大程度地将管理层的利益和公司的利益联结在一起，极大地降低了公司的代理成本，其长期激励效果要远大于其他股权激励模式，从而能够最大程度地提升公司的经营业绩。

4. 其他股权激励方式

（1）延期支付计划。延期支付计划是指公司将管理人员的一部分收入（主要是奖金收入）存入公司的某一特定账户（延期支付账户）中，并以存入当日的公司股票公平价格将该部分收入折算为相应数量的股票，然后在特定期限（如 5 年）以后或管理人员退休时将这部分收入以存入当日折算的股票在退还日的市值返还给管理人员。

（2）限制性股票。限制性股票是指公司为了激励管理人员将精力集中到某一特定长期目标，授予管理人员一定数量的本公司股票，管理人员只有在公司股价达到公司规定的目标价位时才能出售这些股票获益。目标价位以公司预期该长期目标实现后的公司股价来确定。

（3）虚拟股票和股票增值权。虚拟股票是指公司在管理人员的薪酬合同中规定一定数量的公司股票，管理人员在任期内可以依据这些股票参与公司分红，并可以享受股价升值带来的收益，但不拥有相应的所有权和表决权。由于这些股票并非真实存在，因此并不会影响公司现有的所有权结构。股票增值权与虚拟股票类似，两者的区别在于后者可以享受分红而前者不能。同时股票增值权的行权期一般超过管理人员的任期，从而可以有效约束管理人员的短期行为。

(4) 业绩股票。业绩股票是指公司在考核期先确定一个年度业绩目标，如果管理人员在年末实现业绩目标，就可以获得规定数量的股票。业绩股票在一定年限后才可获准转让兑现，管理人员的收益则来自业绩股票兑现时的转让收入。与业绩股票相似的另一种模式叫业绩单位，只不过管理人员在实现业绩目标时获得的是与根据考核期期初的市盈率计算的股价和规定数量的股票相对应的现金收入。

三、管理层股权激励效应的实证研究动态

随着公司管理层股权激励在西方国家越来越广泛地被运用，理论界对于管理层股权激励的激励效应的考察也越来越多。研究者们主要是通过对管理层股权激励与公司业绩的相关性进行实证检验的方式来考察其激励效应。本文选取有代表性的文献对近年来国际上相关的实证研究成果进行介绍。

(一) 美国关于管理层股权激励与公司业绩相关性的实证研究成果

国际上关于管理层股权激励与公司绩效关系的正式研究最早始于美国的 Jensen 和 Meckling (1976)，他们最早提出了“利益趋同假说”(convergence -of-interests)。该假说认为，管理层持股使得管理层和股东的利益具有一致性，从而缓解了管理层的道德风险问题。因此，他们指出，管理层持股比例与公司业绩正相关。① 与此相反，Fama (1983) 提出了“防御假说” (entrenchment)，认为如果管理层持股的比例过高，就有可能控制董事会，并使管理层在公司业绩较差时依然能免受被解雇的威胁，从而对管理层形成一种保护。因而，管理层持股比例与公司业绩负相关。

Morck Shleifer 和 Vishny (1988) 以 1980 年《财富》杂志评出

① Jensen M. C, Meckling. Theory of the Firm: Managerial Behavior, Agency Cost and Owership Structure. *Journal of Financial Economics*, 1976, 3 (4): 305-360.

的500强公司中的371家公司为样本，考察公司业绩与管理层持股比例的关系。其实证结果显示：当管理层持股比例在5%以下时，公司业绩与管理层持股正相关；持股比例在5%～25%时，公司业绩与管理层持股负相关；当持股比例超过25%时，两者恢复正相关关系。Morck Shleifer和Vishny认为，他们的实证结果表明管理层持股比例不超过某一临界值时，利益趋同效应起主导作用；当管理层持股比例超过该临界值时，防御效应起主导作用。随着管理层持股比例的变化，两种效应此消彼长，从而决定了公司业绩的变化。①

McConnell和Servaes（1990）以美国1976年1173家样本公司和1986年1093家样本公司的业绩和股权结构数据为依据，通过实证检验得出结论：当管理层持股比例低于40%～50%时，公司业绩与管理层持股正相关；超过这一比例时，公司业绩与管理层持股负相关。②

Kole（1995）指出，造成Morck Shleifer和Vishny、McConnell和Servaes的实证结论有所差异的原因在于其采用的样本公司的规模不同。前者的样本公司取自《财富》杂志评出的世界500强公司，其平均规模远远大于后者样本公司的平均规模。Hermalin和Weisback（1991）以纽交所142家上市公司为样本，发现在管理层持股比例为1%～5%时，公司业绩与持股比例负相关；在5%～20%时公司业绩与持股比例正相关；超过20%时公司业绩与持股比例恢复负相关关系。③

（二）其他国家关于管理层股权激励与公司业绩相关性的实证研究成果

在美国学者基于美国上市公司数据对管理层股权激励与公司业

① Morck Shleifer, Vishny. Management Ownership and Market Valuation: an Empirical Analysis. *Journal of Financial Economics*, 1988, 20: 295-315.

② McConnell, Servaes. Additional Evidence on Equity Ownership and Corporate Value. *Journal of Financial*, 1990, 27: 595-612.

③ Hermalin B, Weisback. The Effect of Board Composition and Direct Incentive on Corporate Performance. *Financial Management*, 1991, 20: 101-112.

绩的相关性进行实证研究的同时，英国、德国等国家的学者也以自己国家或地区的公司为样本对两者之间的关系进行了实证检验。

Short 和 Keasey（1999）以英国1988—1992年间225个上市公司为样本考察了管理层持股与公司业绩之间的关系。Short 和 Keasey指出，与美国公司治理机制相比，英国的公司治理机制具有以下三个不同之处：第一，英国上市公司中机构投资者的持股比例明显高于美国，因此英国机构投资者对公司管理层的监督更为积极；第二，由于英美两国相关法律对反对敌意收购的规定存在差别，英国公司的管理层组织反敌意收购的能力更弱；第三，在美国，董事会结构中董事会主席更多地由CEO兼任，而在英国，董事会主席由CEO以外的人担任，因此，在英国，上市公司管理层需要持有相对更多的股权才能获得"防御效应"。Short 和 Keasey的实证结果显示：在英国上市公司中，当管理层持有的股权比例低于12%时，公司业绩与管理层持股正相关，此时"利益趋同效应"起主导作用；当管理层持有的股权比例在12%～41%时，公司业绩与管理层持股负相关，此时"防御效应"起主导作用；当管理层持有的股权比例高于41%时，公司业绩与管理层持股正相关，此时"利益趋同效应"再次起主导作用。根据 Morck Shleifer 和 Vishny（1988）的实证结果，美国上市公司中管理层持股的比例在5%以上时，"防御效应"已经起主导作用，而 Short 和 Keasey 的结果表明，英国上市公司中这一比例为12%，从而证实了 Short 和 Keasey 的上述假设。①

Elisabeth Mueller 和 Alexandra Spitz（2001）利用德国1997—2000年商业性服务行业的1300个中小型有限责任公司样本数据对管理层持股与公司业绩之间的关系进行了实证研究。两人认为，所有权和控制权分离所导致的经营者代理问题在中小型的有限责任公司中同样严重，但是以往的实证研究中往往以上市公司作为样本数

① Short H，K. Keasey. Managerial Ownership and the Performance of Firms: Evidence from the UK. *Journal of Corporate Finance*，1999，5：79-101.

据，对中小型有限责任公司相关研究却非常不足。在德国，由于无法公开收集有限责任公司的财务报表信息，并且小型的私人有限责任公司的股票市价不可获得，Elisabeth Mueller 和 Alexandra Spitz 在研究中依据“欧洲经济研究中心”对商业性服务行业的公司季度性问卷调查结果来衡量样本公司的业绩。该商业问卷要求被调查对象在每个季度末对过去三个月的利润是否增长、保持不变或减少做出回答。因此，此研究中对于样本公司的业绩衡量只能反映利润的变化方向，却无法反映出具体数量的变动。但 Elisabeth Mueller 和 Alexandra Spitz 认为，这种衡量方法也恰恰具有优点：一是财务报表中的会计数据往往出于税收上的考虑而可能缺乏准确性，二是避免了样本公司出于银行信贷决策和公司信誉的考虑做出虚假报告。此外，Elisabeth Mueller 和 Alexandra Spitz 认为，Tobin's Q 对于金融市场的效率要求很高，然而股票的价值有时会严重扭曲，此时 Tobin's Q 并非衡量公司业绩的有效方法。Elisabeth Mueller 和 Alexandra Spitz 的实证结果表明：当有限责任公司中管理层持有的公司股份比例不超过 80% 时，管理层持股对于公司业绩具有积极的效应；当管理层持股比例超过 80% 时就会对公司业绩具有消极影响。在考虑了管理层持股与公司业绩之间可能存在的反向因果关系以及内生性问题的影响后，上述结论依然成立。①

近年来，大多数学者进行的实证研究其结果均显示管理层持有股权确实起到了积极的激励效果。与此同时，也有少数学者通过实证研究认为，管理层持股不对公司业绩产生影响。如 Demsetz 和 Lehn（1995）以美国 1980 年 511 家上市公司为样本，采用会计收益率作为公司业绩的指标对公司业绩与管理层持股比例进行了实证检验，结果发现二者之间并不存在显著的相关关系。② Facci 和 Lasfer（1999）、Himmetberg（1999）的实证研究也表明，管理层持

① Elisabeth M, S. Alexandra. Managerial Ownership and Firm Performance in German Small and Medium-sized Enterprises. *ZEW Discussion* Papers, 2001: 1-72.

② Demsetz H, K. Lehn. The Structure of Corporate Ownership: Causes and Consequences. *Journal of Political Economy*, 1995, 93: 1155-1177.

股比例与公司的业绩之间不存在显著的相关性。

四、管理层股权激励与公司盈余管理状况的实证研究动态

自20世纪90年代以来，西方国家的公司越来越多地采用股权激励制度，特别是股票期权收入占公司高管薪酬的比例持续上升，由此产生的公司盈余管理，甚至利润操纵问题也越来越严重。根据美国GAO（General Accounting Office）（2002）的报告，在1997年1月1日到2002年6月30日之间，美国上市公司中发布盈余重述公告的公司比例从1997年的0.89%上升到了2002年的2.47%，增长了158%。在上述期间内，大约10%的上市公司至少发生过一次盈余重述。而震惊世界的安然公司造假案中，安然董事长被曝在安然公司破产前一年通过执行股票期权实现了1.234亿美元的收入，前安然CEO同年通过执行股票期权也获得了6250万美元的收入。所有这些让人们不得不怀疑以股票期权为代表的管理层股权激励是否与盈余管理甚至盈余操纵之间存在着必然的联系？正如前SEC主席Arthur Levitt（2002）所描述的："股票期权的流行创造了一种环境，在这种环境下，经理们不是努力经营业务，而是试图操纵股价。股票期权为经理们提供了强烈的动机去通过会计手段来提升与薪酬有关的股价。"

从20世纪90年代开始，越来越多的学者试图通过实证研究来探究管理层股权激励与盈余管理的相关性。由于在各种股权激励模式中股票期权居于主导地位，因此实证研究往往以股票期权为研究对象。这些实证研究基本上都发现以股票期权为代表的股权激励确实会诱发盈余管理行为。此外，学者们对于管理层薪酬结构中的各种薪酬模式对盈余管理的不同影响也进行了实证研究。

（一）管理层股票期权激励与盈余管理关系的实证研究动态

由于股票期权收益取决于期权授予时确定的行权价和实际行权时的市场价，因此相关实证研究又可以分为股票期权授予前的盈余管理（earrings management prior to stock option grants）和股票期权

行权前的盈余管理（earrings management prior to exercise）。

1. 股票期权授予前的盈余管理实证研究动态

关于股票期权授予前盈余管理的实证研究最早始于 Yermack (1997)。他指出，美国股票期权的授予往往在季报盈余公布后的第二天或者当天。出于财务报告和税收的考虑，大多数公司股票期权的行权价格往往依据期权授予当日的股价来确定，因此管理层就有动机对期权授予日前的季报进行收入降低型（income-decreasing）的盈余管理，以打压股价，进而降低期权行权价，从而获得更大的期权收益。与此相符的是，Yermack 通过实证检验发现，实行股票期权公司的股价在 CEO 股票期权授予后立即显著上升。① Chauvin 和 Shenoy（2001）的实证研究也显示，股票期权授予前十天内的股价显著下降。② 最新的相关研究主要有 Balsam（2003）、Baker (2009）等。

例如，Balsam（2003）指出，管理层的股票期权薪酬取决于行权时的股价与行权价格之差，因此管理层不仅具有动机在行权时通过盈余管理高估盈余进而驱动公司股价上升，而且可能会在股票期权授予前的一段时间里通过盈余管理驱使股价下跌，以便降低行权价格。Balsam 以美国 1995—2001 年间的 5900 个公司一季报数据为样本，首次对股票期权授予前的盈余管理进行了实证研究。结果发现，管理层在股票期权授予前的一段时间里，会通过收入减少型 (income -decreasing）的应计项目来降低盈余，从而降低股价以及股票期权的执行价格，以提高股票期权收益。

Baker 等（2009）进一步指出，基于期权薪酬的盈余管理行为的发生不仅受股票期权薪酬引起的动机强烈程度的影响，而且受管理层对于盈余管理所导致的公司股价上升或下降的程度的判断。Baker认为，以往的研究大都只关注导致盈余管理的动机（即激励

① Yermack D. Good Timing: CEO Stock Option Awards and Company News Announcements. *Journal of Finance*, 1997, 52: 449-476.

② Chauvin K. W, C. Shenoy. Stock Price Derecease Prior to Executive Stock Option Grants. *Journal of Corporate Finance*, 2001, 7: 53-76.

因素)，在这些研究中隐含的假设条件是投资者会被管理层的盈余管理行为无限制地反复误导。Baker 等指出，如果管理层股票期权授予的日期具有历史规律性和重复性，那么外部投资者就会预测到股票期权的授予日期，并预测到管理层可能会对期权授予日前公布的季报或年报数据进行盈余管理，从而忽略季报或年报中相关的负面盈余信息对公司股价的影响。此时，收入降低型盈余管理行为造成的公司股价的下跌效果以及股票期权中行权价格的降低效果都会大打折扣，而管理层通过股票期权授予前的盈余管理行为所带来的收益也会减少。因此，管理层是否实施盈余管理取决于两个条件：(1) 管理层薪酬构成中期权薪酬价值所引起的盈余管理动机的大小，即激励（incentive）因素；(2) 管理层对于实施盈余管理后可能带来的股价波动程度的判断，即能力（ability）因素。Baker 等又以 1992—2003 年间美国 1296 家公司的 21388 个季报数据为样本对上述假设进行了检验。他们发现季报盈余管理发生的概率与公司股票期权授予发生在季报公布后一日或当日的事件频度成反比。如果季报公布后即对管理层授予股票期权的事件在以前频繁发生，从而使外部投资者也能够预测到季报公布后的股票期权授予，那么外部投资者就对季报中的负面盈余信息产生怀疑，进而影响到盈余管理对股价的打压（depress）效果，此时管理层就不大可能进行盈余管理。基于上述研究结论，Baker 等指出，管理层通过期权授予日前的盈余管理获益的一个决定因素是管理层具有股票期权授予日期的信息优势，因此如果监管层通过立法要求公司提前公告董事会通过的期权授予计划，从而减少外部投资者与管理层之间的信息不对称，那么就可以大大降低管理层通过盈余管理行为获利的可能性，进而大大抑制管理层基于期权薪酬的盈余管理行为。①

2. 股票期权行权前的盈余管理实证研究动态

众所周知，股票期权的价值直接与可行权时的公司股价相关。

---

① Baker, et al. Incentives and Opportunities to Manage Earnings around Option Grants. *Contemporary Accounting Research*, 2009, 26 (3): 649-672.

Denis（2006）据此推论，股权激励使CEO有动机去最大化公司的股价，当通过增加公司的内在价值来增加公司股价比较困难时，CEO就会有强烈的动机去从事欺诈活动来完成这个目标。Denis对此进行了实证检验。他通过对1993—2002年间进行过证券欺诈辩解的358家公司组成的样本进行统计分析后发现，公司发生欺诈辩解的可能性与管理层的期权——公司股价的敏感度正相关，而且：（1）当公司中存在控股大股东时，上述正相关的强度会增加，Denis认为这与其1997年提出的观点——控股大股东的存在会增强高管的更换与业绩之间的敏感性——相一致；（2）机构投资者持股比例的增大也会增强上述正相关的强度，这是由于机构投资者对不利的业绩消息会过度反应，迫使管理层过度关注公司短期的业绩。①

Peng和Röell（2006）考察了经理层薪酬与股东集体诉讼之间的关系。Peng和Röell以1996—2002年间美国的479件股东集体诉讼案例为样本，通过实证统计发现，在股东集体诉讼期间，公司的报告盈余往往被高估，而且内部股东执行了更多的股票期权，并套现了这些股票。这说明股东的集体诉讼与股价操纵之间确实有显著的关系。Peng和Röell指出，集体诉讼作为外部投资者挽回因股价被操纵而发生的损失的有效方式，可以被用作度量盈余管理甚至盈余操纵的有效的替代变量。Peng和Röell进而实证考察了经理层的薪酬结构与股东集体诉讼之间的关系，他们的实证结果表明经理层的期权薪酬与公司发生股东集体诉讼的可能性之间存在显著的正相关关系，从而证实了经理层的期权薪酬会激励管理层进行盈余管理甚至盈余操纵，结果导致公司被股东提起集体诉讼。②

Bergstresser和Philippon（2006）研究了20世纪90年代美国公司的盈余管理现象与CEO的股权激励水平之间的联系。

① Denis. Is There a Dark Side to Incentive Compensation. *Journal of Corporate Finance*, 2005, 12: 467-488.

② Peng L, A. Röell. Executive Pay and Shareholder Litigation. *Review of Finance*, 2008, 11: 141-184.

Bergstresser和 Philippon 认为，CEO 通过操纵固定资产折旧、不适当的费用资本化以及对应收账款计提过低的坏账准备等手段来操纵公司的盈余水平，进而操纵公司的股价。在对20世纪90年代美国公司的盈余管理现象进行了实证考察后，Bergstresser 和 Philippon 发现：（1）CEO 的股权激励水平与公司进行盈余管理的可能性正相关；（2）在公司的盈余被认为存在操纵的时期，CEO 和公司其他高管会进行大量的股权出售和期权行使活动。综合以上两点，Bergstresser和 Philippon 认为，持续增加管理层薪酬的股权激励比重有其黑暗的一面：股权激励水平过高的管理层似乎有更强的动机去操纵公司的业绩，并在公司收益被人为调高的时期套现手中的股权，而这最终损害了公司的价值和股东的利益。①

Efendi（2007）等对20世纪90年代美国股票价格被显著高估期间管理层持有期权在财务错报中所起的作用进行了实证分析。研究结果显示，当 CEO 拥有大量的价内期权（in-the-money options）时，公司财务错报发生的可能性极大地增加。Efendi 选取了2001—2002年间发布报表重述公告的95家上市公司作为研究样本。统计结果表明：（1）相比于未发生重述公告的公司，发生重述公告的公司 CEO 所持有的期权价值要高得多。② 进一步将发生的错报分为“由于大量的不法会计行为所产生的错报”（A 类）和“相对不严重的会计违规所产生的错报”（B 类）两类后，前者 CEO 所持有的期权价值要远高于后者。③（2）在报表发生错报的前一年，发生错报公司12个月的股票平均收益率超过同期市场收益率20%，特别是发生 A 类错报的公司12个月的股票平均收益率更是超过同期市场收益率的27%。（3）发生报表重述公告公司 CEO 所持有的股

① Bergstresser D，T. Philippon. CEO incentives and earings management. *Journal of Financial Economics*，2006，80：511-529.

② 发生重述公告的公司 CEO 持有的期权平均为＄50106370，未发生重述公告的 CEO 持有的期权平均为＄8881680。

③ A 类公司 CEO 持有的期权平均为＄130160680，B 类公司 CEO 持有的期权平均为＄14930990。

票期权价值在公告的后一年比公告前一年下降了70% ~75%，同一时期，未发生报表重述公告的公司CEO所持有的股票期权价值则基本没有变化。（4）尽管发生报表重述的公司CEO在重述的前一年执行的期权的价值要远高于未发生重述的公司CEO所执行的期权的价值，但前者行使的期权占其所持有的总的期权的比例并不大。Efendi等认为，导致CEO未大比例执行期权的原因有两点：一是如果CEO大规模地执行期权，不可避免地会打击股票市场价格；二是相关投资者密切关注高管的相关交易，CEO大量执行期权会造成投资者对公司财务报表的额外关注，这是CEO希望避免的。由此，Efendi等指出，20世纪90年代美国股价泡沫时期CEO所持有的价内期权价值可以显著区分报表三类情况（A类错报、B类错报以及无错报）发生的可能性。其原因在于，拥有大量价内期权的CEO都试图维持被高估的股价，以便维持其拥有的期权的账面价值，但问题在于CEO一般很难创造出相应的业绩来维持这一股价，于是CEO就自然有很强的动机去通过一些“会计处理方法”来粉饰财务报表。①

（二）管理层薪酬结构中的各种薪酬模式对盈余管理影响的实证研究动态

公司管理层实行不同的薪酬模式对盈余管理会产生不同的影响吗？Gao和Shrieves（2002）以1992—2000年间标准普尔指数所包括的公司为样本，对CEO薪酬结构中各个部分（包括工资、年度奖金、限制性股票、股票期权和长期激励计划）与盈余管理的关系进行了实证考察。实证分析表明：股票期权、年度奖金与盈余管理度显著正相关，限制性股票、长期激励计划与盈余管理度之间没有显著的关系，而工资与盈余管理度负相关。Gao和Shrieves认为，CEO薪酬中的股票期权和年度奖金对盈余管理具有更强的激励作用，而限制性股票和长期激励计划对盈余管理的激励作用明显

① Efendi, et al. Why Do Corporate Managers Misstate Financial Statements? The Role of Option Compensation and Other Factors. *Journal of Financial Economics*, 2007, 85: 667-708.

小于股票期权和年度奖金，工资对于盈余管理则会起到抑制作用。随着CEO薪酬中工资所占的比例越来越小，而股票期权所占的比例越来越大，从而导致CEO具有更强的盈余管理动机。

Burns和Kedia（2006）对CEO的薪酬契约与财务错报发生的可能性进行了实证研究。Burns和Kedia在对1995—2002年间266个报表重述和大约8000个非报表重述组成的样本进行统计研究后发现，CEO的期权—股价敏感度与错报发生的可能性显著正相关，而其他股权激励形式的薪酬契约（包括股权、限制性股票）对于错报的发生可能性没有任何显著的影响。Burns和Kedia认为，造成期权与股权、限制性股票对于公司错报具有不同影响主要有两个原因：（1）期权、股权和限制性股票价值与公司股价之间有着不同的关系。对于股票期权来说，如果错报没被发现，公司股价上升，CEO可以完全享受由此带来的期权价值上升的好处；如果错报被发现，公司股价下跌，期权所具有的财富会限制由此带来的财富下行风险。不同于期权、股权和限制性股票形式的薪酬回报与股价之间存在对称的关系，即股价上升，股权和限制性股票形式的薪酬也上升；股价下降，股权和限制性股票形式的薪酬也下降，从而使CEO在因报表重述公告引起的公司股价下跌时遭受相应的完全的损失。因此，相比股权和限制性股票，期权与更强的错报动机相联系。（2）实行股票期权激励模式便于CEO与其他出于流动性和多样化的需要而行权的公司高管结盟，即期权便于CEO在错报被发现之前实施套现策略（exit strategies）。而限制性股票在授予时的限制性要求以及出于对公司控制权的考虑，使得CEO不大可能在报表重述公告之前及时卖出所持有股权和限制性股票。①

参考文献

[1] BAKER T. A，COLLINS D. L，A. L. REITENGA. Incentives and

① Burns N，S. Kedia. The Impact of Performance-based Compensation on Misreporting. *Journal of Financial Economics*，2006，79：35-67.

Opportunities to Manage Earnings around Option Grants. *Contemporary Accounting Research*, 2009, 26(3):649-672.

[2] BASSANINI A, S. STEFANO. Does Human Capital Matter for Growth in OECD Countries? A Pooled Mean-Group Approach. *Economics Letters*, 2002, 74(3):399-405.

[3] BERGEMAN D, J. VALIMAKI. Information Acquisition and Efficient Mechanism Design. *Econometrica*, 2002, 70:1007-1033.

[4] BERGSTRESSER D, T. Philippon. CEO incentives and earings management. *Journal of Financial Economics*, 2006, 80:511-529.

[5] BERNHEIM D, M. D. WHINSTON. Common Marketing Agency as a Device for Facilitating Collusion. *Rand Journal of Economics*, 1985, 16:269-281.

[6] BURNS N, S. KEDIA. The Impact of Performance-based Compensation on Mis- reporting. *Journal of Financial Economics*, 2006, 79: 35-67.

[7] CHAUVIN K. W, C. SHENOY. Stock Price Derecease Prior to Executive Stock Option Grants. *Journal of Corporate Finance*, 2001, 7: 53-76.

[8] CHE Y. K, J. SAKOVICS. A Dynamic Theory of Hold-up. *Econometrica*, 2004, 72:1063-1104.

[9] CHEN A, L. KAO. The Conflict between Agency Theory and Corporate Control on Managerial Owner-ship: The Evidence from Taiwan IPO Performance. *International Journal of Business*, 2005, 10(1): 39-61.

[10] DEMSETZ H, K. LEHN. The Structure of Corporate Ownership: Causes and Consequences. *Journal of Political Economy*, 1995, 93:1155-1177.

[11] DENIS D. J. Is There a Dark Side to Incentive Compensation. *Journal of Corporate Finance*, 2005, 12:467-488.

[12] EFENDI J, SRIVASTAVA A, E. P. SWANSON. Why Do Corporate Managers Misstate Financial Statements? The Role of Option Com-

pensation and Other Factors. *Journal of Financial Economics*, 2007, 85:667-708.

[13] ELISABETH M, S. ALEXANDRA. Managerial Ownership and Firm Performance in German Small and Medium-sized Enterprises. *ZEW Discussion Papers*, 2001:1-72.

[14] FAMA E. F, M. C. JENSEN. Separation of Ownership and Control. *Journal of Law and Economics*, 1983, 26:301-325.

[15] GIBBARD A. Manipulation of Voting Schemes: A General Result. *Econometrica*, 1973, 41:587-601.

[16] GROSSMAN S. J, O. D. HART. The Costs and Benefits of Ownership: A Theory of Vertical and Lateral Integration. *Journal of Political Economy*, 1986, 94:691-719.

[17] HANSSON B. Human Capital and Stock Returns: Is the Value Premium an Approximation for Return on Human Capital. *Journal of Business Finance & Accounting*, 2004, 31(3/4):333-358.

[18] HART O, J. MOORE. Foundations of Incomplete Contracts. *Review of Economic Studies*, 1999, 66:115-138.

[19] HERMALIN B, WEISBACK. The Effect of Board Composition and Direct Incentive on Corporate Performance. *Financial Management*, 1991, 20:101-112.

[20] HOLMSTROM B. R. Moral Hazard in Teams. *Bell Journal of Economics*, 1982, 13:324-340.

[21] HOLMSTROM B. R, J. TIROLE. Transfer Pricing and Organizational Form. *Jouranl of Law, Economics, and Organization*, 1991, 7: 201-228.

[22] HOLMSTROM B. R, P. MILGROM. Multitask Principal-Agent Analysis: Incentive Contracts, Asset Ownership, and Job Design. *Journal of Law, Economics and Orgnization*, 1991, 7:24-52.

[23] JENSEN M. C, W. H. MECKLING. Theory of the Firm: Managerial Behavior, Agency Cost and Owership Structure. *Journal of Financial Economics*, 1976, 3(4):305-360.

[24] JOEN D. S. Mechanism Design under Collusion and Uniform Transfers. *Journal of Public Economic Theory*, 2005, 5:641-667

[25] LEZEAR E. P, S. ROSEN. Rank-Order Tournaments as Optimum Labor Contracts. *Journal of Political Economy*, 1981, 89: 841-864.

[26] LUCAS R. E. On the Mechanics of Economic Development. *Journal of Monetary Economics*, 1988, 22:3-42.

[27] MATTHIAS D, R. M. TOWNSEND. Dynamic Mechanism Design with Hidden Income and Hidden Actions. *Journal of Economic Theory*, 2006, 126(1):235-285.

[28] MCRCONNELL, SERVAES. Additional Evidence on Equity Ownership and Corporate Value. *Journal of Financial*, 1990, 27:595-612.

[29] MORCK SHLEIFER, VISHNY. Management Ownership and Market Valuation: an Empirical Analysis. *Journal of Financial Economics*, 1988, 20:295-315.

[30] MYERSON R. Optimal Auction Design. *Mathematics of Operations Research*, 1981, 6:58-73.

[31] PENG L, A. RÖELL. Executive Pay and Shareholder Litigation. *Review of Finance*, 2008, 11:141-184.

[32] RADNER R. Monitoring Cooperative Agreements in a Repeated Principal-Agent Relatoinship. *Econometrica*, 1981, 49:1127-1148.

[33] SATTERTHWAITE M. A. Strategy-Proofness and Arrow's Conditions: Existence and Correspondence Theorems for Voting Procedures and Social Welfare Functions. *Journal of Economic Theory*, 1975, 10:187-217.

[34] SEGAL I. Complexity and Renegotiation: A Foundation for Imcomplete Contracts. *Review of Economic Studies*, 1999, 66:57-82.

[35] SHORT H, K. KEASEY. Managerial Ownership and the Performance of Firms: Evidence from the UK. *Journal of Corporate Finance*, 1999, 5:79-101.

[36] YERMACK D. Good Timing: CEO Stock Option Awards and Company News Announcements. *Journal of Finance*, 1997, 52: 449-476.

国外医疗改革研究综述*

张奇林**

（武汉大学社会保障研究中心，武汉，430072）

医疗问题是一个世界性难题，鲜有国民对其国家医疗卫生体系非常满意的情况，即使是医疗保障制度非常完善的发达国家也不例外。在以公平著称的英国，只有25%的居民认同现行的医疗卫生体制，认为只需小的调整即可，而大多数居民对现行体制不太满意，认为非要做大的改革不可。在加拿大、美国、澳大利亚、新西兰等国认同比例更低，均在20%以下（Donelan, et al., 1999）。

究其原因，医疗问题使政府常常处于两难选择的境地。从宏观层面看，医疗保障体系一方面要公平有效地保障全体国民的身体健康，使国民满意；另一方面又要将医疗开支控制在一个可以接受的范围内，避免出现医疗保障的财务危机，以致影响宏观经济的健康发展和国民的身体健康。从微观层面看，由于医疗行业存在信息不对称、不确定性和市场失灵等经济特征，需要有第三方来保护病患者，规避风险，同时又要对医生和医疗机构实行监管。医疗行业的特殊性以及医疗问题所涉及的利益关系的复杂性，使政府很难在社会目标和经济目标、公平与效率之间找到一个平衡点，从而制定出各方都能接受的医疗保障政策。更为重要的是，不管医疗问题如何

---

* 本文得到教育部人文社会科学重点研究基地重大项目《和谐社会构建与慈善事业发展研究》（项目批准号：08JJD840204）和武汉大学“海外人文社会科学研究前沿追踪计划”项目的资助。

** 张奇林，武汉大学社会保障研究中心教授。

棘手，各国政府绕也绕不开（Pauly，1986）。医疗问题由此也成为各国政治生活中争议最大、最敏感的话题之一。有学者做过统计，仅1980—1986年七年间，美国主要的卫生政策论坛（包括四种重要杂志，它们是：新英格兰医学杂志（*The New England Journal of Medicine*），卫生事务（*Health Affairs*），卫生政治学、政策与法杂志（*Journal of Health Politics, Policy and Law*），健康与社会（*Health and Society*））上就发表了5000多篇卫生政策方面的论文（Navarro，1992）。

从理论上讲，尽管政府面临两难选择，但医疗保障的经济特质并不决定政府必然做出怎样的回应，也就是说政府的反应不是唯一的（Hacker，1998）。事实也是如此，不同的国家，在面临同样的问题和挑战时会采取不同的对策，从而形成了不同的医疗保障制度。

医疗卫生费用的上涨是各国面临的共同问题与挑战，它不仅对公共支出构成压力，还会影响个人的消费行为和公众的身体健康。由于价值判断、社会预期和医疗卫生体制的差异，各国在控制医疗卫生费用方面面临不同的选择。本文试图厘清与医疗卫生费用有关的一些理论问题与政策争论，希望能对研究和解决我国已经出现和将要出现的费用问题有所启发。

一、医疗卫生费用的度量与评价

医疗卫生费用是指用于医疗卫生服务及相关活动的开支，它反映了医疗卫生服务及相关活动中的资金流量。经济学家经常用两个指标来比较和评估医疗卫生费用：一是医疗卫生费用的总体水平；二是医疗卫生费用的增长速度。这是两个不同的指标，前者可以用医疗卫生费用占国内生产总值（GDP）的比例来度量；后者需要参照GDP的增长速度来加以评估。

就总体水平的增长而言，许多产业都经历过这一阶段，如汽车、计算机等。但医疗开支总体水平的增长有别于其他产业和普通商品，这种区别至少体现在两个方面：一是医疗卫生服务的需求取决于个人的健康状况；二是医疗保险市场的特殊性，而保险的盛行又是医疗卫生经济最明显和最不同寻常的特点之一（Pauly, 1986）。由于医疗卫生需求的不确定性和各种效率低下的医疗保险计划会导致卫生保健消费的失控，从而浪费大量资源，并对公共支出形成压力，因此，医疗卫生费用总体规模的膨胀备受经济学家的关注。

但也有经济学家对此不以为然，他们认为，即使医疗卫生支出占 GDP 的比重高达 20% 以上都不见得是件坏事，问题的关键在于，新增的医疗卫生服务同它们所替代或挤出的产品相比，到底值不值。也就是说要度量和评估医疗卫生支出的机会成本。但目前的统计数据和计量方法没有办法做到这一点，它们衡量的只是支出成本，而没有度量真正的经济成本，也就是医疗卫生支出的机会成本，至少在这方面是不充分的。因此，美国经济学家 Pauly（1993）特别强调，在改革的争论中使用这些数据会导致严重的误导。

而哈佛大学经济学家 Newhouse（1993a）认为，医疗卫生费用的规模和权重固然重要，但真正需要评估和控制的是医疗卫生费用的增长速度。长期以来，由于没有一个单一的指标来解释费用增长的水平或增长率，用人均 GDP 度量的支付能力作为一个重要的指标一直被使用。同时，按照 GDP 和人均医疗费用双变量关系来推测一个国家医疗卫生费用的合理水平（Reinhardt, et al., 2004）。

面对不断上涨的医疗卫生费用，人们经常会问两个问题：一是目前的医疗卫生开支是不是太高；二是医疗卫生开支的增长是不是太快（Cutler, 1995）。也就是如何评价医疗卫生费用的上涨。在这个问题上，经济学家的看法有较大的分歧。

美国布鲁金斯研究所的经济学家 Aaron（2003）认为，费用增长之所以成为一个问题，其真正原因在于，一方面，各种效率低下的医疗保险计划激励人们消费更多的卫生保健，浪费了大量资源；另一方面，费用的上涨又使人们看不起病。因此，在不断增长的费用面前，公平和效率都可能失去。社会成员普遍没有安全感，而这种安全感的缺失是推动改革的动力之一，费用问题最终会引起政治关注。但 Altman（2003）并不认为费用的高增长是破坏性的，而且 Cutler（2002）的研究也发现，在美国以外的其他发达国家，国民对医疗保健制度的满意度与卫生总费用正相关。这一事实说明，从总体上讲，医疗支出和技术进步是值得的（Cutler and McClellan, 2001）。

那么，在没有干预的条件下，医疗卫生费用会不会无限制地涨下去呢？Newhouse（1992）认为，从长期来看，医疗卫生费用的增长不可能总超出经济增长 2~3 个百分点。一个社会肯定有一个上限来限制 GDP 中的医疗卫生开支（Reinhardt, et al., 2002）。如果费用增长过快，经济最终会限制它，因为经济对医疗卫生费用增长的支付能力是有限的。如果超出了经济的支付能力，医疗卫生费用的增长就不具有可持续性。

但 Pauly（2003）针锋相对地提出，医疗费用占 GDP 的比例没有一个"自然"的界限，而且，医疗费用增长的可持续性与维持费用增长的意愿是两回事（Chernew, et al., 2003）。这种支付意愿取决于社会对医疗卫生支出的机会成本的价值判断，也就是通过比较医疗卫生支出的边际收益与它所取代的其他资源的边际收益，据此来评价医疗卫生支出的得失和价值，进而确定合理的支付规模。一个社会可以根据自己的意愿和偏好来分配用于医疗卫生服务的资源，这种资源的分配和使用既可以在经济的汲取能力之内，甚至还可以透支经济的汲取能力。因此，就医疗卫生支出而言，社会的价值观和分配问题比其支付能力更重要。

二、对费用上涨原因的实证研究

医疗卫生费用为什么会上涨？尽管对这一问题的回答是仁者见仁，智者见智，但有一条原则为经济学家们所认同，那就是"解释费用增长的原因必须能接受时间的检验"（Newhouse, 1993a），因为从 1940 年起，医疗费用就开始高速增长了。因此，经济学家就费用上涨原因所做的研究基本上都是以历史数据、调查资料、实验结果为基础进行的实证研究和经验研究。研究内容可以概括为三个问题：推动费用上涨的因素有哪些；它们的作用机制是什么；各自的影响权重有多大。

在第一个问题上，经济学家经过研究确定了几个基本变量：人口老龄化、保险的发展、收入的增加、技术的进步。此外，要素生产率的提高、提供者文化、供方诱导需求以及社会的价值观等因素对费用的增长也有一定的影响。这些因素的作用机制非常复杂，而且一般不会直接表现为费用的增长，但从总体上讲，它们都是通过影响医疗卫生服务的价格和数量来影响费用的变化。

医疗支出与医疗服务的价格和数量之间的关系可以用下面一个模型表示出来：

$$C = P \cdot Q$$

式中，C 代表医疗支出，P 代表医疗服务价格，Q 代表提供医疗服务的数量。

不难看出，医疗支出的增长来自医疗服务的价格和数量的增长。在上面列举的诸多因素中，既有影响价格变化的，也有增加需求和供给数量的，还有同时影响价格和数量变化的。

Fuchs（1990）进一步研究发现，医疗卫生部门的增长率与其他部门的增长率之间的差值（gap）决定了医疗卫生费用占 GDP 的比例，而差值的 2/3 来自医疗服务价格的上涨，1/3 来自医疗服务数量的上涨。

如果说在费用上涨原因的归纳方面经济学家之间尚有一定的默契和共识的话，在各因素影响权重的研究方面，争论和分歧要大得多。在此项研究中，哈佛大学经济学教授 Joseph Newhouse 是一重要的代表人物。他在兰德公司（RAND Corporation）任职期间设计和指导的兰德健康保险实验（RAND Health Insurance Experiment）不仅对健康保险政策之争产生了深刻影响，而且为后来的研究提供了素材和依据。他通过医疗市场的三个模型集中研究了保险计划对医疗费用上涨的影响（Newhouse, 1978；Newhouse, 1988），后人称这三个模型为“膨胀模型”（inflation model）（Peden and Freeland, 1995）。在前期研究的基础上，Newhouse 于 20 世纪 90 年代初发表了被广为引用的两篇论文（Newhouse, 1992；Newhouse, 1993a），系统地阐述了他对医疗卫生费用的看法。Newhouse 认为，经济学家以往的研究过于注重技术不变的条件下医疗市场的静态表现，他提出要用动态的眼光来审视费用增长的长期过程，包括技术进步在内。在这种理念的指导下，Newhouse研究发现，人口老龄化、保险、收入的增加、供方诱导需求、要素生产率的提高等因素对医疗费用50年（1940—1990年）来增长的影响只有25%～50%，其余的就应由技术变革来解释。也就是说，技术进步对医疗卫生费用的影响超过50%，对医疗卫生费用的增长起决定性作用。

此前Feldstein（1977）、Aaron和Schwartz（Aaron and Schwartz, 1984; Schwartz, 1987）等人对技术进步与费用增长的关系也做过卓有成效的研究，但Newhouse的研究针对性更强，结论更明确。Peden和Freeland（Peden and Freeland, 1995）所做的经验研究也得出了相似的结论：1960—1993年，美国人均医疗费用增长了373%，其中70%应归因于技术的进步。而一些“标准变量”（standard variables），如保险覆盖范围的扩大、年龄和性别结构的变化、人均可支配收入的增加等，对人均医疗费用的增长虽然也有积极影响，但权重只有30%。与Newhouse的研究略有不同的是，Peden和Freeland对推动费用上涨的技术因素做了形态上和作用上的区分。他们所讲的影响权重达到70%的技术进步是指增加成本的医疗服务的发展，而且这种发展是由两个变量诱导的，一是保险计划的水平（影响最大）；二是非商业性医学研究支出。而技术的自发性进步虽然也会增加成本，但并不是一个重要因素。

许多经济学家对技术变迁的作用也有同感。据1995年时任美国经济学会会长的Fuchs（1996）对50名经济学家进行的一次调查，81%的经济学家同意下面这样一个观点：“过去30年，医疗卫生事业占GDP份额不断上升的首要原因是医疗技术的变化。”

通过比较研究，经济学家还发现，技术变革对医疗卫生费用的影响具有普遍意义（Cutler, et al., 1998），它是各国面临的共同问题与挑战。因为在不同的体制、不同的保险计划、不同的支付方式下，费用同样都在增长，这表明，有共同的原因在推动，这就是技术的变革。

同汽车、飞机、电视、计算机等领域一样，医疗技术的进步可能会降低价格，但总支出会迅猛增长（Aaron，2002）。技术变迁通过三种机制：现行技术的高强度使用、新技术的引入、新技术的广泛应用来推动费用上涨（Gelijns and Rosenberg，1994）。而追求高质量的医疗卫生服务的社会价值观和职业文化又加速了技术的创新和使用。同时，经济学家还指出，尽管技术变迁是全球卫生保健的共同特点，但由于医疗卫生体制的不同，各国的技术变迁模式差异很大，由此产生了重要的经济和健康后果，表现出不同的费用增长态势和健康产出特点。最优的技术变迁模式取决于健康产出和卫生保健的成本，以及社会的价值观。而卫生政策对医疗服务质量有重要影响。

与此同时，也有不少学者对技术变迁的作用提出了质疑。Neumann等人（Neumann，et al.，1994）认为，关于技术推动费用的争论其实是一种误导，因为，技术本身不会提高价格，而是相关的制度在起作用，而且不管制度如何，问题的关键不是费用上升本身，而是在消耗资源的同时社会获得了什么。Fuchs 则对 Newhouse 的计算方法提出了疑问，认为他低估了人口老龄化对费用的影响（Newhouse，1992）。

三、关于费用控制的研究与争论

1. 费用控制的理念之争

在如何控制费用的问题上，政治家、学者、医务人员以及社会公众一直争论不休，意见分歧很大。主要的理念有两个，一个是依靠政府管制来控制费用；另一个是依靠市场竞争和激励机制来控制费用。关于费用控制的理念之争实际上可以看做是经济学中经典的政府与市场之争的一个实例。

支持政府管制的人认为，同其他产业的市场一样，医疗服务市场也有“市场失灵”（market failures）的情况；同时，与其他经济市场相比，医疗服务市场又有许多不同的地方，如医患之间的委托代理关系、信息不对称等，医疗服务市场的这种特殊性主要源于“消费者无知”（consumer ignorance）（Pauly，1978）。而消除医疗市场的信息不对称，减少医疗服务同其他商品和服务的差异，归根结蒂是一个政治问题（Pauly，1988）。公共管理的过程实际上就是履行政治责任，帮助公众参与和获取信息的过程（Weiner，1981）。因此，政府管制有助于控制医疗卫生费用。

从另外一个角度看，市场能不能诱导私人部门采取措施控制费用，以避免政府管制呢？经济学家的回答是否定的，他们对这一问题的解释是：第一，医疗服务的提供者会合谋抵制对费用的控制，或施加压力；第二，在医疗服务过程中，医生常常处于失控的状态，据 Smith 等人（Smith，et al.，1981）估算，医生的费用虽然只占卫生总费用的 1/5，但他们可以影响 70% 的支出，因此，完全靠医生来控制费用远非万全之策（Arrow，1963）；第三，现行的税收补贴政策削弱了私人部门控制费用的效果（Pauly，1986）。

总之，如果市场无法降低费用的增长率，政府的干预就是必要的了。这是自由主义经济学家也能接受的观点。

反对政府管制的人认为，全面的管制会增加成本，从而导致实际费用的增加。同时，政府按需求平等的原则配给医疗卫生资源是没有效率的，会阻碍技术进步，产生垄断价格。而且，医疗服务市场中大量存在的结构问题和激励因素会阻碍好的管制措施的实行（McClure，1981）。通过引入竞争机制，改变以往的市场激励方式，向消费者提供真正有费用影响的多种选择，创造公平的市场竞争条件，可以有效改变当事人的行为反应，改善医疗市场的经济表现，从而控制医疗卫生费用（Enthoven，1982）。

如果说政府管制是一种硬约束的话，竞争和激励就是一种软约束。它们通过改变市场环境，以一种无形的力量促使当事人做出更经济、成本效益更高的选择和决定。在这种市场环境中，虽然没有硬性的规范和制约，但压力却无处不在。

竞争和激励的理念是通过对政府管制的批评提出来的，但这一理念同样也遭到了质疑和反对。批评者认为，从理论上讲，竞争的方法在技术上和政治上都是不稳定的，而且医疗服务市场常常是由交易的一方所操纵的“伪市场”（pseudo-markets），支持竞争的人往往过于强调有利的结果；从实际来讲，以医生为代表的专业人士大多反对实施反垄断战略，因为他们从政府资助的医疗项目和他们所控制的管理计划中获取了巨大的经济利益，自由市场机制会降低他们的经济福利（Starr, 1980）。

尽管管制的方法和市场竞争的方法在理论上针锋相对，但两者并非格格不入。相反，一些经济学家认为最理想的费用控制方法是将两者结合起来使用。他们认为，市场强调的是竞争和激励，管制强调的是指导和认可，一种管制的方法要想实现既定目标，如果仅仅依靠法令，逆市场的潮流而动，是很难取得成功的；而竞争也不会自动导致效率（Barr, 1992）。因此，在强调管制的同时，要加强竞争、激励和选择。同时，市场力量的削弱也是不可避免的，纯粹的医疗服务市场是不存在的，因此，管制作为次优（second-best）的选择也是不可避免的。对医疗卫生服务的管制不仅要控制医疗卫生系统的产出，更重要的是要改变影响医院和医生的激励因素，惟其如此，才能取得预期效果（Altman and Weiner, 1978）。支持竞争战略的人将市场竞争和政府管制结合起来的方法称作“有管理的竞争”（managed competition）。

在政府管制和市场竞争之外，经济学家还试图提出控制费用的“第三条道路”。Pauly（1986）认为，各种形式的补偿“控制”措施既可是政府强加的，也可是自愿接受的，从此种意义上讲，将“控制”的选择归于“管制”和“竞争”中的一种是一种误导，这种选择实际上具有由政治或市场决定的管制性控制的形式；而Fuchs（1996）认为改革职业规范是政府和市场之外的第三种费用控制措施。

2. 费用控制方案的研究与设计

各国对费用的关注始于20世纪70年代中期，大多数国家首先采用的措施是公共干预，干预的形式主要有三种，即设施和服务管理、效用管理以及价格管制。虽然各国干预的形式各异，但目标是一致的，即卫生总费用的增长锁定GDP的增长，这至少是一个长期目标（Reinhardt, 1980）。

从一段时期来看，政府管制的办法并不算失败。但是，自20世纪90年代以来，各国对管制和配给模式的热情不断降低。Cutler

（2002）认为这主要有三个原因：第一，有限供给与无限需求之间的矛盾；第二，政府管制缺乏效率；第三，政府管制所带来的一次性费用降低与长期费用增长之间的关系和矛盾，这是结构性矛盾。因此，实施费用管制的国家在经历了十年的低费用增长后，费用又开始快速增长。

在各国实施管制的同时，一些先进的和有创意的竞争和激励措施也逐渐进入人们的视野，并被付诸实施。这些措施大多是针对道德风险、第三方支付制度等诱因设计的。Barr（1992）认为，从本质上讲，由道德风险、第三方支付制度等原因引起的费用上涨，可以看做是一种外部性，这种外部性是由于个人与社会的成本和收益分离造成的。而当市场各方不需要面对他们行动的成本时，宏观效率和费用控制都会削弱。解决这种外部性最好的办法就是将其内部化，最早在美国实行后来为许多国家所效法的健康维持组织（Health Maintenance Organization）计划，各种保险计划中设计的费用分担机制（Ellis and McGuire，1993；Newhouse，1993b；Eichner，1998），以及较为激烈的私有化计划（Heffley and Miceli，1998）等都是竞争和激励措施的具体形式。尽管方法多种多样，但基本的理念是相同的，那就是将当事各方置于一定的财政风险之下，激励其做出风险规避，这种选择既可在不同的产品和制度安排间做出，也可是当事人的行为反应和制度创新。

另外，在如何对待技术变革的问题上，大多数经济学家的态度是谨慎和理性的。他们认为，既要有费用约束，同时又要获得最大的临床收益；既要驯服技术但又不能破坏它。这就要求提高评估技术的分析能力（Rettig，1994）。Fuchs（1996）建议建立一个大型的私人技术评估中心；Cutler等人（Cutler and McClellan，2001）提出了度量和比较技术进步的成本和收益的方法论。总之，评估和管理新技术的可及性有益于整个社会的发展（Baker，et al.，2003）。

3. 费用控制效果评估

对费用控制效果的评估主要涉及两个方面的内容：一是从总体上分析费用控制可能带来的影响和费用变化的特点与趋势；二是比较各种费用控制措施的实施效果。因此，对费用控制效果的评估对今后的政策走向有较大的影响。

经济学家通过分析长期的历史数据发现，费用的增长并不是不可避免的，或者说它并不是不受政府或市场影响的（Altman，2003）。但是，所有的费用控制措施对费用的影响作用都是短期的，没有长期有效的费用控制措施（Altman，et al.，2002）。费用控制的作用和费用控制措施的使用有一定的周期性，费用的变化也有一定的周期性（Cutler，2002），但是，费用增长的长期趋势无法改变。这在某种程度上也说明了费用控制措施的无奈。因此，Aaron等人（Aaron，et al.，1994）对费用控制非常悲观，甚至认为费用问题是不可能解决的（Aaron，2003）。

通过国际比较，Kronenfeld（1993）认为，最有效的费用控制战略是政府作为唯一的供款人针对供方而采取的干预措施。但是，这一观点遭到了Pauly（1993）的反驳，他指出，如果政府扮演医疗服务买方的代表，它可以改变买方的处境，但是从经济全局来讲，这种“买方卡特尔”（buyers' cartel）不会大量节省总费用，它只是一种收入的再分配，而且，买方垄断会降低总福利，所以这种做法是消极的，只是一种数量游戏。只要提供者也是本国公民，以牺牲卖方为代价使买方获利的做法不会改善全体公民的福利。

但不管怎样，从总体上看，费用控制措施对医疗卫生服务的公平性、可及性和质量等社会目标的损害几乎在每个国家都有发生，不同程度地造成了整个卫生政策的扭曲。如果没有一个平衡的医疗指导政策来保护这些社会目标，这种扭曲的趋势将很难改变（Davis，et al.，1990）。

四、结　论

由于医学和技术的发展，人口结构的变迁（特别是人口老龄化），疾病谱的变化，公众预期的提升，以及医疗需求对国民经济的影响，各国的医疗保健制度面临共同的费用压力，政治回应是必不可少的。但由于价值判断、社会预期和医疗卫生体制的差异，各国在控制医疗卫生费用方面面临不同的选择，所做出的政治回应是不相同的。通过对相关理论的厘清和对发达国家费用控制实践的总结，我们认为有几个基本的价值理念值得遵循和借鉴：

第一，要消除急功近利的思想。因为费用问题的产生有极其复杂的原因，费用变化有周期性，因此，解决费用问题绝对没有简单的或一劳永逸的方案。

第二，政府与市场、管制与竞争是控制费用的两种主要工具，到底谁做得更好很难评说。① 虽然政府管制越来越不受欢迎，但用自由放任的方法解决医疗问题也是不能容忍的，在激励与管制之间寻求平衡才是最为重要的。

第三，解决费用问题必须要有全局观。70 多年前就有人说过，“卫生体制不是可以孤立地研究的一个问题，它是文化的一部分，它的组织安排与整个社会密不可分”（Fuchs, 1996）。要实现费用的可持续增长，需要消费者、雇主、保险方、医疗方和政府共同行动来控制费用。减少费用变化的幅度，对各方来说都是有利的，同时也是可以接受的，否则会损害各方的利益。面对公共医疗开支或私人医疗开支的快速增长，进行局部的改革是很不幸的（Ellis and McGuire, 1993），历史经验证明，控制整个制度的费用才是值得期待的（Newhouse, 1993a）。

第四，费用控制方案的设计和选择要依各国的具体情况而定，没有统一的模式。

第五，从医疗卫生费用的未来走势来看，技术进步仍将是推动费用上涨最主要的动力，既要鼓励技术创新，又要限制技术应用，这是各国政府面临的两难，毕竟在医疗创新和费用控制之间存在冲突。一种理想的状态是：在一定的费用约束下，获得最大的临床收益，也就是说，在不破坏目前的质量水平的情况下，降低费用增长率。这些目标意味着既要维持创新率，又要将其引向节省费用、提高质量、改变技术的方向发展。用 Fuchs 的话说，就是“驯服技术

① 单纯从费用控制的效果来说，政府管制要好于市场竞争，但从政府管制所带来的后果以及费用变化的周期性来看，政府管制是否真正好于市场竞争就很难说了。

但又不破坏它”（Rettig，1994）。

参考文献

[1] AARON HENRY J. The Unsurprising Surprise of Renewed Health Care Cost Inflation. *Health Affairs*, 2002(1):85-87.

[2] AARON HENRY J. Should Public Policy Seek to Control the Growth of Health Care Spending. *Health Affairs*, 2003(1):28-36.

[3] AARON H. J, W. B. SCHWARTZ. *The Painful Prescription: Rationing Hospital Care.* Washington: The Brookings Institution, 1984.

[4] AARON HENRY J, et al. Economic Issues in Reform of Health Care Financing. *Brookings Papers on Economic Activit / Microeconomics*, 1994, 1994:249-299.

[5] ALTMAN DREW E, et al. The Sad History of Health Care Cost Containment as Told in One Chart. *Health Affairs*, 2002(1):83-84.

[6] ALTMAN STUART H. Escalating Health Care Spending: Is It Desirable or Inevitable. *Health Affairs*, 2003(1):1-14.

[7] ALTMAN STUART H, SANFORD L. WEINER. *Regulation as a Second Best.* Maryland: Aspen Systems Corporation, 1978:339.

[8] ALTMAN STUART H, et al. Health Care Spending: An Analytical Forum. *Health Affairs*, 2003, 22(1):12.

[9] ARROW KENNELTH J. Uncertainty and the Welfare Economics of Medical Care. *American Economic Review*, 1963, 53(3):41-73.

[10] BARR NICHOLAS. Economic Theory and the Welfare State: A Survey and Interpretation. *Journal of Economic Literature*, 192, 30(2): 741-803.

[11] CHERNEW MICHAEL E, et al. Increased Spending on Health Care: How Much Can the United States Afford. *Health Affairs*, 2003, 22(4):15-25.

[12] CUTLER DAVID M. The Cost and Financing of Health Care. *American Economic Review*, 1995, 85(2):32-37.

[13] CUTLER DAVID M. Equality, Efficiency, and Market Fundamentals: The Dynamics of International Medical-Care Reform. *Journal of Economic Literature*, 2002, 40(3): 881-906.

[14] CUTLER DAVID M, MARK MCCLELLAN. Is Technological Change in Medicine Worth It. *Health Affairs*, 2001, 20(5): 11-29.

[15] CUTLER DAVID M, et al. What Has Increased Medical-Care Spending Bought. *American Economic Review*, 1998, 88(2): 132-136.

[16] DAVIS KAREN, et al. *Health Care Cost Containment.* Baltimore: The Johns Hopkins University Press, 1990.

[17] DONELAN KAREN, et al. The Cost of health Systems Change: Public Discontent in Five Nations. *Health Affairs*, 1999, 18(3): 206-216.

[18] EICHNER MATTHEW J. The Demand for Medical Care: What People Pay Does Matter. *American Economic Review*, 1988, 88(2): 117-121.

[19] ELLIS RANDALL P, THOMAS G. MCGUIRE. Supply-Side and Demand-Side Cost Sharing in Health Care. *The Journal of Economic Perspectives*, 1993, 7(4): 135-151.

[20] ENTHOVEN ALAIN C. *Competition in the Marketplace: Health Care in the* 1980*s*. New York: Spectrum Publication, 1982.

[21] FELDSTEIN M. Quality Change and the Demand for Hospital Care. *Econometrica*, 1977, 45: 1681-1702.

[22] FUCHS VICTOR R. The Health Sector's Share of the Gross National Product. *Science*, 1990, 247(4942): 534-538.

[23] FUCHS VICTOR R. Economics, Values and Health Care Reform. *America Economic Review*, 1996, 86(1): 1-24.

[24] GELIJNS ANNETINE, NATHAN ROSENBERG. The Dynamics of Technological Change in Medicine. *Health Affairs*, 1994(6): 28-46.

[25] HACKER JACOB S. The Historical Logic of National Health Insur-

ance: Structure and Sequence in the Development of British, Canadian, and U. S. Medical Policy. *Studies in American Political Development*, 1998(3):57-130.

[26] HEFFLEY DENNIS R, THOMAS J. MICELI. The Economic of Incentive-Based Health Care Plans. *The Journal of Risk and Insurance*, 1998, 65(3):445-465.

[27] KRONENFELD JENNIE J. *Controversial Issues in Health Care Policy*. Newbury Park, California: SAGE Publications, 1993:119-120.

[28] MCCLURE WALTER. Structure and Incentive Problem in Economic Regulation of Medical Care. *Milbank Memorial Fund Quarterly/Health and Society*, 1981, 59(2):107-144.

[29] NAVARRO VICENTE. *Why the United States Does not Have a National Health Insurance Program*. Amityville, N. Y: Baywood Pub. Co., 1992.

[30] NEUMANN PETER J, et al. From Principle to Public Policy: Using Cost-Effectiveness Analysis. *Health Affairs*, 1994(6):206-214.

[31] NEWHOUSE J. P. *The Erosion of the Medical Marketplace*. Santa Monica, Calif: RAND, 1978.

[32] NEWHOUSE J. P. Has the Erosion of the Medical Marketplace Ended. *Journal of Health Politics*, 1988:263-278.

[33] NEWHOUSE JOSEPH P. Medical Care Costs: How Much Welfare Loss. *The Journal of Economic Perspectives*, 1992, 6(3):3-21.

[34] NEWHOUSE JOSEPH P. An Iconoclastic View of Health Cost Containment. *Health Affairs*, 1993.

[35] NEWHOUSE JOSEPH P. *Free for All: Lessons from the RAND Health Insurance Experiment*. Cambridge, MA: Harvard University Press, 1993.

[36] PAULY MARK V. *Is medical Care Different*. Maryland: Aspen Systems Corporation, 1978.

[37] PAULY MARK V. Taxation, Health Insurance, and Market Failure in the Medical Economy. *Journal of Economic Literature*, 1986, 24

(62):29-675.

[38]PAULY MARK V. Is Medical Care Different? Old Questions, New Answers. *Journal of Health Politics*,1988,113(2):227-237.

[39]PAULY MARK V. US Health Care Costs:The Untold True Story. *Health Affairs*, 1993.

[40]PAULY MARK V. Should We Be Worried about High Real Medical Spending Growth in the United States. *Health Affairs*,2003(1):15-27.

[41]PEDEN EDGAR A,MARK S. FREELAND. A Historical Analysis of Medical Spending Growth, 1960-1993. *Health Affairs*,1995(6):235-247.

[42]REINHARDT UWE E. Health Insurance and Cost-Containment Policies:The Experience Abroad. *American Economic Review*,1980,70(2):149-156.

[43]REINHARDT UWE E, et al. Cross-National Comparisons of Health System Using OECD Date, 1999. *Health Affairs*, 2002,21(3):169-181.

[44]REINHARDT UWE E, et al. US Health Care Spending in An International Context. *Health Affairs*,2004,23(3):10-25.

[45] RETTIG RICHARD A. Medical Innovation Duals Cost Containment. *Health Affairs*,1994(6):7-27.

[46] SCHWARTZ W. B. The Inevitable Failure of Cost Containment Strategies:Why They Can Provide Only Temporary Relief. *Journal of the American Medical Association*, 1987(1):220-224.

[47]SMITH HOWARD L, et al. Cost Containment in Health Care: A Model for Management Research. *The Academy of Management Review*,1981,6(3):397-407.

[48]STARR PAUL. Changing the Balance of Power in American Medicine. *Milbank Memorial Fund Quarterly/Health and Society*,1980, 58(1):170.

[49]WEINER STEPHEN M. On Public Values and Private Regulation:

Some Reflections on Cost Containment Strategies. *Milbank Memorial Fund Quarterly/Health and Society*, 1981,59(2):269-296.

国外卫生系统绩效研究综述*

李小华　董　军　冯　娟**

（武汉大学政治与公共管理学院，武汉，430072）

绩效问题是公共管理领域近年来研究的热点问题，国外公共卫生政策研究近期关注的焦点之一就是卫生系统的绩效问题，卫生系统绩效问题既是西方国家历次竞选谈论的中心话题，也是学术界关注的热点问题。因为卫生系统绩效的评估和改进决定了各国公共卫生政策的大致方向和总体走势，是公共卫生政策制定的指导方针。公共卫生领域学者对卫生系统绩效的浓厚兴趣始于2000年，因为2000年的世界卫生报告对各成员国卫生系统绩效进行了评估，一度引起了世界各国各级卫生组织官员及其学者对卫生系统绩效的强烈关注，随后世界各国将卫生系统绩效的测量和改进视为卫生领域的优先问题，各国的卫生改革大都围绕卫生系统绩效改进而展开。随着实践经验的丰富，特别是联合国千年发展目标的提出，高效的卫生系统又再度被政策制定者视为实现和维持健康收益的关键。

近年来卫生系统绩效方面的研究成果逐年递增，研究者集中在

---

* 本项目得到了武汉大学“海外人文社会科学研究前沿追踪计划”的资助，特此感谢。在本研究中，硕士生刘雯薇、余臻峥参与了部分资料的收集和整理工作。

** 李小华，武汉大学政治与公共管理学院副教授。董军，武汉大学政治与公共管理学院副教授。冯娟，武汉大学政治与公共管理学院社会医学与卫生事业管理硕士生。

美国、英国、荷兰、加拿大等发达国家，特别是美国学者的成果占了研究的绝大部分。由于各国的卫生体系与文化各具特色，学者们对各国卫生系统绩效分析所采用的具体指标也各有差异。这些研究大多侧重从个案分析的角度探讨卫生系统绩效及其改进，也有学者采用比较分析的方法和技术，对不同国家和区域的卫生系统绩效进行比较分析。研究对象以西方发达国家为多，但是研究者对发展中国家的兴趣近年来不断增长。研究方法上也表现出从针对不同国家、不同区域的个案分析，到试图寻求国家、区域间共性的趋势，以形成一个共同的理论框架来指导决策者做出改进卫生系统绩效的合适选择。研究内容上，当前对卫生系统绩效的研究集中在卫生系统绩效评估、卫生系统绩效的影响因素、卫生系统绩效的提高，以及各绩效指标特别是公平性的研究上。

一、卫生系统绩效的测量

（一）卫生系统及其目标

卫生系统从广义上讲是指旨在促进、恢复或保持健康的所有活动，① 从狭义上讲是专指处于政府完全掌控或不完全掌控下的所有旨在促进、恢复或保持健康的活动，主要包括公立医疗机构直接提供的医疗服务，以及面向大众的公共卫生服务。

评估卫生系统绩效首先要明确卫生系统的目标，虽然发达国家和发展中国家因为经济实力不同而为其国民提供的医疗卫生服务水平各不不同（发达国家致力于为国民提供全面的医疗卫生服务，而发展中国家致力于提供基本的卫生服务），但是卫生系统的目标是一致的。WHO 将卫生系统目标分为三个方面：①有效地为全体公民提供预防和治疗服务；②及时对公众的医疗卫生需要和需求做出反应；③确保公平地为所有人提供卫生服务，使公民免遭灾难性

① WHO. *World Health Report*: *Health Systems Improving Performance*. Geneva: Seitzerland, 2000: 5.

的卫生保健支出，不因卫生保健支出而带来经济上的风险。① 目标分别从临床角度和经济角度提出，近期的研究则增加了公共管理的角度，提出了患者满意的目标，将患者满意、公众参与决策和责任列为卫生系统的另一目标。②

（二）卫生系统绩效指标

1. 卫生系统绩效指标确立的意义及原则

明确卫生系统绩效指标有着非常重要的意义，首先，各国政府需要某种工具来定期监测和评价卫生系统的运行，并将之纳入政府常规的工作日程，以便更好地进行关于卫生系统的筹资、组织和政策方面的决策；其次，国际上援助国和受援国可以根据绩效指标评估各国卫生系统绩效，以便更好地利用资金；最后，卫生系统绩效指标有助于研究者相关研究的进行，将研究结果用于指导卫生改革实践，这对于各国卫生系统绩效的改进将具有十分重要的意义。

卫生系统绩效指标的确立不能孤立地从其最终目的来确定。由于各国的社会经济条件不同，卫生体系差异很大，发达国家和发展中国家通常采取不同的指标来衡量卫生系统的绩效，并且根据不同的分析单位（例如机构、区域、国家）而采取不同的指标体系。所以卫生系统绩效指标的选择一般应考虑各国的实际情况，必须可靠、有效并且便于实施（比如衡量我国的卫生系统绩效，国际上采用的指标有卫生系统的覆盖率和重大疾病支出，这就能较好地反映我国当前卫生系统的主要状况）。这样就带来指标体系研究上多样化的特点，学者们试图综合这些研究成果，以找到一个共同的范式来指导卫生改革实践。世界卫生组织曾从健康期望寿命、卫生系统的反应能力、卫生费用支出的公平性三个方面衡量各国卫生系统绩效，这引发了很多争议。

---

① WHO. *World Health Report*: *Health Systems Improving Performance*. Geneva: Seitzerland, 2000: 8.

② Kruk M. E, Freedman L. P. Assessing Health System Performance in Developing Countries: a Review of the Literature. *Health Policy*, 2008, 85: 263-276

2. 卫生系统绩效框架

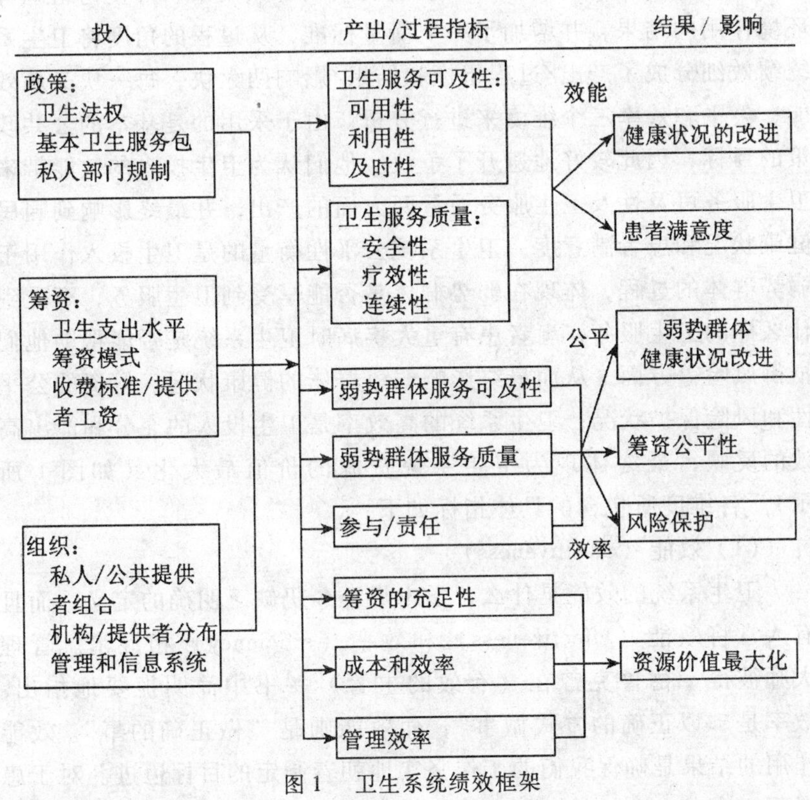

图1 卫生系统绩效框架

最近 Kruk 和 Freedman 提出了一个分析卫生系统绩效的新框架。Kruk 和 Freedman（2008）按照系统论的观点，把卫生系统绩效分解成系统本身的产出和系统对目标群体的作用两个方面，认为反映卫生系统绩效的过程指标与结果指标有一定的因果联系，并且能敏感地反映出政策的作用结果。他们从政策投入产出的视角，把卫生系统绩效看做一系列政策及其环境相互作用的结果，认为政策投入于卫生系统不仅会带来卫生系统绩效方面本身的政策产出，而且政策作用于目标群体也会对目标群体产生影响，所以政策作用于卫生系统不仅体现在绩效产出的过程上而且体现在目标群体最终状态的改变上。

Kruk 和 Freedman（2008）的卫生系统绩效框架是在回顾各国学者相关研究的基础上，将卫生系统绩效看成政策、筹资与组织等环境作用的结果，并增加了一个衡量标准，从过程的角度将卫生系统绩效细分成了产出/过程指标和结果/影响两大块，每一块又从效能、公平和效率三个维度来进行分析。由于采用的是基本的公共政策的目标，因此较好地避开了争议。他们认为卫生投入的效能带来卫生服务可及性及卫生服务质量两方面的产出，并最终影响到国民健康状况和患者满意度；卫生系统公平性衡量的是卫生投入作用于弱势群体的过程，体现在弱势群体是否能享受到卫生服务，享受到什么样的卫生服务，患者患有重大疾病时卫生系统是否能帮助他们抵御风险等方面，从而最终影响弱势群体的健康状况、筹资的公平性和风险保护状况；卫生系统的高效率是卫生投入的充分和产出高效的反映，最终体现为卫生系统资源的价值最大化（如图 1 所示）。各维度所包含的具体指标如下：

（1）效能（effectiveness）

卫生系统的效能是什么，学术界至今仍缺乏明确的定义，而且有人常将效能（effectiveness）和效率（efficiency）相混淆。管理大师彼得·德鲁克曾在《有效的主管》一书中简明扼要地指出：效率是“以正确的方式做事”，而效能则是“做正确的事”。效能作用的结果是确保我们的工作坚实地朝着制定的目标迈进。对于患者而言，一个有效的卫生系统能为他们及时提供其所需的各种医疗服务以及安全有效的保障，从而使他们在健康、保健持续性和尊重方面都得到改进。因此卫生系统效能可进一步分为：健康状况、病人满意度（结果）以及卫生服务的可及性和质量（产出）。尽管理论上这些效能指标在不同国家都适用，然而由于发达国家医疗保险全面覆盖、基本医疗服务普及或者近乎普及，衡量这些国家卫生系统的效能更常用的是弱势群体卫生服务可及性、质量、安全、公平以及病人满意度而更少用全部人口的卫生服务可及性和连续性；发展中国家由于基本医疗服务依然是大多数人增进健康的主要障碍之一，因此对发展中国家而言，基本医疗服务可及性是政策制定者和分析家们所关注的焦点。

①健康状况。国民健康状况的改进是衡量卫生系统是否有效的必要条件。虽然决定健康状况的因素错综复杂，但是用以描述卫生系统效能的健康结果指标应该是那些能反映卫生系统行为改进而带来的健康状况改进的指标，而并非诸如纯净水、教育等外部因素指标。发展中国家常用的健康结果指标有：婴儿死亡率、孕产妇死亡率、新生儿死亡率、低体重婴儿比率、传染性疾病发病率等。发达国家在此基础上增加了一些指标，如各种癌症的存活率等，这同时也是测量医疗质量的指标。

②病人满意度。病人满意度是衡量卫生系统成功与否的一项独立而又重要的指标。发达国家对病人满意度有广泛的研究。西方国家研究发现，在病人看来，卫生系统的重要特征有：关爱的行为、提供者的能力，病人是否得到尊重、享受到良好的服务态度、有效的信息、高效的保健过程，医疗保险行政管理工作是否简化。① 研究中涉及的病人满意度指标还有：以病人为中心的保健、可及性、交流和信息、礼貌和情感支持、技术质量、保健效率、结构和设备等，② 以及卫生系统需要进行微小改变、根本性改变还是彻底重建，必需保健的可及性、专科医生的可及性、保健的支付能力（现金支付）和质量（包括卫生服务的整体质量、与医生接触的时间、接触时间的充足性、医疗质量、呆在医院时间的充足性）。③ 发展中国家也开始评估公众对卫生系统的满意度，使用的指标有医护人员是否能解决患者的健康问题，是否尊重患者的习俗，是否使用他们的语言，是否友好并提供高质量的卫生服务。④

---

① Jennings B. M, Heiner S. L, Loan L. A, et al. What Really Matter to Health-care Consumers. *Journal of Nursing Administration*, 2005, 35: 173-180.

② Sofaer S, Firminger K. Patient Perceptions of the Quality of Health Services. *Annual Review of Public Health*, 2005, 25: 513-559.

③ Blendon R. J, Schoen C, DesRoches C. M, et al. Inequities in Health Care: a Five-country Survey. *Health Affairs*, 2002, 21: 182-191.

④ Kroeger A, Hernandez J. M. Health Service Analysis as a Tool for Evidence-based Policy Decisions: the Case of the Ministry of Health and Social Security in Mexico. *Tropical Medicine and International Health*, 2003, 8: 1157-1164.

③卫生服务可及性（可用性、利用率、及时性）。卫生服务可及性的测量至少包含三个层面——可用性、利用率和及时性。卫生服务的可用性是一个与每个国家的政策、筹资水平、组织安排相连的过程指标，反映人均或一定区域内的健康投入水平（医生、护士、医院、诊所）。联合国紧急产科护理的过程指标就要求各国报告每50万人口拥有的基本的和综合的紧急产科护理机构数，并定期报告诊所方圆5公里或10公里的人口比例。医护人员占人口的比率也是一个重要指标，对健康结果有重要影响。与可用性有关的还有组织机构方面，如是否存在转诊等方面组织结构上或系统上的障碍。

卫生服务利用率反映的是卫生资源的可使用情况，它是衡量卫生服务可及性的又一层面指标。发展中国家卫生服务利用率指标围绕千年发展目标制定，其他常用的卫生服务利用率指标还有：结核病检出率、疟疾使用蚊帐率、症状发作24小时内使用抗疟药物率、避孕用具覆盖率、产前保健率、陪伴分娩、免疫接种率和基本药物的可用性等。发达国家普遍采用乳腺癌和宫颈癌的检测等作为卫生服务可及性指标。

及时性逐渐被认为是衡量卫生服务可及性的又一个重要指标，虽然在发展中国家很少采用这个指标。及时就医有时对挽救生命非常重要（如疟疾、分娩并发症、急性心肌梗死），有时也能减少痛苦和残疾。疟疾治疗的有效性是通过症状发作24小时内是否提供适当药物来衡量，在特定情况下避免住院也能说明预防和初级保健服务的及时性。

④卫生服务的质量（疗效性、连续性和安全性）。卫生保健效能研究中涉及最多的就是卫生保健服务质量。衡量卫生保健质量的指标很多，特别是在发达国家。美国测量儿童卫生保健质量的指标有：安全性、有效性、以病人为中心和及时性。① 美国研究者用可

① Beal A, et al. Quality Measures for Children's Health Care. *Pediatrics*, 2004, 113: 199-209.

预防的儿科疾病如支气管炎、哮喘、胃肠炎住院率来评估社区幼儿初级保健的质量。① 加拿大研究者评估手术干预的质量时提出以下指标：入院 30 天内死亡率，出院 30 天内再住院率，出院 30 天内急救室使用率，家庭保健服务的使用率和满意度，可避免的医院门诊和住院比率。②

在发展中国家，研究者在评估儿童疾病全面管理（IMCI）的有效性时，从技术层面提出了衡量卫生保健质量的指标，其中包括开药正确、处方正确（治疗的剂量、服药时间的安排和持续用药时间）以及对病人解释治疗措施。③ 儿童疾病全面管理的评估揭示了卫生服务利用和质量等产出指标和最终健康结果之间的联系。研究者对秘鲁儿童疾病全面管理项目影响的评估中，采用的指标有：儿童疾病全面管理服务的门诊利用率、疫苗覆盖率（产出指标）、营养状况、儿童死亡率（结果/影响指标）；④ 坦桑尼亚儿童疾病全面管理研究则比较了实行该计划地区和没实行该计划地区的儿童死亡率，发现该指标非常有效。⑤

卫生保健质量的另一方面是对复杂病情建立合适的转诊制度，合适的转诊是一个运作良好的卫生系统的有机组成部分。赞比亚一

---

① Rohrer J. Measuring Health System Performance from a Community Service Perceptive: the Case of Pediatric Preventive Services in Mason City. *Clinical Performance and Quality Health Care*, 1995 (3): 31-34.

② Brownwell M, Roos N. P, Roos L. L. Monitoring Health Reform: a Report Card Approach. *Social Science & Medicine*, 2001, 52: 657-670.

③ Bryce J, Gouws E, Adam T, et al. Improving Quality and Efficiency of Facility-based Child Health Care through Integrated Management of Childhood Illness in Tanzania. *Health Policy and Planning*, 2005, 20: 169-176.

④ Huicho L, Davila M, Gonzales F, et al. Implementation of the Integrated Management of Childhood Illness Strategy in Peru and its Association with Health Indicators: an Ecological Analysis. *Health Policy and Planning*, 2005, 20: 132-141.

⑤ Armstrong Schellenberg J. R, Adam T, Mshinda H, et al. Effectiveness and Cost of Facility-based Integrated Management of Childhood Illness (IMCI) in Tanzania. *Lancet*, 2004, 364: 1583-1594.

研究小组利用转出和接收机构的病历记录，测评卢萨卡孕产妇需要转诊的理由、转诊的时间选择、剖宫产率和该病死亡率，评估卢萨卡孕产妇产科紧急转诊的适宜性。①

卫生保健的连续性可以通过慢性病的重复就医次数来测量，也可以通过疗程的完成状况来测量（如结核病、抗疟药的直接观察治疗——直接督导下的短程治疗）。

卫生保健的安全性是质量的另一个重要维度。安全性指标有外科感染和手术并发症发病率、该病死亡率、院内髋部骨折率、28天内再住院率。

（2）公平（equity）

由于缺乏足够的服务可及性、处于不健康的生活或工作条件下、因病致贫等各种因素的影响，人们之间常常存在卫生差距，这些差距与财富、性别、种族等体现社会强势或弱势地位的特征有关，要实现卫生公平就需要消除这些可以避免的、不公平的卫生差距，努力去改善穷人的健康状况。近年来，越来越多的政策专家敦促各国政府采取明确的有利于穷人的卫生政策，通过评估卫生系统对穷人（而不是所有的人）的影响来测量卫生系统的成功，以扭转许多发展中国家卫生保健服务倒退的现状。目前衡量卫生系统公平性的研究都试图体现这些方面的特征。

卫生系统的公平性主要体现在两个方面：服务提供的公平性和筹资方式的公平性。从提供上而言，卫生服务应根据需要而不是社会地位之类服务于患者；筹资的公平一方面体现在卫生服务筹资应是累进性的，低收入者出资比例应少，另一方面体现在保护穷人免受灾难性的卫生支出。这种累进的筹资方式和服务于需要的人的思想能使更多的人受益，也叫“纵向公平”。公众参与和问责制是实现公平的途径，也是系统公平的终极目标。

①平等的健康状况和服务可及性。测量卫生服务提供方面公平

① Murray S，Davies S，Phiri R，et al. Tools for Monitoring the Effectiveness of District Maternity Referral Systems. *Health Policy and Planning*，2001，16：353-361.

性的常见方法是通过收入、种族、性别、地理位置或其他社会分层变量来分析有效性指标（如全面性、可及性、质量、持久性、病人满意度等）。Daniels 等提议各国采用具体的指标来测量服务提供上的地理位置、性别、文化和其他非经济因素差异。① 也有通过分析不同种族、居住地、受教育程度、收入和职业人群看全科医生、专家以及就诊人次的差异反映卫生服务提供的公平性。目前分析中涉及的因变量还有药品费用、化验、看全科医生次数、产前保健、婴儿是否出生在医院、现代避孕用品的使用等。发展中国家常用收入最低的1/5 人群的死亡率（5 岁以下、15～49 岁、孕产妇、癌症患者）来衡量弱势群体的健康状况，发达国家则倾向于以妇女、移民、少数民族成员、边远地区人员的死亡率为指标；另一个常用的指标是离诊所的距离，即借助地理信息系统和国家人口调查资料来测量农村或者贫困地区居民与最近的诊所和医院的距离，以此来反映卫生服务提供的公平性。

②公平筹资和风险保护。筹资公平性的测量在研究文献中较少，最常见的两个方法是：分析政府卫生投入在不同收入群体的分布状况，以及用者付费对卫生服务可及性的消极影响。记录卫生系统资金来源和使用状况的国民卫生账户（NHA）越来越多地被用于评价卫生筹资的累进性以及政府卫生支出在不同地区和社会人群的分布状况，所以政府提供的卫生保健经费覆盖收入最低的1/5 人群的比例、筹资方式的累进性（税收支付、现金支付）以及基本卫生服务中现金支付、间接支付和非正式费用的程度等指标成为衡量筹资公平性的重要指标，其中现金支付是穷人接受卫生服务的一大障碍，也是评价筹资公平性的一个关键因素。

公平筹资的第二个方面是风险保护。世界卫生组织将灾难性支出定义为达到家庭可支付能力的40% 甚至以上的支出，而世界银行设定的标准是不超过所有开支的20%，还有人认为能致一个家

① Deniels N, Flores W, Pannarunothai S, et al. An Evidence-based Approach to Benchmarking the Fairness of Health-sector Reform in Developing Countries. *Bulletin of the World Health Organization*, 2005, 83: 534-540.

庭处于国家贫困线下时的卫生支出是灾难性的。衡量一个国家灾难性支出的一个通用的指标，是一年中遭受过或者有重大突发支出危险的家庭的比例，发展中国家常用此指标，发达国家则侧重因病致贫的发生率。

③参与性。它是指政府未尽到相应的责任导致公众产生被排除在卫生系统之外的知觉。

（3）效率（efficiency）

卫生系统的效率是指从一系列投入中获取最大的健康收益，包括有形的技术层面和资源配置层面，也包括无形但同样重要的行政管理效率层面。有效的资源配置是将资金引向能产生最大健康收益的活动；技术效率是从各种资源组合中（如人力、药品、设备等）获得最大可能的持久产出。

影响卫生系统效率的因素有预算和筹资方式。预算份额大小决定了效率（也决定效能和公平），人均卫生保健支出（可分政府、个人、总计三个层面）可以反映筹资的充足性。世界卫生组织研究人员注意到随着卫生保健支出的增加，健康结果通常能得到改进，效率最急剧的增长点大约在人均支出 80 美元处，① 这表明卫生系统低于这个阈限不会运作良好。除了预算，筹资方式也影响着卫生系统的效率。研究发现，西欧一些以税收筹资的国家和地区其卫生系统在降低婴儿死亡率的效率上高于有社会保障体系的国家。②

① 成本和生产率。服务提供成本是卫生系统效率概念的基础。每个病案成本是常见的测量指标，通常包括药品、人员、诊断、病床、手术用品和整个疗程反复出现的费用。这些成本通常由国家、地区、医疗机构和家庭分担。成本还包括现金支付费用（包括非

① Murray C. J, et al. Comparative Efficiency of National Health Systems: cross National Econometric Analysis. *BMJ*, 2001, 323: 307-310.

② Elola J, Daponet A, Navarro V. Health Indicators and the Organization of Health Care Systems in Western Europe. *American Journal of Public Health*, 1995, 85: 1397-1401.

正式的支出如红包费用)、基础设施和培训等初始阶段的投入。评估发展中国家卫生政策效率尤其要注意加上这一点，因为这些国家可能需要大规模的前期投入才能扩大卫生服务的供给。

卫生服务投入的生产率是研究卫生系统效率的另一方面。生产率指标通常包括医师日接待量、医院利用率以及住院天数，还包括每人每年看病次数。由于大部分的卫生预算都用于医院，评估医院的效率要考虑医院的规模经济和广度经济。

② 行政管理效率。卫生系统的效率还体现在将卫生工作者的价值和病人时间价值最大化。一个管理不善、筹资不到位的系统将导致绩效下降，最终带来人员的流失、质量的下降和服务需求的减少。其衡量的指标有：人员流失率、预约等候时间、熟练技术人员的可得性、药品需要时的可得性。

Kruk 和 Freedman 的卫生系统绩效框架按照基本的公共政策目标，确立了卫生系统绩效评估政策选择的基本价值取向：公平、效率和效能，具有很强的包容性，每个国家和地区可以根据自身的实际情况选择相应的具体指标，这可以避免一些不必要的争论；同时他们将卫生系统绩效分为卫生系统本身投入产出的过程和对政策目标群体的最终影响两方面，进一步揭示了政策产出对政策目标群体的作用，既完善了指标体系，又增进了指标体系的政策指导价值。

二、卫生系统绩效影响因素

卫生系统绩效与很多因素有关，不同国家、地区卫生系统绩效差异很大，资源利用状况、服务提供方式、管理、法律法规、经济因素等都影响卫生系统的绩效，也有学者试图通过对各国的横向比较来揭示制约卫生系统绩效的因素，因为这方面大多数是实证研究，采用量化分析的方法和技术，受分析变量测量、数量等方面的限制，大多数的研究只针对某一层面的变量及部分卫生系统绩效因素，所以研究比较散，系统地分析制约卫生系统绩效因素的研究不多，也没有形成一个较为全面的影响卫生系统绩效各类因素的具体概念框架图。下面我们按照个体因素、管理因素、社会因素将近期的研究加以分述。

（一）个体因素

个人因素中最近出现的一个研究主题是公民对卫生系统的信任，医疗卫生领域原来信任关系的研究局限在医患关系上，近年来越来越多的学者将信任延伸到卫生系统上，Abelson，Miller 和 Giacomini（2009）认为公民对卫生的信任是他们支持卫生系统的一个重要指标。①公民对卫生系统缺乏信任既影响他们对卫生系统的支持，也影响他们对卫生服务的利用，② 进而影响他们的生存能力、③ 健康状况。④⑤ 不过也有学者持不同的看法，Calnan 和 Sanford（2004）在对英格兰和威尔士居民的研究中发现公众对信任的评估还仅限于保健的微观层面，所以他们认为政策制定者更应考虑的是微观管理中以病人为中心的服务。⑥

（二）管理因素

良好的绩效依赖于很多因素，高效的管理、必要的信息、有效的激励都很关键，卫生系统绩效提高的中心还在于卫生服务提供者，因为卫生服务提供者积极性的挫伤是高效系统的最大障碍，Custers（2008）认为激励卫生服务提供者的因素应能反映卫生系统

---

① Abelson J, Miller F. A, Giacomini M . What does it Mean to Trust a Health System? A Qualitative Study of Canadian Health Care Values. *Health Policy*, 2009, 91 (1): 63-70.

② Musa D, Schulz R, Harris R, et al. Trust in the Health Care System and the Use of Preventive Health Services by Older Black and White Adults. *American Journal of Public Health*, 2009, 99: 1293-1299.

③ Rowe R, Calnan M. Trust Relations in Health Care—the New Agenda. *European Journal of Public Health*, 2006, 16 (1): 4-6.

④ Tokuda Y, Fujii S, Jimba M. The Relationship between Trust in Mass Media and the Healthcare System and Individual Health: Evidence from the AsiaBarometer Survey. *BMC Medicine*, 2009, 7: 4.

⑤ Jovell A, Blendon R. J, Navarro M. D, et al. Public Trust in the Spanish Health Care System. *Health Expection*, 2007, 10: 350-357.

⑥ Calnan M. W, Sanford E. Public Trust in Health Care: the System or the Doctor. *Quality &Safety in Health Care*, 2004, 13 (2): 92-97.

的目标和价值，即激励的着眼点应放在设法使卫生服务提供者的目标与卫生系统的目标保持一致上。Bradley 和 McAuliffe（2009）发现卫生服务提供者的报酬低可能会影响绩效，但是缺乏职业发展机会和继续受教育的机会，缺乏人力资源管理系统对绩效的影响更大，缺乏与绩效挂钩的奖励和认同也会影响绩效。

服务外包是一个非常重要的制度，即政府将一部分公共服务通过合同的方式让政府以外的主体来承担，政府在公共服务提供过程中只负责监督合同的履行，并支付报酬的一种新公共服务提供方式，有些国家在卫生服务领域采用服务外包的方式。人们一般认为服务外包能较大限度地发挥融入市场的作用，可提高社会主体对行政管理事务的参与程度，提高绩效。Liu 等（2007，2008）认为尽管越来越多的国家采用服务外包的方式提供卫生服务，但是它对卫生系统绩效的作用要下结论还为时尚早，他们发现服务外包有助于提高卫生服务的可及性，但是没有证据表明卫生服务外包有助于提高卫生服务的质量和效率。

（三）社会因素

制约卫生系统绩效的社会因素因群体的不同而不同，如人们是否努力去探究健康威胁因素，促进健康的生活方式，预防疾病和伤害，确保健康生活所需的饮水、空气、食物之类物质的质量等。① Mays 等（2006）通过对地方公共卫生服务系统绩效的研究发现，卫生系统绩效受制度和经济因素的制约，其所辖区域内的人口数量是卫生系统绩效的主要预测变量，卫生系统绩效还与地方人均卫生支出有关，而且受辖区层级、地方与国家公共卫生机构行政管理关系的影响。② Grignon（2008）的研究则折射出教育对卫生系统绩

① Mays G. P, Halverson P. K, Baker E. L, et al. Availability and Perceived Effectiveness of Public Health Activities in the Nation's Most Populous Communities. *American Journal of Public Health*, 2004, 94 (6): 1019-1026.

② Mays G. P, McHugh M. C, Shim K, et al. Institutional and Economic Determinants of Public Health System Performance. *American Journal of Public Health*, 2006, 96 (3): 523-531.

效的影响。①

近年来卫生系统绩效中公平性的研究文献较多，研究发现制约卫生系统公平性的社会因素主要有卫生支出、收入水平、政策作用等。Amaghionyeodiwe（2009）对尼日利亚的医疗支出进行了研究，探讨卫生支出的增加是否有助于缩小贫富群体之间的健康差距。② 他发现政府卫生投入的增加并没有带来相应人均健康状况和卫生基础设施的改进，穷人的健康状况明显差，且受卫生费用支出的影响非常显著。他通过对低收入人群的卫生公平性研究发现，低收入和贫困是不良健康状况的决定因素。所以，贫困人口较多的社会人群的健康状况更糟。另外，越来越多的证据表明贫困人口多的国家开始表现出溢出效应，即非贫困人口的健康状况也开始衰退。

Friel 等人研究了气候变化对健康公平的影响。人类破坏了全球气候和其他生命支持环境系统，从而产生了严重的卫生和健康风险，特别是对弱势群体来说，但最终这种风险会影响到所有的人。全球相互联系、相互依赖，倘若使健康的社会和环境决定因素能够在多种方式下进行，这些方式将会增进健康公平，减少贫困，构建与环境和谐共处的社会。③

政策是直接影响着健康公平的重要因素，如何分配卫生资源，如何决定不同社会群体对卫生服务的使用，如何确定和选择社会偏好，如何确定公平的具体目标，等等，这些都是政策与公平的研究内容。美国学者 Lurie 等人探索用商业和质量改进原则来指导医疗组织寻求减少卫生差异的方法，认为以地方为基础的干预也许有助

① Grignon M. The Role of Education in Health System Performance. *Economics of Education Review*, 2008, 27(3): 299-307.

② Amaghionyeodiwe L. A. Government Health Care Spending and the Poor: Evidence from Nigeria. *International Journal of Social Economics*, 2009, 36: 220-236.

③ Friel S, Marmot M, McMichael A. J, et al. Global Health Equity and Climate Stabilisation: a Common Agenda. *The Lancet*, 2008, 372: 1677.

于重点解决物资、卫生保健事业和社区合作者等方面的问题。①

健康保险对健康公平的影响一直在各种卫生会议中占有一席之地，2007年和2009年的世界卫生大会就都有关于保险与健康公平的主题讨论。

健康保险的覆盖面、性质和保障水平都会影响健康公平。研究表明，有健康保险的人群卫生服务利用率高于没有的；有健康保险覆盖的地区，其卫生可及性要比没有健康保险覆盖的地区好。保障水平直接关系到低收入人群的卫生服务利用率，间接上也是一种收入与健康不公平的关系。

费用的支付方式直接决定了卫生服务的利用。卫生保健自付费用（out-of-pocket）对许多发展中国家的贫困人群产生了深刻影响。印度大范围地采用自付费用方式，导致贫困人群无法获得健康服务，也使更多人因病致贫。

三、卫生系统治理

受公共管理治理理念的启发，一些学者将治理的概念引入到提高卫生系统绩效的研究中，开始关注卫生系统领域的善治。联合国开发计划署（UNDP）将治理定义为在各个级别上行使政治、经济和行政权力以对国家事务进行管理。治理包括复杂的机制、程序和机构，公民和群体通过治理表达利益、调解分歧并行使自己的合法权益和义务。治理是经济增长、社会进步和全面发展的核心因素，也是低收入国家和中收入国家实现千年发展目标（MDGs）的重要决定因素。

目前卫生系统治理评估分析框架主要有：（1）世界卫生组织（WHO）的管家理论；（2）泛美健康组织（Pan American Health

---

① Lurie N, Somers S. A, Fremont A, et al. Challenges to Using A Business Case for Addressing Health Disparities for Health Care Organizations. the Social Case for Reducing Health Disparities should be Just as Important as the Business Case. *Health Affairs*, 2008, 27 (2): 334-338.

Organization，PAHO）的基本公共卫生职能理论；（3）世界银行的六大基本治理层面理论；（4）联合国开发计划署的善治原则；（5）Siddiqi 等针对发展中国家提出的卫生系统治理分析框架，他们分别从提高卫生系统绩效应从哪些方面来治理、如何治理提出了不尽相同的看法。

（一）世界卫生组织的管家理论

2000 年世界卫生报告认为卫生系统的管理工作与治理是卫生系统的职能之一，管理工作的基本任务是：制定卫生政策——界定愿景、明确方向；施以影响——规制方法；收集并使用情报，并将管理工作的任务归于卫生部。概言之，世界卫生组织提出的卫生系统治理评估框架是：

①收集情报

②制定战略性政策

③确保执行工具：权力、激励和处罚

④构建联盟/构建合作伙伴关系

⑤确保政策目标与组织结构、组织文化相适宜

⑥确保责任

该理论没有明确提出卫生系统治理的原则，也没有提出测量管理职责的工具。

（二）泛美健康组织的基本公共卫生职能理论

泛美健康组织提出了基本公共卫生职能的概念，主张国家和社会共同协调来保护和促进人民的健康，它提出的 11 条基本公共卫生职能，是国家在卫生方面职责的重要组成部分，这 11 条基本公共卫生职能如下：

①人群健康状况的评价和分析

②公共卫生监督、风险的研究和控制

③健康促进

④社会参与

⑤形成政策和制度设计能力，规划和管理公共卫生

⑥加强制度设计能力，规制和执行公共卫生

⑦评估并促进公民公平地享有必要的卫生服务

⑧公共卫生人力资源的开发和培训

⑨基于个人和人群的卫生服务质量保证

⑩公共卫生研究

⑪减轻突发事件和灾难对健康的影响（防灾、减灾、备灾、应急和康复）

该理论有助于评估国家卫生权力机构或卫生部的绩效，由此可间接推断出卫生系统的治理质量，但不能直接评估卫生系统的治理质量，毕竟基本公共卫生职能本身反映的不是卫生系统治理绩效。

（三）世界银行的六大基本治理层面理论

世界银行首先意识到了治理在经济发展中的重要性，并形成了评估治理绩效以及将各国治理绩效排序的方法。我们可以将世界银行的治理指标分为三大块、六个基本方面：

①当权者被选定和被取代的过程

a. 声音和责任

b. 政治不稳定和暴力

②政府制定和执行合理政策的能力

a. 政府效能

b. 规制负担

③支配公民和国家相互作用的体系

a. 法治

b. 控制贪污

指标系统全面且与发展结果相联系，为评估卫生系统治理分析框架奠定了基础。

（四）联合国开发计划署的善治原则

联合国开发计划署阐述的善治五大原则得到了普遍认同，这五项原则可进一步分成九个主题领域。这些原则在某种意义上是权力或政策目标的结合，有些原则强调“目的”如方向、公正和绩效，而有些原则强调“手段”以实现合法性、声音和责任。

原则：	主题领域：
①合法性和声音	参与
②方向	一致性导向

③绩效	战略愿景
	回应性
④责任	效能和效率
	责任（政府、私人部门、公民社会组织的决策者）
	透明
⑤公平	公平性和包容性
	法治

（五）评估发展中国家卫生系统治理的分析框架

Siddiqi 等认为形成卫生系统治理框架要考虑的关键要素包括：国家与市场的作用，卫生部与其他政府部门的作用，治理中公共部门、公民社会和私人部门的角色，卫生系统的静态性和动态性，卫生领域卫生改革和基于人权的途径。

1. 评估卫生系统治理的原则

评估卫生系统治理分析框架的十项原则是：战略愿景、参与和一致性导向、法治、透明度、回应性、公平性和包容性、效能和效率、责任、情报和信息、道德伦理。

2. 评估卫生系统治理的层次

卫生部是卫生系统主要的治理主体，负责卫生政策制定、计划、规制、监督和评估，并确保基本卫生服务的可及性。因此有卫生政策制定和政策执行两个层次。一些国家卫生部负责政策的制定和执行；另一些国家卫生部只制定政策，政策的执行是属于下级部门的事情。在卫生部之上还有国家这一层次影响着卫生系统的治理，一个国家的政府通过其广泛的社会和经济政策、立法职能、公务员制度改革，以及政治的稳定性影响卫生系统治理。所以卫生系统治理可从国家层面、卫生政策制定层面、卫生政策执行层面进行分析。

3. 卫生系统治理评估框架

依据不同的原则，每一原则又从国家、卫生政策制定和卫生政策执行三个方面，Siddiqi 等提出了评估治理的具体框架，为卫生系统绩效的提高提出了一个较完整的治理思路。其中战略愿景是指领导者能从广泛和长远的视角看待健康和人类的发展，并且对这种发展有战略性方向感，也能理解这种视角基于的历史、文化和社会的复杂性。那么在国家层面评估可以具体化为政府政策的经济因素，国家宪法是否赋予健康为基本的人权，是否赋予健康在人全面发展中的重要地位，国家的全面发展规划中卫生处于怎样的优先级别，在卫生服务提供上国家承担什么责任；政策制定层面包括卫生领域是否制定了长期愿景和政策，国家针对一定时期内要实现的目标是否制定了相关卫生政策或战略规划；政策执行层面包括执行机制是否符合设定的卫生政策目标、卫生政策执行的程度如何。

参与和一致性导向是指所有的人在卫生决策中（不论是直接参与还是通过代表他们利益的中介机构间接参与）发出的是一个声音，这种广泛的参与建立在联合和言论自由以及积极参与能力的基础上。将一致性导向与参与合在一起的原因是参与和一致性导向本身在决策过程中就非常重要，决策中信息的编辑、综合和理解决定了这两项原则。只有善治的卫生系统才能协调不同的利益，就群体利益的最大化、卫生政策和程序达成广泛的一致。这种决策中利益相关者的认同在国家层面可以具体化为：私人部门、公民社会、职能部门和其他利益相关者是否都参与决策，卫生政策最终如何裁决——是内阁、议会还是国家领导人；在政策制定层面可以从如何从利益相关者寻求卫生政策投入，卫生决策中政府如何协调各种利益相关者的不同目标，国家其他部门是否参与卫生部的政策和项目处理几方面来衡量；政策执行层面体现在决策中的分权程度、社区参与卫生服务提供的程度。

法治原则指与卫生有关的法律框架应该公平无偏地执行，特别是有关卫生的人权法。国家层面可以考察卫生法由谁实行、在何处实行，有关卫生服务提供、基础设施、技术、人力资源、药品是否在法律法规上有明确规定，法律如何转化成规则、规章和程序；政策制定层面考察卫生部内部、卫生部与其他职能部门是否商讨有关卫生法律法规的问题，卫生部与上级部门的关系如何，卫生部签约、规制、授权、许可的权力有多大；政策执行层面可以从处理消费者、承包商投诉的程序有哪些，相关法律如何执行，卫生相关的认证、规制、许可等各种职能工具是否有用，如何执行几个方面来衡量。

透明度原则建立在卫生信息自由流动的基础上，指的是过程、体系和信息应该直接让关注的人获得，包括决策、资源配置、政策制定与执行等，关注者可以通过国家是否能获得财政和行政管理程序方面的信息，资源配置过程透明与否，是否有确保决策透明的监控机制，谁参与卫生服务的监督，地区管理者如何任命，资金支付后多长时间可从财政审计处获得相应信息等方面分别衡量国家、政策制定、政策执行层面的治理状况。

回应性是指体系和过程应该试着服务于所有的利益相关者，确保政策和项目能对使用者的健康和非健康需求做出反应。国家、政策制定、政策执行层面相应的指标有：卫生费用是否有目标，规定目标的机制有哪些，政策实施过程中是否对居民健康需要进行评估，卫生政策是否能解决当地居民的卫生需要，卫生评估中卫生服务质量和病人满意度结果如何，卫生系统如何回应当地首要的卫生问题，卫生服务如何回应居民的医疗或非医疗期望。

公平性和包容性原则体现的是让所有的人都有机会增进或维持健康与福利，具体表现在获得卫生服务、筹资、健康差距上。国家层面可以从对穷人是否有相应的社会保障计划上来衡量；政策制定层面可以从采取什么政策来识别卫生服务提供和筹资中的公平性，如何改进公平性方面来衡量；政策执行层面可以从不同居住地区，不同收入、性别、种族、宗教人群卫生服务可及性方面的差异，国家、省、地区的公共部门资源配置的公平性差异上来衡量。

效能和效率指过程和体系应产生满足公众需要的结果，并通过最有效地利用资源影响健康结果。体系在人力资源质量、沟通过程、执行能力上，国家层面体现在卫生部领导的任期、官僚政治、专家政治的质量等指标上；政策制定层面体现在卫生部沟通过程的效率、程度、形式、归档、及时性上；政策执行层面体现为卫生部执行规制、监督、财务和人力资源管理措施的能力、服务利用水平、员工是否了解并遵守工作职责等方面。

责任是政府部门、私人部门和公民社会组织的卫生政策制定者要对公众及利益相关者负责，这种责任依组织以及决策是组织内还是组织外而有内部责任与外部责任之分。国家层面主要考察新闻媒体、立法机构、司法系统的作用；政策制定层面主要考察是否有财务及行政管理规则的监督机制；政策执行层面主要考察是否提供明确的依据说明责任得到有效的执行。

情报和信息包括信息的生产、收集、分析、宣传各方面，是更好地理解卫生体系的关键，缺乏情报和信息不可能为明智的决策提供依据，而这些决策会影响到不同利益群体的行为。由于卫生服务中信息不对称的独特性，需要特别评估信息的产生、流向和使用，给予信息更高的优先权，所以信息作为一项单独的原则列出。国家、政策制定、政策执行层面分别考察的主要指标有能否获得国家卫生系统和卫生方面的信息，是否容易得到这些信息，政策形成中所获信息的可靠性，信息使用的依据，卫生信息如何生产，卫生政策执行如何监控。

任何关于卫生系统治理的框架如果不考虑卫生服务和研究的伦理道德都是不完整的，普遍接受的卫生保健伦理原则包括尊重自主权、不伤害、行善和公正。卫生保健伦理道德中（包括生命伦理学原则，卫生研究中的伦理道德）重要的一点是维护患者的利益和权利。国家、政策制定、政策执行层面分别考察的主要指标有研究和服务中伦理道德的重要性，国家卫生政策中包含了哪些生命伦理学原则，是否有促进卫生服务和研究伦理的政策，提高和执行卫生研究以及卫生保健伦理道德水准的体制机制有哪些。

这一模式比前面几种单一的视角模式要复杂，它比较全面地总结归纳了卫生系统绩效治理的因素，而且分别从国家元政策、政策的制定和政策的执行角度将卫生系统治理的十大原则进行了细分，对于如何提高卫生系统绩效提出了一个比较全面的治理思路，值得借鉴。

四、公平性研究

由于世界各国之间，一国之内不同地区、不同收入群体、不同性别、不同种族人群的卫生不公平现象突出，严重影响了卫生系统的绩效，所以近年来卫生系统绩效研究特别关注公平性问题。这几年的卫生公平性研究文献明显增多，最能体现这一趋势的是第六届世界卫生大会和第七届世界卫生大会讨论公平的文献数量上的变化。作为国际上最具影响力和号召力的卫生研究平台，历届世界卫生大会都集中了世界各地的高水平的学者和实践家，反映着卫生领域理论研究和实践的最新成果和发展趋势。2007 年的世界卫生大会中，在 227 个小组讨论主题中，主题名称包括“公平”或者“不公平”的小组有 5 个，讨论涉及公平的有 8 个，两者占主题总数的 5.7%；在会议期间讨论的 827 篇论文中，关于公平或者涉及公平的共有 44 篇，占论文总数的 5.3%。2009 年的世界卫生大会中，在 270 个小组讨论主题中，主题包含“公平”或“不公平”的小组有 11 个，讨论涉及公平的有 10 个，总计占小组总数的 7.8%；在会上讨论的 1132 篇论文中，关于公平和不公平的论文有 90 篇，占 8%。这些变化表明关注公平的人更多了，关于公平的研究成果也更多了。① 从论文内容上看，关于公平和不公平的主题有一定的延续性，仍涉及资源的分配、卫生服务利用的公平性、收入和健康公平等。另外，2007 年和 2008 年连续两届全球卫生研究论坛的主题都是发展中国家的健康公平问题，这也表明公平越来越为研究者和政策制定者所重视，特别是发展中国家和地区健康和保健服务的公平性。

（一）卫生公平性研究

1. 卫生公平的含义

在卫生领域，到底什么是公平？公平是如何定义的？卫生公平是否等于健康公平？卫生经济学家和卫生管理学研究者一直都没有像研究卫生保健服务的公平那样广泛地研究健康公平，没有把健康公平作为卫生公平的本质，而是将健康公平作为卫生服务公平的证据，没有对公平做出明确的定义。在实践中，很多卫生经济学家将

① 数据根据国际卫生经济学会网站提供的论文列表计算而来。

公平简单化了，用“使用”（use）来代替可及性（access），用可及性公平代替健康公平，用服务公平掩盖健康不公平。所以关于公平的研究基本上是关于卫生服务的公平，比如机会的公平，可及性的公平，某项服务项目的公平。如果说效率是对科学技术做出选择，那么公平就是对社会价值观做出选择，公平的价值判断由谁来决定？这是公平概念另一个尚待解决的问题。

关于卫生公平的定义，近几年直接讨论它的文献不多，更多的学者是试图通过定义不公平来明确公平的含义。Mooney（2009）区分了健康公平和保健服务的公平，将健康公平放在社会经济的背景下来考虑，认为健康公平更多地和社会经济公平相关。① 不过，Mooney 也没有对卫生公平做出明确的定义，同时，他认为不同的国家和地区有不同的公平定义和判断标准。那么公平的价值判断到底是什么，或者说谁来决定公平的价值选择？Adam 对此进行了广泛的研究，认为西方国家主导着发展中国家的公平价值观念，却忽略了发展中国家的各种特殊性。

2. 卫生公平性的评价标准

在 2007 年召开的全球卫生研究论坛上，世界卫生组织生殖卫生研究的技术负责人 Huntington 介绍了评价卫生公平性的几个基本标准：①相关部门间在公共卫生方面的合作情况；②经济因素对卫生公平的影响；③衡量和评估卫生系统的效率和质量，并据此提出改进效率的方法，此外还应充分考虑卫生服务的供需双方的自主权等。

3. 公平的卫生服务可及性

卫生领域的公平，目前讨论最多的是卫生服务提供上的公平性，这是社会和政府在维护公民的健康上的责任。

目前的公平性研究仍从卫生服务可及性入手，着眼于公民的个体需要，学者们对卫生服务提供上的公平性研究的兴趣已从关注发

① Mooney G. Is it not Time for Health Economists to Requity and Access. *Health Economics*, *Policy and Law*, 2009, 4: 209-221.

达国家开始转向关注发展中国家的公平可及性。传统的可及性模式将服务可得性和服务利用作为关键因子，从卫生保健服务提供系统的角度来分析公平，因而地理位置、服务组织、资金保障以及个人、社会和文化因素可能会促进或阻碍服务的获得，服务的适宜性及其对获得需要的卫生产品的作用，都属传统可及性模式的范畴。现在服务可及性研究已经深入到卫生系统内流动的可及性，着眼于公民个体健康需要的满足，认为公民对健康服务信息的获得也是保证可及性的一个重要方面，所以信息的可得性成为了健康公平的一个研究内容，因为传播健康知识的网络对政府和市民选择合适的改善健康不公平的方法有重要的作用。另外，性别和社会群体也是卫生公平性的重要研究内容之一，妇女和儿童是卫生保健公平性相关研究涉及的重点人群，如何提高他们的卫生服务利用能力，提高其健康水平，这是发展中国家和发达国家都在研究和试图解决的问题。如何保护低收入人群和贫困者的服务可及性，如何解决弱势人群的健康不平等，这都是研究关注的中心。

4. *研究卫生公平性的方法*

目前卫生公平性研究普遍采用的是实证研究方法，利用焦点群体、文献分析和现场观察等方法回顾政策实践，考察健康需求，描述健康不公平，并通过数据包络分析法、概念图法和回归分析等工具，以及数学模型思想对健康公平和实践进行评估和分析。

（二）卫生不公平研究

卫生不公平的研究文献相对较多，有解释性研究也有描述性研究，内容涉及卫生不公平的概念、起源、原因和解决途径，还有不公平的测量方法和工具等。现在对卫生不公平的研究已经开始从解释性研究转向描述性研究。

2007 年的世界卫生大会上，仅有少数的卫生经济学家研究收入不公平和健康不公平以及健康不公平的影响因素，个人收入和贫困被认为是影响健康不公平的主要因素。但是在 2009 年的世界卫生大会上，不公平的研究开始涉及卫生资源的分配、对不公平测量工具的分析，也涉及具体的健康干预计划中的机会不公平，例如艾滋病的治疗、母婴计划的参与等。

Cropper、Porter、Williams 等在 2007 年合作出版了一本关于健康不公平的专著《社区卫生和福利：对卫生不公平的研究》，其中收集了大量的健康不公平资料。他们认为现在政府采取的建议个体形成更健康的生活方式来改善贫困人群的健康做法是不够的，采取健康促进的行动不仅来自个体，同样也需要政府参与，如果政府最广泛地参与社区服务，干预行为才能真正取得成功。公共服务机构、研究机构和社区需要共同为应对群体健康影响因素而努力，这些因素来自犯罪问题、恶劣的居住环境、低教育水平和慢性病。

Rainham（2009）对卫生不公平进行了较全面的研究，他从政府和政策制定者的角度对现存的关于卫生不公平的观点和测量方法进行了回顾，对卫生不公平的概念做了总结，并从四个方面对不公平原因进行了分析，讨论了减少卫生不公平性的政策选择。他认为卫生不公平是用来表示个人和群体卫生可及性的系统差异、变化和差距的一个概念，也可以解释为特定人群中获得健康的途径分布不均的现象。更具体地说，卫生不公平指的是健康问题在不同社会经济地位或社会阶层或群体中发生率的不同。① 这可以从四个方面来解释卫生不公平：第一，卫生不公平可以看做是对卫生和（或）社会等级不恰当地测量的人为结果；第二，对卫生不公平的解释起源于健康是导致社会分层的一个原因而非结果，认为选择起的作用虽小却很重要，其往往通过间接途径（如社会流动）发挥作用；第三，社会地位才是健康的原因，包括文化和行为因素在内的社会机制才是卫生不公平的制造者；第四，不公平是一系列由社会分层和收入结构决定的因素对健康和福利产生作用的结果。② 测量不公平的方法主要有两种：第一种方法通过指定一个社会群体作为先验，然后将其他群体与之比较来测量社会群体间的卫生不公平；第二种方法是在同一尺度下，通过结合死亡率和非致死的健康结果数

---

① Rainham D. Do Differences in Health Make a Difference? A Review for Health Policymakers. *Health Policy*, 2007, 84: 124.

② Rainham D. Do Differences in Health Make a Difference? A Review for Health Policymakers. *Health Policy*, 2007, 84: 125.

据对个人健康差异进行计算。干预不公平的选择有很多，如英国设立了一个政府计划，以通过改善卫生保健的可及性，制定绩效指标以达到健康目标，改善筛选项目以及关注广泛的引起死亡的原因来减少卫生不公平。瑞士和芬兰政府同样采取了新的卫生政策以应对卫生不公平。

相应地，健康差异作为健康不公平的一个重要表现，成为不公平研究的一个重要组成部分。在近几次的卫生大会上都有关于健康差异的主题讨论，而且各国学者将缩小健康差异作为减少健康不公平的重要措施。

（三）各国提高卫生公平性的实践

2007年8月在阿根廷首都布宜诺斯艾利斯召开了国际卫生大会，主旨为“从《阿拉木图宣言》到联合国千年发展目标”，大会通过了旨在实施以初级卫生保健为基础的公平卫生战略的共同宣言，强调人人享有卫生保健的权利。2007年10月29日至11月2日，第11届全球卫生研究论坛在北京召开，此次论坛的主题是“公平的可及性：发展中国家卫生研究的挑战”。来自世界卫生组织、世界银行、欧洲联盟、经合组织及全球80多个国家和地区及大学（包括研究机构）的800余名与会者，就公平的卫生体系、公平的可及性及创新研究、卫生公平的决定因素等话题进行了充分研讨。

目前世界各国在提高卫生公平性上积累了不少经验，英国在解决公平问题上引进了第三条道路，将国家和个人都作为健康服务的参与者和责任人，认为国民卫生服务应该考虑让病人对自己的健康和保健有更多的权利和控制。政策在促进可及性方面多做努力，以满足每个人的需要来让服务个性化，保证传统上很少得到帮助的人，或者觉得自己在某些方面受到了歧视的人能满足健康需要。

美国更加关注农村群体的卫生服务可及性和服务质量的改善，加大了对城市弱势人群卫生需要的保障。

墨西哥采用有条件现金转移支付援助计划来改善低收入群体和农村地区的妇女的健康状况，提高健康教育和促进在改善卫生服务质量方面的作用。

委内瑞拉提出了 Mision Barrio Adentro 计划，即社区会议解决法——一个为改善服务水平低下的农村居民的卫生服务的项目，研究者希望能汲取教训以用于今后努力解决严重的健康差距问题。

西非国家在实施巴马科倡议的过程中，执行者仅仅将注意力放在了政策对效率的导向上，因而忽视了平等，出现了执行差距现象。

中国提出健康 2010 年计划，旨在提高卫生服务的覆盖面，提高全体居民的健康水平，缩小城乡之间和群体之间的健康差距。

世界卫生组织对促进卫生公平做出了不懈的努力，并取得了积极的成果，推动了世界各国在改善卫生服务、减少健康差距等方面的努力。但并不是所有的国际组织都如世界卫生组织这样，是对健康公平起到积极作用的。

总体而言，卫生系统绩效的研究为客观地认识各国卫生系统运行状况提供了科学的依据，也由此极大地推动了世界范围内卫生改革的进程，但是纵观近年来的研究也存在一些不足：首先，没有形成成熟的理论以清楚地揭示变量之间的因果联系，目前有关卫生系统绩效的研究更多地处在框架层面，不论是卫生系统绩效框架还是治理框架提出的一些新观点都只停留在明确相关要素及要素间的关系层面，这仅是理论构建的前提和基础；其次，这些框架用于指导卫生改革实践效果如何还缺乏相应的实证研究支撑。如何完善卫生系统绩效评价体系，确保其在卫生改革、卫生系统发展中的指导地位和作用，使得世界卫生资源效用最大化，这是值得继续探讨的问题。随着卫生不公平现象的凸显，未来几年的研究将更加关注发展中国家，更加关注健康公平性问题，同时卫生支付体系在世界范围内的低满意度也值得关注。

参考文献

[1] ABE Y. The Effectiveness of Financial Incentives in Controlling the Health Care Expenditures of Seniors. *Japanese and the World Economy*, 2007, 17: 467-482.

[2]ABELSON J, MILLER F. A, GIACOMINI M. What does it Mean to Trust a Health System? A Qualitative Study of Canadian Health Care Values. *Health Policy*,2009,91(1):63-70.

[3]AMAGHIONYEODIWE L. A. Government Health Care Spending and the Poor:Evidence from Nigeria. *International Journal of Social Economics*,2009,36:220-236.

[4]AMADO CADEF, SANTOS SPD. Challenges for Performance Assessment and Improvement in Primary Health Care:The Case of the Portuguese Health Centres. *Health policy*,2009,91(1):43-56.

[5]ARMSTRONG SCHELLENBERG J. R, ADAM T, MSHINDA H, et al. Effectiveness and Cost of Facility-based Integrated Management of Childhood Illness (IMCI) in Tanzania. *Lancet*, 2004, 364: 1583-1594.

[6]BARBER S. L, GERTLER P. J. Empowering Women to Obtain High Quality Care: Evidence from an Evaluation of Mexico'sconditional Cash Transfer Programme. *Health Policy and Planning*,2009,24:18-25.

[7]BENATO R. Book Review. *Primary Health Care Research & Development*, 2008,9:166-167.

[8]BENNETT B, GOSTIN L, MAGNUSSON R, et al. Health Governance: Law, Regulation and Policy. *Public Health*, 2009, 123(3): 207-212.

[9]BLANTON M. L, MALEQUE S, MILLER W. Reducing Racial, Ethnic, and Socioeconomic Disparities in Health Care: Opportunities in National Health Reform. *Journal of Law, Medicine & Ethics*, 2008, 36(4):693-702.

[10]BLAS E, GILSON L, KELLY M. P, et al. Addressing Social Determinants of Health Inequities: What Can the State and Civil Society Do. *The Lancet*, 2008,372:1684-1689.

[11]BLENDON R. J, SCHOEN C, DESROCHES C. M, et al. Inequities in Health Care: a Five-country Survey. *Health Affairs*, 2002, 21:

182-191.

[12] BRADLEY S, MCAULIFFE E. Mid level Providers in Emergency Obstetric and Newborn Health Care: Factors Affecting Their Performance and Retention within the Malawian Health System. *Human Resources for Health*, 2009, 7:14.

[13] BRIGGS C. L, BRIGGS C. M. Confronting Health Disparities: Latin American Social Medicine in Venezuela. *American Journal of Public Health March*, 2009, 99:549-554.

[14] BROWNWELL M, ROOS N. P, ROOS L. L. Monitoring Health Reform: a Report Card Approach. *Social Science & Medicine*, 2001, 52:657-670.

[15] BRYCE J, GOUWS E, ADAM T, et al. Improving Quality and Efficiency of Facility-based Child Health Care through Integrated Management of Childhood Illness in Tanzania. *Health Policy and Planning*, 2005, 20:169-176.

[16] CALNAN M. W, SANFORD E. Public Trust in Health Care: the System or the Doctor. *Quality &Safety in Health Care*, 2004, 13 (2):92-97.

[17] CISSE B, LUCHINI S, MOATTI J. P. Progressivity and Horizontal Equity in Health Care Finance and Delivery: What about Africa. *Health Policy*, 2007, 80:51-68.

[18] CUSTERS T, HURLEY J, KLAZINGA N. K, et al. Selecting Effective Incentive Structures in Health Care: A Decision Framework to Support Health Care Purchasers in Finding the Right Incentives to Drive Performance. *BMC Health Services Research*, 2008, 8:66.

[19] DENIELS N, FLORES W, PANNARUNOTHAI S, et al. An Evidence-based Approach to Benchmarking the Fairness of Health-sector Reform in Developing Countries. *Bulletin of the World Health Organization*, 2005, 83:534-540.

[20] ELOLA J, DAPONET A, NAVARRO V. Health Indicators and the Organization of Health Care Systems in Western Europe. *American*

Journal of Public Health. 1995,85:1397-1401.

[21] ENTWISTLE V. A. Public Involvement in Health Service Governance and Development: Questions of Potential for Influence. *Health Expections*,2009,12(1):1-3.

[22] MURRAY C. J, et al. Comparative Efficiency of National Health Systems: Cross National Econometric Analysis. *BMJ*, 2001,323: 307-310.

[23] EWIG C, BELL A. H. Gender Equity and Health Sector Reform in Colombia: Mixed State-market Model Yields Mixed Results. *Social Science & Medicine*, 2009, 68:1145-1152.

[24] WHO. *World Health Report: Health Systems Improving Performance*. Geneva: Seitzerland, 2000.

[25] FISHER-OWENS S. A, BARKER J. C, ADAMS S, et al. Giving Policy Some Teeth: Routes to Reducing Disparities in Oral Health. *Health Affairs*,2008, 27(2):404-412.

[26] FRIEL S, MARMOT M, MCMICHAEL A. J, et al. Global Health Equity and Climate Stabilisation: A Common Agenda. *The Lancet*, 2008,372:1677.

[27] GANDJOUR A, KLEINSCHMIT F, LAUTERBACK K, et al. An Evidence-based Evaluation of Quality and Efficiency indicators. *Quality Management of Health Care*, 2002,10:41-52.

[28] GARG1 C. C, KARAN A. K. Reducing Out-of-Pocket Expenditures to Reduce Poverty: A Disaggregated Analysis at Rural-Urban and State Level in India. *Health Policy and Planning*, 2009,24:116-128.

[29] GEHLERT S, et al. Targeting Health Disparities: A Model Linking Upstream Determinants to Downstream Interventions. *Health Affairs*, 2008; 27(2):339-349.

[30] GILSON L. Trust in Health Care: Theoretical Perspectives and Research Needs. *Journal of Health Organization and Management*, 2006,20(5):359.

[31] GILSON L. Building Trust and Value in Health Systems in Low- and Middle-income Countries. *Social Science & Medicine*, 2005, 61 (7): 1381-1384.

[32] WIETECHA M, LIPSTEIN S. H, RABKIN M. T. Governance of the Academic Health Center: Striking the Balance Between Service and Scholarship. *Academic Medicine*, 2009, 84(2): 170-176.

[33] GRIGNON M. The Role of Education in Health System Performance. *Economics of Education Review*, 2008, 27(3): 299-307.

[34] GULLIFORD M. Modernizing Concepts of Access and Equity. *Health Economics, Policy and Law*, 2009, 4: 223-230.

[35] HUICHO L, et al. Implementation of the Integrated Management of Childhood Illness Strategy in Peru and its Association with Health Indicators: an Ecological Analysis. *Health Policy and Planning*, 2005, 20: 132-141.

[36] HUSSEY P, et al. Trends in Socioeconomic Disparities in Health Care Quality in Four Countries. *International Journal for Quality in Health Care*. 2008, 20(1): 53-61.

[37] JENNINGS B. M, et al. What Really Matter to Healthcare Consumers. *Journal of Nursing Administration*, 2005, 35: 173-180.

[38] JOVELL A, et al. Public Trust in the Spanish Health Care System. *Health Expection*, 2007, 10: 350-357.

[39] KOTZIAN P. Control and Performance of Health Care Systems. A Comparative Analysis of 19 OECD Countries. *International Journal of Health Planning and Management*, 2008, 23: 235-257.

[40] KROEGER A, HERNANDEZ J. M. Health Service Analysis as a Tool for Evidence-based Policy Decisions: the Case of the Ministry of Health and Social Security in Mexico. *Tropical Medicine and International Health*, 2003, 8: 1157-1164.

[41] KRUK M. E, FREEDMAN L. P. Assessing Health System Performance in Developing Countries: a Review of the Literature. *Health Policy*, 2008, 85: 263-276.

[42] HOTCHKISS D. R, BOSE S, et al. The Impact of Contracting-Out on Health System Performance: A Conceptual Framework. *Health Policy*, 2007, 82 :200-211.

[43] HOTCHKISS D. R, BOSE S, et al. The Effectiveness of Contracting-out Primary Health Care Services in Developing Countries: a Review of the Evidence. *Health Policy and Planning*, 2008, 23: 1-13.

[44] MANGHAM L. J, HANSON K, MCPAKE B. Designing a Discrete Choice Experiment for Application in a Low-Income Country. *Health Policy and Planning*, 2009, 24: 151-158.

[45] MAYS G. P, et al. Availability and Perceived Effectiveness of Public Health Activities in the Nation's Most Populous Communities. *American Journal of Public Health*, 2004, 94(6): 1019-1026.

[46] MAYS G. P, et al. Institutional and Economic Determinants of Public Health System Performance. *American Journal of Public Health*, 2006, 96(3): 523-531.

[47] MERRILL J, et al. Examination of the Relationship Between Public Health Statute Modernization and Local Public Health System Performance. *Journal of Public Health Management and Practice*, 2009, 15: 292-298.

[48] MEYER S, et al. Trust in the Health System: An Analysis and Extension of the Social Theories of Giddens and Luhmann. *Health Sociology Review*. 2008, 17: 177-186.

[49] MOONEY G. Is it not Time for Health Economists to Requity and Access. *Health Economics, Policy and Law*, 2009, 4: 209-221.

[50] MURRAY S, et al. Tools for Monitoring the Effectiveness of District Maternity Referral Systems. *Health Policy and Planning*, 2001, 16: 353-361.

[51] MUSA D, SCHULZ R, HARRIS R, et al. Trust in the Health Care System and the Use of Preventive Health Services by Older Black and White Adults. *American Journal of Public Health*, 2009, 99: 1293-1299.

[52] RAINHAM D. Do Differences in Health Make A Difference? A Review for Health Policymakers. *Health Policy*,2007, 84 :123-132.

[53] RANKIN D, MILBURN K. B, PLATT S. Practitioner Perspectives on Tackling Health Inequalities: Findings from an Evaluation of Healthy Living Centres in Scotland. *Social Science & Medicine*, 2009, 68 :925-932.

[54] RIDDE V. The Problem of the Worst-off is Dealt with after All Other Issues: The Equity and Health Policy Implementation Gap in Urkina Faso. *Social Science & Medicine*, 2008, 66:1368-1378.

[55] VLADECK B. C. How Useful is "Vulnerable" as A Concept. *Health Affair*,2007,26(5):1231-1234.

[56] ROHRER J. Measuring Health System Performance from a Community Service Perceptive:the Case of Pediatric Preventive Services in Mason City. *Clinical Performance and Quality Health Care*,1995, 3:31-34.

[57] ROWE R,CALNAN M. Trust Relations in Health Care—the New Agenda. *European Journal of Public Health*, 2006,16(1):4-6.

[58] SCHLESINGER M,et al. Profit-seeking,Corporate Control, and the Trustworthiness of Health Ccare Organizations: Assessments of Health Plan Performance by Their Affiliated Physicians. *Health Services Research*, 2005,40(3):605-646.

[59] SMEDLEY B. D. Moving Beyond Access:Achieving Equity in State Health Care Reform. *Health Affairs*, 2008, 27(2):447-455.

[60] SMITH K. E. Health Inequalities in Scotland and England:the Contrasting Journeys of Ideas from Research into Policy. *Social Science & Medicine*, 2007, 64:1438-1449.

[61] SOFAER S, FIRMINGER K. Patient Perceptions of the Quality of Health Services. *Annual Review of Public Health*, 2005, 25: 513-559.

[62] TOKUDA Y, FUJII S, JIMBA M. The Relationship between Trust in Mass Media and the Healthcare System and Individual Health:

Evidence from the AsiaBarometer Survey. *BMC Medicine*, 2009, 7: 4.

[63] GROENEWEGEN P. P, FRIELE R. D, et al. Public Trust in Health Care: a Performance Indicator. *Journal of Health Organization &Management*, 2006, 20(5): 468-476.

[64] DOUGLAS F, TORRANCE N, et al. Clinical Governance and Research Ethics as Barriers to UK Low-risk Population-based Health Research. *BMC Public Health*, 2008, 8: 396.

[65] http://www.globalforumhealth.org/quan.

[66] http://www.healtheconomics.org/congress/2007/.

[67] http://www.healtheconomics.org/congress/2009/.

[68] http://www.who.int/en/index.html.